The Oxford Book Of French Verse

xiiith Century—xxth Century

Chosen by

St. John Lucas
Coll. Univ. Oxon.

Second Edition
Edited by

P. Mansell Jones

Oxford
At the Clarendon Press

Oxford University Press, Amen House, London E.C.4

GLASGOW NEW YORK TORONTO MELBOURNE WELLINGTON
BOMBAY CALCUTTA MADRAS KARACHI LAHORE DACCA
CAPE TOWN SALISBURY NAIROBI IBADAN ACCRA
KUALA LUMPUR HONG KONG

FIRST PUBLISHED 1907

REPRINTED 1907, 1908, 1912
1915, 1917, 1918, 1920, 1922
1923, 1926 (enlarged), 1930
1936, 1942, 1946, 1951

NEW EDITION 1957
REPRINTED 1959, 1964

PRINTED IN GREAT BRITAIN

PREFACE TO NEW EDITION

THE success that awaited the Book of French Verse prepared by St. John Lucas for the Clarendon Press and published in 1907 may be gauged by the frequency with which it has been reprinted between that date and 1951. Revised and enlarged by Lucas himself in 1925, it has remained both the most popular and the most ambitious anthology of the lyrics of France to have appeared in this country. And it is no disparagement of a choice which, in the Compiler's words, 'met with a most kindly and cordial reception in France', to admit that further and drastic revision is now overdue.

At least two inevitable developments operate against the permanency of any choice made among examples of a living literature. First and obviously the creation of new works; secondly the advances in scholarship and the changes of taste.

Where the effect of modern scholarship has been most conspicuously felt in relation to French poetry is on the medieval phase. Developments which were at their inception when the first edition of this anthology was being compiled have in the interval gone far to revolutionize our knowledge of the poets of that distant period and have seriously affected our appraisal of the relative merits of their works. The need for revision of the pre-Renaissance section was found to be so great that an experienced medievalist had to be invited to undertake the task. Dr. Frederick Whitehead, Reader in Old French Language

PREFACE TO NEW EDITION

and Literature in the University of Manchester, has effectively responded by filling obvious lacunae in the selection down to 1500, refurbishing the notes and entirely rewriting the corresponding section of the Introduction.

The gaps noticeable within the selections from the Renaissance to the Romantic period are not nearly so extensive as those to which Dr. Whitehead points with reference to the twelfth and thirteenth centuries. The claims of Scève and Sponde to places in any general anthology of French poets now seem so irresistible that no one capable of recognizing their authenticity could seriously object to providing room for them at the expense of amateurs in verse-writing like Chateaubriand and his good friend, Fontanes. The choice of examples from the major poets between 1550 and 1850 is still on the whole commendable. Only those drawn from Hugo's vast repertory appear to be unduly restricted in variety. Before making good this deficiency a number of modest stanzas in the sentimental mood of the time had to be removed.

On few minds in the universities of this country had the nature and significance of the Symbolist achievement dawned when Lucas was preparing his first edition. To correct what now seems a mistaken emphasis found in all the later impressions, most of the verses in which minor Parnassians imitated one another and repeated their own clichés have been withdrawn to provide for a broader choice from the work of Baudelaire and the chief poets in his succession.

With the First World War Symbolism itself succumbed to a period of violent experimentation which has continued until today. An attempt has been made to represent this period within a limited space by a choice of recent poems—

PREFACE TO NEW EDITION

a delicate task that has involved extensions to the Introduction and to the notes.

All the notes throughout the previous edition have been examined; many have been rejected and most of the remainder revised. Excisions have been made of parts of Lucas's introduction, based on attitudes or judgements now abandoned. A few of his paragraphs have had to be rewritten in conformity with the views of our time, and here or there a phrase has been altered or omitted.

It is much to be hoped that the present enlargement and revision of his work will (to use another phrase of his) 'enjoy a similar good fortune' to that which has so far attended each new appearance of his book of French verse.

In preparing this edition Dr. Whitehead and I have derived generous help from many personal sources. In particular we wish to thank Dr. Faith Lyons, Reader in Medieval French at Bedford College, London, for assistance in determining a more representative choice of early lyrics and for keeping a critical eye on the revision of the selection. This part, the most arduous to present, has received the benefit of Professor T. B. W. Reid's scrutiny and judgement. Our gratitude must also be expressed to Mr. J. H. Watkins, Senior Lecturer in French and Romance Philology at University College, Bangor, who cheerfully undertook to read the entire series of proofs, and has advised us on numerous points arising for reconsideration. Nor can we forget the constant help and expert guidance given us by the staff of the Clarendon Press.

It is a pleasure to acknowledge our obligations to the relevant French publishers who have permitted the inclusion of the following selections, of which they hold

PREFACE TO NEW EDITION

the copyright: Librairie Gallimard for poems by Claudel, Valéry, Péguy, Max Jacob, Apollinaire, Jules Supervielle, P.-J. Jouve, Pierre Reverdy, Saint-John Perse, Éluard, André Breton, Louis Aragon, Henri Michaux, René Char, Patrice de la Tour du Pin; Mercure de France for poems by Jammes, Moréas, Henri de Régnier, Verhaeren, Reverdy; Lemerre for poems by Heredia; Émile-Paul for poems by Toulet; Grasset for a poem by Maurras; Librairie Universelle de France for poems by P.-J. Jouve and Pierre Emmanuel, from *La Vierge de Paris* and *Chansons du Dé à coudre* respectively. Finally our thanks are due to Professor A. M. Boase, to the Éditions Pierre Cailler of Geneva, and to the Librairie José Corti of Paris, for permission to reproduce four sonnets by Jean de Sponde.

P. M. J.

INTRODUCTION

I

THE oldest extant French lyrics all date from after the year 1100. Yet it is reasonable to assume that, in France as elsewhere, the chain of song has been unbroken from the earliest times to the present day. All we know is that, during the Dark Ages, Churchmen and Church councils from Caesarius of Arles (†543) onwards attest the existence of non-religious songs in vogue among both clergy and laity and stigmatize them as *turpia* and *diabolica*: terms perhaps less informative than they at first sight appear. A promising line of investigation has recently been opened up by the discovery of lyrics from Moslem Spain, belonging to the type known as the *muwashshaḥ*, the refrains of which are in Spanish and seem to come from early Romance love-songs. A simple type of love-song, expressing the woman's viewpoint and foreshadowing the later Galician *cantigas de amigo*, seems thus to have been in existence at an early date in the Iberian Peninsula. What is true of Spain may be true of France also.

The *chansons de toile*,[1] which seem to be twelfth-century works, recalling in style and versification the Old French epics, are generally supposed to be the oldest extant lyrics in French. They are lyrico-narrative works, centred on some emotional crisis in the life of the heroine. Whether they are as popular and primitive as is generally

---

[1] The name is due to the fact that in the opening of six of the poems the heroine is shown sewing or embroidering.

INTRODUCTION

supposed is doubtful: apart from their archaic style, they have much in common with the narrative lyrics of courtly inspiration. Although the heroine is an unmarried girl, in all but one (*Belle Doette*) of the fifteen or so extant specimens the love intrigue has the illicit character typical of courtly poetry, and even in *Belle Doette* the conceit at the end (the convent to which disappointed lovers of both sexes can retire) has courtly rather than popular affinities.

The next oldest type of French lyric, the courtly love-song or *chanson d'amour*, is based on a Provençal model. The Provençal[1] courtly lyric was already in existence around the year 1100, and the first troubadour, Guillaume IX of Aquitaine (1071–1126), lays down the lines that the courtly love-song follows throughout the medieval period. In his hands, it is a poem of supplication addressed to a lady of noble birth by a respectful but in no way Platonic aspirant, whose idealization of the lady and exaltation of spirit—described as *joy* and assimilated both to the bliss of Heaven and the exhilaration of the springtime—go hand in hand with a crude and at times flippant sensuality. The troubadours of the period 1150–70, and especially Bernart de Ventadorn, the greatest Provençal poet, develop the theme of the lover pleading in vain with an unresponsive lady and protesting that his passion, even although unrequited, will endure to his life's end.

The earliest French imitations of the Provençal love-song are attributed to Chrétien de Troyes, the famous writer of romances (*c.* 1170). By 1200, there is a flourish-

[1] The term 'Provençal' has here nothing to do with the historic county of Provence (which played a somewhat undistinguished part in medieval literature) but refers to the language spoken in Auvergne, Gascony-Guyenne, Languedoc, Limousin, Provence, and parts of Marche.

INTRODUCTION

ing French school, many members of which (e.g. Conon de Béthune, Gace Brulé, Blondel de Nesle, the Chastelain de Coucy and the Vidame de Chartres) belong to the nobility. The model for this poetry is provided by the Provençal lyric of the period 1150–70, the theme of the merciless lady being especially prominent and remaining a favourite one down to the end of the Middle Ages and beyond. The *chanson d'amour* continues to be written throughout the thirteenth century, Thibaut de Champagne (1201–53) being the most important writer in this vein.

The courtly poetry of the thirteenth century is, however, distinguished by its vigorous cultivation of various lyrico-narrative types. The classification of these types is rendered difficult by the survival of a terminology of medieval origin which confuses form and content.[1] Belonging to diverse kinds, these lyrics are nevertheless all similar in tone and outlook. They are set in a springtime landscape and they preach the creed of *joliveté*—of joyous indulgence in sensuous delights, of which love ranks as the chief. The most important genre is the *pastourelle*, which recounts a meeting between the poet and a shepherdess, the latter being represented either as fair and frail or as a rustic *inamorata* who remains faithful to her Robin. A related type recounts a meeting, and perhaps a quarrel, between rustic lovers or a country merrymaking of which the poet is a spectator. The *chansons de mal-mariée* portray a heroine of noble birth who is married to an elderly and unprepossessing husband and who longs for a younger and more courteous lover. Here again, the poet may figure as either actor or spectator. The so-called *reverdies* are notable for an elaboration of the

---

[1] Thus, the *retrouenge* is the name of a poetic and musical form, whereas the *pastourelle* is so called because of its subject-matter.

INTRODUCTION

vernal setting at the expense of the plot. They do in fact describe various aspects of the garden of the God of Love: the concert of birds; the god himself, with his armour and accoutrements; the apparition in the garden of a fairy creature of unearthly loveliness. Perhaps somewhat over-pretty, the genre nevertheless includes some of the most delicate and charming of medieval lyrics. The earliest known *pastourelle* (by Marcabru, *c.* 1140) is in Provençal, but the great majority of surviving specimens are in French. The other types are exclusively French and look like thirteenth-century innovations. Many of the narrative lyrics are anonymous, but the genre is clearly aristocratic in its origins. Although in theory one can distinguish the 'high' courtly themes embodied in the *chanson d'amour* from the 'low' themes of the narrative lyric, the distinction becomes difficult in practice, since so much thirteenth-century work blends high courtly sentiment with the settings and situations of the narrative lyric. The oppressive solemnity of Blondel de Nesle and the Vidame de Chartres is, for example, absent from poets like Richart de Semilli and Thibaut de Blason (both *c.* 1200) who combine courtly sentiment with lightness of tone and extensive use of refrains. Courtly song-writing was at first the preserve of the nobility and the professional writers, but the development of the *puys* (literary meetings organized by poetic guilds) brings in amateurs from other classes, including numerous clerks engaged in various official pursuits. Artois, and especially Arras, its principal city, was in particular a vigorous centre of activity, and the home of many of the most important poets of the century: Adam de la Halle, Audefroi le Bastart, the brothers Gilles and Guillaume le Vinier, Adam de Givenchi, Jean Bretel. Many new de-

INTRODUCTION

velopments seem to have spread from this region. The spirit of the century comes out most clearly in the work of Colin Muset, an attractive poet of great talent. A disarming *quémandeur* and something of a *gourmand*, he manages to infuse his own artless charm and gay epicureanism into lyrics of the *reverdie* and *pastourelle* type.

Many of the lighter lyrics were written to provide the text of songs that accompanied the dances (*caroles*) of the period. The *estampie*, for example, is a gay dance-form with a content based on the *mal-mariée* or the *belle dame sans mercy* theme. From the point of view of later developments, the most important dance-song is the *rondel*: originally the refrain of a light lyric into which new lines were inserted, giving a pattern aAabAB,[1] it underwent considerable development in the next century. A related form, the *ballade*, with the formula AAcdcdeaAB,[1] is the starting-point of what will become the predominant lyric type in the period 1300–1500. Showing considerable variation in the first decades of its existence, it becomes fixed in its final form (three octosyllabic stanzas rhyming ababbcbC plus an *envoy* bcbC) by the end of the fourteenth century. The *virelai* is another related type. In addition, the second half of the thirteenth century produces songs (the *lais* and *descorts*) with a complicated musical structure or of a polyphonic character (the *motets* or part-songs).

The result of this tendency towards musical and metrical complexity is that the fourteenth-century poets abandon the old *chanson d'amour* and use a small number of new types—the *rondeau*, *ballade*, *virelai*, *lai*, &c.—the form

---

[1] The lines of the stanza are denoted by small letters, those of the refrain by capitals. In the *rondel*, the new lines are represented by small letters.

INTRODUCTION

of which becomes fixed within narrow limits. The century is notable also for a large number of long narrative poems which make use of the allegorical machinery introduced into vernacular literature by the *Roman de la Rose*. In this period also, allegory, in the form of the personification of abstractions, becomes more and more a feature of the lyric proper. The main lines along which the poetry of the century was to develop were laid down by Guillaume de Machaut, an outstanding musician as well as a poet. The content of the poems, whether amorous or didactic, remains much the same as in the thirteenth century, treatment being normally of the high courtly type. The chronicler Froissart produced much elegant love-poetry, often allegedly autobiographical and on the whole bright in tone and relieved by pleasant imagery. The trend of the time is, however, towards heavy didacticism, and in Eustache Deschamps we meet with a poet who affects to be a counsellor of princes and who makes the *ballade* and *rondeau* vehicles for moral commonplaces, political comment, and observations, generally disgruntled, on his own troubles and maladies. Amorous themes are still treated by Deschamps, although it is obvious that by now the *ballade* has moved far from its dance-song origins.

Fifteenth-century poetry continues along the lines marked out by Deschamps. Christine de Pisan is at times highly sententious, but writes poems on the forsaken lover theme which are a true reflection of her feelings after the early death of her husband and which by their poignant sincerity still have power to move us. Alain Chartier, the 'Orator', is not primarily a lyric poet but a serious moralist preoccupied with the duties of the three estates in the circumstances resulting from the breakdown of Charles VI's

INTRODUCTION

government and the English invasion. Nevertheless, his courtly poem *La Belle Dame sans Mercy* enjoyed enormous contemporary fame; the use he made in this poem of the *huitain* (with a rhyme-scheme ababbcbc) for extended narrative was widely imitated, notably by Villon and by the sententious, rather stiff Jean Régnier (*c.* 1390–1468), whose *Livre des Fortunes et Adversitez* contains the meditations of a prisoner, developed along conventional religious lines. Martin Le Franc (?1410–?61) and Martial d'Auvergne (?1430–1508), the former the author of a long didactic poem, *Le Champion des Dames*, deal with courtly ideas but are not primarily lyricists. Pierre de Nesson (1383–?1443) is a powerful but macabre religious poet whose *Leçons de Job* preach the misery of the human condition.

The outstanding poets of the century are Charles d'Orléans and Villon. All the poetry of Charles d'Orléans is in the high courtly tradition. Like his aristocratic predecessors, he regards poetry partly as an elegant social diversion and partly as a craft which challenges his skill. He comes however at a time when the courtly tradition is becoming increasingly ossified and when love poetry, like everything else, is dominated by the mania for allegorical personifications. His use of allegorical characters is fluent and ingenious, and he handles the *rondeau* form with consummate artistry. Although some of his early love poetry is by no means lacking in feeling, much of his work seems merely elegant craftsmanship in which content counts hardly for anything. His best-known *rondeau*—*Le temps a laissié son manteau*—in which the flowers and raindrops of summer are seen as tapestry and delicate jeweller's work, illustrate his preference for the exquisitely

INTRODUCTION

artificial as opposed to the purely natural. His most convincing personifications—*Vieillesce, Soussy, Desplaisance* and so forth—are symbols of disappointment and frustration, and the general impression his work leaves is that of a depressed and ageing poet writing in the autumn of the Middle Ages.

By contrast, Villon, although not untouched by the disillusion of his century, is a figure of immense vitality. Once considered a solitary genius without literary ancestors, he is now known to be not only the greatest but the most representative writer of the later medieval period. His themes are for the most part thoroughly hackneyed and much of his distinction lies simply in the fact that he said what all his contemporaries were saying with a power and a finality that none of them could hope to rival. His *Testament* lacks a real centre of gravity and is many things in one: a comic will; a meditation on death and decay along familiar medieval lines; a parody of the *belle dame sans mercy* convention; and finally an apology for his own youthful excesses, which he treats as 'natural' and, as such, to be condoned: an attitude which may owe much to Jean de Meung's *Rose*. Villon's gratuitous obscenity, impudent mockery, and malicious vituperation have a long ancestry and belong to that 'realistic', or better, coarsely depreciative, tradition abundantly represented in the satirists, parodists, and comic writers of the earlier medieval period. That Villon is a great comic writer in the irreverent medieval style needs no stressing. He can also be profoundly serious, as in his *Epitaphe Villon*, one of the very greatest of French poems, in which he speaks in the name of the executed criminal and pleads for our compassion, alleging that the criminal and the law-abiding belong to the

INTRODUCTION

same human fellowship and are united by a common need to forgive and be forgiven.

Villon had imitators: Guillaume Coquillart (*c.* 1450–1510) and Henri Baude (*c.* 1430–*d.* 1496), but poetry in the second half of the century becomes increasingly dominated by the school of the *grands rhétoriqueurs*. The poets of this school, which originated at the court of Burgundy, are strongly influenced by the sententious gravity and oratorical tendencies of Alain Chartier. Like Chartier, the founder of the school, Georges Chastellain (?1405–75), his successor Molinet (1435–1507), and many of its later members (e.g. Robertet (?1440–98)) were men of erudition, holding secretarial posts in princely households. That such men should write in a chancery style and should take a somewhat solemn and ponderous view of the poet's function is natural enough. Gravely didactic and aiming at the imitation of antiquity—which in practice means the treatment of medieval themes in an aureate Latinized style intended to rival in its dignified solemnity that of the classical moralists—the *rhétoriqueurs* were held in high esteem down to the end of the sixteenth century, and Ronsard's inflated sense of mission, as well as the erudite pedantry of some of his work (e.g. the *Hymnes*), may owe something to their example. Since the sixteenth century, critical opinion has been uniformly adverse to these poets. It may be that their defects and extravagances have been unduly emphasized at the expense of their positive merits. These extravagances—notably the cult of metrical complication and bizarre feats of rhyming—are nevertheless difficult to overlook.

Jean Lemaire de Belges (1473–?1524) is a more attractive poet. A *rhétoriqueur*, he nevertheless strongly reflects

INTRODUCTION

Italian influences and combines the sententiousness of the old century with the sensuousness of the new. His *Concorde des deux langages* contains verse sections in *terza rima*, while his *Épîtres de l'amant vert*, recounting the death of a pet parrot and the adventures of its soul in the Underworld, have charm and playfulness as well as classical erudition.

Clément Marot, the son of the *rhétoriqueur* Jean Marot, begins in the older style, but eventually comes to regard himself as a purveyor of refined entertainment for a court society. He was in the service of Francis I and Marguerite de Navarre and shared the liberal theological attitude of Marguerite's circle. A friend of neo-Latin poets and a translator of the classics, he is not influenced by classical thought and style but remains strongly attached to the traditional medieval verse forms. It is conceded, however, that his sense of composition belongs to his time. His introduction of the sonnet into French literature is his only important formal innovation. Marot's distinctive characteristic—an engaging and somewhat impudent wit, informed by good sense confined within the bounds of good taste—comes out most clearly in his *poésies de circonstance*. The first and, with the possible exception of Voltaire, the best epigrammatist in the French language, his taste for highly pointed poetry may have been acquired from Latin authors or their contemporary neo-Latin imitators, although, as Vianey has shown, there are features in Marot's work, notably in his *huitains*, that recall the conceited verse of the Italian strambottists of the late Quattrocento. The new lasciviousness that appears in his *blasons*, i.e. extended descriptions of female beauty, no doubt goes back to the same source. His metrical translation of the Psalms, adopted at Geneva and later in use among French Protestants, shows the happy use of strophe forms borrowed from the popular songs of the previous century, and the song forms later in vogue among the Pléiade poets owe much to Marot's influence. The frivolous and traditionalist character of Marot's work did not however endear him to the Pléiade; more or less in disgrace from that period with the official arbiters of taste, his influence was nevertheless at all times very pervasive and has worked powerfully, although largely indirectly, on later literature.

II

In the last days of the year 1494 the army of Charles VIII surged down the Alpine slopes into Italy, and thenceforward, until that sinister battle of Pavia in which Francis I lost all *fors l'honneur*, Italy was the centre and focus of European learning and chivalry. It was the amazing vision of a mode of life more passionate and more comely than their own, a mode for which gallant soldiers and scholars enthusiastic concerning all new things were just then apt, that first enthralled the strangers from beyond the hills.

They found a country which is still to us, as to them, an earthly paradise; where, amid superb cathedrals and palaces and beautiful walled cities, dwelt a race that numbered life itself amongst the grand arts. The love of beauty for its own sake, the careful delight in the details of existence as well as in its passion and its poetry, so that an artist in metals would spend months in engraving a sword-blade, and a squabble about Greek enclitics would be conducted with all the fury of a religious war; the intellectual ruffians who entertained great poets, and translated Plato, and burnt each other's towns; the wily and terrible masters of

INTRODUCTION

intrigue who were Christ's vicars on earth; princes of the Church; condottieri; women like those Titian painted, and feasts as we see them in the pictures of Veronese; colour everywhere, and music, and amazing luxury:—one can imagine how wonderful this crowded and vivid existence would seem to a Frenchman of the time; how eagerly the French temperament, always curious concerning every kind of material excellence, would absorb the details and investigate the causes of such exuberant and intense vitality.

To the student of literature the most significant feature of the Renaissance is the revival of learning. Scholarship had continued throughout the Middle Ages, but it was utilitarian; learning was a weapon for the hand of the jurisconsult or the theologian. Humanism appears with the discovery of the art of printing; and when the great Venetian editions of the classics were issued scholarship was not merely a useful accomplishment but had become a high passion. The scholar was no longer an advocate who rolled Ciceronian thunder across the court, or a priest primed with Augustine: he was a happy hedonist who, like Ronsard, would lock his door and read the *Iliad* in three days. When the Sorbonne petitioned Francis I to suppress the printers it understood what a fatal blow was being aimed by the new learning at the official residence of pedantic darkness; it knew that the message contained in these old, ever-new books which were multiplying so rapidly was the message of liberty. But it committed the error of confusing liberty with impiety, and of regarding the enthusiasm for Greek and Latin as essentially pagan. Faguet has pointed out[1] that the humanist of the Renaissance had two personalities: one which went to church

[1] *Seizième Siècle: Études littéraires.*

INTRODUCTION

and loved the king, and one which adored Jupiter and loved Amaryllis. Pico della Mirandola is the type of this dual character, and the story that he was buried in the Dominican habit is strangely suggestive. In the poetry of Ronsard and the Pléiade we find all the characteristics of the complete humanist: the passion for learning, the sense of and craving for style, the realization of the beauty of natural sights and sounds, and the ever-haunting consciousness of the brevity of life and earthly love. In Ronsard, however, the love of learning for its own sake soon changed into a desire to use all his knowledge in glorifying and enriching his own poverty-stricken language. It seemed at that time as if poetry in France was henceforward to be employed, as Marot employed it, in genial commonplace, or devoted, as the ballad-mongers devoted it, to conventional essays in dreariness; that the language had grown anaemic for lack of healthy exercise and sweet air. New blood was needed, and Ronsard found it, as Dante had found it before him, and as André Chénier would find it at the end of another epoch when verse had grown stale, in the poets of Greece and Rome. Style was what was needed—style, and a language which should express noble and delicate emotions, uniting the wistful beauty of Theocritus and the *Georgics* with the resonant ardour of Pindar and the *Aeneid*. The Renaissance was full of fine ambitions, and this poet's dream was not the least splendid of them.

The official manifesto of the Pléiade, *La Deffence et Illustration de la Langue Françoyse*, was signed by Du Bellay and appeared in 1549. We learn from it the means which Ronsard was to employ in order to revive French poetry. New themes of inspiration must be found instead of the old hackneyed subjects, and new genres instead of the *épisseries* of the balladists. These new genres must be derived mainly from the Greek and Latin writers; the poet is to cultivate the epic poem; the idyll, as Theocritus wrote it; the ode, majestic as that of Pindar or lyrical as that of Anacreon; the tragedy of Sophocles; the satire of Horace in place of the *coq-à-l'asne* of Marot; the epigram of Martial and the *pitoyables élégies* of Ovid, Tibullus, and Propertius. Then the language must be enriched by new loan-words from the Greek and Latin; and not from Greek and Latin only, but by grafting from Old French, and by collecting curious words from the special vocabularies of hunting and falconry and the various handicrafts. Mere translation from the classics is deprecated, and so is writing in Latin and Greek instead of French; but it is the reformer's duty to steep himself in those ancient literatures. *Ly donques et rely premièrement, ô poëte futur! feuillete de main nocturne et journelle les exemplaires grecz et latins, puis me laisse toutes ces vieilles poësies Françoyses...*

It may seem surprising to some readers that the compilers of such a formidable edifice of rules should ever after have written anything in the least resembling poetry. It is not impossible that the elaborate study of form demanded by the *Deffence* had a fatal effect on the inspiration of the less robust members of the Pléiade; that Jodelle, with his tedious tragedy, and Baïf with his pedantic *Mimes* and attempts at a new orthography, are sad examples of an elegiac poet wasting all his strength in dramatic attempts, and of a scholar trying to become a poet by rule. Even Ronsard himself, that master of the lyric, leaves us with the impression that, though he often sings because he must, he often also sings because he knows the rules of singing. There is much in *Le Bocage Royal* to remind us that Malherbe, the perfidious Malherbe, learnt his art from the poet whose verse, as we are told in a certain scandalous story, he erased altogether; we have a chilly premonition, when we read it, of the pseudo-Arcadian shepherds and shepherdesses of the seventeenth century with their high heels and their crooks:—

> *Houlette de Louis, houlette de Marie*
> *Dont le fatal appui met notre bergerie*
> *Hors du pouvoir des loups.*

But the marvel is not that there should be any insipid exercises of the kind in the work of Ronsard, but that there are so few; that the favourite of kings and the self-ordained reformer of French poetry never lost his exquisite sense of the beauty of youth and the spring, and the pathos of winter in the fields and winter in the heart. We are apt, I suppose, to look on old poetry to a certain extent with the benevolent eye of the antiquary; but how seldom the shorter lyrics of Ronsard give us the chance of this attitude! A poem such as *Mignonne, allon voir si la rose* has all the freshness and fragrance of a summer day at dawn; it is impossible to contemplate it with intelligent interest as a specimen of sixteenth-century poetry; we might as well try to refuse to be thrilled by the coming of spring because the spring happens to be a million years old. Ronsard may have gone to the Greeks for this quality, and to the Latins for the other, and to Petrarch for a third, but the real sources of his inspiration are betrayed by the visions that the verses keep for us: sunshine and bright rain, changeful skies and awakening flowers. The immortal novelty of great art is a trite theme, but it is worth reiterating when even Pater writes of these poems as if they were specimens of remarkable tapestry in a museum.

In enumerating the characteristics of humanism, we spoke of its abiding consciousness of the brevity of life and love. That sense is the canker which lies in the heart of intellectual paganism, the pathos of

> Beauty that must die;
> And Joy whose hand is ever at his lips
> Bidding adieu . . .

The sudden thought of 'the night of perpetual sleep' breaking in like a cruel intruder amid the loveliness of the long safe summer days; the bewildering tragedy of early death—these are the phantoms that begin to haunt the poets of the Renaissance, and lend to French poetry a new note of wistfulness.

> Si périssable est toute chose née,
> Que songes-tu, mon âme emprisonnée?

Ronsard finds no answer to that question; if he hopes at all, it is for an eternity of fame, and for repose *par les ombres myrteux*; Du Bellay, at least when he writes under the influence of Petrarch, yearns for *un plus clair sejour*, where he can meet the ideal beauty, as Dante met Beatrice, in a heaven too full of strange light to have colour and warmth. The points of view may be limited and literary, but they are expressed, as far as Ronsard is concerned, in two sonnets of exquisite and immortal loveliness, the *Quand vous serez bien vieille* and *Comme on void sur la branche au mois de May la rose*.

In the prolific nature of his genius and his passionate curiosity for new metres and old words Ronsard is a typical

INTRODUCTION

son of the Renaissance; Du Bellay, with his melancholy, his petulance, his wayward gentleness, seems like a poet of our own time, and his verse probably appeals more intimately to Englishmen than the greater but less personal art of his friend. His first collection of poems, *L'Olive*, was written when he was manifestly under the influence of Petrarch, but he renounced this influence early in his short life, and his satire *Contre les Pétrarquistes* contains an excellent summary of all the characteristic mannerisms affected by the disciples of the great Italian at Lyons and elsewhere. The greater part of his work is extraordinarily personal and virile; it is largely autobiographical; we can follow him step by step in his pilgrimage of love and despair, just as we follow Byron; but Du Bellay at least never gives us the impression that he is secretly rather pleased with the role of a misunderstood lost angel. His pessimism is never languid; and his ironical power—at its best in the sonnets that narrate the election of a pope—is amazing. He was a scholar; it was not the literature, however, but the visible remnant of a mighty age which evoked the great series of sonnets that remains his supreme achievement. If anyone ever imagines that a city is not merely a collection of houses and palaces and temples, but has a strange life of its own, he will imagine it when he looks across Rome at sunset from the Pincian. The place will seem to him the prison of some fettered Titan, a colossal Prometheus who has incurred the anger of a jealous god, and been hurled to the earth and bound there, and so lain for centuries, buffeted and wounded, but immortal. This is the impression that Du Bellay has enshrined in the *Antiquitez de Rome*. He has looked beyond the gloom and grandeur of the Caesarean palaces, the mouldering

INTRODUCTION

amphitheatres and forsaken temples, and has seen the vast and deathless spirit of the city, and heard it weeping for its ruined splendour.

The other stars of the Pléiade are of lesser magnitude. Rémi Belleau translated the late Anacreontic poems discovered in 1554 by Henri Estienne, and wrote *Bergeries* and many lyrics of which *Avril*, chosen by Sainte-Beuve, remains a favourite. Daurat, the master of Baïf and Ronsard, composed bad verses in Greek, Latin, and French. Baïf indulged in pedantic experiments with metre, while Jodelle endowed the French language with its first tragedy and comedy on the ancient pattern. Through Pontus de Tyard, whose *Erreurs amoureuses* appeared in the same year as the *Deffence*, communications were established between the circle of poets and poetesses revolving round Maurice Scève at Lyons and the constellation centred in Ronsard. Scève's *Délie* was responsible for the influence of Petrarch on the Pléiade; and Louise Labé, that fair Amazon, wrote intensely passionate poetry full of the obscure symbolism that was being cultivated in Italy. The Lyons school, indeed, had definitely broken with the traditions of the previous age, and had developed a mystical cult of beauty that was based on the Platonic theory of Ideas. But the spirit of the Pléiade is on the whole hostile to obscurity in thought and in language. Ronsard realized that French had all the delicate and accurate clearness of tone that belongs to a perfectly-tuned violin; that it possessed, beyond all languages but Greek, a power of expression that could be sharply definite without losing its harmony; and to him, as to all great poets, expression seemed finer than mystification.

To Ronsard and the Pléiade, besides a high dignity of

INTRODUCTION

style and a lyric sweetness never before approached, we owe the modern genres of poetry, the free lyric, the ode, the various forms written in Alexandrines, the sonnet, and the great *strophe Malherbienne*, which was in reality the *strophe Ronsardienne*, for Malherbe has only added a syllable to each of its lines.

III

The Renaissance was a return to individualism, to personal freedom of thought and action. *Fay ce que vouldras* was the inscription on the portal of Rabelais's Thélème; be intolerant and suspicious of all formal control which is based on outworn and arbitrary rules—

> Be your own star, for strength is from within,
> And one against the world will always win !—

this is the most startling of the qualities that distinguish the temperament of the Renaissance from that of the Middle Ages. In Castiglione's *Cortegiano* and Montaigne's *Essais* we may see how this new spirit affected the man of affairs and the man of thought; and Ronsard's passion for personal fame and the poignant heart-sickness of Du Bellay's *Regrets* are widely different examples of its influence on the poets. The Reformation was a reaction against this spirit of self-culture and self-expression, and a perfectly logical reaction. The religion of the Middle Ages had led men, like sheep, in flocks; and the reformers realized that the new individualism had rapidly become the sworn enemy of that particular kind of spiritual direction and was developing into an extreme form of pagan nonchalance. But whatever the theological defects of

INTRODUCTION

individualism may be, it is a necessary adjunct to any period of great lyric poetry, and when the literature of any country loses this quality and falls into the careful hands of cliques and coteries we may conclude with tolerable certainty that, for the moment at least, its singing season is over. Poetry in a cage of rules is like an imprisoned bird: she will pipe a formal tune for you, but the wild sweetness of her woodland voice was lost with her liberty.

It has been said that the continued eagerness shown by the French temperament to impose the restraint of authority on its art is produced by the distrust of its own exuberance. The time had certainly come to distrust the exuberance of Ronsard and to censure his lack of discrimination in borrowing from antiquity. The unsparing protests of Malherbe supported the models he provided of a more restrained and stronger art, suitable for impersonal themes and objective occasions.

The 'reform' which is usually attributed to Malherbe was probably carried into effect for another reason; it was due to a social movement in some degree analogous to the moral reaction which we spoke of a moment ago. Poetry became domesticated and went to live at the Hôtel de Rambouillet. Or rather, it went there to die. The day of the *Précieuses* began, and Vincent Voiture was their laureate. There is no doubt that these amiable ladies exercised an influence on French literature that was not altogether for evil: for they admitted it to their *salons* on the understanding that it should behave well—or, at least, that it should avoid the grosser improprieties of language. The verse of Mathurin Régnier, for example, they would not tolerate, and, though Voiture was quite as indecent, it was indecency with a difference. We owe to them much

INTRODUCTION

of the courtly grace and charm of eighteenth-century prose in the form of letters, maxims, and 'characters', and an immense quantity of amusing light verse: epigrams, squibs, lampoons, and sonnets of love-sick shepherds who desire to end their days *en l'amour d'Uranie*. They were the foes of the *libertins*—of the unlucky Théophile who wrote the notorious couplet about the dagger that blushed to see the blood of its master—they required men of letters to be men of the world and not owlish persons in a dusty library, and thus they prepared the way for the realism of Molière. On the other hand, they were responsible for a gallantry that usurped the place of passion, for introducing the specious euphuism of Góngora and Guarini, and for making literature generally a social and impersonal art and so completely effacing the lyric. This last achievement of the *Précieuses* was consummated by Richelieu when he founded the Académie Française in 1635. The official recognition of impersonal literature had taken place; the Alexandrine rose to heights of classical dignity; the grand style was fixed, and the path was plain for the superb rhetoric of Corneille. The *Cid* was produced in 1637.

At the moment, however, when the dominion of this formal art seems to be complete, a writer appears who is content to abjure the austere regions of the classical drama and to devote his incomparable talent to fables and *contes*, each of them a little treasury of good sense and gay humour. La Fontaine realized that the language of his time was not the absolute property of a muse on stilts; the verse of Voiture, with all its defects, proved that it was still capable of an exquisite elegance, but so far no one had been adventurous enough to associate grace with

INTRODUCTION

simplicity. La Fontaine was able to extract all that was vital from the example of his predecessors, and to leave whatever was cold and fruitless; from Malherbe he acquired a certain dignity; a wise restraint that never wholly left him even in his most facetious *conte*; from Voiture and his school he derived felicity of expression, the sense of the *mot juste*. His work,

> Une ample comédie, à cent actes divers,
> Et dont la scène est l'univers,

is a real return to nature—to human nature, for all his animals are really human, and in this quality lies his affinity with the great dramatists who were his friends. His characters are types of everyday, greedy, kind, harassed humanity; when we read him we are far from the tremendous personages of Corneille, but we are some distance, also, from Racine's stern presentment of human weakness and from the terrific clairvoyance of Molière.

Boileau, the draftsman of the poetical statutes of the seventeenth century, advised the ambitious poet to study nature and nature only; but this advice implies no liberty, it is qualified by restrictions which result in the study of nature becoming the study of certain moral types. No one can help admiring the good sense and powerful, if limited, logic of the redoubtable opponent of the *Précieuses* and champion of formalism; he has all the qualities of a splendid fighter, and in spite of his crushing power of invective he was far too wise to be bitter; but his enthusiasm for literary law and order makes him support all that is most unlyrical in poetry. His contempt for Ronsard (whom he did not read) is rather amusing when we remember all that Malherbe owed to the earlier poet.

INTRODUCTION

The early part of the eighteenth century is remarkable only for its prose. The anaemic odes and allegories of Jean-Baptiste Rousseau are neat illustrations of the inevitable fate of formal verse, and Voltaire, the great Voltaire, is content, so far as his theory of poetry is concerned, to follow the obvious footprints of Boileau. His *Henriade* is as cold and pedantic as *La Pucelle* or the *Franciade*; it is for the most part in his epigrams and occasional verses that we find the admirable irony and wise humour which make *Candide* immortal. The age of Reason continues its grim course, but after a time we find a sentimental spirit beginning to invade prose literature; l'Abbé Prévost writes *Manon Lescaut* and translates some of Richardson's novels; and although for many years this new spirit finds no expression in poetry, its appearance is a definite step in the direction of romantic art; even when it existed side by side with the classic style, it was in reality its enemy. The far-sighted Boileau knew this when he laughed at the type of lover who murmurs tenderly *je vous hais* in the ear of his mistress. He had detected one of the eternal commonplaces of sentimentalism.

It was a writer of prose who gave the death-wound to the faded and uninspired remnants of the classical tradition and made existence possible for lyric poetry. Jean-Jacques Rousseau's *Nouvelle Héloïse* appeared in 1761, and the return to nature and individualism began in earnest soon after its appearance. One's own emotions and other people's tears, the effect of beautiful scenery on the sensitive temperament, the freedom of passion, the sublime self-assertiveness of love—these were the themes which this new writer proclaimed with extraordinary lyrical fervour.

INTRODUCTION

Another prose writer, Buffon, quickened the languid interest in the beauty of the world with his magnificent works on Natural History, which appeared during the latter half of the eighteenth century. The Abbé Delille and Saint-Lambert began to write poems of nature which would have shocked Wordsworth; but if their form is often contorted and absurd they at least show a desire for simplicity in their choice of a subject. Quite near the end of the century Pompeii (one might almost add Greece) was disinterred, and the writings of Winckelmann and Brunck aroused a keen if somewhat unscholarly enthusiasm for the art and mythology of the Hellenes—an enthusiasm which is commemorated in the quaint and charming artificiality of First Empire furniture and decoration. This is another instance of reaction against the 'classical' tradition, which was influenced almost entirely by the Latins. It was in the midst of this little Greek renaissance that André Chénier lived. To him, as to Ronsard, the spirit of that old literature came with strange fragrance across a desert of unctuous and inept conceits. Like Ronsard, he was strongly influenced by the Alexandrians. But whilst Lebrun and his friends were solemnly comparing the Tiers État with Latona and calling the Tennis Court Delos,[1] André Chénier was writing elegies that have the soft yet clearly cut beauty of a Sicilian coin of the great period, and idylls that have really caught some of the freshness and simplicity of Theocritus. Part of his work is marred by the rhetorical tricks of his time, but no praise can be too high for these little pictures in which the beauty of some incident of pastoral life, some golden moment of a long summer day, is made eternal.

[1] Faguet, *Dix-huitième Siècle: Études littéraires.*

INTRODUCTION

Yet these little poems were, after all, only studies that he executed whilst he was on his way to greater achievement, for he had wide ambitions, and was a sharer in the new enthusiasm for nature which the writings of Buffon had aroused. The fragment of his *Hermès* shows us that he aspired to be the Lucretius of his epoch, and his metrical innovations were daring and successful. He had a keen sense of music in words, and one has only to read his contemporaries to discover how completely this sense was lost in France when he wrote. But his tragic death came, as it came to Keats, at the moment when he was preparing for a loftier flight; his poems were not published for many years; and it is the voice of Lebrun—'Pindare'—after all, that sings the swan-song of the eighteenth century.

IV

The writers of the great epoch of French lyric poetry are sufficiently well known in England to make a detailed account of their art superfluous in this volume. It is, however, worth while to observe that the germ of almost every quality which the poets of the nineteenth century possess is to be found in the work of a master of prose. Chateaubriand is the genius of the revolt against the classical fetish.

His temperament is as modern as that of Verlaine. He is the realization of the type foreshadowed, with certain gross limitations, by Rousseau in the *Confessions*, *Émile*, and *La Nouvelle Héloïse*—the type of the lonely, self-analytical soul that sees all the world through the darkened glass of its own moods. He is so intensely individual that the only characters in his fictions which really live are faithful reflections of his own personality; the rest are the shadows of shades. Though he has left hardly any

INTRODUCTION

verse, he had in a supreme degree the sensitive imagination of the poet; any one who has studied his work carefully will be astonished, when he reads modern French poetry, to find so great a part of it apparently consisting of Chateaubriand rendered in verse. He is the pioneer of the Romantic movement; his deep sense of man's unity with nature is echoed in Lamartine's *Le Lac* as clearly as his wonderful descriptive power is reflected in Leconte de Lisle's *Sommeil du Condor* and in a hundred other 'pictorial' poems. In Vigny and Musset we find something of his haunting sense of the *lacrymae rerum*, and in the latter, at any rate, the same luxury of regret; and his idea of the epic of Christianity and his historical method are distinctly traceable in Hugo's *Légende des Siècles*. He is the genius, as we said, of the revolt against the classical tradition, which had dwindled at the beginning of the nineteenth century to a mere lifeless mimicry of forms that were themselves essentially derivative. He represents, too, the revolt against pagan mythology; he is weary, as he says somewhere, of a nature that is peopled with a crowd of undignified gods, and he extols the finer conception of a single soul pervading all natural things. His point of view is distinctly aesthetic; it is the imaginative beauty of Christianity that appeals to him—another modern characteristic. Above all, he has the sense of composition, of literary structure—a sense which France, of all countries, is the least likely to lose, but one which had grown very feeble at the end of the eighteenth century. He was a consummate artist. He, and not Chénier, whose works he read some time before their publication in 1819, is the protagonist of modern French poetry.

Another and earlier writer of prose shares with Chateaubriand the honour of being a founder of the Romantic tradition. In *La Littérature considérée dans ses rapports avec les Institutions sociales* Madame de Staël had expounded the theory of the distinction between the Northern and Southern literary temperaments, and in a subsequent work, *De l'Allemagne*, she developed it further, insisting on the importance of the Northern literature, and revealing to France two elements from which her poetry had long been estranged, the grotesque and the *macabre*. It is after the publication of these books that the influence of other European literatures, which appeared in Voltaire and Jean-Jacques Rousseau, begins to assume an extreme importance. Shakespeare becomes more than a mere name; Byron and Walter Scott are regarded as the high priests of sentiment and local colour, and the cult of the 'Gothic Age', that phantasmagoria of wicked barons and snow-pale princesses, of grim donjons and sinister forests where all the devils lurk, becomes a fever:

> Voilà que de partout, des eaux, des monts, des bois,
> Les larves, les dragons, les vampires, les gnomes,
> Des monstres dont l'enfer rêve seul les fantômes,
> La sorcière, échappée aux sépulcres déserts,
> Volant sur le bouleau qui siffle dans les airs,
> Les nécromants, parés de tiares mystiques
> Où brillent flamboyants des mots cabalistiques,
> Et les graves démons, et les lutins rusés,
> Tous par les toits rompus, par les portails brisés,
> Par les vitraux détruits que mille éclairs sillonnent,
> Entrent dans le vieux cloître où leurs flots tourbillonnent.

But all this fustian of ogres and broomsticks was only the first wild exuberance of the Romantic spirit, the excessive

INTRODUCTION

delight of a poetry that found itself free at last from the galling chain of rule and convention. A great part of it was polemical: when Gautier writes *Albertus*, 'he only does it to annoy' the prim personages who still try to floor the youth of 1830 with the Classical cudgel; and the careless insolence of some of Musset's early poems has the same end in view. The true value of the Romantic movement lies, not in its *couleur locale*, its Gothic pinnacles and Spanish balconies, but in its ultimate return to genuine personal expression instead of rhetoric, in the new richness and lyrical quality of its language, and the new variety of its poetical forms.

For the first twenty years of the century the bad poets of the Empire—Delille, Chênedollé, and the rest—continued to perpetrate their amiable pastiches, until, in 1820, the appearance of Lamartine's *Méditations* inaugurated the great period of French lyrical verse. The book was welcomed with intense enthusiasm; here at last, it seemed, was the poet of the new France, the singer whose voice was exquisite with all the vague yearning of modern idealism and all the poignant melancholy of modern regret; a poet intensely personal and sincere, with few but very noble ideas, and with a richness of diction and mastery of harmonious verse that must have seemed like witchcraft to the little rhymers of the Empire.

He was not destined to be alone in greatness. The magnificent poetry of Hugo began with the publication of the *Odes* in 1822, following close upon the *Poèmes* of Alfred de Vigny—first-fruits of a genius which only reached its full dignity many years later. The golden galleon of romance set all sail for Eldorado; *Cromwell* was published, with its polemical preface: and the simultaneous apparition of *Hernani* and the too famous *pourpoint* of Théophile Gautier showed the opponents of the new spirit, as a contemporary remarked, that the theatre had become the veritable abomination of desolation. Sainte-Beuve, himself a poet who had 'died young', joined the *cénacle*, and his critical influence became apparent in the technique of the subsequent works of Hugo; and Alfred de Musset, the wayward, idle apprentice of the Romantic movement, amazed his world with *Namouna*.

After the first fervours of enthusiasm had waned, and when the battle was won and the Académie Française rose to the occasion with an honourable surrender, the conquerors began to set their house in order, and to define, though not to contract, the bounds of their own domain. There was a recrudescence of that spirit of orderliness which seems eternal in French literature; a new classical spirit, with none of the warping rules of the dead tradition, is apparent in the dignified restraint that all the great poets manifest in their treatment of the language. With Musset—to take as an instance the most irresponsible of them—wild licence has matured into noble freedom; and the *Lettre à Lamartine* and the *Nuits* express the most personal emotion with the utmost—with a classic—dignity. A kindred restraint gives Alfred de Vigny's later poems their austere grandeur:

Depuis le premier jour de la création,
Les pieds lourds et puissants de chaque Destinée
Pesaient sur chaque tête et sur toute action.

Chaque front se courbait et traçait sa journée,
Comme le front d'un bœuf creuse un sillon profond
Sans dépasser la pierre où sa ligne est bornée.

INTRODUCTION

Ces froides déités liaient le joug de plomb
Sur le crâne et les yeux des hommes leurs esclaves,
Tous errants, sans étoile, en un désert sans fond;

Levant avec effort leurs pieds chargés d'entraves,
Suivant le doigt d'airain dans le cercle fatal,
Le doigt des Volontés inflexibles et graves.

And we find the same quality in Hugo's mature work:

Tout reposait dans Ur et dans Jérimadeth;
Les astres émaillaient le ciel profond et sombre;
Le croissant fin et clair parmi ces fleurs de l'ombre
Brillait à l'occident, et Ruth se demandait,

Immobile, ouvrant l'œil à moitié sous ses voiles,
Quel dieu, quel moissonneur de l'éternel été
Avait, en s'en allant, négligemment jeté
Cette faucille d'or dans le champ des étoiles.

It was to majestic harmonies of this kind that the wild music of Romance gradually developed. As regards subject, also, the great poets freed themselves from anything that was conventional in the Romantic revival; Hugo, allowing wrath to 'embitter the sweet mouth of song', aired his political hatreds in *Les Châtiments*, and wrote the epic of the world in the *Légende des Siècles*; and the Vigny of *Les Destinées*, with his stoical pessimism and abiding idea of Nature as *la grande indifférente*, seems very distant from the Vigny of *Madame de Soubise*.

S'il est vrai qu'au Jardin sacré des Écritures
Le Fils de l'homme ait dit ce qu'on voit rapporté;

INTRODUCTION

> Muet, aveugle et sourd au cri des créatures,
> Si le Ciel nous laissa comme un monde avorté,
> Le juste opposera le dédain à l'absence,
> Et ne répondra plus que par un froid silence
> Au silence éternel de la Divinité.

It would require considerable ingenuity to trace the intimate connexion between these lines and the epoch that adored *Hernani* and sang *Avez-vous vu dans Barcelone*.

There was, however, one poet who was content to remain for his whole life a Romantic in the sense in which that word was used in 1830. For the readers who hold that poetry can be great independently of great ideas Gautier is naturally and logically the king of rhyme, but they who hold the contrary opinion are compelled, when they read him, to sigh the lack of many a thing they sought. He is a master of descriptive poetry, an incomparable word-painter, a carver of gems; anyone who reads the best poems in *Émaux et Camées* will afterwards discover that they absolutely decline to be forgotten; but we remember them as we remember fragments of music, or colour in some picture: seldom because they are the noble expression of noble thoughts. They never appeal to our profound emotions, for the simple reason that they were constructed unemotionally, or rather, with the highly restrained emotion that an artist in ivory feels when he executes an extremely intricate piece of work. Gautier would have said that this was precisely the kind of emotion that the poet should feel. And this is the shibboleth of his camp. From him, and still more from Leconte de Lisle, the poets of the *Parnasse Contemporain* of 1866 claim their descent. Their return to a rigid theory of versification was a reaction

INTRODUCTION

against the loose methods of various disciples of Lamartine and Hugo; a deliberate conspiracy (to quote Sully Prudhomme), 'against the excessively facile line, the line which is feeble and flabby, fluid as water, and as formless'. The passion for order once again obsesses French verse; no matter how exotic or commonplace his ideas, this phantom bestrides Pegasus behind the poet: it is equally obvious in the terrible and haunting dreams of Baudelaire and in the agreeable palinodes of Banville. We may view the future of poetry in France without foreboding, conscious that, in spite of the amusing revolts of transient eccentricity, the love of symmetry, the desire for comely order, will never wholly forsake the art of a nation so justly famous for her tradition of harmony in construction and clearness in idea.

V

'The passion for order once again obsesses French verse', wrote St. John Lucas in concluding the previous paragraph. But it was not the obsession which he found 'equally obvious in the terrible and haunting dreams of Baudelaire and in the agreeable palinodes of Banville', that inspired their successors. The Parnassians, their contemporaries, did attempt to establish an order based on retrospective ideals; but the effort was sterile. Leconte de Lisle alone had personality enough to vary, in patterns of a hard brilliance, the formula he had imposed on his disciples; yet the best of his work was a continuation *ad finem*, not a new beginning. Until almost the end of his ascendancy (his death occurred in the same decade as Verlaine's and Mallarmé's), the vital stream of French poetry seemed to run underground, only to emerge secretively or in irrepressible

INTRODUCTION

gushes. With the discouraged but persistent Mallarmé a language of hermetic novelty gradually insinuated itself into the curiosity and respect of an increasing number of admirers. With Rimbaud an unprecedented energy of revolt seemed to explode the traditional language into fiery particles of significance which none but his own genius could assemble and explicate.

The 'Decadence' had set in, overturning the classical casts, stuffed fauna, and bric-à-brac in the studios of the Parnasse and disturbing the superb *maîtrise* before the mortar was set, to make room for experimental techniques ousting one another in the race for liberty. The new poets, however, were not content to be iconoclastic. Their difficulty was to face a régime that held fast to clarity with a definition of their innovation: their conception of poetry being of something which by nature resists definition. What they had to communicate—but that again was an inappropriate word. The enemies of *la clarté française* were primarily concerned to discover something hidden in the mystery of existence; their work was the quest of an illumination, a 'chasse spirituelle'; and the only forerunner they recognized was Baudelaire the author, not of the refrain to *L'Invitation au Voyage*, but of the sonnet, *Correspondances*.

The emergent pattern of poetry marked a spirited, if not a spiritual, reaction from the preponderant realism of late nineteenth-century literature, with which the Parnassian programme had much in common through its cult of sharp outlines, verifiable references, and mundane experiences. The long association with the plastic arts was now relinquished in favour of music, the art of 'indefinite' allusion supremely capable of exploring and suggesting the

INTRODUCTION

mystery within and beyond the individual. More even than this is implied in Mallarmé's phrase, 'reprendre notre bien'. So intimate a bond was perceived to exist between the two arts that the one could borrow from the other on terms of enhanced exchange; and it was now the turn of poetry to recover what it had lent.

In externals the ideal form of poem might still appear not far removed from traditional modes. Versification and stanza arrangement had already been intimately adapted to accommodate haunting recurrences, richer harmonies, reverberations and overtones. Under the sustained spell, the 'charme continu', which Valéry perceived to be the technique of fascination in *Les Fleurs du Mal*, poetry had become incantatory. This was the technique Mallarmé adapted to his own devices by weaving rhythm, harmony, and imagery into a complex Symbol which may seize the mind by its resonance long before its full significance is disclosed.

Meanwhile Rimbaud was treating rhythm and imagery with the utmost creative freedom. Having as a schoolboy proclaimed Baudelaire a god among poets, while condemning his form as antiquated, the amazing young innovator remained unappeasable until he had impregnated prose with poetry and poetry with prose and, after exhausting the potential of both in his time, had turned to the hazards of trading in Ethiopia, where he could ignore the intimations of his own fame.

Rimbaud's liberation of the image leads to Breton's complete liberation of the imagination. Declaring that the value of an image is a function of its absurdity, he expels from poetry all that is not irrational. Arrangement is rejected; the only acceptable 'form' is the haphazard shape

INTRODUCTION

of what falls uncontrolled on the page. Surrealism is none the less regarded as the most important event of the period. 'Nothing', says a contemporary critic, 'has left so profound a mark on the poetry of the present time.'[1]

At first iconoclasm seemed *de rigueur*. In their anti-logical frenzy the founders of the movement had ruled 'literature' out with a stroke of the pen. As they matured, the Surrealists renounced the threat of total destruction, and were soon claiming for their work the value of psychological investigation. What can scarcely be denied is that they have succeeded in creating a type of beauty founded on the marvellous, the absolute, and the absurd. In this way the Surrealist experiment links the revolt of Rimbaud to the anxious agitations of contemporary Existentialists. The movement has been called the logical extreme of Romanticism. In 1826 Balzac had referred to the modern literature of his time as a 'literature of the image'. Today M. Gaëtan Picon affirms that, as the result of Surrealist action, a contemporary poem may count more images, *trouvailles*, and surprises than can be found in the most illustrious poem of the past.

Surrealism has sustained many desertions. Those who broke away have gone in directions too diverse to be traced here, but they all share the desire to communicate. Hermetic subjectivism has been abandoned in favour of a sensitive grasp of externals. Of the original group who witnessed the catastrophe of 1940, some joined the Resistance movement and emerged with honour to themselves and an agonized compassion for their fellows. The most attractive figure among them was Paul Éluard, who died in 1952. 'No poet since Verlaine', it was recently

[1] Gaëtan Picon, *Panorama de la poésie contemporaine*.

INTRODUCTION

said, 'has written of love with his simple intensity, nor equalled the tenuous perfection of his style.'[1]

Deep human feelings, refined to a poignant tenderness or touched with whimsical irony, characterize the work of Jules Supervielle, who was claimed as a Surrealist on the appearance of an early volume, but had never joined the group. For many readers he is still the most attractive of living French poets; whereas Aragon won greater popularity in war-time with regular verses whose sentiment, though genuine, has not retained its freshness.

At the extreme limit of those who have abandoned every trace of the conventional modes and yet who assiduously organize their compositions for deliberate effect, stands Henri Michaux, 'the most singular poet that is'—if he is not too singular to be called a poet. His complete independence is shown in startling experiments with forms which, though spare in imagery, are capable in a few lines of making strong impressions on the mind's retina through an adroit handling of insistent repetitions. Not that Michaux's fantasies are mere verbal juggleries: some of them are charms for use in times of catastrophe. His 'exorcisms', he tells us, 'aim at keeping at bay the hostile powers of the world around'.

If the order to which St. John Lucas thought French poetry was striving to return at the end of the last century is nowhere visible in the incessant experimenting of the present, there has yet been no loss in balance of dignity. One of the most impressive signs of the last fifty years has been the revival of Catholic inspiration in the literature, and especially in the poetry, of France. The heroism

[1] Professor C. A. Hackett, *An Anthology of Modern French Poetry*, p. 275.

INTRODUCTION

of Péguy, the magnificent confidence of Claudel have sustained the tradition with fervour and resource. At some distance from these *chevaliers servants* of the Catholic muse, humbler spirits of no less sincerity have renewed their inspiration through acts of simple piety, like Francis Jammes, or of more difficult renunciation and allegiance like Max Jacob, who deserted Montmartre for the presbytery of Saint Benoît-sur-Loire, and P.-J. Jouve, who disowned all he had written before submission.

Yet the most serious of recent French poets do not all subscribe to the Faith. Distinctions must be made in favour of the noble compositions of Saint-John Perse, which distantly reflect the movements of their author but assimilate them to the vast rhythms of nature and civilization; and of the pure crystallizations of Paul Valéry, whose work, never more widely admired than today, is written in a spirit of refined scepticism reminiscent of pagan antiquity.

AUTEUR INCONNU

XIIe Siècle

Belle Erembor

Q̲UANT vient en mai que l'on dit as lons jors,
  Que Franc de France repairent de roi cort,
Reynauz repaire devant el premier front,
Si s'en passa lez lo meis Erembor,
Ainz n'en dengna le chief drecier amont.
           E ! Reynaut amis !

Bele Erembors a la fenestre au jor
Sor ses genolz tient paile de color.
Voit Frans de France qui repairent de cort
E voit Reynaut devant el premier front.
En haut parole, si a dit sa raison:
           « E ! Reynaut amis !

« Amis Reynaut, j'ai ja veü cel jor,
Se passisoiz selon mon pere tor,
Dolanz fussiez se ne parlasse a vos.
— Jal mesfaïstes, fille d'empereor.
Autrui amastes, si obliastes nos.
           — E ! Reynaut amis !

« Sire Reynaut, je m'en escondirai;
A cent puceles sor sainz vos jurerai,
A trente dames que avuec moi menrai,
C'oncques nul home fors vostre cors n'amai.
Prennez l'emmende, et je vos baiserai.
           E ! Reynaut amis ! »

AUTEUR INCONNU

Li cuens Reynauz en monta lo degré.
Gros par espaules, greles par lo baudré,
Blonde ot lo poil, menu recercelé,
En nule terre n'ot si biau bacheler.
Voit l'Erembors, si comence a plorer.
      E! Reynaut amis!

Li cuens Reynauz est montez en la tor,
Si s'est asis en un lit point a flors,
Dejoste lui se siet bele Erembors;
Lors recomencent lor premieres amors.
      E! Reynaut amis!

XIIe Siècle

Gaiete et Oriour

LOU samedi a soir, fat la semainne,
Gaiete et Oriour, serors germainnes,
Main et main vont bagnier a la fontainne.
    Vante l'ore et li raim crollent:
    Ki s'entraimment soueif dorment.

L'anfes Gerairs revient de la cuitainne,
S'ait choisie Gaiete sor la fontainne,
Antre ses bras l'ait pris, soueif l'a strainte.
    Vante ...

« Quant avras, Oriour, de l'ague prise,
Reva toi an arriere, bien seis la ville:
Je remanrai Gerairt ke bien me priset. »
    Vante ...

Or s'en vat Oriour teinte et marrie;
Des euls s'an vat plorant, de cuer sospire,
Cant Gaie sa serour n'an moinnet mie.
    Vante ...

AUTEUR INCONNU

« Laise », fait Oriour, « com mar fui nee!
J'ai laxiet ma serour an la vallee.
L'anfes Gerairs l'an moine an sa contree. »
    Vante . . .

L'anfes Gerairs et Gaie s'en sont torneit,
Lor droit chemin ont pris vers la citeit:
Tantost com il i vint l'ait espouseit.
      Vante l'ore et li raim crollent,
      Ki s'entraimment soueif dorment.

LE VIDAME DE CHARTRES

†? 1219

Chanson

COMBIEN que j'aie demoree
   Hors de ma doulce contree
Et maint grant traval enduré
En terre maleüree,
Por ce n'ai je pas oblïé
Le dolz mal qui tant m'agree,
Dont ja ne quier avoir santé
S'en France ne m'est trovee.

Si me doinst Deus joie et santé,
La plus belle qui soit nee
Molt me conforte en sa bialté
Qui si m'est el cuer entree.
Et se je muir en cest pensé,
Bien cuit m'ame avoir salvee;
Car m'eüst or son liu presté,
Deus! cil qui l'a esposee.

LE VIDAME DE CHARTRES

Ha Deus! trop sui maleürez
Se cele n'ot ma proiere
A qui je me sui toz donez,
Si ne m'en puis traire ariere.
Molt longement me sui celez
Por cele gent malparliere,
Qui ja lor cuers n'avront lassez
De dire mal en derriere!

Ha! dolce riens, ne m'ocïez
Ne soiez cruels ne fiere
Vers moi qui plus vos aim qu'assez
D'amor leal et entiere.
Et se vos por tant m'ocïez,
Las! trop l'achaterai chiere
L'amor, dont trop serai grevez,
Mais or m'est dolce et legiere.

RICHART DE SEMILLI

Début du XIIIe Siècle

Chanson

J'AIM la plus sade riens qui soit de mere nee,
En qui j'ai trestout mis cuer et cors et pensee:
  « Li douz Deus! Que ferai de s'amor qui me tue?
  Dame qui veut amer doit estre simple en rue,
  En chambre o son ami soit renvoisie et drue! »

N'est riens qui ne l'amast; cortoise est a merveille,
Plus est blanche que flor, coume rose vermeille:
  « Li douz Deus!... »

RICHART DE SEMILLI

Ele a un chief blondet, euz verz, boche sadete,
Un cors pour enbracier, une gorge blanchete.
   « Li douz Deus ! . . . »

Ele a un petit pié, si est si bien chaucie ;
Puis va si doucement desus cele chauchie.
   « Li douz Deus ! . . . »

Qu'iraie je disant ? N'est nule qui la vaille !
Se plaine est de pitié, il n'est riens qui i faille !
   « Li douz Deus ! . . . »

Quant el vet au moustier, si simple est et si coie,
Ja ne fera senblant de riens que ele voie.
   « Li douz Deus ! . . . »

Quant ele est en meson, toute seule sanz noise
Lors mande qui qu'el veut, si se greve et envoise.
   « Li douz Deus ! . . . »

Chançon, va tost ; si di la douce debounere
Qu'el te chant sanz merci, el le savra bien faire !
   « Li douz Deus ! . . . »

THIBAUT DE CHAMPAGNE

1201–†1253

Chanson d'Amour

UNE chançon oncor vueil
Fere por moi conforter.
Pour celi dont je me dueil
Vueil mon chant renouveler ;
Pour ce ai talent de chanter
Que, quant je ne chant, mi œil
Tornent souvent a plorer.

THIBAUT DE CHAMPAGNE

Simple et franche, sanz orgueil
Cuidai ma dame trouver.
Mult me fu de bel acueil,
Si le fist por moi grever.
Si sont a li mi penser
Que la nuit, quant je sonmeil,
Vet mes cuers merci crïer.

En dormant et en veillant
Est mes cuers du tout a li
Et li prie doucement,
Conme a sa dame, merci.
En sa pitié tant me fi
Que, quant g'i pens durement,
De joie toz m'entroubli.

Joie et duel a cil souvent
Qui le mien mal a senti.
Mes cuers plore, et ge en chant;
Ensi m'ont mi œil traï.
Amors, tost avez saisi,
Més vous guerredonez lent;
Ne pour qant de moi vous pri.

Hé, las ! s'il ne li souvient
De moi, morz sui sanz faillir.
S'el savoit dont mes maus vient,
Bien l'en devroit souvenir.
Cist maus me fera morir,
Se ma dame n'en soustient
Une part par son plesir.

THIBAUT DE CHAMPAGNE

    Chançon, di li sanz mentir
    C'uns resgarz le cuer me tient
    Que li vi fere au partir.

COLIN MUSET

c. 1250

Sire cuens, j'ai vïelé

SIRE cuens, j'ai vïelé
Devant vous en vostre ostel,
Si ne m'avez riens doné
Ne mes gages aquité:
    C'est vilanie!
Foi que doi sainte Marie,
Ensi ne vous sieurré mie.
M'aumosniere est mal garnie
Et ma boursse mal farsie.

Sire cuens, car conmandez
De moi vostre volenté.
Sire, s'il vous vient a gré,
Un biau don car me donez
    Par courtoisie!
Talent ai, n'en doutez mie,
De raler a ma mesnie:
Quant g'i vois boursse esgarnie,
Ma fame ne me rit mie,

Ainz me dit: «Sire Engelé,
En quel terre avez esté,
Qui n'avez riens conquesté?
[Trop vos estes deporté]
    Aval la ville.

COLIN MUSET

Vez com vostre male plie!
Ele est bien de vent farsie!
Honiz soit qui a envie
D'estre en vostre compaignie! »

Quant je vieng a mon ostel
Et ma fame a regardé
Derrier moi le sac enflé,
Et je qui sui bien paré
    De robe grise,
Sachiez qu'ele a tost jus mise
La conoille sanz faintise;
Ele me rit par franchise,
Ses deus braz au col me plie.

Ma fame va destrousser
Ma male sanz demorer;
Mon garçon va abuvrer
Mon cheval et conreer;
Ma pucele va tuer
Deus chapons pour deporter
    A la jansse alie;
Ma fille m'aporte un pigne
En sa main par cortoisie.
Lors sui de mon ostel sire
A mult grant joie sanz ire
Plus que nuls ne porroit dire.

COLIN MUSET

7   *Quant je voi yver retorner*

QUANT je voi yver retorner,
Lors me voudroie sejorner.
Se je pooie oste trover
Large, qui ne vousist conter,
Qu'eüst porc et buef et monton,
Maslarz, faisanz et venoison,
Grasses gelines et chapons
Et bons fromages en glaon,

Et la dame fust autresi
Cortoise come li mariz,
Et touz jors feïst mon plesir
Nuit et jor jusqu'au mien partir,
Et li hostes n'en fust jalous,
Ainz nos laissast sovent touz sous,
Ne seroie pas envious
De chevauchier toz boous
Aprés mauvais prince angoissoux.

8   *Ma bele douce amie*

MA bele douce amie,
La rose est espanie:
Desouz l'ente florie
La vostre conpaignie
M'i fet mult grant aïe.
Vos serez bien servie
De crasse oe rostie
Et bevrons vin sus lie,
Si merrons bone vie.

COLIN MUSET

Bele trés douce amie,
Colin Muset vos prie
Por Deu n'obliez mie
Solaz ne compagnie,
Amors ne drüerie,
Si ferez cortoisie !
Ceste note est fenie.

AUTEUR INCONNU

XIIIᵉ Siècle

Pastourelle

DE Saint Quentin a Cambrai
Chevalchoie l'autre jour.
Lés un boisson esgardai,
Touse i vi de bel atour:
  La colour
Ot fresche com rose en mai.
  De cuer gai
Chantant la trovai
Ceste chansonnete:
« En non Deu, j'ai bel ami,
  Cointe et joli,
Tant soie je brunete. »

Vers la pastoure tornai,
Quant la vi en son destour,
Hautement la saluai,
Et dis « Deus vos doinst bon jour
  Et honour !

AUTEUR INCONNU

Celle ke ci trové ai,
    Sans delai
Ses amis serai. »
Dont dist la doucete:
« En non Deu, j'ai bel ami
    Cointe et joli,
Tant soie je brunete. »

Delés li seoir alai,
Et li priai de s'amour.
Celle dist: « Je n'amerai
Vos ne autrui par nul tour,
    Sens pastour
Robin, ke fiancié l'ai.
    Joie en ai,
Si en chanterai
Ceste chansonnete:
« En non Deu, j'ai bel ami,
    Cointe et joli,
Tant soie je brunete. »

XIIIᵉ Siècle

Chanson de Mal-Mariée

« NE me batés mie,
    Maleüroz maris,
  Vos ne m'aveis pas norrie. »

L'autrier par une anjornee
Chivachoie mon chemin,
Novelette mariee
Trovai leis un gal foilli,
Batue de son mari;

AUTEUR INCONNU

Si en ot lou cuer doulant
Et por ceu aloit dixant
Cest motet par auradie:
 « Ne me batés mie,
   Maleüroz maris,
     Vos ne m'aveis pas norrie. »

Elle dist: « Vilains, donee
Suix a vous, se poice mi;
Mais par la Virge honoree,
Pues ke me destraigneis ci,
Je ferai novel ami,
A cui qui voist anuant.
Moi et li irons juant,
Si doublerait la folie.
 « Ne me batés mie ... »

Li vilains, cui pas n'agree,
La ranposne si li dit:
« Pace avant! » Grande pamee
Li donait, pues la saixit
Par la main et si li dit:
« Or rancomance ton chant,
Et Deus me dont dolor grant
Ce je bien ne te chastie. »
 « Ne me batés mie ... »

XIIIe Siècle

11
Reverdie

VOLEZ vos que je vos chant
Un son d'amors avenant?
Vilain nel fist mie,

AUTEUR INCONNU

Ainz le fist un chevalier
Soz l'onbre d'un olivier
Entre les braz s'amie.

Chemisete avoit de lin
Et blanc peliçon hermin
Et bliaut de soie;
Chauces out de jaglolai
Et solers de flors de mai,
Estroitement chauçade.

Çainturete avoit de fueille
Qui verdist quant li tens mueille,
D'or ert boutonade.
L'aumosniere estoit d'amor,
Li pendant furent de flor:
Par amors fu donade.

Et chevauchoit une mule;
D'argent ert la ferreüre,
La sele ert dorade:
Sus la crope par derriers
Avoit planté trois rosiers
Por fere onbrage.

Si s'en vet aval la pree:
Chevaliers l'ont encontree,
Biau l'ont saluade.
«Bele, dont estes vos nee?»
«De France sui la loee,
Du plus haut parage.

AUTEUR INCONNU

« Li rosignox est mon pere,
Qui chante sor la ramee
El plus haut boscage.
La seraine ele est ma mere,
Qui chante en la mer salee,
El plus haut rivage. »

« Bele, bon fussiez vos nee:
Bien estes enparentee
Et de haut parage.
Pleüst a Deu nostre pere
Que vos me fussiez donee
A fame esposade! »

XIIIe Siècle

Motet

a

QUI bien aimme, il ne doit mie
    Demie
  La nuit dormir.
Ains doit panser a s'amie
Se il velt bien amours servir;
  Cil ne doit joïr
D'amors, que que nus en die,
Qui les mals ne velt santir:
Qui bien velt, mal li couvient soffrir.

b

Cuers qui dort, il n'aimme pas;
  Ja n'i dormirai,
  Tous jours panserai,

AUTEUR INCONNU

Loialment, sans gas
A vous, simple et coie
Dont j'atent joie
Et soulas;
N'i dormirai tant que je soie
Entre vos dous bras.

c

Omnes

GUILLAUME DE MACHAULT
?1300–†1377

Ballade

JE pren congié a dames, a amours,
A tous amans, a l'amoureuse vie,
Et si renoy le bon temps, les bons jours
Et tous les diex qu'onques eurent amie;
    Ne plus ne vueil aourer
Venus n'Espoir, ne vivre en doulz penser,
Eins vueil fuïr et haïr toute joie,
Quant j'ay perdu la riens que plus amoie.

Si vueil user toute ma vie en plours
Et tant plourer que m'arme soit noïe
En mon plourer et qu'avec mes dolours
Ma fourme soit en larmes convertie.
    Une deesse de mer
Aretusa fist en iaue müer
Et Alpheüs; tel devenir vorroie,
Quant j'ay perdu la riens que plus amoie.

GUILLAUME DE MACHAULT

Las ! c'est Honneur qui est en maintes cours
Mors a grant tort et Loyauté bannie,
Et Verité, qui estoit mes recours,
Y est aussi morte et ensevelie.
   Doit on bien tel mort plourer.
La doit on bien complaindre et regreter.
Moult me plairoit, s'en plours fondre pouoie,
Quant j'ay perdu la riens que plus amoie.

14 *Rondeaux*

i

BLANCHE com lis, plus que rose vermeille,
Resplendissant com rubis d'Oriant,

En remirant vo biauté nonpareille,
Blanche com lis, plus que rose vermeille,

Sui si ravis que mes cuers toudis veille
Afin que serve a loy de fin amant,
Blanche com lys, plus que rose vermeille,
Resplendissant com rubis d'Oriant.

15 *ii*

TANT doucement me sens emprisonnés
Qu'onques amans n'ot si douce prison.

Jamais ne quier estre desprisonnés,
Tant doucement me sens emprisonnés;

GUILLAUME DE MACHAULT

Car tous biens m'est en ceste prison nez
Que dame puet donner sans mesprison.
Tant doucement me sens emprisonnez
Qu'onques amans n'ot si douce prison.

iii

CE qui soustient moy, m'onneur et ma vie
Aveuc Amours, c'estes vous, douce dame.

Long, prés, toudis serez, quoy que nuls die,
Ce qui soustient moy, m'onneur et ma vie.

Et quant je vif par vous, dous' anemie,
Qu'aim miex que moy, bien dire doy, par m'ame:
Ce qui soustient moy, m'onneur et ma vie
Avec Amours, c'estes vous, douce dame.

JEAN FROISSART

?1337–†?1405

Ballade

SUS toutes flours tient on la rose a belle,
Et, en aprés, je croi, la violette.
La flour de lys est belle, et la perselle;
La flour de glay est plaisans et parfette;
Et li pluisour aiment moult l'anquelie;
Le pyonier, le muget, la soussie,
Cascune flour a par li sa merite.
Més je vous di, tant que pour ma partie:
Sus toutes flours j'aimme la Margherite.

JEAN FROISSART

Car en tous temps, plueve, gresille ou gelle,
Soit la saisons ou fresce, ou laide, ou nette,
Ceste flour est gracieuse et nouvelle,
Douce et plaisans, blancete et vermillette;
Close est a point, ouverte et espanie;
Ja n'i sera morte ne apalie.
Toute bonté est dedens li escripte,
Et pour un tant, quant bien g'i estudie:
Sus toutes flours j'aimme la Margherite.

Més trop grant duel me croist et renouvelle
Quant me souvient de la douce flourette;
Car enclose est dedens une tourelle,
S'a une haie au devant de li fette,
Qui nuit et jour m'empeche et contrarie;
Més s'Amours voelt estre de mon aye
Ja pour creniel, pour tour ne pour garite
Je ne lairai qu'a occoision ne die:
Sus toutes flours j'aimme la Margherite.

18 *Rondeau*

On doit le temps ensi prendre qu'il vient,
Toutdis ne poet durer une fortune.

Un temps se part, et puis l'autre revient.
On doit le temps ensi prendre qu'il vient.

Je me conforte a ce qu'il me souvient
Que tous les mois avons nouvelle lune.
On doit le temps ensi prendre qu'il vient,
Toutdis ne poet durer une fortune.

EUSTACHE DESCHAMPS

?1346–†?1406

19   *Ballade amoureuse*

Comment l'amant, a un jour de Penthecouste ou moys de May, trouva s'amie par amours cueillant roses en un jolis jardin

    LE droit jour d'une Penthecouste,
      En ce gracieux moys de May,
    Celle ou j'ay m'esperance toute
    En un jolis vergier trouvay
    Cueillant roses, puis lui priay:
    Baisiez moy. Si dit: Voulentiers.
    Aise fu; adonc la baisay
    Par amours, entre les rosiers.

    Adonc n'ot ne paour ne doubte,
    Mais de s'amour me confortay;
    Espoir fu des lors de ma route,
    Ains meilleur jardin ne trouvay.
    De la me vient le bien que j'ay,
    L'octroy et li doulx desiriers
    Que j'oy, comme je l'acolay,
    Par amours, entre les rosiers.

    Cilz doulx baisier oste et reboute
    Plus de griefz que dire ne say
    De moy; adoucie est trestoute
    Ma douleur; en joye vivray.
    Le jour et l'eure benistray
    Dont me vint li tresdoulx baisiers,
    Quant ma dame lors encontray
    Par amours, entre les rosiers.

EUSTACHE DESCHAMPS

L'ENVOY

Prince, ma dame a point trouvay
Ce jour, et bien m'estoit mestiers;
De bonne heure la saluay,
Par amours, entre les rosiers.

Ballade

OR n'est il fleur, odour ne violette,
Arbre, esglantier, tant ait douceur en lui,
Beauté, bonté, ne chose tant parfaitte,
Homme, femme, tant soit blanc ne poli,
Crespe ne blont, fort, appert ne joli,
Saige ne foul, que Nature ait formé,
Qui a son temps ne soit viel et usé,
Et que la mort a sa fin ne le chace,
Et, se viel est, qu'il ne soit diffamé:
Viellesce est fin et jeunesce est en grace.

La flour en may et son odour delecte
Aux odorans, non pas jour et demi;
En un moment vient li vens qui la guette;
Cheoir la fait ou la couppe par mi.
Arbres et gens passent leur temps ainsi:
Riens estable n'a Nature ordonné,
Tout doit mourir ce qui a esté né;
Un povre acés de fievre l'omme efface,
Ou aage viel, qui est determiné:
Viellesce est fin et jeunesce est en grace.

Pourquoy fait donc dame ne pucellette
Si grant dangier de s'amour a ami,

EUSTACHE DESCHAMPS

Qui sechera soubz le pié com l'erbette?
C'est grant folour. Que n'avons nous mercy
L'un de l'autre? Quant tout sera pourry,
Ceuls qui n'aiment et ceuls qui ont amé,
Ly refusant seront chetif clamé,
Et li donnant aront vermeille face,
Et si seront au monde renommé:
Viellesce est fin et jeunesce est en grace.

L'ENVOY

Prince, chascun doit en son josne aé
Prandre le temps qui lui est destiné.
En l'aage viel tout le contraire face:
Ainsis ara les deux temps en chierté.
Ne face nul de s'amour grant fierté:
Veillesce est fin et jeunesce est en grace.

Autre Ballade

JE treuve qu'entre les souris
Ot un merveilleux parlement
Contre les chas leurs ennemis,
A veoir maniere comment
Elles vesquissent seurement
Sanz demourer en tel debat;
L'une dist lors en arguant:
Qui pendra la sonnette au chat?

Cilz consaulz fut conclus et prins;
Lors se partent communement.
Une souris du plat païs
Les encontre et va demandant

EUSTACHE DESCHAMPS

Qu'om a fait: lors vont respondant
Que leur ennemi seront mat:
Sonnette aront ou coul pendant.
Qui pendra la sonnette au chat?

« C'est le plus fort », dist un rat gris.
Elle demande saigement
Par qui sera cilz fais fournis.
Lors s'en va chascune excusant;
Il n'y ot point d'executant,
S'en va leur besongne de plat;
Bien fut dit, mais, au demourant,
Qui pendra la sonnette au chat?

L'ENVOY

Prince, on conseille bien souvent,
Mais on peut dire, com le rat,
Du conseil qui sa fin ne prant:
Qui pendra la sonnette au chat?

Ballade

(*A Geffroy Chaucier*)

O SOCRATES plains de philosophie,
  Seneque en meurs et Anglux en pratique,
Ovides grans en ta poeterie,
Briés en parler, saiges en rethorique,
Aigles treshaulz, qui par ta theorique
Enlumines le regne d'Eneas,
L'Isle aux Geans, ceuls de Bruth, et qui as
Semé les fleurs et planté le rosier,
Aux ignorans de la langue Pandras,
Grant translateur, noble Geffroy Chaucier.

EUSTACHE DESCHAMPS

Tu es d'amours mondains Dieux en Albie:
Et de la Rose, en la terre Angelique,
Qui d'Angela saxonne est puis flourie
Angleterre, d'elle ce nom s'applique
Le derrenier en l'ethimologique,
En bon anglés le livre translatas
Et un vergier ou du plant demandas
De ceuls qui font pour eulx auctorisier,
A ja longtemps que tu edifias,
Grant translateur, noble Geffroy Chaucier.

A toy pour ce de la fontaine Helye
Requier avoir un buvraige autentique
Dont la doys est du tout en ta baillie,
Pour rafrener d'elle ma soif ethique,
Qui en Gaule seray paralitique
Jusques a ce que tu m'abruveras.
Eustaces sui, qui de mon plant aras:
Mais pran en gré les euvres d'escolier
Que par Clifford de moy avoir pourras,
Grant translateur, noble Geffroy Chaucier.

L'ENVOY

Poete hault, loenge destruye,
En ton jardin ne seroye qu'ortie:
Considere ce que j'ai dit premier,
Ton noble plant, ta douce melodie.
Mais pour sçavoir, de rescripre te prie,
Grant translateur, noble Geffroy Chaucier.

EUSTACHE DESCHAMPS

Rondel

VENEZ a mon jubilé:
J'ay passé la cinquantaine:

Tout mon bon temps est alé:
Venez a mon jubilé.

Mon corps est tout affolé.
Adieu! de moy vous souviengne!
Venez a mon jubilé:
J'ay passé la cinquantaine.

CHRISTINE DE PISAN

1365–†c. 1430

Ballade

OR est venu le trés gracieux mois
De May le gay, ou tant a de doulçours,
Que ces vergiers, ces buissons et ces bois
Sont tout chargiez de verdure et de flours,
 Et toute riens se resjoye.
Parmi ces champs tout flourist et verdoye,
Ne il n'est riens qui n'entroublie esmay,
Pour la doulçour du jolis moys de May.

Ces oisillons vont chantant par degois,
Tout s'esjouïst partout de commun cours,
Fors moy, helas! qui sueffre trop d'anois,
Pour ce que loings je suis de mes amours;
 Ne je ne pourroye avoir joye,
Et plus est gay le temps et plus m'anoye.
Mais mieulx cognois adés s'oncques amay,
Pour la doulçour du jolis mois de May.

Dont regreter en plourant maintes fois
Me fault cellui, dont je n'ay nul secours;
Et les griefs maulx d'amours plus fort cognois,
Les pointures, les assaulx et les tours,
  En ce doulz temps, que je n'avoye
Oncques mais fait; car toute me desvoye
Le grant desir qu'adés trop plus ferme ay,
Pour la doulçour du jolis mois de May.

Ballade

Hé! Dieux, quel dueil, quel rage, quel meschief,
Quel desconfort, quel dolente aventure,
Pour moy, helas, qui torment ay si grief,
Qu'oncques plus grant ne souffri creature!
L'eure maudi que ma vie tant dure,
Car d'autre riens nulle je n'ay envie
Fors de morir; de plus vivre n'ay cure,
Quant cil est mort qui me tenoit en vie.

O dure mort, or as tu trait a chief
Touz mes bons jours, ce m'est chose molt dure,
Quant m'as osté cil qui estoit le chief
De tous mes biens et de ma nourriture,
Dont si au bas m'as mis, je le te jure,
Que j'ay desir que du corps soit ravie
Ma doulante lasse ame trop obscure,
Quant cil est mort qui me tenoit en vie.

Et se mes las dolens jours fussent brief,
Au moins cessast la dolour que j'endure;
Mais non seront, ains toudis de rechief
Vivray en dueil sanz fin et sanz mesure,

En plains, en plours, en amere pointure.
De touz assaulz dolens seray servie.
D'ainsi mon temps user c'est bien droitture,
Quant cil est mort qui me tenoit en vie.

Princes, voiez la trés crueuse injure
Que mort me fait, dont fault que je devie;
Car choite suis en grant mesaventure,
Quant cil est mort qui me tenoit en vie.

Rondeaux

i

IL me semble qu'il a cent ans
Que mon ami de moy parti!

Il ara quinze jours par temps,
Il me semble qu'il a cent ans!

Ainsi m'a anuié le temps,
Car depuis lors qu'il departi
Il me semble qu'il a cent ans!

ii

SE souvent vais au moustier
C'est tout pour veoir la belle
Fresche com rose nouvelle.

D'en parler n'est nul mestier,
Pour quoy fait on tel nouvelle
Se souvent vais au moustier?

CHRISTINE DE PISAN

Il n'est voye ne sentier
Ou je voise que pour elle;
Folz est qui fol m'en appelle
Se souvent vais au moustier.

28 *iii*

Dure chose est a soustenir
Quant cuer pleure et la bouche chante.
Et de faire dueil se tenir,
Dure chose est a soustenir.

Faire le fault qui soustenir
Veult honneur qui mesdisans hante,
Dure chose est a soustenir.

ALAIN CHARTIER
c. 1385–†c. 1429

29 *La Belle Dame sans Mercy, xi, xiii, xv, xvii*

Ung entre les autres y vy
Qui souvent aloit et venoit,
Et pensoit comme homme ravy,
Et gaires de bruit ne menoit.
Son semblant fort contretenoit,
Mais desir passoit la raison
Qui souvent son regart menoit
Tel fois qu'il n'estoit pas saison.

Des autres y ot pleine salle,
Mais cellui trop bien me sembloit
Ennuyé, mesgre, blesve et palle,
Et la parolle lui trembloit.

ALAIN CHARTIER

Gaires aux autres n'assembloit:
Le noir portoit et sans devise,
Et trop bien homme resembloit
Qui n'a pas son cuer en franchise.

Assez sa face destornoit
Pour regarder en autres lieux,
Mais, au travers, l'œil retornoit
Au lieu qui lui plaisoit le mieulx.
J'apperceu le trait de ses yeulx
Tout empenné d'humbles requestes,
Si dis a par moy: « Si m'ait Dieux,
Autel fusmes comme vous estes! »

Aprez dysner on s'avança
De danser, chascun et chascune,
Et le triste amoureux dansa
Adez o l'autre, adez o l'une.
A toutes fist chiere commune.
O chacune a son tour aloit,
Mais tousjours retornoit a une
Dont sur toutes plus lui chaloit.

30   *Chançon Nouvele*

AU feu! au feu! au feu! qui mon cuer art
  Par ung brandon tiré d'un doulz regart
Tout enflambé d'ardent desir d'Amours.
Grace, mercy, confort et bon secours,
Ne me laissez bruler, se Dieu vous gart.

ALAIN CHARTIER

Flambe, chaleur, ardeur par tout s'espart,
Estincelles et fumee s'en part.
Embrasé sui du feu qui croit tousjours.

Tirez, boutez, chacez tout a l'escart
Ce dur dangier, getez de toute part
Eaue de pitié, de larmes et de plours.
A l'aide, helas! je n'ay confort d'aillours.
Avancez vous ou vous vendrez trop tart!

MICHAULT LE CARON, *dit* TAILLEVENT
c. 1395–†c. 1451

31 *Ballade*

O FOLZ des folz, et les folz mortelz hommes,
Qui vous fiez tant es biens de fortune
En celle terre et pays ou nous sommes,
Y avez vous de chose propre aucune?
Vous n'y avez chose vostre nesune
Fors les beaulx dons de grace et de nature.
Se Fortune donc, par cas d'aventure,
Vous toult les biens que vostres vous tenez,
Tort ne vous fait, ainçois vous fait droicture,
Car vous n'aviez riens quant vous fustes nez.

Ne laissez plus le dormir a grans sommes
En vostre lict, par nuict obscure et brune,
Pour acquester richesses a grans sommes,
Ne convoitez chose dessoubz la lune,
Ne de Paris jusques a Pampelune,
Fors ce qu'il fault, sans plus, a creature

MICHAULT LE CARON

Pour recouvrer sa simple nourriture;
Souffise vous d'estre bien renommez,
Et d'emporter bon loz en sepulture:
Car vous n'aviez riens quant vous fustes nez.

Les joyeulx fruitz des arbres, et les pommes,
Au temps que fut toute chose commune,
Le beau miel, les glandes et les gommes
Souffisoient bien a chascun et chascune,
Et pour ce fut sans noise et sans rancune.
Soyez contens des chaulx et des froidures,
Et me prenez Fortune doulce et seure.
Pour voz pertes, griefve dueil n'en menez,
Fors a raison, a point, et a mesure,
Car vous n'aviez riens quant vous fustes nez.

Se fortune vous fait aucune injure,
C'est de son droit, ja ne l'en reprenez,
Et perdissiez jusques a la vesture:
Car vous n'aviez riens quand vous fustes nez.

CHARLES D'ORLÉANS

1394–†1465

Ballades

i

EN regardant vers le païs de France,
Un jour m'avint, a Dovre sur la mer,
Qu'il me souvint de la doulce plaisance
Que souloye oudit pays trouver.

CHARLES D'ORLÉANS

Si commençay de cueur a souspirer,
Combien certes que grant bien me faisoit
De voir France que mon cueur amer doit.

Je m'avisay que c'estoit non savance
De telz souspirs dedens mon cueur garder,
Veu que je voy que la voye commence
De bonne paix, qui tous biens peut donner.
Pour ce, tournay en confort mon penser:
Mais non pourtant mon cueur ne se lassoit
De voir France que mon cueur amer doit.

Alors chargay en la nef d'Esperance·
Tous mes souhaitz, en leur priant d'aler
Oultre la mer, sans faire demourance,
Et a France de me recommander.
Or nous doint Dieu bonne paix sans tarder!
Adonc auray loisir, mais qu'ainsi soit,
De voir France que mon cueur amer doit.

ENVOI

Paix est tresor qu'on ne peut trop loer.
Je hé guerre, point ne la doy prisier;
Destourbé m'a long temps, soit tort ou droit,
De voir France que mon cueur amer doit.

ii

LAS! Mort, qui t'a fait si hardie
De prendre la noble Princesse
Qui estoit mon confort, ma vie,
Mon bien, mon plaisir, ma richesse!
Puis que tu as prins ma maistresse,

CHARLES D'ORLÉANS

Prens moy aussi son serviteur,
Car j'ayme mieulx prouchainnement
Mourir que languir en tourment,
En paine, soussi et doleur.

Las! de tous biens estoit garnie
Et en droitte fleur de jeunesse!
Je pry a Dieu qu'il te maudie,
Faulse Mort, plaine de rudesse!
Se prise l'eusses en vieillesse,
Ce ne fust pas si grant rigueur;
Mais prise l'as hastivement,
Et m'as laissié piteusement
En paine, soussi et doleur.

Las! je suy seul, sans compaignie!
Adieu ma Dame, ma lyesse!
Or est nostre amour departie,
Non pour tant, je vous fais promesse
Que de prieres, a largesse,
Morte vous serviray de cueur,
Sans oublier aucunement;
Et vous regretteray souvent
En paine, soussi et doleur.

ENVOI

Dieu, sur tout souverain Seigneur,
Ordonnez, par grace et doulceur,
De l'ame d'elle, tellement
Qu'elle ne soit pas longuement
En paine, soussy et doleur.

CHARLES D'ORLÉANS
Rondeaux

i

LE temps a laissié son manteau
De vent, de froidure et de pluye,
Et s'est vestu de brouderie,
De soleil luyant, cler et beau.

   Il n'y a beste, ne oyseau,
Qu'en son jargon ne chant ou crie:
Le temps a laissié son manteau
De vent, de froidure et de pluye.

   Riviere, fontaine et ruisseau
Portent, en livree jolie,
Gouttes d'argent d'orfaverie,
Chascun s'abille de nouveau.
Le temps a laissié son manteau.

ii

LES fourriers d'Esté sont venus
Pour appareillier son logis,
Et ont fait tendre ses tappis
De fleurs et de verdure tissus.

   En estandant tappis velus
De vert herbe par le païs,
Les fourriers d'Esté sont venus
Pour appareillier son logis.

   Cueurs d'ennuy pieça morfondus,
Dieu mercy, sont sains et jolis;
Alez vous ent, prenez païs,
Yver, vous ne demourrés plus;
Les fourriers d'Esté sont venus.

iii

Dieu, qu'il la fait bon regarder,
La gracieuse, bonne et belle !
Pour les grans biens qui sont en elle,
Chascun est prest de la louer.

    Qui se pourroit d'elle lasser?
Tousjours sa beaulté renouvelle.
Dieu, qu'il la fait bon regarder,
La gracieuse, bonne et belle !

    Par deça ne dela la mer,
Ne sçay dame ne demoiselle
Qui soit en tous biens parfais telle;
C'est un songe que d'y penser.
Dieu, qu'il la fait bon regarder !

Alez vous ant, allez, alés,
Soussy, Soing et Merencolie,
Me cuidez vous, toute ma vie,
Gouverner, comme fait avés?

    Je vous prometz que non ferés;
Raison aura sur vous maistrie:
Alez vous ant, allez, alés,
Soussy, Soing et Merencolie.

    Se jamais plus vous retournés
Avecques vostre compaignie,
Je pri a Dieu qu'il vous maudie,
Et ce par qui vous revendrés:
Alez vous ant, allez, alés,
Soussy, Soing et Merencolie !

CHARLES D'ORLÉANS

v

LAISSEZ moy penser a mon ayse,
Helas ! donnez m'en le loisir.
Je devise avecques Plaisir,
Combien que ma bouche se tayse.

Quand Merencolie mauvaise
Me vient maintes fois assaillir,
Laissez moy penser a mon ayse,
Helas ! donnez m'en le loisir.

Car affin que mon cueur rapaise,
J'appelle Plaisant Souvenir,
Qui tantost me vient resjouir.
Pour ce, pour Dieu, ne vous desplaise,
Laissez moy penser a mon ayse.

vi

SALUÉS moy toute la compaignie
Ou a present estez a chiere lye,
Et leur dites que voulentiés seroye
Avecques eulx, mais estre n'y pourroye,
Pour Viellesse qui m'a en sa ballie.

Au temps passé, Jennesse sy jolie
Me gouvernoit; las ! or n'y suy ge mye,
Et pour cela, pour Dieu, que escuzé soye;
Salués moy toute la compaignie
Ou a present estez a chiere lye.

Amoureus fus, or ne le suy ge mye,
Et en Paris menoye bonne vie;
Adieu bon temps, ravoir ne vous saroye !
Bien sanglé fus d'une estrete courroye
Que, par Age, convient que la deslie:
Salués moy toute la compaignie.

FRANÇOIS VILLON

Grant Testament, xxxviii–xli

SI ne suis, bien le considere,
Filz d'ange portant dyademe
D'estoille ne d'autre sidere.
Mon pere est mort, Dieu en ait l'ame!
Quant est du corps, il gist soubz lame.
J'entens que ma mere mourra,
El le scet bien, la povre femme,
Et le filz pas ne demourra.

Je congnois que povres et riches,
Sages et folz, prestres et laiz,
Nobles, villains, larges et chiches,
Petiz et grans, et beaulx et laiz,
Dames a rebrassez colletz,
De quelconque condicion,
Portans atours et bourreletz,
Mort saisit sans excepcion.

Et meure Paris ou Helaine,
Quiconques meurt, meurt a douleur
Telle qu'il pert vent et alaine;
Son fiel se creve sur son cuer,
Puis sue, Dieu scet quelle sueur!
Et n'est qui de ses maulx l'alege:
Car enfant n'a, frere ne seur,
Qui lors voulsist estre son plege:

La mort le fait fremir, pallir,
Le nez courber, les vaines tendre,
Le col enfler, la chair mollir,
Joinctes et nerfs croistre et estendre.

FRANÇOIS VILLON

Corps femenin, qui tant es tendre,
Poly, souef, si precieux,
Te fauldra il ces maux attendre?
Oy, ou tout vif aller es cieulx.

Ballade des dames du temps jadis

Dictes moy ou, n'en quel pays,
Est Flora la belle Rommaine,
Archipiades, ne Thaïs,
Qui fut sa cousine germaine,
Echo parlant quant bruyt on maine
Dessus riviere ou sus estan,
Qui beaulté ot trop plus qu'humaine.
Mais ou sont les neiges d'antan?

Ou est la tres sage Helloïs,
Pour qui chastré fut et puis moyne
Pierre Esbaillart a Saint-Denis?
Pour son amour ot ceste essoyne.
Semblablement, ou est la royne
Qui commanda que Buridan
Fust geté en ung sac en Saine?
Mais ou sont les neiges d'antan?

La royne Blanche comme lis
Qui chantoit a voix de seraine,
Berte au grant pié, Bietris, Alis,
Haremburgis qui tint le Maine,
Et Jehanne la bonne Lorraine
Qu'Englois brulerent a Rouan;
Ou sont ilz, ou, Vierge souvraine?
Mais ou sont les neiges d'antan?

ENVOI

Prince, n'enquerez de sepmaine
Ou elles sont, ne de cest an,
Qu'a ce reffrain ne vous remaine:
Mais ou sont les neiges d'antan?

41 *Les Regrets de la belle Heaulmiere*

Advis m'est que j'oy regreter
La belle qui fut hëaulmiere,
Soy jeune fille soushaitter
Et parler en telle maniere:
« Ha! vieillesse felonne et fiere,
Pourquoi m'as si tost abatue?
Qui me tient, qui, que ne me fiere,
Et qu'a ce coup je ne me tue?

« Tollu m'as la haulte franchise
Que beaulté m'avoit ordonné
Sur clers, marchans et gens d'Eglise:
Car lors il n'estoit homme né
Qui tout le sien ne m'eust donné,
Quoy qu'il en fust des repentailles,
Mais que luy eusse habandonné
Ce que reffusent truandailles.

« A maint homme l'ay reffusé,
Qui n'estoit a moy grant sagesse,
Pour l'amour d'ung garson rusé,
Auquel j'en feiz grande largesse.

FRANÇOIS VILLON

A qui que je feisse finesse,
Par m'ame, je l'amoye bien !
Or ne me faisoit que rudesse,
Et ne m'amoit que pour le mien.

« Si ne me sceut tant detrayner,
Fouler aux piez, que ne l'aymasse,
Et m'eust il fait les rains trayner,
S'il m'eust dit que je le baisasse,
Que tous mes maulx je n'oubliasse.
Le glouton, de mal entechié,
M'embrassoit... J'en suis bien plus grasse !
Que m'en reste il ? Honte et pechié.

« Or est il mort, passé trente ans,
Et je remains vielle, chenue.
Quant je pense, lasse ! au bon temps,
Quelle fus, quelle devenue !
Quant me regarde toute nue,
Et je me voy si tres changiee,
Povre, seiche, megre, menue,
Je suis presque toute enragiee.

« Qu'est devenu ce front poly,
Cheveulx blons, ces sourcils voultiz,
Grant entrœil, ce regart joly,
Dont prenoie les plus soubtilz ;
Ce beau nez droit grant ne petiz ;
Ces petites joinctes oreilles,
Menton fourchu, cler vis traictiz,
Et ces belles levres vermeilles ?

FRANÇOIS VILLON

« Ces gentes espaulles menues,
Ces bras longs et ces mains traictisses,
Petiz tetins, hanches charnues,
Eslevees, propres, faictisses
A tenir amoureuses lisses;
Ces larges rains, ce sadinet
Assis sur grosses fermes cuisses,
Dedens son petit jardinet?

« Le front ridé, les cheveux gris,
Les sourcilz cheus, les yeulx estains,
Qui faisoient regars et ris
Dont mains marchans furent attains;
Nez courbes, de beaulté loingtains,
Oreilles pendantes, moussues;
Le vis pally, mort et destains,
Menton froncé, levres peaussues:

« C'est d'umaine beaulté l'issue!
Les bras cours et les mains contraites,
Les espaulles toutes bossues;
Mamelles, quoy? toutes retraites;
Telles les hanches que les tetes;
Du sadinet, fy! Quant des cuisses
Cuisses ne sont plus, mais cuissetes
Grivelees comme saulcisses.

« Ainsi le bon temps regretons
Entre nous, povres vielles sotes
Assises bas, a crouppetons,
Tout en ung tas comme pelotes,

A petit feu de chenevotes
Tost allumees, tost estaintes;
Et jadis fusmes si mignotes!...
Ainsi en prent a mains et maintes. »

Double Ballade

POUR ce, amez tant que vouldrez,
  Suyvez assemblees et festes,
En la fin ja mieulx n'en vauldrez
Et si n'y romprez que vos testes;
Folles amours font les gens bestes:
Salmon en ydolatria,
Samson en perdit ses lunetes.
Bien est eureux qui riens n'y a!

Orpheüs, le doux menestrier,
Jouant de fleustes et musetes,
En fut en dangier d'un murtrier
Chien Cerberus a quatre testes;
Et Narcisus, le bel honnestes,
En ung parfont puis se noya
Pour l'amour de ses amouretes.
Bien est eureux qui riens n'y a!

Sardana, le preux chevalier,
Qui conquist le regne de Cretes,
En voulut devenir moullier
Et filler entre pucelletes;
David le roy, sage prophetes,
Crainte de Dieu en oublia,
Voyant laver cuisses bien faites.
Bien est eureux qui riens n'y a!

Amon en voult deshonnourer,
Faignant de menger tarteletes,
Sa seur Thamar et desflourer,
Qui fut inceste deshonnestes;
Herodes, pas ne sont sornetes,
Saint Jehan Baptiste en decola
Pour dances, saulx et chansonnetes.
Bien est eureux qui riens n'y a!

De moy, povre, je vueil parler:
J'en fus batu comme a ru telles,
Tout nu, ja ne le quier celer.
Qui me feist maschier ces groselles,
Fors Katherine de Vausselles?
Noel le tiers est, qui fut la.
Mitaines a ces nopces telles.
Bien est eureux qui riens n'y a!

Mais que ce jeune bacheler
Laissast ces jeunes bacheletes?
Non! et le deust on vif brusler
Comme ung chevaucheur d'escouvetes.
Plus doulces luy sont que civetes;
Mais toutesfoys fol s'y fya:
Soient blanches, soient brunetes,
Bien est eureux qui riens n'y a!

43 *Grant Testament, lxxxiv–lxxxix*

OU nom de Dieu, comme j'ay dit,
Et de sa glorieuse Mere,
Sans pechié soit parfait ce dit
Par moy, plus megre que chimere;

FRANÇOIS VILLON

Se je n'ay eu fievre eufumere,
Ce m'a fait divine clemence;
Mais d'autre dueil et perte amere
Je me tais, et ainsi commence.

Premier, je donne ma povre ame
A la benoiste Trinité,
Et la commande a Nostre Dame,
Chambre de la divinité,
Priant toute la charité
Des dignes neuf Ordres des cieulx
Que par eulx soit ce don porté
Devant le Trosne precieux.

Item, mon corps j'ordonne et laisse
A nostre grant mere la terre;
Les vers n'y trouveront grant gresse,
Trop luy a fait fain dure guerre.
Or luy soit delivré grant erre:
De terre vint, en terre tourne;
Toute chose, se par trop n'erre,
Voulentiers en son lieu retourne.

Item, et a mon plus que pere,
Maistre Guillaume de Villon,
Qui esté m'a plus doulx que mere
A enfant levé de maillon:
Degeté m'a de maint bouillon,
Et de cestuy pas ne s'esjoye,
Si luy requier a genouillon
Qu'il m'en laisse toute la joye;

Je luy donne ma librairie,
Et le Rommant du Pet au Deable,
Lequel maistre Guy Tabarie
Grossa, qui est homs veritable.
Par cayers est soubz une table;
Combien qu'il soit rudement fait,
La matiere est si tres notable
Qu'elle amende tout le mesfait.

Item, donne a ma povre mere
Pour saluer Nostre Maistresse,
(Qui pour moy ot douleur amere,
Dieu le scet, et mainte tristesse),
Autre chastel n'ay, ne fortresse,
Ou me retraye corps et ame,
Quant sur moy court malle destresse,
Ne ma mere, la povre femme!

Ballade pour prier Nostre Dame.

Dame du ciel, regente terrienne,
Emperiere des infernaux palus,
Recevez moy, vostre humble chrestienne,
Que comprinse soye entre vos esleus,
Ce non obstant qu'oncques rien ne valus.
Les biens de vous, ma Dame et ma Maistresse,
Sont trop plus grans que ne suis pecheresse,
Sans lesquelz biens ame ne peut merir
N'avoir les cieulx. Je n'en suis jangleresse:
En ceste foy je vueil vivre et mourir.

FRANÇOIS VILLON

A vostre Filz dictes que je suis sienne;
De luy soyent mes pechiez abolus;
Pardonne moy comme a l'Egipcienne,
Ou comme il feist au clerc Theophilus,
Lequel par vous fut quitte et absolus,
Combien qu'il eust au deable fait promesse.
Preservez moy de faire jamais ce,
Vierge portant, sans rompure encourir,
Le sacrement qu'on celebre a la messe:
En ceste foy je vueil vivre et mourir.

Femme je suis povrette et ancïenne,
Qui riens ne sçay; oncques lettre ne leus.
Au moustier voy dont suis paroissienne
Paradis paint, ou sont harpes et lus,
Et ung enfer ou dampnez sont boullus:
L'ung me fait paour, l'autre joye et liesse.
La joye avoir me fay, haulte Deesse,
A qui pecheurs doivent tous recourir,
Comblez de foy, sans fainte ne paresse:
En ceste foy je vueil vivre et mourir.

ENVOI

Vous portastes, digne Vierge, princesse,
Iesus regnant, qui n'a ne fin ne cesse.
Le Tout Puissant, prenant nostre foiblesse,
Laissa les cieulx et nous vint secourir,
Offrit a mort sa tres chiere jeunesse;
Nostre Seigneur tel est, tel le confesse:
En ceste foy je vueil vivre et mourir.

FRANÇOIS VILLON

Rondeau

MORT, j'appelle de ta rigueur,
Qui m'as ma maistresse ravie,
Et n'es pas encore assouvie
Se tu ne me tiens en langueur:
Onc puis n'eus force ne vigueur;
Mais que te nuysoit elle en vie,
   Mort?
Deux estions et n'avions qu'ung cuer;
S'il est mort, force est que devie,
Voire, ou que je vive sans vie
Comme les images, par cuer,
   Mort!

Ballade

Des Femmes de Paris

QUOY qu'on tient belles langagieres
Florentines, Veniciennes,
Assez pour estre messagieres,
Et mesmement les anciennes;
Mais, soient Lombardes, Rommaines,
Genevoises, a mes perilz,
Pimontoises, Savoisiennes,
Il n'est bon bec que de Paris.

De tres beau parler tiennent chaieres,
Ce dit on, les Neapolitaines,
Et sont tres bonnes caquetieres
Allemandes et Pruciennes;

Soient Grecques, Egipciennes,
De Hongrie ou d'autre pays,
Espaignolles ou Cathelennes,
Il n'est bon bec que de Paris.

Brettes, Suysses, n'y sçavent guieres,
Gasconnes, n'aussi Toulousaines:
De Petit Pont deux harengieres
Les concluront, et les Lorraines,
Engloises et Calaisiennes
(Ay je beaucoup de lieux compris?),
Picardes de Valenciennes;
Il n'est bon bec que de Paris.

ENVOI

Prince, aux dames Parisiennes
De beau parler donnez le pris;
Quoy qu'on die d'Italiennes,
Il n'est bon bec que de Paris.

Ballade

De bonne doctrine a ceux de mauvaise vie

CAR ou soies porteur de bulles,
Pipeur ou hasardeur de dez,
Tailleur de faulx coings et te brusles
Comme ceulx qui sont eschaudez,
Traistres parjurs, de foy vuydez;
Soies larron, ravis ou pilles:
Ou en va l'acquest, que cuidez?
Tout aux tavernes et aux filles.

Ryme, raille, cymballe, luttes,
Comme fol, fainctif, eshontez;
Farce, broulle, joue des fleustes;
Fais, es villes et es citez,
Farces, jeux et moralitez;
Gaigne au berlanc, au glic, aux quilles:
Aussi bien va, or escoutez!
Tout aux tavernes et aux filles.

De telz ordures te reculles?
Laboure, fauche champs et prez,
Sers et pense chevaulx et mulles,
S'aucunement tu n'es lettrez;
Assez auras, se prens en grez.
Mais, se chanvre broyes ou tilles,
Ne tens ton labour qu'as ouvrez
Tout aux tavernes et aux filles?

ENVOI

Chausses, pourpoins esguilletez,
Robes, et toutes vos drappilles,
Ains que vous fassiez pis, portez
Tout aux tavernes et aux filles.

47 *Grant Testament, clxxvi–clxxviii*

ITEM, j'ordonne a Sainte Avoye,
Et non ailleurs, ma sepulture;
Et, affin que chascun me voie,
Non pas en char, mais en painture,

FRANÇOIS VILLON

Que l'on tire mon estature
D'ancre, s'il ne coustoit trop chier.
De tombel? riens: je n'en ay cure,
Car il greveroit le planchier.

Item, vueil qu'autour de ma fosse
Ce qui s'ensuit, sans autre histoire,
Soit escript en lettre assez grosse,
Et qui n'auroit point d'escriptoire,
De charbon ou de pierre noire,
Sans en riens entamer le plastre;
Au moins sera de moi memoire,
Telle qu'elle est d'ung bon follastre:

EPITAPHE

CY GIST ET DORT EN CE SOLLIER,
QU'AMOURS OCCIST DE SON RAILLON,
UNG POVRE PETIT ESCOLLIER,
QUI FUT NOMMÉ FRANÇOYS VILLON.
ONCQUES DE TERRE N'EUT SILLON.
IL DONNA TOUT, CHASCUN LE SCET:
TABLES, TRESTEAULX, PAIN, CORBEILLON.
GALLANS, DICTES EN CE VERSET:

VERSET OU RONDEAU

REPOS ETERNEL DONNE A CIL,
SIRE, ET CLARTÉ PERPETUELLE,
QUI VAILLANT PLAT NI ESCUELLE
N'EUT ONCQUES, N'UNG BRAIN DE PERCIL.
IL FUT REZ, CHIEF, BARBE ET SOURCIL,
COMME UNG NAVET QU'ON RET OU PELLE.
REPOS ETERNEL DONNE A CIL.

FRANÇOIS VILLON

RIGUEUR LE TRANSMIT EN EXIL
ET LUY FRAPPA AU CUL LA PELLE,
NON OBSTANT QU'IL DIT: « J'EN APPELLE ! »
QUI N'EST PAS TERME TROP SUBTIL.
REPOS ETERNEL DONNE A CIL.

48 *L'Epitaphe*

En forme de ballade que feit Villon pour luy et pour ses compaignons, s'attendant estre pendu avec eulx.

FRERES humains qui aprés nous vivez,
N'ayez les cuers contre nous endurcis,
Car, se pitié de nous povres avez,
Dieu en aura plus tost de vous mercis.
Vous nous voiez cy attachez cinq, six:
Quant de la chair, que trop avons nourrie,
Elle est pieça devoree et pourrie,
Et nous, les os, devenons cendre et pouldre.
De nostre mal personne ne s'en rie;
Mais priez Dieu que tous nous vueille absouldre !

Se freres vous clamons, pas n'en devez
Avoir desdaing, quoy que fusmes occis
Par justice. Toutesfois, vous sçavez
Que tous hommes n'ont pas bon sens rassis;
Excusez nous, puis que sommes transsis,
Envers le fils de la Vierge Marie,
Que sa grace ne soit pour nous tarie,
Nous preservant de l'infernale fouldre.
Nous sommes mors, ame ne nous harie;
Mais priez Dieu que tous nous vueille absouldre !

FRANÇOIS VILLON

La pluye nous a debuez et lavez,
Et le soleil dessechiez et noircis;
Pies, corbeaulx, nous ont les yeux cavez,
Et arrachié la barbe et les sourcis.
Jamais nul temps nous ne sommes assis;
Puis ça, puis la, comme le vent varie,
A son plaisir sans cesser nous charie,
Plus becquetez d'oiseaulx que dez a couldre.
Ne soiez donc de nostre confrairie;
Mais priez Dieu que tous nous vueille absouldre!

ENVOI

Prince Jhesus, qui sur tous a maistrie,
Garde qu'Enfer n'ait de nous seigneurie:
A luy n'ayons que faire ne que souldre.
Hommes, icy n'a point de mocquerie,
Mais priez Dieu que tous nous vueille absouldre!

MARGUERITE DE NAVARRE
1492-†1549

49   *Chanson Spirituelle*

(*Pensées de la Reine de Navarre, étant dans sa litière durant la maladie du Roi*)

O DIEU, qui les vostres aimez,
J'adresse à vous seul ma complainte;
Vous, qui les amis estimez,
Voyez l'amour que j'ai sans feinte,
Où par votre loi suis contrainte,
Et par nature et par raison.
J'appelle chaque Saint et Sainte
Pour se joindre à mon oraison.

MARGUERITE DE NAVARRE

Las! celui que vous aimez tant
Est détenu par maladie,
Qui rend son peuple malcontent,
Et moi, envers vous si hardie
Que j'obtiendrai, quoique l'on die,
Pour lui très parfaite santé.
De vous seul ce bien je mendie,
Pour rendre chacun contenté.

Le désir du bien que j'attens
Me donne de travail matiere.
Une heure me dure cent ans,
Et me semble que ma litiere
Ne bouge ou retourne en arriere,
Tant j'ai de m'avancer désir.
O! qu'elle est longue, la carriere
Où a la fin gist mon plaisir!

Je regarde de tous costés
Pour voir s'il arrive personne;
Priant sans cesser, n'en doutez,
Dieu, que santé à mon Roi donne;
Quand nul ne vois, l'œil j'abandonne
A pleurer; puis sur le papier
Un peu de ma douleur j'ordonne:
Voilà mon douloureux mestier.

O! qu'il sera le bienvenu,
Celui qui, frappant à ma porte,
Dira « Le Roi est revenu
En sa santé très bonne et forte!»

> Alors sa sœur, plus mal que morte,
> Courra baiser le messager
> Qui telles nouvelles apporte,
> Que son frère est hors de danger.

CLÉMENT MAROT

1496–†1544

Chant de May et de Vertu

VOULENTIERS en ce moys icy
La terre mue et renouvelle.
Maintz amoureux en font ainsi,
Subjectz à faire amour nouvelle
Par legiereté de cervelle,
Ou pour estre ailleurs plus contens;
Ma façon d'aymer n'est pas telle,
Mes amours durent en tout temps.

N'y a si belle dame aussi
De qui la beaulté ne chancelle;
Par temps, maladie ou soucy,
Laydeur les tire en sa nasselle;
Mais rien ne peult enlaydir celle
Que servir sans fin je pretens;
Et pource qu'elle est tousjours belle,
Mes amours durent en tout temps.

Celle dont je dy tout cecy,
C'est Vertu, la nymphe eternelle,
Qui au mont d'honneur esclercy
Tous les vrays amoureux appelle:

CLÉMENT MAROT

« Venez, amans, venez (dit elle),
Venez à moi, je vous attens;
Venez (ce dit la jouvencelle),
Mes amours durent en tout temps. »

ENVOI

Prince, fais amye immortelle,
Et à la bien aymer entens;
Lors pourras dire sans cautelle:
« Mes amours durent en tout temps. »

51 *Epistre*

Au Roy, pour avoir esté derobé

ON dict bien vray, la maulvaise Fortune
Ne vient jamais qu'elle n'en apporte une
Ou deux ou trois avecques elle (Syre).
Vostre cueur noble en sçauroit bien que dire;
Et moy, chetif, qui ne suis Roy ne rien,
L'ay esprouvé, et vous compteray bien,
Si vous voulez, comme vint la besongne.

J'avois un jour un vallet de Gascongne,
Gourmand, ivrongne, et asseuré menteur,
Pipeur, larron, jureur, blasphemateur,
Sentant la hart de cent pas à la ronde,
Au demourant, le meilleur filz du monde,
Prisé, loué, fort estimé des filles
Par les bordeaulx, et beau joueur de quilles.

Ce venerable hillot fut adverty
De quelque argent que m'aviez departy,
Et que ma bourse avoit grosse apostume;
Si se leva plus tost que de coustume,

CLÉMENT MAROT

Et me va prendre en tapinoys icelle,
Puis vous la meit tresbien soubz son esselle
Argent et tout (cela se doit entendre),
Et ne croy point que ce fust pour la rendre,
Car oncques puis n'en ay ouy parler.

   Brief, le villain ne s'en voulut aller
Pour si petit; mais encore il me happe
Saye et bonnet, chausses, pourpoint et cappe;
De mes habitz (en effect) il pilla
Tous les plus beaux, et puis s'en habilla
Si justement, qu'à le veoir ainsi estre,
Vous l'eussiez prins (en plein jour) pour son maistre.

   Finablement, de ma chambre il s'en va
Droict à l'estable, où deux chevaulx trouva;
Laisse le pire, et sur le meilleur monte,
Pique et s'en va. Pour abreger le compte,
Soyez certain qu'au partir du dict lieu
N'oublia rien fors qu'à me dire adieu.

   Ainsi s'en va, chatouilleux de la gorge,
Ledict vallet, monté comme un Sainct Georges,
Et vous laissa Monsieur dormir son soul,
Qui au resveil n'eust sceu finer d'un soul.
Ce Monsieur là (Syre) c'estoit moy mesme,
Qui, sans mentir, fuz au matin bien blesme,
Quand je me vey sans honneste vesture,
Et fort fasché de perdre ma monture;
Mais de l'argent que vous m'aviez donné,
Je ne fuz point de le perdre estonné;
Car vostre argent (tres debonnaire Prince)
Sans point de faulte est subject à la pince.

   Bien tost après ceste fortune là,
Une autre pire encores se mesla

CLÉMENT MAROT

De m'assaillir, et chascun jour m'assault,
Me menaçant de me donner le sault,
Et de ce sault m'envoyer à l'envers,
Rithmer soubz terre et y faire des vers.

    C'est une lourde et longue maladie
De trois bons moys, qui m'a toute eslourdie
La povre teste, et ne veult terminer,
Ains me contrainct d'apprendre à cheminer
Tant affoibly m'a d'estrange maniere;
Et si m'a faict la cuysse heronniere,
L'estomac sec, le ventre plat et vague:
Quand tout est dit, aussi mauvaise bague
Ou peu s'en fault que femme de Paris,
Saulve l'honneur d'elles et leurs maris.

    Que diray plus.   Au miserable corps
Dont je vous parle il n'est demouré fors
Le povre esprit, qui lamente et souspire,
Et en pleurant tasche à vous faire rire.

    Et pour autant (Syre) que suis à vous,
De trois jours l'un viennent taster mon poulx
Messieurs Braillon, Le Coq, Akaquia,
Pour me garder d'aller jusqu'à *quia*.

    Tout consulté, ont remis au printemps
Ma guarison; mais, à ce que j'entens,
Si je ne puis au printemps arriver,
Je suis taillé de mourir en yver,
Et en danger, si en yver je meurs,
De ne veoir pas les premiers raisins meurs.

    Voilà comment, depuis neuf moys en ça,
Je suis traicté. Or, ce que me laissa
Mon larronneau, long temps a l'ay vendu,
Et en sirops et julez despendu;

CLÉMENT MAROT

Ce neantmoins, ce que je vous en mande
N'est pour vous faire ou requeste ou demande;
Je ne veulx point tant de gens ressembler,
Qui n'ont soucy autre que d'assembler;
Tant qu'ilz vivront ilz demanderont, eulx;
Mais je commence à devenir honteux,
Et ne veulx plus à voz dons m'arrester.
   Je ne dy pas, si voulez rien prester,
Que ne le prenne. Il n'est point de presteur
(S'il veult prester) qui ne face un debteur.
Et sçavez-vous (Syre) comment je paye?
Nul ne le sçait, si premier ne l'essaye;
Vous me devrez (si je puis) de retour,
Et vous feray encores un bon tour.
A celle fin qu'il n'y ait faulte nulle,
Je vous feray une belle cedulle,
A vous payer (sans usure, il s'entend)
Quand on verra tout le monde content;
Ou si voulez, à payer ce sera
Quand vostre loz et renom cessera.
Et si sentez que soys foible de reins
Pour vous payer, les deux princes Lorrains
Me plegeront. Je les pense si fermes
Qu'ilz ne fauldront pour moy à l'un des termes.
Je sçay assez que vous n'avez pas peur
Que je m'enfuye ou que je soys trompeur;
Mais il faict bon asseurer ce qu'on preste;
Bref, vostre paye, ainsi que je l'arreste,
Est aussi seure, advenant mon trespas,
Comme advenant que je ne meure pas.
   Avisez donc si vous avez desir
De rien prester; vous me ferez plaisir,

CLÉMENT MAROT

Car puis un peu j'ay basty à Clement,
Là où j'ay faict un grand desboursement;
Et à Marot, qui est un peu plus loing,
Tout tombera, qui n'en aura le soing.
   Voilà le poinct principal de ma lettre;
Vous sçavez tout, il n'y fault plus rien mettre.
Rien mettre? Las! Certes, et si feray;
Et ce faisant, mon style j'enfleray,
Disant: « O Roy amoureux des neuf Muses,
Roy en qui sont leurs sciences infuses,
Roy plus que Mars d'honneur environné,
Roy le plus roy qui fut onc couronné,
Dieu tout puissant te doint pour t'estrener
Les quatre coings du monde gouverner,
Tant pour le bien de la ronde machine,
Que pour autant que sur tous en es digne. »

Rondeau

De l'amour du Siècle Antique

AU bon vieulx temps un train d'amour regnoit
Qui sans grand art et dons se demenoit,
Si qu'un bouquet donné d'amour profonde,
C'estoit donné toute la terre ronde,
Car seulement au cueur on se prenoit.
Et si par cas à jouyr on venoit,
Sçavez-vous bien comme on s'entretenoit?
Vingt ans, trente ans: cela duroit un monde
    Au bon vieulx temps.

CLÉMENT MAROT

Or est perdu ce qu'amour ordonnoit:
Rien que pleurs fainctz, rien que changes on n'oyt:
Qui vouldra donc qu'à aymer je me fonde,
Il fault premier que l'amour on refonde,
Et qu'on la meine ainsi qu'on la menoit
    Au bon vieulx temps.

Chansons

i

QUI veult avoir liesse
  Seulement d'un regard
Vienne veoir ma maistresse
Que Dieu maintienne et gard:
Elle a si bonne grace,
Que celluy qui la veoit
Mille douleurs efface,
Et plus s'il en avoit.

Les vertus de la belle
Me font esmerveiller;
La souvenance d'elle
Faict mon cueur esveiller;
Sa beauté tant exquise
Me faict la mort sentir;
Mais sa grace requise
M'en peult bien garantir.

ii

PUIS que de vous je n'ay autre visage,
  Je m'en voys rendre hermite en un desert,
Pour prier Dieu, si un autre vous sert,
Qu'autant que moy en vostre honneur soit sage.

CLÉMENT MAROT

Adieu amours, adieu gentil corsage,
Adieu ce tainct, adieu ces frians yeulx.
Je n'ay pas eu de vous grand advantage;
Un moins aymant aura peult estre mieulx.

iii

Ne sçay combien la haine est dure,
Et n'ay desir de le sçavoir;
Mais je sçay qu'amour, qui peu dure,
Faict un grand tourment recevoir.
Amour autre nom deust avoir;
Nommer le fault fleur ou verdure
Qui peu de temps se laisse veoir.

Nommez le donc fleur ou verdure
Au cueur de mon leger amant;
Mais en mon cueur qui trop endure,
Nommez le roc ou dyamant:
Car je vy tousjours en aymant,
En aymant celuy qui procure
Que Mort ne voyse consommant.

iv

CHANGEONS propos, c'est trop chanté d'amours.
Ce sont clamours, chantons de la serpette:
Tous vignerons ont à elle recours.
C'est leur secours pour tailler la vignette;
O serpilette, ô la serpillonnette,
La vignolette est par toy mise sus,
Dont les bons vins tous les ans sont yssus.

CLÉMENT MAROT

Le dieu Vulcain, forgeron des haults dieux,
Forgea aux cieulx la serpe bien taillante,
De fin acier trempé en bon vin vieulx,
Pour tailler mieulx et estre plus vaillante.
Bacchus la vante, et dit qu'elle est seante
Et convenante à Noé le bon hom
Pour en tailler la vigne en la saison.

Bacchus alors chappeau de treille avoit,
Et arrivoit pour benistre la vigne;
Avec flascons Silenus le suyvoit,
Lequel beuvoit aussi droict qu'une ligne;
Puis il trepigne, et se faict une bigne;
Comme une guigne estoit rouge son nez;
Beaucoup de gens de sa race sont nez.

Epigrammes

57 *Du Lieutenant Criminel et de Samblançay*

LORS que Maillart, juge d'Enfer, menoit
A Monfaulcon Samblançay l'ame rendre,
A vostre advis, lequel des deux tenoit
Meilleur maintien? Pour le vous faire entendre,
Maillart sembloit homme qui mort va prendre,
Et Samblançay fut si ferme vieillart,
Que l'on cuydoit, pour vray, qu'il menast pendre
A Monfaulcon le lieutenant Maillart.

CLÉMENT MAROT

58   *De Oui et de Nenny*

UN doulx Nenny avec un doulx soubzrire
   Est tant honneste, il le vous fault apprendre:
Quant est d'Ouy, si veniez à le dire,
D'avoir trop dict je vouldroys vous reprendre;
Non que je soys ennuyé d'entreprendre
D'avoir le fruict dont le desir me poinct;
Mais je vouldroys qu'en le me laissant prendre
Vous me disiez: « Non, vous ne l'aurez point. »

59   *De l'Abbé et de son Valet*

MONSIEUR l'Abbé et monsieur son valet
   Sont faictz egaulx tous deux comme de cire:
L'un est grand fol, l'autre petit folet;
L'un veult railler, l'autre gaudir et rire;
L'un boit du bon, l'autre ne boit du pire;
Mais un debat au soir entre eulx s'esmeut,
Car maistre abbé toute la nuict ne veult
Estre sans vin, que sans secours ne meure,
Et son valet jamais dormir ne peult
Tandis qu'au pot une goute en demeure.

60   *De Soy Mesme*

PLUS ne suis ce que j'ay esté,
   Et ne le sçaurois jamais estre;
Mon beau printemps et mon esté
Ont fait le sault par la fenestre.
Amour, tu as esté mon maistre:
Je t'ai servi sur tous les dieux.
O si je pouvois deux fois naistre,
Comme je te servirois mieulx!

MELLIN DE SAINT-GELAIS

1491-†1558

61 *Sonnet*

VOYANT ces monts de veue ainsi lointaine,
Je les compare à mon long desplaisir:
Haut est leur chef et haut est mon desir,
Leur pied est ferme et ma foi est certaine.

D'eux maint ruisseau coule et mainte fontaine,
De mes deux yeux sortent pleurs à loisir;
De forts souspirs ne me puis dessaisir,
Et de grands vents leur cime est toute pleine.

Mille troupeaux s'y promènent et paissent;
Autant d'amours se couvent et renaissent
Dedans mon cœur, qui seul est ma pasture;

Ils sont sans fruict, mon bien n'est qu'aparence;
Et d'eux à moy n'a qu'une difference,
Qu'en eux la neige, en moy la flamme dure.

MAURICE SCÈVE

c. 1510-†c. 1562

62 *Dizains*

i

LE jour passé de ta doulce presence
Fust un serain en hyver tenebreux,
Qui fait prouver la nuict de ton absence
A l'œil de l'ame estre un temps plus umbreux
Que n'est au Corps ce mien vivre encombreux,
Qui maintenant me fait de soy refus.

Car dès le poinct, que partie tu fus,
Comme le Lievre accroppy en son giste,
Je tendz l'oreille, oyant un bruyt confus,
Tout esperdu aux tenebres d'Egypte.

ii

LE souvenir, ame de ma pensée,
Me ravit tant en son illusif songe,
Que, n'en estant la memoyre offensée,
Je me nourris de si doulce mensonge.
   Or quand l'ardeur, qui pour elle me ronge,
Contre l'esprit sommeillant se hazarde,
Soubdainement qu'il s'en peult donner garde,
Ou qu'il se sent de ses flammes grevé,
En mon penser soubdain il te regarde,
Comme au desert son Serpent eslevé.

iii

TES doigtz tirantz non le doulx son des cordes,
Mais des haultz cieulx l'Angelique harmonie,
Tiennent encor en telle symphonie,
Et tellement les oreilles concordes,
Que paix, & guerre ensemble tu accordes
En ce concent, que lors je concevoys:
   Car du plaisir, qu'avecques toy j'avoys,
Comme le vent se joue avec la flamme,
L'esprit divin de ta celeste voix
Soubdain m'estainct, & plus soubdain m'enflamme.

65   *iv*

ASSES plus long, qu'un Siecle Platonique,
 Me fut le moys, que sans toy suis esté:
Mais quand ton front je revy pacifique,
Sejour treshault de toute honnesteté,
Ou l'empire est du conseil arresté,
Mes songes lors je creus estre devins.
   Car en mon corps, mon Ame, tu revins,
Sentant ses mains, mains celestement blanches,
Avec leurs bras mortellement divins
L'un coronner mon col, l'aultre mes hanches.

66   *v*

LA blanche Aurore a peine finyssoit
 D'orner son chef d'or luisant, & de roses,
Quand mon Esprit, qui du tout perissoit
Au fons confus de tant diverses choses,
Revint a moy soubz les Custodes closes
Pour plus me rendre envers Mort invincible.
   Mais toy, qui as (toy seule) le possible
De donner heur a ma fatalité,
Tu me seras la Myrrhe incorruptible
Contre les vers de ma mortalité.

67   *vi*

QUANT Mort aura, apres long endurer,
 De ma triste ame estendu le corps vuyde,
Je ne veulx point pour en Siecles durer,
Un Mausolée ou une piramide.

MAURICE SCÈVE

Mais bien me soit, Dame, pour tumbe humide
(Si digne en suis) ton sein delicieux.

Car si vivant sur Terre, & soubz les Cieulx,
Tu m'as tousjours esté guerre implacable,
Apres la mort en ce lieu precieux
Tu me seras, du moins, paix amyable.

PIERRE DE RONSARD

1524-†1585

Sonnets

68 *i*

« AVANT le temps tes tempes fleuriront,
« De peu de jours ta fin sera bornée,
« Avant le soir se clorra ta journée,
« Trahis d'espoir tes pensers periront:

« Sans me flechir tes escrits fletriront,
« En ton desastre ira ma destinée,
« Pour abuser les poëtes je suis née,
« De tes souspirs nos neveux se riront.

« Tu seras fait du vulgaire la fable,
« Tu bastiras sur l'incertain du sable,
« Et vainement tu peindras dans les cieux. »

Ainsi disoit la Nymphe qui m'affolle,
Lorsque le ciel, tesmoin de sa parolle,
D'un dextre éclair fut presage à mes yeux.

PIERRE DE RONSARD

69   *ii*

JE vous envoie un bouquet que ma main
   Vient de trier de ces fleurs epanies:
Qui ne les eust à ce vespre cueillies,
Cheutes à terre elles fussent demain.

Cela vous soit un exemple certain
Que vos beautez, bien qu'elles soient fleuries,
En peu de temps seront toutes flaitries,
Et, comme fleurs, periront tout soudain.

Le temps s'en va, le temps s'en va, ma dame,
Las! le temps non, mais nous, nous en allons,
Et tost serons estendus sous la lame:

Et des amours desquelles nous parlons,
Quand serons morts, n'en sera plus nouvelle:
Pour ce, aymez-moy, ce pendant qu'estes belle.

70   *iii*

JE veux, me souvenant de ma gentille amie,
   Boire ce soir d'autant, et pour ce, Corydon,
Fay remplir mes flacons, et verse à l'abandon
Du vin pour resjouir toute la compaignie.

Soit que m'amie ait nom ou Cassandre ou Marie,
Neuf fois je m'en vois boire aux lettres de son nom:
Et toi si de ta belle et jeune Madelon,
Belleau, l'amour te poind, je te pri', ne l'oublie.

Apporte ces bouquets que tu m'avois cueillis,
Ces roses, ces œillets, ce jasmin et ces lis:
Attache une couronne à l'entour de ma teste.

Gaignon ce jour icy, trompon nostre trespas:
Peut-estre que demain nous ne reboirons pas.
S'attendre au lendemain n'est pas chose trop preste.

iv

MARIE, levez-vous, vous estes paresseuse,
Ja la gaye alouette au ciel a fredonné,
Et ja le rossignol doucement jargonné,
Dessus l'espine assis, sa complainte amoureuse.

Sus debout, allon voir l'herbelette perleuse,
Et vostre beau rosier de boutons couronné,
Et vos œillets mignons ausquels aviez donné
Hier au soir de l'eau d'une main si songneuse.

Harsoir en vous couchant vous jurastes vos yeux,
D'estre plustost que moy ce matin esveillée;
Mais le dormir de l'aube, aux filles gracieux,

Vous tient d'un doux sommeil encor les yeux sillée.
Ça ça que je les baise et vostre beau tetin
Cent fois pour vous apprendre à vous lever matin.

v

COMME on void sur la branche au mois de May la rose
En sa belle jeunesse, en sa premiere fleur,
Rendre le ciel jaloux de sa vive couleur,
Quand l'aube de ses pleurs au poinct du jour l'arrose:

La grace dans sa feuille, et l'amour se repose,
Embasmant les jardins et les arbres d'odeur:
Mais battue ou de pluye ou d'excessive ardeur,
Languissante elle meurt feuille à feuille déclose.

Ainsi en ta premiere et jeune nouveauté,
Quand la terre et le ciel honoroient ta beauté,
La Parque t'a tuée, et cendre tu reposes.

Pour obseques reçoy mes larmes et mes pleurs,
Ce vase plein de laict, ce panier plein de fleurs,
Afin que vif et mort ton corps ne soit que roses.

73 *vi*

QUAND vous serez bien vieille, au soir, à la chandelle,
Assise aupres du feu, devidant et filant,
Direz chantant mes vers, en vous esmerveillant:
Ronsard me celebroit du temps que j'estois belle.

Lors vous n'aurez servante oyant telle nouvelle,
Desja sous le labeur à demy sommeillant,
Qui au bruit de mon nom ne s'aille resveillant,
Benissant vostre nom de louange immortelle.

Je seray sous la terre, et fantosme sans os
Par les ombres myrteux je prendray mon repos:
Vous serez au fouyer une vieille accroupie,

Regrettant mon amour et vostre fier desdain.
Vivez, si m'en croyez, n'attendez à demain:
Cueillez dés aujourd'huy les roses de la vie.

74 *vii*
(*A la Royne d'Escosse*)

ENCORES que la mer de bien loin nous separe,
Si est-ce que l'esclair de vostre beau soleil,
De vostre œil qui n'a point au monde de pareil,
Jamais loin de mon cœur par le temps ne s'egare.

PIERRE DE RONSARD

Royne, qui enfermez une royne si rare,
Adoucissez vostre ire et changez de conseil;
Le soleil se levant et allant au sommeil
Ne voit point en la terre un acte si barbare.

Peuple, vous forlignez, aux armes nonchalant,
De vos ayeux Regnault, Lancelot et Rolant,
Qui prenoient d'un grand cœur pour les dames querelle,

Les gardoient, les sauvoient, où vous n'avez, François,
Ny osé regarder ny toucher le harnois
Pour oster de servage une royne si belle.

75 *viii*

JE veux lire en trois jours l'Iliade d'Homere,
Et pour ce, Corydon, ferme bien l'huis sur moy:
Si rien me vient troubler, je t'asseure ma foy,
Tu sentiras combien pesante est ma colere.

Je ne veux seulement que nostre chambriere
Vienne faire mon lit, ton compagnon, ny toy;
Je veux trois jours entiers demeurer à requoy,
Pour follastrer après, une sepmaine entiere.

Mais si quelqu'un venoit de la part de Cassandre,
Ouvre-luy tost la porte, et ne le fais attendre,
Soudain entre en ma chambre, et me vien accoustrer.

Je veux tant seulement à luy seul me monstrer:
Au reste, si un dieu vouloit pour moy descendre
Du ciel, ferme la porte, et ne le laisse entrer.

PIERRE DE RONSARD

Odes

76
i

MIGNONNE, allon voir si la rose
Qui ce matin avoit desclose
Sa robe de pourpre au Soleil,
A point perdu ceste vesprée
Les plis de sa robe pourprée,
Et son teint au vostre pareil.
Las! voyez comme en peu d'espace,
Mignonne, elle a dessus la place
Las! las! ses beautez laissé cheoir!
O vrayment marastre Nature,
Puis qu'une telle fleur ne dure
Que du matin jusques au soir!
Donc, si vous me croyez, mignonne,
Tandis que vostre âge fleuronne
En sa plus verte nouveauté,
Cueillez, cueillez vostre jeunesse:
Comme à ceste fleur la vieillesse
Fera ternir vostre beauté.

77
ii

O FONTAINE Bellerie,
Belle fontaine cherie
De nos Nymphes quand ton eau
Les cache au creux de ta source
Fuyantes le Satyreau,
Qui les pourchasse à la course
Jusqu'au bord de ton ruisseau:
Tu es la Nymphe eternelle
De ma terre paternelle:

Pource en ce pré verdelet
Voy ton Poëte qui t'orne
D'un petit chevreau de lait,
A qui l'une et l'autre corne
Sortent du front nouvelet.
L'Esté je dors ou repose
Sus ton herbe, où je compose,
Caché sous tes saules vers,
Je ne sçay quoy, qui ta gloire
Envoira par l'univers,
Commandant à la Memoire
Que tu vives par mes vers.
L'ardeur de la Canicule
Ton verd rivage ne brule,
Tellement qu'en toutes pars
Ton ombre est espaisse et druë
Aux pasteurs venans des parcs,
Aux bœufs las de la charruë,
Et au bestial espars.
Iô, tu seras sans cesse
Des fontaines la princesse,
Moy celebrant le conduit
Du rocher percé, qui darde
Avec un enroué bruit
L'eau de ta source jazarde
Qui trepillante se suit.

iii

FAY refraischir mon vin de sorte
Qu'il passe en froideur un glaçon:
Fay venir Janne, qu'elle apporte
Son luth pour dire une chanson:

Nous ballerons tous trois au son:
Et dy à Barbe qu'elle vienne,
Les cheveux tors à la façon
D'une follastre Italienne.
Ne vois tu que le jour se passe?
Je ne vy point au lendemain:
Page, reverse dans ma tasse,
Que ce grand verre soit tout plain.
Maudit soit qui languit en vain:
Ces vieux Medecins je n'appreuve:
Mon cerveau n'est jamais bien sain,
Si beaucoup de vin ne l'abreuve.

iv

A la Forest de Gastine

COUCHÉ sous tes ombrages vers,
 Gastine, je te chante
Autant que les Grecs par leurs vers
 La forest d'Erymanthe.
Car malin, celer je ne puis
 A la race future
De combien obligé je suis
 A ta belle verdure:
Toy, qui sous l'abry de tes bois
 Ravy d'esprit m'amuses:
Toy, qui fais qu'à toutes les fois
 Me respondent les Muses:
Toy, par qui de ce mechant soin
 Tout franc je me delivre,
Lors qu'en toy je me pers bien loin,
 Parlant avec un livre.

PIERRE DE RONSARD

Tes bocages soient tousjours pleins
    D'amoureuses brigades
De Satyres et de Sylvains,
    La crainte des Naiades.
En toy habite desormais
    Des Muses le college,
Et ton bois ne sente jamais
    La flame sacrilege.

v

A sa Maistresse

JEUNE beauté, mais trop outrecuidée
    Des presens de Venus,
Quand tu verras ta peau toute ridée
    Et tes cheveux chenus,
Contre le temps et contre toy rebelle
    Diras en te tançant,
Que ne pensoy-je alors que j'estoy belle
    Ce que je vay pensant?
Ou bien, pourquoy à mon desir pareille
    Ne suis-je maintenant?
La beauté semble à la rose vermeille
    Qui meurt incontinent.
Voila les vers tragiques et la plainte
    Qu'au ciel tu envoyras,
Incontinent que ta face dépainte
    Par le temps tu voirras.
Tu sçais combien ardemment je t'adore
    Indocile à pitié,
Et tu me fuis, et tu ne veux encore
    Te joindre à ta moitié.

O de Paphos, et de Cypre regente,
    Deesse aux noirs sourcis!
Plustost encor que le temps, sois vengente
    Mes desdaignez soucis,
Et du brandon dont les cœurs tu enflames
    Des jumens tout autour,
Brusle-la moy, à fin que de ses flames
    Je me rie à mon tour.

vi

De l'Election de son sepulchre

Antres, et vous fontaines
  De ces roches hautaines
    Qui tombez contre-bas
      D'un glissant pas:
Et vous forests et ondes
  Par ces prez vagabondes,
    Et vous rives et bois,
      Oyez ma voix.
Quand le ciel et mon heure
  Jugeront que je meure,
    Ravy du beau sejour
      Du commun jour,
Je defens qu'on ne rompe
  Le marbre pour la pompe
    De vouloir mon tombeau
      Bastir plus beau:
Mais bien je veux qu'un arbre
  M'ombrage en lieu d'un marbre,
    Arbre qui soit couvert
      Tousjours de vert.

PIERRE DE RONSARD

De moy puisse la terre
  Engendrer un lierre,
   M'embrassant en maint tour
    Tout à l'entour:
Et la vigne tortisse
  Mon sepulcre embellisse,
   Faisant de toutes pars
    Un ombre espars.
Là viendront chaque année
  A ma feste ordonnée
   Avecques leurs troupeaux
    Les pastoureaux:
Puis ayant fait l'office
  De leur beau sacrifice,
   Parlans à l'isle ainsi
    Diront ceci:
Que tu es renommée
  D'estre tombeau nommée
   D'un, de qui l'univers
    Chante les vers!
Et qui onq en sa vie
  Ne fut bruslé d'envie,
   Mendiant les honneurs
    Des grands Seigneurs!
Ny ne r'apprist l'usage
  De l'amoureux breuvage,
   Ny l'art des anciens
    Magiciens!
Mais bien à noz campagnes
  Fist voir les Sœurs compagnes
   Foulantes l'herbe aux sons
    De ses chansons.

Car il fist à sa lyre
　Si bons accords eslire,
　　Qu'il orna de ses chants
　　　Nous et noz champs.
La douce manne tombe
　A jamais sur sa tombe,
　　Et l'humeur que produit
　　　En May la nuit.
Tout à l'entour l'emmure
　L'herbe et l'eau qui murmure,
　　L'un tousjours verdoyant,
　　　L'autre ondoyant.
Et nous ayans memoire
　Du renom de sa gloire
　　Luy ferons comme à Pan
　　　Honneur chaque an.
Ainsi dira la troupe,
　Versant de mainte coupe
　　Le sang d'un agnelet
　　　Avec du laict
Desur moy, qui à l'heure
　Seray par la demeure
　　Où les heureux espris
　　　Ont leur pourpris.
La gresle ne la neige
　N'ont tels lieux pour leur siège,
　　Ne la foudre oncque là
　　　Ne devala:
Mais bien constante y dure
　L'immortelle verdure,
　　Et constant en tout temps
　　　Le beau Printemps.

PIERRE DE RONSARD

Le soin qui sollicite
  Les Rois, ne les incite
  Le monde ruiner
    Pour dominer:
Ains comme freres vivent,
  Et morts encore suivent
  Les mestiers qu'ils avoient
    Quand ils vivoient.
Là, là j'oiray d'Alcée
  La lyre courroucée,
  Et Sapphon qui sur tous
    Sonne plus dous.
Combien ceux qui entendent
  Les chansons qu'ils respandent
  Se doivent resjouir
    De les ouir!
Quand la peine receuë
  Du rocher est deceuë,
  Et quand le vieil Tantal
    N'endure mal!
La seule lyre douce
  L'ennuy des cœurs repousse,
  Et va l'esprit flatant
    De l'escoutant.

vii

BEL Aubepin fleurissant,
  Verdissant
Le long de ce beau rivage,
Tu es vestu jusqu'au bas
  Des longs bras
D'une lambrunche sauvage.

PIERRE DE RONSARD

Deux camps de rouges fourmis
    Se sont mis
En garnison sous ta souche:
Dans les pertuis de ton tronc
    Tout du long
Les avettes ont leur couche.
Le chantre Rossignolet
    Nouvelet,
Courtisant sa bien-aimée,
Pour ses amours alleger
    Vient loger
Tous les ans en ta ramée.
Sur ta cime il fait son ny
    Tout uny
De mousse et de fine soye,
Où ses petits esclorront,
    Qui seront
De mes mains la douce proye.
Or vy, gentil Aubepin,
    Vy sans fin,
Vy sans que jamais tonnerre,
Ou la coignée, ou les vents,
    Ou les temps
Te puissent ruer par terre.

viii

VERSON ces roses pres ce vin,
  Pres de ce vin verson ces roses,
Et boivon l'un à l'autre, à fin
Qu'au cœur nos tristesses encloses
Prennent en boivant quelque fin.

PIERRE DE RONSARD

La belle Rose du Printemps,
    Aubert, admonneste les hommes
    Passer joyeusement le temps,
    Et pendant que jeunes nous sommes,
    Esbatre la fleur de nos ans.
Tout ainsi qu'elle defleurit,
    Fanie en une matinée,
    Ainsi nostre âge se flestrit,
    Las! et en moins d'une journée
    Le printemps d'un homme perit.
Ne veis-tu pas hier Brinon
    Parlant et faisant bonne chere,
    Qui las! aujourd'huy n'est sinon
    Qu'un peu de poudre en une biere,
    Qui de lui n'a rien que le nom?
Nul ne desrobe son trespas,
    Charon serre tout en sa nasse,
    Rois et pauvres tombent là bas:
    Mais ce-pendant le temps se passe,
    Rose, et je ne te chante pas.
La Rose est l'honneur d'un pourpris,
    La Rose est des fleurs la plus belle,
    Et dessus toutes a le pris:
    C'est pour cela que je l'appelle
    La violette de Cypris.
La Rose est le bouquet d'Amour,
    La Rose est le jeu des Charites,
    La Rose blanchit tout au tour
    Au matin de perles petites
    Qu'elle emprunte du poinct du jour.
La Rose est le parfum des Dieux,
    La Rose est l'honneur des pucelles,

PIERRE DE RONSARD

    Qui leur sein beaucoup aiment mieux
    Enrichir de Roses nouvelles,
    Que d'un or tant soit precieux.
Est-il rien sans elle de beau?
    La Rose embellit toutes choses,
    Venus de Roses a la peau,
    Et l'Aurore a les doigts de Roses,
    Et le front le Soleil nouveau.
Les Nymphes de Rose ont le sein,
    Les coudes, les flancs et les hanches:
    Hébé de Roses a la main,
    Et les Charites, tant soient blanches,
    Ont le front de Roses tout plein.
Que le mien en soit couronné,
    Ce m'est un Laurier de victoire:
    Sus, appellon le deux-fois-né,
    Le bon pere, et le faison boire,
    De ces Roses environné.
Bacchus, espris de la beauté
    Des Roses aux feuilles vermeilles,
    Sans elles n'a jamais esté,
    Quand en chemise sous les treilles
    Il boit au plus chaud de l'Esté.

84   *L'Alouette*

HÉ Dieu, que je porte d'envie
   Aux felicitez de ta vie,
Alouette, qui de l'amour
Caquettes dés le poinct du jour,
Secouant la douce rosée
En l'air, dont tu es arrosée.

PIERRE DE RONSARD

Davant que Phebus soit levé
Tu enleves ton corps lavé
Pour l'essuyer pres de la nue,
Tremoussant d'une aile menue:
Et te sourdant à petits bons,
Tu dis en l'air de si doux sons
Composez de ta tirelire,
Qu'il n'est amant qui ne desire
Comme toy devenir oyseau,
Pour desgoiser un chant si beau;
Puis quand tu es bien eslevée,
Tu tombes comme une fusée
Qu'une jeune pucelle au soir
De sa quenouille laisse choir,
Quand au fouyer elle sommeille,
Frappant son sein de son oreille:
Ou bien quand en filant le jour
Voit celui qui luy fait l'amour
Venir pres d'elle à l'impourveue,
De honte elle abaisse la veue,
Et son tors fuseau delié
Loin de sa main roule à son pié.
Ainsi tu roules, Alouette,
Ma doucelette mignonnette,
Qui plus qu'un rossignol me plais
Chantant par un taillis espais.

Tu vis sans offenser personne,
Ton bec innocent ne moissonne
Le froment, comme ces oyseaux
Qui font aux hommes mille maux,
Soit que le bled rongent en herbe,
Ou soit qu'ils l'egrenent en gerbe:

PIERRE DE RONSARD

Mais tu vis par les sillons verds,
De petits fourmis et de vers:
Ou d'une mouche, ou d'une achée
Tu portes aux tiens la bechée,
Ou d'une chenille qui sort
Des feuilles, quand l'Hyver est mort.
   A tort les mensongers Poëtes
Vous accusent vous alouettes
D'avoir vostre pere haï
Jadis jusqu'à l'avoir trahi,
Coupant de sa teste Royale
La blonde perruque fatale,
Dans laquelle un crin d'or portoit
En qui toute sa force estoit.
Mais quoy! vous n'estes pas seulettes
A qui les mensongers Poëtes
Ont fait grand tort: dedans le bois
Le Rossignol à haute vois
Caché dessous quelque verdure
Se plaint d'eux, et leur dit injure.
Si fait bien l'Arondelle aussi
Quand elle chante son cossi.
Ne laissez pas pourtant de dire
Mieux que devant la tirelire,
Et faites crever par despit
Ces menteurs de ce qu'ils ont dit.
   Ne laissez pour cela de vivre
Joyeusement, et de poursuivre
A chaque retour du Printemps
Vos accoustumez passetemps:
Ainsi jamais la main pillarde
D'une pastourelle mignarde

Parmi les sillons espiant
Vostre nouveau nid pepiant,
Quand vous chantez ne le desrobe
Ou dans son sein ou dans sa robe.
Vivez, oiseaux, et vous haussez
Tousjours en l'air, et annoncez
De vostre chant et de vostre aile
Que le Printemps se renouvelle.

85 *Institution pour l'Adolescence du Roy
tres-chrestien Charles IXe de ce nom*

SIRE, ce n'est pas tout que d'estre Roy de France,
Il faut que la vertu honore vostre enfance:
Un Roy sans la vertu porte le sceptre en vain,
Qui ne luy est sinon un fardeau dans la main.

Pource on dit que Thetis la femme de Pelée,
Apres avoir la peau de son enfant bruslée,
Pour le rendre immortel, le print en son giron,
Et de nuict l'emporta dans l'antre de Chiron,
Chiron noble centaure, à fin de luy apprendre
Les plus rares vertus dés sa jeunesse tendre,
Et de science et d'art son Achille honorer.

Un Roy pour estre grand ne doit rien ignorer.
Il ne doit seulement sçavoir l'art de la guerre,
De garder les citez, ou les ruer par terre,
De picquer les chevaux, ou contre son harnois
Recevoir mille coups de lances aux tournois:
De sçavoir comme il faut dresser une embuscade,
Ou donner une cargue ou une camisade,
Se renger en bataille et sous les estendars
Mettre par artifice en ordre les soldars.

PIERRE DE RONSARD

Les Rois les plus brutaux telles choses n'ignorent,
Et par le sang versé leurs couronnes honorent:
Tout ainsi que lions qui s'estiment alors
De tous les animaux estre veuz les plus fors,
Quand ils ont devoré un cerf au grand corsage,
Et ont remply les champs de meurtre et de carnage.

Mais les Princes mieux naiz n'estiment leur vertu
Proceder ny de sang ny de glaive pointu,
Ny de harnois ferrez qui les peuples estonnent,
Mais par les beaux mestiers que les Muses nous donnent.

Quand les Muses, qui sont filles de Jupiter,
(Dont les Rois sont issus) les Rois daignent chanter,
Elles les font marcher en toute reverence,
Loin de leur Majesté banissant l'ignorance:
Et tous remplis de grace et de divinité,
Les font parmy le peuple ordonner equité.

Ils deviennent appris en la Mathematique,
En l'art de bien parler, en Histoire et Musique,
En Physiognomie, à fin de mieux sçavoir
Juger de leurs sujets seulement à les voir.

Telle science sceut le jeune Prince Achille,
Puis sçavant et vaillant fit trebucher Troïlle
Sur le champ Phrygien et fit mourir encor
Devant le mur Troyen le magnanime Hector:
Il tua Sarpedon, tua Pentasilée,
Et par luy la cité de Troye fut bruslée.

Tel fut jadis Thesée, Hercules et Jason,
Et tous les vaillans preux de l'antique saison,
Tel vous serez aussi, si la Parque cruelle
Ne tranche avant le temps vostre trame nouvelle.

Charles, vostre beau nom tant commun à nos Rois,
Nom du Ciel revenu en France par neuf fois,

PIERRE DE RONSARD

Neuf fois, nombre parfait (comme cil qui assemble
Pour sa perfection trois triades ensemble),
Monstre que vous aurez l'empire et le renom
De huit Charles passez dont vous portez le nom.
Mais pour vous faire tel il faut de l'artifice,
Et dés jeunesse apprendre à combatre le vice.

   Il faut premierement apprendre à craindre Dieu,
Dont vous estes l'image, et porter au milieu
De vostre cœur son nom et sa saincte parole,
Comme le seul secours dont l'homme se console.

   En apres, si voulez en terre prosperer,
Vous devez vostre mere humblement honorer,
La craindre et la servir: qui seulement de mere
Ne vous sert pas icy, mais de garde et de pere.

   Apres il faut tenir la loy de vos ayeux,
Qui furent Rois en terre et sont là haut aux cieux:
Et garder que le peuple imprime en sa cervelle
Le curieux discours d'une secte nouvelle.

   Apres il faut apprendre à bien imaginer,
Autrement la raison ne pourroit gouverner:
Car tout le mal qui vient à l'homme prend naissance
Quand par sus la raison le cuider a puissance.

   Tout ainsi que le corps s'exerce en travaillant,
Il faut que la raison s'exerce en bataillant
Contre la monstrueuse et fausse fantaisie,
De peur que vainement l'ame n'en soit saisie.
Car ce n'est pas le tout de sçavoir la vertu:
Il faut cognoistre aussi le vice revestu
D'un habit vertueux, qui d'autant plus offence,
Qu'il se monstre honorable, et a belle apparence.

   De là vous apprendrez à vous cognoistre bien,
Et en vous cognoissant vous ferez tousjours bien.

PIERRE DE RONSARD

Le vray commencement pour en vertus accroistre,
C'est (disoit Apollon) soy-mesme se cognoistre:
Celuy qui se cognoist est seul maistre de soy,
Et sans avoir Royaume il est vrayment un Roy.

   Commencez donc ainsi: puis si tost que par l'âge
Vous serez homme fait de corps et de courage,
Il faudra de vous-mesme apprendre à commander,
A ouyr vos sujets, les voir et demander,
Les cognoistre par nom et leur faire justice,
Honorer la vertu, et corriger le vice.

   Malheureux sont les Rois qui fondent leur appuy
Sur l'aide d'un commis, qui par les yeux d'autruy
Voyent l'estat du peuple, et oyent par l'oreille
D'un flateur mensonger qui leur conte merveille.
Tel Roy ne regne pas, ou bien il regne en peur
(D'autant qu'il ne sçait rien) d'offenser un trompeur.
Mais (Sire) ou je me trompe en voyant vostre grace,
Ou vous tiendrez d'un Roy la legitime place:
Vous ferez vostre charge, et comme un Prince doux,
Audience et faveur vous donnerez à tous.

   Vostre palais royal cognoistrez en presence,
Et ne commettrez point une petite offence.
Si un pilote faut tant soit peu sur la mer
Il fera dessous l'eau la navire abysmer.
Si un Monarque faut tant soit peu, la province
Se perd: car volontiers le peuple suit le Prince.

   Aussi pour estre Roy vous ne devez penser
Vouloir comme un tyran vos sujets offenser.
De mesme nostre corps vostre corps est de bouë.
Des petits et des grands la Fortune se jouë:
Tous les regnes mondains se font et se desfont,
Et au gré de Fortune ils viennent et s'en-vont,

PIERRE DE RONSARD

Et ne durent non-plus qu'une flame allumée,
Qui soudain est esprise, et soudain consumée.

 Or, Sire, imitez Dieu, lequel vous a donné
Le sceptre, et vous a fait un grand Roy couronné,
Faites misericorde à celuy qui supplie,
Punissez l'orgueilleux qui s'arme en sa folie:
Ne poussez par faveur un homme en dignité,
Mais choisissez celuy qui l'a bien merité:
Ne baillez pour argent ny estats ny offices,
Ne donnez aux premiers les vacans benefices,
Ne souffrez pres de vous ne flateurs ne vanteurs:
Fuyez ces plaisans fols qui ne sont que menteurs,
Et n'endurez jamais que les langues legeres
Mesdisent des seigneurs des terres estrangeres.

 Ne soyez point mocqueur, ne trop haut à la main,
Vous souvenant tousjours que vous estes humain:
Ne pillez vos sujets par rançons ny par tailles,
Ne prenez sans raison ny guerres ny batailles:
Gardez le vostre propre, et vos biens amassez:
Car pour vivre content vous en avez assez.

 S'il vous plaist vous garder sans archer de la garde,
Il faut que d'un bon œil le peuple vous regarde,
Qu'il vous aime sans crainte: ainsi les puissans Rois
Ont conservé le sceptre, et non par le harnois.
Comme le corps royal ayez l'ame royale,
Tirez le peuple à vous d'une main liberale,
Et pensez que le mal le plus pernicieux
C'est un Prince sordide et avaricieux.

 Ayez autour de vous personnes venerables,
Et les oyez parler volontiers à vos tables:
Soyez leur auditeur comme fut vostre ayeul,
Ce grand François qui vit encores au cercueil.

PIERRE DE RONSARD

Soyez comme un bon Prince amoureux de la gloire,
Et faites que de vous se remplisse une histoire
Du temps victorieux vous faisant immortel
Comme Charles le Grand, ou bien Charles Martel.

Ne souffrez que les grands blessent le populaire,
Ne souffrez que le peuple aux grands puisse desplaire,
Gouvernez vostre argent par sagesse et raison.
Le Prince qui ne peut gouverner sa maison,
Sa femme, ses enfans, et son bien domestique,
Ne sçauroit gouverner une grand' Republique.

Pensez longtemps devant que faire aucuns Edicts:
Mais si tost qu'ils seront devant le peuple dicts,
Qu'ils soient pour tout jamais d'invincible puissance,
Autrement vos Decrets sentiroient leur enfance.
Ne vous monstrez jamais pompeusement vestu,
L'habillement des Rois est la seule vertu.
Que vostre corps reluise en vertus glorieuses,
Et non pas vos habits de perles precieuses.

D'amis plus que d'argent monstrez vous desireux:
Les Princes sans amis sont tousjours malheureux.
Aimez les gens de bien, ayant tousjours envie
De ressembler à ceux qui sont de bonne vie.
Punissez les malins et les seditieux:
Ne soyez point chagrin, despit ne furieux:
Mais honneste et gaillard, portant sur le visage
De vostre gentille ame un gentil tesmoignage.

Or, Sire, pour-autant que nul n'a le pouvoir
De chastier les Rois qui font mal leur devoir,
Punissez vous vous mesme, afin que la justice
De Dieu, qui est plus grand, vos fautes ne punisse.

Je dy ce puissant Dieu dont l'empire est sans bout,
Qui de son throsne assis en la terre voit tout,

PIERRE DE RONSARD

Et fait à un chacun ses justices egales,
Autant aux laboureurs qu'aux personnes royales:
Lequel nous supplions vous tenir en sa loy,
Et vous aimer autant qu'il fit David son Roy,
Et rendre comme à luy vostre sceptre tranquille:
Sans la faveur de Dieu la force est inutile.

86 *A son Ame*

AMELETTE Ronsardelette,
Mignonnelette, doucelette,
Tres-chere hostesse de mon corps,

Tu descens là bas foiblelette,
Pasle, maigrelette, seulette,
Dans le froid royaume des mors;

Toutefois simple, sans remors,
De meurtre, poison, ou rancune,
Mesprisant faveurs et tresors

Tant enviez par la commune.
Passant, j'ay dit: suy ta fortune,
Ne trouble mon repos: je dors.

JOACHIM DU BELLAY

1522–†1560

Sonnets

87 *i*

VOUS qui aux bois, aux fleuves, aux campaignes,
A cri, à cor, et à course hative
Suivez des cerfz la trace fugitive
Avec Diane, et les Nymphes compaignes:

JOACHIM DU BELLAY

Et toi ô Dieu ! qui mon rivage baignes,
As tu point veu une Nymphe craintive,
Qui va menant ma liberté captive
Par les sommez des plus haultes montaignes ?

Helas enfans ! si le sort malheureux
Vous monstre à nu sa cruelle beauté,
Que telle ardeur longuement ne vous tienne.

Trop fut celuy chasseur avantureux,
Qui de ses chiens sentit la cruauté,
Pour avoir veu la chaste Cyntienne.

ii

SI nostre vie est moins qu'une journée
En l'eternel, si l'an qui faict le tour
Chasse noz jours sans espoir de retour,
Si perissable est toute chose née,

Que songes-tu, mon ame emprisonnée ?
Pourquoy te plaist l'obscur de nostre jour,
Si pour voler en un plus cler sejour
Tu as au dos l'aele bien empanée ?

La est le bien que tout esprit desire,
La, le repos ou tout le monde aspire,
La est l'amour, la, le plaisir encore.

La, ô mon ame, au plus hault ciel guidée,
Tu y pourras recongnoistre l'Idée
De la beauté, qu'en ce monde j'adore.

JOACHIM DU BELLAY

89   *iii*

FRANCE, mere des arts, des armes, et des loix,
Tu m'as nourry long temps du laict de ta mamelle:
Ores, comme un aigneau qui sa nourrisse appelle,
Je remplis de ton nom les antres et les bois.

Si tu m'as pour enfant advoué quelquefois,
Que ne me respons-tu maintenant, ô cruelle?
France, France, respons à ma triste querelle:
Mais nul, sinon Echo, ne respond à ma voix.

Entre les loups cruels j'erre parmy la plaine,
Je sens venir l'hyver, de qui la froide haleine
D'une tremblante horreur fait herisser ma peau.

Las! tes autres aigneaux n'ont faute de pasture,
Ils ne craignent le loup, le vent, ny la froidure:
Si ne suis-je pourtant le pire du troppeau.

90   *iv*

MALHEUREUX l'an, le mois, le jour, l'heure, et le poinct,
Et malheureuse soit la flateuse esperance,
Quand pour venir icy j'abandonnay la France:
La France, et mon Anjou, dont le desir me poingt.

Vrayment d'un bon oyseau guidé je ne fus point,
Et mon cœur me donnoit assez signifiance,
Que le ciel estoit plein de mauvaise influence,
Et que Mars estoit lors à Saturne conjoint.

Cent fois le bon advis lors m'en voulut distraire,
Mais tousjours le destin me tiroit au contraire:
Et si mon desir n'eust aveuglé ma raison,

JOACHIM DU BELLAY

N'estoit-ce pas assez pour rompre mon voyage,
Quand sur le sueil de l'huis, d'un sinistre presage,
Je me blessay le pied sortant de ma maison?

91   *v*

Heureux qui, comme Ulysse, a fait un beau voyage,
Ou comme cestuy là qui conquit la toison,
Et puis est retourné, plein d'usage et raison,
Vivre entre ses parents le reste de son aage!

Quand revoiray-je, helas, de mon petit village
Fumer la cheminée: et en quelle saison
Revoiray-je le clos de ma pauvre maison,
Qui m'est une province, et beaucoup d'avantage?

Plus me plaist le sejour qu'ont basty mes ayeux,
Que des palais Romains le front audacieux:
Plus que le marbre dur me plaist l'ardoise fine,

Plus mon Loyre Gaulois, que le Tybre Latin,
Plus mon petit Lyré, que le mont Palatin,
Et plus que l'air marin la doulceur Angevine.

92   *vi*

O QU'HEUREUX est celuy qui peult passer son aage
Entre pareils à soy! et qui sans fiction,
Sans crainte, sans envie, et sans ambition,
Regne paisiblement en son pauvre mesnage!

JOACHIM DU BELLAY

Le miserable soing d'acquerir d'avantage
Ne tyrannise point sa libre affection,
Et son plus grand desir, desir sans passion,
Ne s'estend plus avant que son propre heritage.

Il ne s'empesche point des affaires d'autry,
Son principal espoir ne depend que de luy,
Il est sa court, son roy, sa faveur, et son maistre.

Il ne mange son bien en païs estranger,
Il ne met pour autry sa personne en danger,
Et plus riche qu'il est ne voudroit jamais estre.

vii

JE ne te conteray de Boulongne, et Venise,
 De Padoue, et Ferrare, et de Milan encor',
De Naples, de Florence, et lesquelles sont or'
Meilleures pour la guerre, ou pour la marchandise:

Je te raconteray du siege de l'Eglise,
Qui fait d'oysiveté son plus riche tresor,
Et qui dessous l'orgueil de trois couronnes d'or
Couve l'ambition, la haine, et la feintise:

Je te diray qu'icy le bon heur, et malheur,
Le vice, la vertu, le plaisir, la douleur,
La science honorable, et l'ignorance abonde.

Bref, je diray qu'icy, comme en ce vieil Chaos,
Se trouve (Peletier) confusément enclos
Tout ce qu'on void de bien et de mal en ce monde.

JOACHIM DU BELLAY

viii

IL fait bon voir (Paschal) un conclave serré,
Et l'une chambre à l'autre egalement voisine
D'antichambre servir, de salle, et de cuisine,
En un petit recoing de dix pieds en carré:

Il fait bon voir autour le palais emmuré,
Et briguer là dedans ceste troppe divine,
L'un par ambition, l'autre par bonne mine,
Et par despit de l'un, estre l'autre adoré:

Il fait bon voir dehors toute la ville en armes,
Crier, le Pape est fait, donner de faulx alarmes,
Saccager un palais: mais plus que tout cela

Fait bon voir, qui de l'un, qui de l'autre se vante,
Qui met pour cestui-cy, qui met pour cestui-là,
Et pour moins d'un escu dix Cardinaux en vente.

ix

J'AYME la liberté, et languis en service,
Je n'ayme point la Court, et me fault courtiser,
Je n'ayme la feintise, et me fault deguiser,
J'ayme simplicité, et n'apprens que malice.

Je n'adore les biens, et sers à l'avarice,
Je n'ayme les honneurs, et me les fault priser,
Je veulx garder ma foy, et me la fault briser,
Je cherche la vertu, et ne trouve que vice.

Je cherche le repos, et trouver ne le puis,
J'embrasse le plaisir, et n'esprouve qu'ennuis,
Je n'ayme à discourir, en raison je me fonde:

J'ay le corps maladif, et me fault voyager,
Je suis né pour la Muse, on me fait mesnager:
Ne suis-je pas (Morel) le plus chetif du monde?

x

JE hay du Florentin l'usuriere avarice,
Je hay du fol Sienois le sens mal arresté,
Je hay du Genevois la rare verité,
Et du Venetien la trop caute malice.

Je hay le Ferrarois pour je ne sçay quel vice,
Je hay tous les Lombards pour l'infidelité,
Le fier Napolitain pour sa grand' vanité,
Et le poltron Romain pour son peu d'exercice.

Je hay l'Anglois mutin, et le brave Escossois,
Le traistre Bourguignon, et l'indiscret François,
Le superbe Espaignol, et l'yvrongne Thudesque:

Bref, je hay quelque vice en chasque nation,
Je hay moymesme encor mon imperfection,
Mais je hay par sur tout un sçavoir pedantesque.

xi

FLATTER un crediteur, pour son terme allonger,
Courtiser un banquier, donner bonne esperance,
Ne suivre en son parler la liberté de France,
Et pour respondre un mot, un quart d'heure y songer:

Ne gaster sa santé par trop boire et manger,
Ne faire sans propos une folle despense,
Ne dire à tous venans tout cela que lon pense,
Et d'un maigre discours gouverner l'estranger:

JOACHIM DU BELLAY

Cognoistre les humeurs, cognoistre qui demande,
Et d'autant que lon a la liberté plus grande,
D'autant plus se garder que lon ne soit repris:

Vivre avecques chascun, de chascun faire compte:
Voila, mon cher Morel (dont je rougis de honte),
Tout le bien qu'en trois ans à Rome j'ay appris.

98 *D'un Vanneur de Blé aux Vents*

    A VOUS troppe legere,
      Qui d'aele passagere
    Par le monde volez,
    Et d'un sifflant murmure
    L'ombrageuse verdure
    Doulcement esbranlez,

    J'offre ces violettes,
    Ces lis et ces fleurettes,
    Et ces roses icy,
    Ces vermeillettes roses,
    Tout freschement écloses,
    Et ces œilletz aussi.

    De vostre doulce halaine
    Eventez ceste plaine,
    Eventez ce sejour:
    Ce pendant que j'ahanne
    A mon blé, que je vanne
    A la chaleur du jour.

Villanelle

EN ce moys delicieux,
Qu'amour toute chose incite,
Un chacun à qui mieulx mieulx
La doulceur du temps imite,
Mais une rigueur despite
Me faict pleurer mon malheur.
Belle et franche Marguerite,
Pour vous j'ay ceste douleur.

Dedans vostre œil gracieux
Toute doulceur est escrite,
Mais la doulceur de voz yeux
En amertume est confite,
Souvent la couleuvre habite
Dessoubs une belle fleur.
Belle et franche Marguerite,
Pour vous j'ay ceste douleur.

Or puis que je deviens vieux,
Et que rien ne me profite,
Desesperé d'avoir mieulx,
Je m'en iray rendre hermite,
Je m'en iray rendre hermite,
Pour mieulx pleurer mon malheur.
Belle et franche Marguerite,
Pour vous j'ay ceste douleur.

Mais si la faveur des Dieux
Au bois vous avoit conduitte,
Où, desperé d'avoir mieulx,
Je m'en iray rendre hermite:

Peult estre que ma poursuite
Vous feroit changer couleur.
Belle et franche Marguerite,
Pour vous j'ay ceste douleur.

A Ceres

REGARDE, ô Ceres la grande,
Danser la rustique bande
Des laboureurs assemblez
A la semence des bledz:
Fay que le grain ne pourrisse
Par la pluie, et ne perisse
Par l'hyver trop avancé
Le sillon ensemencé.
Que la malheureuse avéne
Ne foisonne sur la plaine,
Ny toute autre herbe qui nuit
Au grain dont vient le bon fruict.
Qu'un fort vent meslé de gresle
Ne renverse pesle mesle
Le blé sur terre haulsé
De telle fureur blessé.
Que les oyseaux qui ravissent
Du froument ne se nourrissent,
Ny ces monstres d'animaulx,
Qui font par tout tant de maulx.
Mais fay que le champ nous rende,
Avec une usure grande,
Les grains par nous enserrez
Soubs les sillons labourez.
Ainsi sera. Qu'on espanche
Un plein pot de créme blanche,

JOACHIM DU BELLAY

Et du miel delicieux,
Coulant avecques vin vieux.
Que l'hostie inviolée,
Avant que d'estre immolée,
Par trois fois d'un heureux tour
Cerne ces bledz à l'entour.
C'est assez. Moissons parfaictes,
Autres festes seront faictes,
Et seront tes cheveux saincts
D'espicz couronnez et ceinctz.

101 *Epitaphe d'un petit Chien*

DESSOUS ceste motte verte
De lis et roses couverte
Gist le petit Peloton
De qui le poil foleton
Frisoit d'une toyson blanche
Le doz, le ventre, et la hanche.
  Son nez camard, ses gros yeux
Qui n'estoient pas chassieux,
Sa longue oreille velue
D'une soyë crespelue,
Sa queue au petit floquet,
Semblant un petit bouquet,
Sa gembe gresle, et sa patte
Plus mignarde qu'une chatte
Avec ses petits chattons,
Ses quatre petits tetons,
Ses dentelettes d'ivoyre,
Et la barbelette noyre
De son musequin friand:
Bref, tout son maintien riand

JOACHIM DU BELLAY

Des pieds jusques à la teste,
Digne d'une telle beste,
Meritoient qu'un chien si beau
Eust un plus riche tumbeau.

   Son exercice ordinaire
Estoit de japper et braire,
Courir en hault et en bas,
Et faire cent mille esbas,
Tous estranges et farouches,
Et n'avoit guerre qu'aux mousches,
Qui luy faisoient maint torment.
Mais Peloton dextrement
Leur rendoit bien la pareille:
Car se couchant sur l'oreille,
Finement il aguignoit
Quand quelqu'une le poingnoit:
Lors d'une habile soupplesse
Happant la mouche traistresse,
La serroit bien fort dedans,
Faisant accorder ses dens
Au tintin de sa sonnette
Comme un clavier d'espinette.

   Peloton ne caressoit
Sinon ceulx qu'il cognoissoit,
Et n'eust pas voulu repaistre
D'autre main que de son maistre,
Qu'il alloit tousjours suyvant:
Quelquefois marchoit devant,
Faisant ne sçay quelle feste
D'un gay branlement de teste.

   Peloton tousjours veilloit
Quand son maistre sommeilloit,

JOACHIM DU BELLAY

Et ne souilloit point sa couche
Du ventre ny de la bouche,
Car sans cesse il gratignoit
Quand ce desir le poingnoit:
Tant fut la petite beste
En toutes choses honneste.

   Le plus grand mal, ce dict-on,
Que feist nostre Peloton,
(Si mal appellé doit estre)
C'estoit d'esveiller son maistre,
Jappant quelquefois la nuict,
Quand il sentoit quelque bruit,
Ou bien le voyant escrire,
Sauter, pour le faire rire,
Sur la table, et trepigner,
Follastrer, et gratigner,
Et faire tumber sa plume,
Comme il avoit de coustume.
Mais quoy? nature ne faict
En ce monde rien parfaict:
Et n'y a chose si belle,
Qui n'ait quelque vice en elle.

   Peloton ne mangeoit pas
De la chair à son repas:
Ses viandes plus prisées
C'estoient miettes brisées
Que celuy qui le paissoit
De ses doigts amollissoit:
Aussi sa bouche estoit pleine
Tousjours d'une doulce haleine.

   Mon-dieu, quel plaisir c'estoit
Quand Peloton se grattoit,

JOACHIM DU BELLAY

Faisant tinter sa sonnette
Avec sa teste folette!
Quel plaisir, quand Peloton
Cheminoit sur un baston,
Ou coifé d'un petit linge,
Assis comme un petit singe,
Se tenoit mignardelet
D'un maintien damoiselet!

   Ou sur les pieds de derriere
Portant la pique guerriere
Marchoit d'un front asseuré,
Avec un pas mesuré:
Ou couché dessus l'eschine,
Avec ne sçay quelle mine
Il contrefaisoit le mort !
Ou quand il couroit si fort,
Il tournoit comme une boule,
Ou un peloton, qui roule!

   Bref, le petit Peloton
Sembloit un petit mouton:
Et ne feut onc creature
De si benigne nature.

   Las, mais ce doulx passetemps
Ne nous dura pas longtemps:
Car la mort ayant envie
Sur l'ayse de nostre vie,
Envoya devers Pluton
Nostre petit Peloton,
Qui maintenant se pourmeine
Parmi ceste umbreuse plaine,
Dont nul ne revient vers nous.
Que mauldictes soyez-vous,

JOACHIM DU BELLAY

Filandieres de la vie,
D'avoir ainsi par envie
Envoyé devers Pluton
Nostre petit Peloton:
Peloton qui estoit digne
D'estre au ciel un nouveau signe,
Temperant le Chien cruel
D'un printemps perpetuel.

Antiquitez de Rome

i

DIVINS Esprits, dont la poudreuse cendre
Gist sous le fais de tant de murs couvers,
Non vostre loz, qui vif par voz beaux vers
Ne se verra sous la terre descendre,

Si des humains la voix se peult estendre
Depuis icy jusqu'au fond des enfers,
Soient à mon cry les abysmes ouvers,
Tant que d'abas vous me puissiez entendre.

Trois fois cernant sous le voile des cieux
De voz tumbeaux le tour devotieux,
A haulte voix trois fois je vous appelle:

J'invoque icy vostre antique fureur,
En ce pendant que d'une saincte horreur
Je vays chantant vostre gloire plus belle.

JOACHIM DU BELLAY

ii

LE Babylonien ses haults murs vantera,
  Et ses vergers en l'air, de son Ephesienne
La Grece descrira la fabrique ancienne,
Et le peuple du Nil ses pointes chantera:

La mesme Grece encor vanteuse publira
De son grand Juppiter l'image Olympienne,
Le Mausole sera la gloire Carienne,
Et son vieux Labyrinth' la Crete n'oublira.

L'antique Rhodien elevera la gloire
De son fameux Colosse, au temple de Memoire:
Et si quelque œuvre encor digne se peult vanter

De marcher en ce ranc, quelque plus grand' faconde
Le dira: quant à moy, pour tous je veulx chanter
Les sept costeaux Romains, sept miracles du monde.

iii

NOUVEAU venu, qui cherches Rome en Rome,
  Et rien de Rome en Rome n'apperçois,
Ces vieux palais, ces vieux arcz que tu vois,
Et ces vieux murs, c'est ce que Rome on nomme.

Voy quel orgueil, quelle ruine: et comme
Celle qui mist le monde sous ses loix,
Pour donter tout, se donta quelquefois,
Et devint proye au temps, qui tout consomme.

Rome de Rome est le seul monument,
Et Rome Rome a vaincu seulement.
Le Tybre seul, qui vers la mer s'enfuit,

Reste de Rome. O mondaine inconstance!
Ce qui est ferme, est par le temps destruit,
Et ce qui fuit, au temps fait resistance.

105   *iv*

CELLE qui de son chef les estoilles passoit,
Et d'un pied sur Thetis, l'autre dessous l'Aurore,
D'une main sur le Scythe, et l'autre sur le More,
De la terre, et du ciel, la rondeur compassoit,

Juppiter ayant peur, si plus elle croissoit,
Que l'orgueil des Geans se relevast encore,
L'accabla sous ces monts, ces sept monts qui sont ore
Tumbeaux de la grandeur qui le ciel menassoit.

Il luy mist sur le chef la croppe Saturnale,
Puis dessus l'estomac assist la Quirinale,
Sur le ventre il planta l'antique Palatin,

Mist sur la dextre main la hauteur Celienne,
Sur la senestre assist l'eschine Exquilienne,
Viminal sur un pied, sur l'autre l'Aventin.

106   *v*

QUI voudra voir tout ce qu'ont peu nature,
L'art et le ciel (Rome) te vienne voir:
J'entens s'il peult ta grandeur concevoir
Par ce qui n'est que ta morte peinture.

Rome n'est plus: et si l'architecture
Quelque umbre encor de Rome fait revoir,
C'est comme un corps par magique sçavoir
Tiré de nuict hors de sa sepulture.

JOACHIM DU BELLAY

Le corps de Rome en cendre est devallé,
Et son esprit rejoindre s'est allé
Au grand esprit de cette masse ronde.

Mais ses escripts, qui son loz le plus beau
Malgré le temps arrachent du tumbeau,
Font son idole errer parmy le monde.

107   vi

TELLE que dans son char la Berecynthienne
  Couronnée de tours, et joyeuse d'avoir
Enfanté tant de Dieux, telle se faisoit voir
En ses jours plus heureux ceste ville ancienne:

Ceste ville qui fut plus que la Phrygienne
Foisonnante en enfans, et de qui le pouvoir
Fut le pouvoir du monde, et ne se peult revoir
Pareille à sa grandeur, grandeur sinon la sienne.

Rome seule pouvoit à Rome ressembler,
Rome seule pouvoit Rome faire trembler:
Aussi n'avoit permis l'ordonnance fatale

Qu'autre pouvoir humain, tant fust audacieux,
Se vantast d'égaler celle qui fit égale
Sa puissance à la terre, et son courage aux cieux.

108   vii

TELZ que lon vid jadis les enfans de la Terre,
  Plantez dessus les monts pour escheller les cieux,
Combattre main à main la puissance des Dieux,
Et Juppiter contre eux, qui ses foudres desserre:

JOACHIM DU BELLAY

Puis tout soudainement renversez du tonnerre
Tumber deçà delà ces squadrons furieux,
La Terre gemissante, et le Ciel glorieux
D'avoir à son honneur achevé ceste guerre:

Tel encor' on a veu par dessus les humains
Le front audacieux des sept costaux Romains
Lever contre le ciel son orgueilleuse face:

Et telz ores on void ces champs deshonnorez
Regretter leur ruine, et les Dieux asseurez
Ne craindre plus là hault si effroyable audace.

109   *viii*

COMME lon void de loing sur la mer courroucée
Une montaigne d'eau d'un grand branle ondoyant,
Puis trainant mille flotz, d'un gros choc abboyant
Se crever contre un roc, où le vent l'a poussée:

Comme on void la fureur par l'Aquillon chassée
D'un sifflement aigu l'orage tournoyant,
Puis d'une aile plus large en l'air esbanoyant
Arrester tout à coup sa carriere lassée:

Et comme on void la flamme ondoyant en ces lieux
Se rassemblant en un, s'aguiser vers les cieux,
Puis tumber languissante: ainsi parmy le monde

Erra la Monarchie: et croissant tout ainsi
Qu'un flot, qu'un vent, qu'un feu, sa course vagabonde
Par un arrest fatal s'est venu' perdre icy.

JOACHIM DU BELLAY

ix

Quand ce brave sejour, honneur du nom Latin,
Qui borna sa grandeur d'Afrique, et de la Bize,
De ce peuple qui tient les bords de la Tamize,
Et de celuy qui void esclorre le matin,

Anima contre soy d'un courage mutin
Ses propres nourissons, sa despouille conquise,
Qu'il avoit par tant d'ans sur tout le monde acquise,
Devint soudainement du monde le butin:

Ainsi quand du grand Tout la fuite retournée,
Où trentesix mil' ans ont sa course bornée,
Rompra des elemens le naturel accord,

Les semences qui sont meres de toutes choses
Retourneront encor à leur premier discord,
Au ventre du Chaos eternellement closes.

x

Qui voudroit figurer la Romaine grandeur
En ses dimensions, il ne luy faudroit querre
A la ligne, et au plomb, au compas, à l'equerre,
Sa longueur et largeur, hautesse et profondeur:

Il luy faudroit cerner d'une egale rondeur
Tout ce que l'Ocean de ses longs bras enserre,
Soit où l'Astre annuel eschauffe plus la terre,
Soit où soufle Aquilon sa plus grande froideur.

Rome fut tout le monde, et tout le monde est Rome.
Et si par mesmes noms mesmes choses on nomme,
Comme du nom de Rome on se pourroit passer,

JOACHIM DU BELLAY

La nommant par le nom de la terre et de l'onde:
Ainsi le monde on peult sur Rome compasser,
Puis que le plan de Rome est la carte du monde.

xi

TOY qui de Rome emerveillé contemples
L'antique orgueil, qui menassoit les cieux,
Ces vieux palais, ces monts audacieux,
Ces murs, ces arcz, ces thermes, et ces temples,

Juge, en voyant ces ruines si amples,
Ce qu'a rongé le temps injurieux,
Puis qu'aux ouvriers les plus industrieux
Ces vieux fragmens encor servent d'exemples.

Regarde apres, comme de jour en jour
Rome, fouillant son antique sejour,
Se rebatist de tant d'œuvres divines:

Tu jugeras, que le dæmon Romain
S'efforce encor d'une fatale main
Ressusciter ces poudreuses ruines.

xii

ESPEREZ-vous que la posterité
Doive (mes vers) pour tout jamais vous lire?
Esperez-vous que l'œuvre d'une lyre
Puisse acquerir telle immortalité?

Si sous le ciel fust quelque eternité,
Les monuments que je vous ay fait dire,
Non en papier, mais en marbre et porphyre,
Eussent gardé leur vive antiquité.

Ne laisse pas toutefois de sonner,
Luth, qu'Apollon m'a bien daigné donner:
Car si le temps ta gloire ne desrobbe,

Vanter te peux, quelque bas que tu sois,
D'avoir chanté, le premier des François,
L'antique honneur du peuple à longue robbe.

PONTUS DE TYARD
1521–†1605

114 *Sonnets*

i

SI c'est fidelité, aimer mieux que la flame
Qui brille en voz beaux yeux me devore le cueur,
Que des faveurs d'Amour jouissant et vainqueur
Me laisser dans l'esprit imprimer autre Dame:

Si c'est fidelité, le beau trait qui m'entame,
Bien qu'il me soit cruel, n'estimer que douceur,
N'asseoir ailleurs qu'en vous le comble de mon heur,
L'honneur de mon honneur, ny l'Ame de mon Ame:

Si c'est fidelité, ne vouloir aspirer
Qu'à ce qu'il vous plaira me laisser desirer,
Ny me hausser le vol qu'au mouvoir de vostre æsle:

Si c'est fidelité, autant aimer ma vie
Qu'elle vous agréra pour en estre servie,
Je viens icy jurer que je vous suis fidelle.

115 *ii*

PERE du doux repos, Sommeil pere du songe,
Maintenant que la nuit, d'une grande ombre obscure,
Faict à cet air serain humide couverture,
Viens, Sommeil desiré, et dans mes yeux te plonge.

PONTUS DE TYARD

Ton absence, Sommeil, languissamment alonge,
Et me fait plus sentir la peine que j'endure.
Viens, Sommeil, l'assoupir et la rendre moins dure,
Viens abuser mon mal de quelque doux mensonge.

Ja le muet Silence un esquadron conduit
De fantosmes ballans dessous l'aveugle nuict,
Tu me dedaignes seul qui te suis tant devot !

Viens, Sommeil desiré, m'environner la teste,
Car d'un vœu non menteur un bouquet je t'appreste
De ta chere morelle, et de ton cher pavot.

LOUISE LABÉ
c. 1524–†1566

Sonnets
i

TOUT aussitot que je commence à prendre
Dens le mol lit le repos desiré,
Mon triste esprit hors de moy retiré
S'en va vers toy incontinent se rendre.

Lors m'est avis que, dedens mon sein tendre,
Je tiens le bien où j'ay tant aspiré,
Et pour lequel j'ay si haut souspiré,
Que de sanglots ay souvent cuidé fendre.

O dous sommeil, ô nuit à moy heureuse !
Plaisant repos, plein de tranquilité,
Continuez toutes les nuits mon songe ;

Et si jamais ma povre ame amoureuse
Ne doit avoir de bien en verité,
Faites au moins qu'elle en ait en mensonge.

LOUISE LABÉ

ii

117

TANT que mes yeus pourront larmes espandre
A l'heur passé avec toy regretter;
Et qu'aus sanglots et soupirs resister
Pourra ma voix, et un peu faire entendre;

Tant que ma main pourra les cordes tendre
Du mignart lut, pour tes graces chanter;
Tant que l'esprit se voudra contenter
De ne vouloir rien fors que toy comprendre;

Je ne souhaitte encore point mourir:
Mais quand mes yeus je sentiray tarir,
Ma voix cassée, et ma main impuissante,

Et mon esprit en ce mortel sejour
Ne pouvant plus montrer signe d'amante;
Priray la Mort noircir mon plus cler jour.

iii

118

NE reprenez, Dames, si j'ay aymé;
Si j'ay senti mile torches ardentes,
Mile travaus, mile douleurs mordantes:
Si en pleurant j'ay mon tems consumé,

Las! que mon nom n'en soit par vous blasmé:
Si j'ay failli, les peines sont presentes;
N'aigrissez point leurs pointes violentes:
Mais estimez qu'Amour, à point nommé,

Sans votre ardeur d'un Vulcan excuser,
Sans la beauté d'Adonis acuser,
Pourra, s'il veut, plus vous rendre amoureuses,

En ayant moins que moi d'ocasion,
Et plus d'estrange et forte passion;
Et gardez-vous d'estre plus malheureuses.

119 *Elegie*

QUAND vous lirez, ô Dames Lionnoises,
  Ces miens escrits pleins d'amoureuses noises,
Quand mes regrets, ennuis, despits et larmes
M'orrez chanter en pitoyables carmes,
Ne veuillez pas condamner ma simplesse,
Et jeune erreur de ma folle jeunesse,
Si c'est erreur: mais qui dessous les Cieus
Se peut vanter de n'estre vicieus?
L'un n'est content de sa sorte de vie,
Et tousjours porte à ses voisins envie:
L'un, forcenant de voir la paix en terre,
Par tous moyens tache y mettre la guerre:
L'autre, croyant povreté estre vice,
A autre Dieu qu'or ne fait sacrifice:
L'autre sa foy parjure il emploira
A decevoir quelcun qui le croira:
L'un en mentant de sa langue lezarde,
Mile brocars sur l'un et l'autre darde:
Je ne suis point sous ces planettes née,
Qui m'ussent pù tant faire infortunée.
Onques ne fut mon œil marri de voir
Chez mon voisin mieus que chez moy pleuvoir.
Onq ne mis noise ou discord entre amis:
A faire gain jamais ne me soumis.
Mentir, tromper, et abuser autrui,
Tant m'a desplu que mesdire de lui.

LOUISE LABÉ

Mais si en moy rien y ha d'imparfait,
Qu'on blame Amour: c'est lui seul qui l'a fait,
Sur mon verd aage en ses laqs il me prit,
Lors qu'exerçois mon corps et mon esprit
En mile et mile euvres ingenieuses,
Qu'en peu de temps me rendit ennuieuses.
Pour bien savoir avec l'esguille peindre
J'eusse entrepris la renommée esteindre
De celle là, qui, plus docte que sage,
Avec Pallas comparoit son ouvrage.
Qui m'ust vù lors en armes fiere aller,
Porter la lance et bois faire voler,
Le devoir faire en l'estour furieus,
Piquer, volter le cheval glorieus,
Pour Bradamante, ou la haute Marphise,
Seur de Roger, il m'ust, possible, prise.
Mais quoy ? Amour ne peut longuement voir
Mon cœur n'aymant que Mars et le savoir:
Et me voulant donner autre souci,
En souriant, il me disoit ainsi:
« Tu penses donq, ô Lionnoise Dame,
Pouvoir fuir par ce moyen ma flamme?
Mais non feras; j'ay subjugué les Dieus
Es bas Enfers, en la Mer et es Cieus,
Et penses tu que n'aye tel pouvoir
Sur les humeins, de leur faire savoir
Qu'il n'y ha rien qui de ma main eschape?
Plus fort se pense et plus tot je le frape.
De me blamer quelque fois tu n'as honte,
En te fiant en Mars, dont tu fais conte:
Mais meintenant, voy si pour persister
En le suivant me pourras resister. »

LOUISE LABÉ

Ainsi parloit, et tout echaufé d'ire
Hors de sa trousse une sagette il tire,
Et decochant de son extreme force,
Droit la tira contre ma tendre escorce:
Foible harnois pour bien couvrir le cœur
Contre l'Archer qui tousjours est vainqueur.
La bresche faite, entre Amour en la place,
Dont le repos premierement il chasse:
Et de travail qui me donne sans cesse,
Boire, manger, et dormir ne me laisse.
Il ne me chaut de soleil ne d'ombrage:
Je n'ay qu'Amour et feu en mon courage,
Qui me desguise, et fait autre paroitre,
Tant que ne peu moymesme me connoitre.
Je n'avois vu encore seize hivers,
Lors que j'entray en ces ennuis divers;
Et jà voici le treizième esté
Que mon cœur fut par amour arresté.
Le tems met fin aus hautes Pyramides,
Le tems met fin aus fonteines humides;
Il ne pardonne aus braves Colisées,
Il met à fin les viles plus prisées,
Finir aussi il ha acoutumé
Le feu d'Amour, tant soit-il allumé:
Mais, las! en moy il semble qu'il augmente
Avec le tems, et que plus me tourmente.
Paris ayma Œnone ardemment,
Mais son amour ne dura longuement,
Medée fut aymée de Jason,
Qui tot apres la mit hors sa maison.
Si meritoient-elles estre estimées,
Et pour aymer leurs amis, estre aymées.

LOUISE LABÉ

S'estant aymé on peut Amour laisser,
N'est-il raison, ne l'estant, se lasser?
N'est-il raison te prier de permettre,
Amour, que puisse à mes tourmens fin mettre?
Ne permets point que de Mort face espreuve,
Et plus que toy pitoyable la treuve:
Mais si tu veus que j'ayme jusqu'au bout,
Fay que celui que j'estime mon tout,
Qui seul me peut faire plorer et rire,
Et pour lequel si souvent je soupire,
Sente en ses os, en son sang, en son ame,
Ou plus ardente, ou bien egale flame.
Alors ton faix plus aisé me sera,
Quand avec moy quelcun le portera.

REMI BELLEAU

1528–†1577

Avril

AVRIL, l'honneur et des bois
    Et des mois:
Avril, la douce espérance
Des fruicts qui sous le coton
    Du bouton
Nourissent leur jeune enfance.

Avril, l'honneur des prez verds,
    Jaunes, pers,
Qui d'une humeur bigarrée
Emaillent de mille fleurs
    De couleurs,
Leur parure diaprée.

REMI BELLEAU

Avril, l'honneur des soupirs
    Des Zéphyrs,
Qui sous le vent de leur ælle
Dressent encor és forests
    Des doux rets,
Pour ravir Flore la belle.

Avril, c'est ta douce main
    Qui du sein
De la nature desserre
Une moisson de senteurs,
    Et de fleurs,
Embasmant l'Air et la Terre.

Avril, l'honneur verdissant,
    Florissant
Sur les tresses blondelettes
De ma Dame et de son sein,
    Tousjours plein
De mille et mille fleurettes.

Avril, la grace, et le ris
    De Cypris,
Le flair et la douce haleine:
Avril, le parfum des Dieux,
    Qui des cieux
Sentent l'odeur de la plaine.

C'est toy, courtois et gentil,
    Qui d'exil
Retires ces passagéres,
Ces arondelles qui vont,
    Et qui sont
Du printemps les messagéres.

REMI BELLEAU

L'aubespine et l'aiglantin,
    Et le thym,
L'œillet, le lis et les roses
En ceste belle saison,
    A foison,
Monstrent leurs robes écloses.

Le gentil rossignolet,
    Doucelet,
Découpe dessous l'ombrage
Mille fredons babillars,
    Frétillars,
Au doux chant de son ramage.

C'est à ton heureux retour
    Que l'amour
Souffle, à doucettes haleines,
Un feu croupi et couvert,
    Que l'hyver
Receloit dedans nos veines.

Tu vois en ce temps nouveau
    L'essaim beau
De ces pillardes avettes
Volleter de fleur en fleur,
    Pour l'odeur
Qu'ils mussent en leurs cuissettes.

May vantera ses fraischeurs,
    Ses fruicts meurs,
Et sa feconde rosée,
La manne et le sucre doux,
    Le miel roux,
Dont sa grace est arrosée.

Mais moy je donne ma voix
        A ce mois,
Qui prend le surnom de celle
Qui de l'escumeuse mer
        Veit germer
Sa naissance maternelle.

121   *Sonnet*

LUNE porte-flambeau, seule fille heritiere
Des ombres de la nuit au grand et large sein,
Seule dedans le ciel qui de plus viste train
Gallopes tes moreaux par la noire carriere:

Seule quand il te plaist qui retiens ta lumiere
D'un œil à demi-clos, puis la versant soudain
Montres le teint vermeil de ton visage plein,
Et les rayons sacrez de ta belle paupiere:

Laisse moy, je te pry, sous le silence ombreux
De tes feux argentez au sejour amoureux
De ces rares beautez qui m'ont l'ame ravie,

Et causent que sans peur j'erre dedans ce bois
Vagabond et seulet, comme toy quelquefois
Pour ton mignon dormeur sur le mont de Latmie.

122   *La Cigalle*

HÂ que nous t'estimons heureuse,
     Gentille Cigalle amoureuse!
Car aussi tost que tu as beu
Dessus les arbrisseaux un peu

REMI BELLEAU

De la rosée, aussi contente
Qu'est une Princesse puissante,
Tu fais de ta doucette voix
Tressaillir les monts et les bois.

Tout ce qu'apporte la campagne,
Tout ce qu'apporte la montagne,
Est de ton propre; au laboureur
Tu plais sur tout, car son labeur
N'offenses, ny portes dommage
N'à luy, ny à son labourage.
Tout homme estime ta bonté,
Douce prophete de l'esté!

La Muse t'aime, et t'aime aussi
Apollon, qui t'a fait ainsi
Doucement chanter; la vieillesse
Comme nous jamais ne te blesse.

Ô sage, ô fille terre-née,
Aime-chanson, passionnée,
Qui ne fus onc d'affection,
Franche de toute passion,
Sans estre de sang ny de chair,
Presque semblable à Jupiter.

OLIVIER DE MAGNY

c. 1530–†1561

123

MON Castin, quand j'aperçois
Ces grands arbres dans ces bois
Dépouillés de leur parure,
Je rêvasse à la verdure
Qui ne dure que six mois.

OLIVIER DE MAGNY

Puis, je pense à nostre vie
Si malement asservie,
Qu'el' n'a presque le loisir
De choisir quelque plaisir,
Qu'elle ne nous soit ravie.

Nous semblons à l'arbre verd
Qui demeure, un temps, couvert
De mainte feuille naïve,
Puis, dès que l'hiver arrive,
Toutes ses feuilles il perd.

Ce pendant que la jeunesse
Nous repand de sa richesse,
Tousjours gais, nous florissons;
Mais soudain nous flétrissons,
Assaillis de la vieillesse.

Car ce vieil faucheur, le Tems,
Qui devore ses enfans,
Ayant ailé nos années,
Les fait voler empennées
Plus tost que les mesmes vents.

Doncques, tandis que nous sommes,
Mon Castin, entre les hommes,
N'ayons que notre aise cher,
Sans aller à haut chercher
Tant de feux et tant d'atomes.

Quelque fois il faut mourir,
Et si quelqu'un peut guerir
Quelque fois de quelque peine,
Enfin son attente vaine
Ne sait plus où recourir.

OLIVIER DE MAGNY

L'esperance est trop mauvaise.
Allons doncques sous la braise
Cacher ces marons si beaux,
Et de ces bons vins nouveaux
Appaisons notre mésaise.

Aisant ainsi notre cœur,
Le petit archer vainqueur
Nous viendra dans la memoire;
Car, sans le manger et boire,
Son trait n'a point de vigueur.

Puis, avecq' nos nymphes gayes,
Nous irons guerir les playes
Qu'il nous fit dedans le flanc,
Lorsqu'au bord de cet estang
Nous dansions en ces saulayes.

124 *Sonnet*

MAGNY

HOLA, Charon, Charon, Nautonnier infernal!

CHARON

Qui est cet importun qui si pressé m'appelle?

MAGNY

C'est l'esprit eploré d'un amoureux fidelle,
Lequel pour bien aimer n'eust jamais que du mal.

CHARON

Que cherches-tu de moy?

OLIVIER DE MAGNY

MAGNY

     Le passage fatal.

CHARON

Quel est ton homicide?

MAGNY

     O demande cruelle!
Amour m'a fait mourir.

CHARON

     Jamais dans ma nasselle
Nul subget à l'amour je ne conduis à val.

MAGNY

Et de grâce, Charon, reçoi-moy dans ta barque.

CHARON

Cherche un autre nocher, car ny moy ny la Parque
N'entreprenons jamais sur ce maistre des Dieux.

MAGNY

J'iray donc maugré toy; car j'ay dedans mon âme
Tant de traicts amoureux, tant de larmes aux yeux,
Que je seray le fleuve, et la barque et la rame.

ESTIENNE JODELLE
1532–†1573

125 *Aux cendres de Claude Colet*

SI ma voix, qui me doit bien tost pousser au nombre
Des Immortels, pouvoit aller jusqu'à ton ombre,
  COLET, à qui la mort
Se monstra trop jalouse et dépite d'attendre
Que tu eusses parfait ce qui te peut deffendre
  De son avare port:

ESTIENNE JODELLE

Si tu pouvois encor sous la cadence saincte
D'un Lut, qui gemiroit et ta mort, et ma plainte,
    Tout ainsi te ravir,
Que tu te ravissois dessous tant de merveilles,
Lors que durant tes jours je faisois tes oreilles
    Sous mes loix s'asservir:

Tu ferois escouter à la troupe sacrée
Des Manes bien heureux, qui seule se recrée
    Entre les lauriers verds,
Les mots que maintenant devot en mon office
Je rediray neuf fois, pour l'heureux sacrifice
    Que te doivent mes vers.

Mais pource que ma voix, adversaire aux tenebres,
Ne pourroit pas passer par les fleuves funebres,
    Qui de bras tortillez
Vous serrent à l'entour, et dont, peut estre, l'onde
Pourroit souiller mes vers, qui dedans nostre monde
    Ne seront point souillez:

Il me faut contenter, pour mon devoir te rendre,
De tesmoigner tout bas à ta muette cendre,
    Bien que ce soit en vain,
Que ceste horrible Sœur qui a tranché ta vie
Ne trancha point alors l'amitié qui me lie,
    Où rien ne peut sa main.

Que les fardez amis, dont l'amitié chancelle
Sous le vouloir du sort, evitent un JODELLE,
    Obstiné pour vanger
Toute amitié rompue, amoindrie, et volage,
Autant qu'il est ami des bons amis, que l'age
    Ne peut jamais changer.

ESTIENNE JODELLE

Sois moy donc un tesmoin, ô toy Tumbe poudreuse,
Sois moy donc un tesmoin, ô toy Fosse cendreuse,
  Qui t'anoblis des os
Desja pourris en toy, sois tesmoin que j'arrache
Maugré l'injuste mort ce beau nom, qui se cache
  Dedans ta poudre enclos.

Vous qui m'accompagnez, ô trois fois trois pucelles,
Qu'on donne à ce beau nom des ailes immortelles,
  Pour voler de ce lieu
Jusqu'à l'autel que tient vostre mere Memoire,
Qui regaignant sans fin sus la mort la victoire,
  D'un homme fait un Dieu.

Pour accomplir mon vœu, je vois trois fois espandre
Trois gouttes de ce laict dessus la seiche cendre,
  Et tout autant de vin;
Tien, reçoy le cyprés, l'amaranthe, et la rose,
O Cendre bien heureuse, et mollement repose
  Icy jusqu'à la fin.

JEAN-ANTOINE DE BAÏF

1532–†1589

126   *Du Printemps*

La froidure paresseuse
De l'yver a fait son temps;
Voicy la saison joyeuse
Du délicieux printemps.

La terre est d'herbes ornée,
L'herbe de fleuretes l'est;
La feuillure retournée
Fait ombre dans la forest.

JEAN-ANTOINE DE BAÏF

De grand matin, la pucelle
Va devancer la chaleur,
Pour de la rose nouvelle
Cueillir l'odorante fleur.

Pour avoir meilleure grace
Soit qu'elle en pare son sein,
Soit que présent elle en fasse
A son amy, de sa main:

Qui, de sa main l'ayant uë
Pour souvenance d'amour,
Ne la perdra point de vuë,
La baisant cent fois le jour.

Mais oyez dans le bocage
Le flageolet du berger,
Qui agace le ramage
Du rossignol bocager.

Voyez l'onde clere et pure
Se cresper dans les ruisseaux;
Dedans, voyez la verdure
De ces voisins arbrisseaux.

La mer est calme et bonasse;
Le ciel est serein et cler,
La nef jusqu'aux Indes passe;
Un bon vent la fait voler.

Les menageres avetes
Font çà et là un doux fruit,
Voletant par les fleuretes
Pour cueillir ce qui leur duit.

JEAN-ANTOINE DE BAÏF

En leur ruche elles amassent
Des meilleures fleurs la fleur,
C'est à fin qu'elles en fassent
Du miel la douce liqueur.

Tout resonne des voix nettes
De toutes races d'oyseaux.
Par les chams, des alouetes,
Des cygnes, dessus les eaux.

Aux maisons, les arondelles,
Les rossignols, dans les boys,
En gayes chansons nouvelles
Exercent leurs belles voix.

Doncques, la douleur et l'aise
De l'amour je chanteray,
Comme sa flame ou mauvaise,
Ou bonne, je sentiray.

Et si le chanter m'agrée,
N'est-ce pas avec raison,
Puis qu'ainsi tout se recrée
Avec la gaye saison?

JEAN PASSERAT

1534-†1602

Sonnet

Sur la mort de Thulène

SIRE, Thulène est mort: j'ay veu sa sépulture.
Mais il est presque en vous de le resusciter;
Faictes de son estat un poëte hériter:
Le poète et le fou sont de mesme nature.

JEAN PASSERAT

L'un fuit l'ambition, et l'autre n'en a cure,
Tous deux ne font jamais leur argent profiter;
Tous deux sont d'une humeur aisée à irriter,
L'un parle sans penser, et l'autre à l'aventure.

L'un a la teste verte, et l'autre va couvert
D'un joly chapperon faict de jaune et de vert;
L'un chante des sonets, l'autre danse aus sonettes.

Le plus grand différent qui se trouve entre nous,
C'est qu'on dict que tousjours fortune aime les fouls
Et qu'elle est peu souvent favorable aux poètes.

128 *Villanelle*

J'AI perdu ma tourterelle;
Est-ce point celle que j'oy?
Je veux aller après elle.

Tu regrettes ta femelle,
Hélas! aussi fais-je moy.
J'ai perdu ma tourterelle.

Si ton amour est fidelle,
Aussi est ferme ma foy;
Je veux aller après elle.

Ta plainte se renouvelle,
Toujours plaindre je me doy;
J'ai perdu ma tourterelle.

En ne voyant plus la belle,
Plus rien de beau je ne voy;
Je veux aller après elle.

JEAN PASSERAT

Mort, que tant de fois j'appelle,
Prends ce qui se donne à toy!
J'ai perdu ma tourterelle;
Je veux aller après elle.

JEAN VAUQUELIN DE LA FRESNAYE
1536–†c. 1606
Idillies

i

ENTRE les fleurs, entre les lis,
Doucement dormoit ma Philis,
Et tout autour de son visage
Les petits Amours, comme enfans,
Jouoient, folastroient, triomphans,
Voyant des cieux la belle image.

J'admirois toutes ces beautez
Égalles à mes loyautez,
Quand l'esprit me dit en l'oreille.
Fol, que fais-tu? Le temps perdu
Souvent est chèrement vendu;
S'on le recouvre, c'est merveille.

Alors, je m'abbaissai tout bas,
Sans bruit je marchai pas à pas,
Et baisai ses lèvres pourprines:
Savourant un tel bien, je dis
Que tel est dans le paradis
Le plaisir des asmes divines.

ii

Pasteurs, voici la fonteinette
Où tousjours se venoit mirer,
Et ses beautez, seule, admirer
La pastourelle Philinette.

Voici le mont où de la bande
Je la vis la dance mener,
Et les nymphes l'environner
Comme celle qui leur commande.

Pasteurs, voici la verte prée
Où les fleurs elle ravissoit,
Dont, après, elle embellissoit
Sa perruque blonde et sacrée.

Ici, folastre et decrochée,
Contre un chesne elle se cacha;
Mais, par avant, elle tascha
Que je la vis estre cachée.

Dans cet antre secret encore,
Mile fois elle me baisa;
Mais, depuis, mon cœur n'apaisa
De la flamme qui le devore.

Donc, à toutes ces belles places,
A la fontaine, au mont, au pré,
Au chesne, à l'antre tout sacré,
Pour ces dons, je rends mile graces.

VAUQUELIN DE LA FRESNAYE

131 *Sonnet*

DU paresseux sommeil où tu gis endormie
Desjà par si long temps, ô France, éveille-toy,
Respire dedaigneuse, et tes offences voy,
Ne sois point ton esclave et ta propre ennemie.

Reprend ta liberté, gueri ta maladie,
Et ton antique honneur, ô France, ramentoy :
Legere, desormais, sans bien sçavoir pourquoy,
Dans un sentier tortu ne donne à l'estourdie.

Si tu regardois bien les annales des rois,
Tu connoistrois avoir triomphé mille fois
De ceux qui veulent or' amoindrir ta puissance.

Sans toy, qui contre toy despite ouvres le sein,
Ces ventres de harpie, ejunez par souffrance,
N'auroient jamais osé passer le Rhin germain.

NICOLAS RAPIN

c. 1540–†1608

132 *A Achille de Harlay*

COURAGE, grand Achille, oppose à la fortune
Ce bouclier de Vulcan, ce mur de fin acier,
Ce rempart d'innocence en ce cœur justicier,
Comme un roc qui résiste aux courroux de Neptune.

Ta vertu soit tousjours toute telle et toute une,
Insensible aux appas d'un puissant financier,
Impénétrable et sourde aux charmes d'un sorcier,
Qui de crainte et d'espoir ta constance importune.

NICOLAS RAPIN

Destourne tes pensers des faveurs de la cour,
Maintien ton grave front, quoyque le temps qui court
Désireroit des mœurs qui fussent moins austères.

Aux grands maux comme sont les nostres d'à présent,
Le médecin perd tout, qui se rend complaisant;
Les breuvages amers sont les plus salutaires.

AMADIS JAMYN

1538–†1585

ESTANT couché pres les ruchettes
Où faisoient du miel les avettes,
En ces mots je vins à parler:
Mouches, vous volez à vostre aise,
Et ma maistresse est si mauvaise
Qu'elle m'empesche de voler.

Vous volez sur les fleurs escloses,
Et moissonnez les douces choses
Du thym, du safran rougissant,
Et du saule à la feuille molle;
Mais sur les moissons je ne vole,
Dont j'aime à estre jouissant.

Mouches, de Jupiter nourrices,
Des odeurs qui vous sont propices
Vous faites la cire et le miel;
Et moy, des beautez de ma dame,
Je ne produis rien en mon âme,
Que plaintes, que deuil et que fiel.

AMADIS JAMYN

On dit, ô coleres abeilles,
Qu'en vos pointures nonpareilles
Vostre destin se voit borné;
Mais celle dont les traits je porte,
Las ! en me blessant n'est point morte
De la mort qu'elle m'a donné.

Ha ! je voudrois estre une mouche,
Pour voleter dessus la bouche,
Sur les cheveux et sur le sein
De ma dame belle et rebelle;
Je picquerois ceste cruelle
A peine d'y mourir soudain.

GUILLAUME DU BARTAS
1544-†1590

Sonnet

FRANÇOIS, arreste-toi, ne passe la campagne
Que Nature mura de rochers d'un costé,
Que l'Auriège entrefend d'un cours précipité;
Campagne qui n'a point en beauté de compagne.

Passant, ce que tu vois n'est point une montagne:
C'est un grand Briarée, un géant haut monté
Qui garde ce passage, et défend, indomté,
De l'Espagne la France, et de France l'Espagne.

Il tend à l'une l'un, à l'autre l'autre bras,
Il porte sur son chef l'antique faix d'Atlas,
Dans deux contraires mers il pose ses deux plantes.

Les espaisses forests sont ses cheveux espais;
Les rochers sont ses os; les rivières bruyantes
L'éternelle sueur que luy cause un tel faix.

PHILIPPE DESPORTES
1546–†1606

Villanelle

ROZETTE, pour un peu d'absence
Vostre cœur vous avez changé,
Et moy, sçachant cette inconstance,
Le mien autre part j'ay rangé :
Jamais plus beauté si legere,
Sur moy tant de pouvoir n'aura :
Nous verrons, volage bergere,
Qui premier s'en repentira.

Tandis qu'en pleurs je me consume,
Maudissant cet esloignement,
Vous, qui n'aimez que par coustume,
Caressiez un nouvel amant.
Jamais legere girouëtte
Au vent si tost ne se vira :
Nous verrons, bergere Rozette,
Qui premier s'en repentira.

Où sont tant de promesses saintes,
Tant de pleurs versez en partant?
Est il vray que ces tristes plaintes
Sortissent d'un cœur inconstant?
Dieux! que vous estes mensongere!
Maudit soit qui plus vous croira!
Nous verrons, volage bergere,
Qui premier s'en repentira.

Celuy qui a gaigné ma place
Ne vous peut aymer tant que moy,
Et celle que j'aime vous passe
De beauté, d'amour et de foy.

Gardez bien vostre amitié neufve,
La mienne plus ne varira,
Et puis, nous verrons à l'espreuve
Qui premier s'en repentira.

Chanson

O BIEN heureux qui peut passer sa vie
Entre les siens, franc de haine et d'envie,
Parmy les champs, les forests et les bois,
Loin du tumulte et du bruit populaire;
Et qui ne vend sa liberté pour plaire
Aux passions des princes et des rois!

Il n'a soucy d'une chose incertaine,
Il ne se paist d'une esperance vaine,
Nulle faveur ne le va decevant;
De cent fureurs il n'a l'âme embrasée
Et ne maudit sa jeunesse abusée,
Quand il ne trouve à la fin que du vent.

Il ne fremist quand la mer courroucée
Enfle ses flots, contrairement poussée
Des vens esmeus soufflans horriblement;
Et quand la nuict à son aise il sommeille,
Une trompette en sursaut ne l'esveille
Pour l'envoyer du lict au monument.

L'ambition son courage n'attise,
D'un fard trompeur son âme il ne desguise,
Il ne se plaist à violer sa foy;
Des grands seigneurs l'oreille il n'importune,
Mais en vivant content de sa fortune
Il est sa cour, sa faveur, et son roy.

PHILIPPE DESPORTES

Je vous rens grace, ô deitez sacrées
Des monts, des eaux, des forests et des prées,
Qui me privez de pensers soucieux,
Et qui rendez ma volonté contente,
Chassant bien loin la miserable attente,
Et les desirs des cœurs ambitieux!

Dedans mes champs ma pensée est enclose.
Si mon corps dort mon esprit se repose,
Un soin cruel ne le va devorant:
Au plus matin, la fraischeur me soulage,
S'il fait trop chaud, je me mets à l'ombrage,
Et s'il fait froid, je m'eschauffe en courant.

Si je ne loge en ces maisons dorées,
Au front superbe, aux voûtes peinturées
D'azur, d'esmail, et de mille couleurs,
Mon œil se paist des tresors de la plaine
Riche d'œillets, de lis, de marjolaine,
Et du beau teint des printanieres fleurs.

Dans les palais enflez de vaine pompe,
L'ambition, la faveur qui nous trompe,
Et les soucys logent communement:
Dedans nos champs se retirent les fées,
Roines des bois à tresses decoiffées,
Les jeux, l'amour, et le contentement.

Ainsi vivant, rien n'est qui ne m'agrée.
J'oy des oiseaux la musique sacrée,
Quand, au matin, ils benissent les cieux;
Et le doux son des bruyantes fontaines
Qui vont, coulant de ces roches hautaines,
Pour arrouser nos prez delicieux.

PHILIPPE DESPORTES

Que de plaisir de voir deux colombelles,
Bec contre bec, en tremoussant des ailes,
Mille baisers se donner tour à tour;
Puis, tout ravy de leur grace naïve,
Dormir au frais d'une source d'eau vive,
Dont le doux bruit semble parler d'amour!

Que de plaisir de voir sous la nuict brune,
Quand le soleil a fait place à la lune,
Au fond des bois les nymphes s'assembler,
Monstrer au vent leur gorge découverte,
Danser, sauter, se donner cotte-verte,
Et sous leur pas tout l'herbage trembler.

Le bal finy, je dresse en haut la veuë
Pour voir le teint de la lune cornuë,
Claire, argentée, et me mets à penser
Au sort heureux du pasteur de Latmie:
Lors je souhaite une aussi belle amie,
Mais je voudrois, en veillant, l'embrasser.

Ainsi, la nuict, je contente mon âme,
Puis, quand Phebus de ses rays nous enflame,
J'essaye encor mille autres jeux nouveaux:
Diversement mes plaisirs j'entrelasse,
Ores je pesche, or' je vay à la chasse,
Et or' je dresse embuscade aux oyseaux.

Je fay l'amour, mais c'est de telle sorte
Que seulement du plaisir j'en rapporte,
N'engageant point ma chere liberté:
Et quelques laqs que ce dieu puisse faire
Pour m'attraper, quand je m'en veux distraire,
J'ay le pouvoir comme la volonté.

PHILIPPE DESPORTES

> Douces brebis, mes fidelles compagnes,
> Hayes, buissons, forests, prez et montagnes,
> Soyez témoins de mon contentement:
> Et vous, ô dieux! faites, je vous supplie,
> Que, cependant que durera ma vie,
> Je ne connoisse un autre changement.

THÉODORE-AGRIPPA D'AUBIGNÉ
1552–†1630

137 *L'Hyver*

MES volages humeurs, plus steriles que belles,
S'en vont; et je leur dis: Vous sentez, irondelles,
S'esloigner la chaleur et le froid arriver.
Allez nicher ailleurs, pour ne tascher, impures,
Ma couche de babil et ma table d'ordures;
Laissez dormir en paix la nuict de mon hyver.

D'un seul poinct le soleil n'esloigne l'hemisphere;
Il jette moins d'ardeur, mais autant de lumiere.
Je change sans regrets, lorsque je me repens
Des frivoles amours et de leur artifice.
J'ayme l'hyver qui vient purger mon cœur de vice,
Comme de peste l'air, la terre de serpens.

Mon chef blanchit dessous les neiges entassées.
Le soleil, qui reluit, les eschauffe, glacées,
Mais ne les peut dissoudre, au plus court de ses mois.
Fondez, neiges; venez dessus mon cœur descendre,
Qu'encores il ne puisse allumer de ma cendre
Du brasier, comme il fit des flammes autrefois.

THÉODORE-AGRIPPA D'AUBIGNÉ

Mais quoi! serai-je esteint devant ma vie esteinte?
Ne luira plus sur moi la flamme vive et sainte,
Le zèle flamboyant de la sainte maison?
Je fais aux saints autels holocaustes des restes,
De glace aux feux impurs, et de naphte aux celestes:
Clair et sacré flambeau, non funebre tison!

Voici moins de plaisirs, mais voici moins de peines.
Le rossignol se taist, se taisent les Sereines.
Nous ne voyons cueillir ni les fruits ni les fleurs;
L'esperance n'est plus bien souvent tromperesse,
L'hyver jouit de tout. Bienheureuse vieillesse,
La saison de l'usage, et non plus des labeurs!

Mais la mort n'est pas loin; cette mort est suivie
D'un vivre sans mourir, fin d'une fausse vie:
Vie de nostre vie, et mort de nostre mort.
Qui hait la seureté, pour aimer le naufrage?
Qui a jamais esté si friant de voyage
Que la longueur en soit plus douce que le port?

FRANÇOIS DE MALHERBE

1555–†1628

138 *Consolation à M. du Périer*

TA douleur, du Périer, sera donc éternelle,
   Et les tristes discours
Que te met en l'esprit l'amitié paternelle
   L'augmenteront toujours?

Le malheur de ta fille au tombeau descendue
   Par un commun trépas,
Est-ce quelque dédale où ta raison perdue
   Ne se retrouve pas?

FRANÇOIS DE MALHERBE

Je sais de quels appas son enfance étoit pleine,
    Et n'ai pas entrepris,
Injurieux ami, de soulager ta peine
    Avecque son mépris.

Mais elle étoit du monde, où les plus belles choses
    Ont le pire destin ;
Et rose elle a vécu ce que vivent les roses,
    L'espace d'un matin.

Puis quand ainsi seroit que, selon ta prière,
    Elle auroit obtenu
D'avoir en cheveux blancs terminé sa carrière,
    Qu'en fût-il advenu ?

Penses-tu que, plus vieille, en la maison céleste
    Elle eût eu plus d'accueil ?
Ou qu'elle eût moins senti la poussière funeste
    Et les vers du cercueil ?

Non, non, mon du Périer, aussitôt que la Parque
    Ôte l'âme du corps,
L'âge s'évanouit au deçà de la barque,
    Et ne suit point les morts.

Tithon n'a plus les ans qui le firent cigale ;
    Et Pluton aujourd'hui,
Sans égard du passé, les mérites égale
    D'Archémore et de lui.

Ne te lasse donc plus d'inutiles complaintes ;
    Mais, sage à l'avenir,
Aime une ombre comme ombre, et des cendres éteintes
    Éteins le souvenir.

FRANÇOIS DE MALHERBE

C'est bien, je le confesse, une juste coutume
    Que le cœur affligé,
Par le canal des yeux vidant son amertume,
    Cherche d'être allégé.

Même quand il advient que la tombe sépare
    Ce que nature a joint,
Celui qui ne s'émeut a l'âme d'un barbare,
    Ou n'en a du tout point.

Mais d'être inconsolable et dedans sa mémoire
    Enfermer un ennui,
N'est-ce pas se haïr pour acquérir la gloire
    De bien aimer autrui ?

Priam qui vit ses fils abattus par Achille,
    Dénué de support
Et hors de tout espoir du salut de sa ville,
    Reçut du réconfort.

François, quand la Castille, inégale à ses armes,
    Lui vola son dauphin,
Sembla d'un si grand coup devoir jeter des larmes
    Qui n'eussent point de fin.

Il les sécha pourtant, et, comme un autre Alcide,
    Contre fortune instruit,
Fit qu'à ses ennemis d'un acte si perfide
    La honte fut le fruit.

Leur camp, qui la Durance avoit presque tarie
    De bataillons épais,
Entendant sa constance, eut peur de sa furie,
    Et demanda la paix.

FRANÇOIS DE MALHERBE

De moi, déjà deux fois d'une pareille foudre
    Je me suis vu perclus,
Et deux fois la raison m'a si bien fait résoudre
    Qu'il ne m'en souvient plus.

Non qu'il ne me soit grief que la tombe possède
    Ce qui me fut si cher;
Mais en un accident qui n'a point de remède
    Il n'en faut point chercher.

La Mort a des rigueurs à nulle autre pareilles;
    On a beau la prier,
La cruelle qu'elle est se bouche les oreilles,
    Et nous laisse crier.

Le pauvre en sa cabane, où le chaume le couvre,
    Est sujet à ses lois;
Et la garde qui veille aux barrières du Louvre
    N'en défend point nos rois.

De murmurer contre elle et perdre patience,
    Il est mal à propos;
Vouloir ce que Dieu veut est la seule science
    Qui nous met en repos.

139   *Chanson*

ILS s'en vont, ces rois de ma vie,
    Ces yeux, ces beaux yeux,
Dont l'éclat fait pâlir d'envie
    Ceux même des cieux.

FRANÇOIS DE MALHERBE

Dieux, amis de l'innocence,
Qu'ai-je fait pour mériter
Les ennuis où cette absence
   Me va précipiter?

Elle s'en va cette merveille,
   Pour qui nuit et jour,
Quoi que la raison me conseille,
   Je brûle d'amour.
Dieux, amis de l'innocence,
Qu'ai-je fait pour mériter
Les ennuis où cette absence
   Me va précipiter?

En quel effroi de solitude
   Assez écarté
Mettrai-je mon inquiétude
   En sa liberté?
Dieux, amis de l'innocence,
Qu'ai-je fait pour mériter
Les ennuis où cette absence
   Me va précipiter?

Les affligés ont en leurs peines
   Recours à pleurer:
Mais quand mes yeux seroient fontaines,
   Que puis-je espérer?
Dieux, amis de l'innocence,
Qu'ai-je fait pour mériter
Les ennuis où cette absence
   Me va précipiter?

FRANÇOIS DE MALHERBE

Paraphrase du Psaume cxlv
Stances

N'ESPÉRONS plus, mon âme, aux promesses du monde;
Sa lumière est un verre, et sa faveur une onde
Que toujours quelque vent empêche de calmer.
Quittons ces vanités, lassons-nous de les suivre;
   C'est Dieu qui nous fait vivre,
   C'est Dieu qu'il faut aimer.

En vain, pour satisfaire à nos lâches envies,
Nous passons près des rois tout le temps de nos vies
A souffrir des mépris et ployer les genoux:
Ce qu'ils peuvent n'est rien; ils sont, comme nous sommes,
   Véritablement hommes,
   Et meurent comme nous.

Ont-ils rendu l'esprit, ce n'est plus que poussière
Que cette majesté si pompeuse et si fière,
Dont l'éclat orgueilleux étonnait l'univers;
Et, dans ces grands tombeaux où leurs âmes hautaines
   Font encore les vaines,
   Ils sont mangés des vers.

Là se perdent ces noms de maîtres de la terre,
D'arbitres de la paix, de foudres de la guerre;
Comme ils n'ont plus de sceptre, ils n'ont plus de flatteurs;
Et tombent avec eux d'une chute commune
   Tous ceux que leur fortune
   Faisait leurs serviteurs.

FRANÇOIS DE MALHERBE

141 — Sur la Mort de son Fils

QUE mon fils ait perdu sa dépouille mortelle,
Ce fils qui fut si brave, et que j'aimai si fort,
Je ne l'impute point à l'injure du sort,
Puisque finir à l'homme est chose naturelle.

Mais que de deux marauds la surprise infidèle
Ait terminé ses jours d'une tragique mort,
En cela ma douleur n'a point de réconfort,
Et tous mes sentiments sont d'accord avec elle.

O mon Dieu, mon Sauveur, puisque, par la raison,
Le trouble de mon âme étant sans guérison,
Le vœu de la vengeance est un vœu légitime,

Fais que de ton appui je sois fortifié;
Ta justice t'en prie, et les auteurs du crime
Sont fils de ces bourreaux qui t'ont crucifié.

JEAN DE SPONDE

1557-1595

Sonnets

142 — i

QUI seroit dans les cieux, et baisseroit sa veuë
Sur le large pourpris de ce sec element,
Il ne croiroit le Tout rien qu'un poinct seulement,
Un poinct encor caché du voile d'une nuë:

Mais s'il contemple apres ceste courtine bluë,
Ce cercle de cristal, ce doré firmament,
Il juge que son tour est grand infiniment,
Et que cette grandeur nous est toute incognuë.

JEAN DE SPONDE

Ainsi de ce grand ciel, où l'amour m'a guidé,
De ce grand ciel d'Amour où mon œil est bandé,
Si je relasche un peu la pointe aiguë au reste,

Au reste des amours, je vois sous une nuit
Le monde d'Epicure en atomes reduit,
Leur amour tout de terre, et le mien tout celeste.

ii

LES vents grondoyent en l'air, les plus sombres nuages
Nous desroboyent le jour pesle mesle entassez,
Les abismes d'enfer estoyent au ciel poussez,
La mer s'enfloit de monts, et le monde d'orages:

Quand je vy qu'un oyseau delaissant nos rivages
S'envole au beau milieu de ses flots courroucez,
Y pose de son nid les festus ramassez
Et rappaise soudain ses escumeuses rages.

L'amour m'en fit autant, et comme un Alcion,
L'autre jour se logea dedans ma passion
Et combla de bon-heur mon ame infortunée.

Apres le trouble, en fin, il me donna la paix:
Mais le calme de mer n'est qu'une fois l'année,
Et celuy de mon ame y sera pour jamais.

iii

QUI sont, qui sont ceux-là, dont le cœur idolâtre,
Se jette aux pieds du Monde, et flatte ses honneurs?
Et qui sont ces valets, et qui sont ces Seigneurs?
Et ces Ames d'Ebène, et ces Faces d'Albastre?

Ces masques desguisez, dont la troupe folastre,
S'amuse à caresser je ne sçay quels donneurs
De fumées de Court, et ces entrepreneurs
De vaincre encor le Ciel qu'ils ne peuvent combattre?

Qui sont ces lovayeurs qui s'esloignent du Port?
Hommagers à la Vie, et felons à la Mort,
Dont l'estoille est leur Bien, le vent leur Fantasie?

Je vogue en mesme mer, et craindroy de perir,
Si ce n'est que je sçay que ceste mesme vie
N'est rien que le fanal qui me guide au mourir.

iv

TOUT s'enfle contre moy, tout m'assaut, tout me tente,
 Et le Monde et la Chair, et l'Ange revolté,
Dont l'onde, dont l'effort, dont le charme inventé
Et m'abisme, Seigneur, et m'esbranle, et m'enchante.

Quelle nef, quel appuy, quelle oreille dormante,
Sans peril, sans tomber, et sans estre enchanté,
Me donras tu? Ton Temple où vit ta Sainteté,
Ton invincible main, et ta voix si constante?

Et quoy? mon Dieu, je sens combattre maintesfois
Encor avec ton Temple, et ta main, et ta voix,
Cest Ange revolté, ceste Chair, et ce Monde.

Mais ton Temple pourtant, ta main, ta voix sera
La nef, l'appuy, l'oreille, où ce charme perdra,
Où mourra cest effort, où se perdra ceste onde.

MATHURIN RÉGNIER

Stances

SI vostre œil tout ardent d'amour et de lumière
De mon cœur vostre esclave est la flamme première
Que comme un astre saint je révère à genoux,
    Pourquoy ne m'aymez-vous?

Si vous que la beauté rend ores si superbe
Devez, comme une fleur qui flétrit dessus l'herbe,
Éprouver des saisons l'outrage et le courroux,
    Pourquoy ne m'aymez-vous?

Voulez-vous que votre œil en amour si fertile
Vous soit de la nature un présent inutile?
Si l'Amour comme un dieu se communique à tous,
    Pourquoy ne m'aymez-vous?

Attendez-vous qu'un jour un regret vous saisisse?
C'est à trop d'intérêts imprimer un supplice.
Mais puisque nous vivons en un âge si doux,
    Pourquoy ne m'aymez-vous?

Si vostre grand' beauté toutes beautés excelle,
Le ciel pour mon malheur ne vous fit point si belle:
S'il semble en son dessein avoir pitié de nous,
    Pourquoy ne m'aymez-vous?

Si j'ay, pour vous aymer, ma raison offensée,
Mortellement blessé d'une flèche insensée,
Sage en ce seul égard que j'en benys les coups,
    Pourquoy ne m'aymez-vous?

La douleur, m'étrangeant de toute compagnie,
De mes jours malheureux a la clarté bannie;
Et si dans ce malheur pour vous je me résous,
   Pourquoy ne m'aymez-vous?

Fasse le ciel qu'enfin vous puissiez recognoître
Que mon mal a de vous son essence et son être.
Mais, Dieu! puisqu'il est vray, yeux qui m'êtes si doux,
   Pourquoy ne m'aymez-vous?

147 *A Monsieur le Marquis de Cœuvres*

MARQUIS, que dois-je faire en cette incertitude?
Dois-je, las de courir, me remettre à l'étude,
Lire Homère, Aristote, et, disciple nouveau,
Glaner ce que les Grecs ont de riche et de beau,
Reste de ces moissons que Ronsard et Desportes
Ont remporté du champ sur leurs épaules fortes,
Qu'ils ont comme leur propre en leur grange entassé,
Égalant leurs honneurs aux honneurs du passé?
Ou si, continuant à courtiser mon maître,
Je me dois jusqu'au bout d'espérance repaître,
Courtisan morfondu, frénétique et rêveur,
Portrait de la disgrâce et de la défaveur;
Puis, sans avoir du bien, troublé de rêverie,
Mourir dessus un coffre en une hôtellerie,
En Toscane, en Savoie, ou dans quelque autre lieu,
Sans pouvoir faire paix ou trêve avecque Dieu?
Sans parler je t'entends: il faut suivre l'orage.
Aussi bien on ne peut où choisir avantage:
Nous vivons à tâtons: et dans ce monde ici
Souvent avec travail on poursuit du souci;
Car les Dieux, courroucés contre la race humaine,

MATHURIN RÉGNIER

Ont mis avec les biens la sueur et la peine.
Le monde est un brelan où tout est confondu:
Tel pense avoir gagné, qui souvent a perdu,
Ainsi qu'en une blanque où par hasard on tire;
Et qui voudrait choisir souvent prendrait le pire.
Tout dépend du destin, qui, sans avoir égard,
Les faveurs et les biens en ce monde départ.
Mais puisqu'il est ainsi que le sort nous emporte,
Qui voudrait se bander contre une loi si forte?
Suivons donc sa conduite en cet aveuglement.
Qui pèche avec le ciel pèche honorablement!
Car penser s'affranchir, c'est une rêverie.
La liberté par songe en la terre est chérie;
Rien n'est libre en ce monde, et chaque homme dépend,
Comtes, princes, sultans, de quelque autre plus grand.
Tous les hommes vivants sont ici bas esclaves,
Mais suivant ce qu'ils sont ils diffèrent d'entraves;
Les uns les portent d'or et les autres de fer;
Mais, n'en déplaise aux vieux, ni leur philosopher
Ni tant de beaux écrits qu'on lit en leurs écoles
Pour s'affranchir l'esprit ne sont que des paroles.

Au joug nous sommes nés, et n'a jamais été
Homme qu'on ait vu vivre en pleine liberté.
En vain, me retirant enclos en une étude,
Penserai-je laisser le joug de servitude;
Étant serf du désir d'apprendre et de savoir,
Je ne ferais sinon que changer de devoir.
C'est l'arrêt de nature, et personne en ce monde
Ne saurait controller sa sagesse profonde.

Puis, que peut-il servir aux mortels ici-bas,
Marquis, d'être savant ou de ne l'être pas,
Si la science, pauvre, affreuse et méprisée,

MATHURIN RÉGNIER

Sert au peuple de fable, aux plus grands de risée;
Si les gens de latin des sots sont dénigrés,
Et si l'on est docteur sans prendre ses degrés?
Pourvu qu'on soit morguant, qu'on bride sa moustache,
Qu'on frise ses cheveux, qu'on porte un grand panache,
Qu'on parle baragouin et qu'on suive le vent,
En ce temps du jourd'hui l'on n'est que trop savant.

Du siècle les mignons, fils de la poule blanche,
Ils tiennent à leur gré la fortune en la manche;
En crédit élevés, ils disposent de tout,
Et n'entreprennent rien qu'ils n'en viennent à bout.
« Mais quoi! me diras-tu, il t'en faut autant faire.
Qui ose a peu souvent la fortune contraire.
Importune le Louvre, et de jour et de nuit;
Perds, pour t'assujettir, et la table et le lit;
Sois entrant, effronté, et sans cesse importune:
En ce temps l'impudence élève la fortune. »

Il est vrai! mais pourtant je ne suis point d'avis
De dégager mes jours pour les rendre asservis,
Et sous un nouvel astre aller, nouveau pilote,
Conduire en autre mer mon navire, qui flotte
Entre l'espoir du bien et la peur du danger
De froisser mon attente en ce bord étranger.

Car, pour dire le vrai, c'est un pays étrange,
Où comme un vrai Protée à toute heure on se change,
Où les lois, par respect sages humainement,
Confondent le loyer avec le châtiment;
Et pour un même fait, de même intelligence,
L'un est justicié, l'autre aura récompense.

MATHURIN RÉGNIER

Car selon l'intérêt, le crédit ou l'appui,
Le crime se condamne et s'absout aujourd'hui.
Je le dis sans confondre en ces aigres remarques
La clémence du roi, le miroir des monarques,
Qui plus grand de vertu, de cœur et de renom,
S'est acquis de clément et la gloire et le nom.
Or, quant à ton conseil qu'à la Cour je m'engage,
Je n'en ai pas l'esprit, non plus que le courage.
Il faut trop de savoir et de civilité,
Et, si j'ose en parler, trop de subtilité.
Ce n'est pas mon humeur; je suis mélancolique,
Je ne suis point entrant, ma façon est rustique,
Et le surnom de bon me va-t-on reprochant,
D'autant que je n'ai pas l'esprit d'être méchant.

Et puis, je ne saurais me forcer ni me feindre;
Trop libre en volonté, je ne me puis contraindre.
Je ne saurais flatter, et ne sais point comment
Il faut se faire accort, ou parler faussement,
Bénir les favoris de geste et de paroles,
Parler de leurs aïeux au jour de Cérisoles,
Des hauts faits de leur race, et comme ils ont acquis
Ce titre avec honneur de Ducs et de Marquis.
Je n'ai point tant d'esprit pour tant de menterie;
Je ne puis m'adonner à la cajolerie,
Selon les accidents, les humeurs ou les jours,
Changer, comme d'habits, tous les mois de discours.
Suivant mon naturel, je hais tout artifice:
Je ne puis déguiser la vertu ni le vice;
Offrir tout de la bouche, et, d'un propos menteur,
Dire: « Pardieu! monsieur, je vous suis serviteur »;
Pour cent bonadiés s'arrêter en la rue;

MATHURIN RÉGNIER

Faire sur l'un des pieds en la salle la grue;
Entendre un marjolet qui dit avec mépris:
« Ainsi qu'ânes, ces gens sont tous vêtus de gris;
Ces autres verdelets aux perroquets ressemblent,
Et ceux-ci mal peignés devant les dames tremblent. »
Puis, au partir de là, comme tourne le vent,
Avecques un bonjour, amis comme devant.
Je n'entends point le cours du ciel ni des planètes;
Je ne sais deviner les affaires secrètes,
Connaître un bon visage, et juger si le cœur,
Contraire à ce qu'on voit, ne serait point moqueur.
De porter un poulet je n'ai la suffisance,
Je ne suis point adroit, je n'ai point d'éloquence
Pour colorer un fait ou détourner la foi,
Prouver qu'un grand amour n'est sujet à la loi,
Suborner par discours une femme coquette,
Lui conter les chansons de Jeanne et de Paquette,
Débaucher une fille, et par vives raisons
Lui montrer comme Amour fait les bonnes maisons,
Les maintient, les élève, et, propice aux plus belles,
En honneur les avance et les fait demoiselles;
Que c'est pour leur beaux nez que se font les ballets,
Qu'elles sont le sujet des vers et des poulets,
Que leur nom retentit dans les airs que l'on chante,
Qu'elles ont à leur suite une troupe béante
De langoureux transis; et, pour le faire court,
Dire qu'il n'est rien tel qu'aimer les gens de Court,
Alléguant maint exemple en ce siècle où nous sommes,
Qu'il n'est rien si facile à prendre que les hommes,
Et qu'on ne s'enquiert plus s'elle a fait le pourquoi,
Pourvu qu'elle soit riche et qu'elle ait bien de quoi.
Quand elle aurait suivi le camp à la Rochelle,

MATHURIN RÉGNIER

S'elle a force ducats, elle est toute pucelle.
L'honneur estropié, languissant et perclus,
N'est plus rien qu'une idole en qui l'on ne croit plus.

Or pour dire ceci il faut force mystère,
Et de mal discourir il vaut bien mieux se taire.
Il est vrai que ceux-là qui n'ont pas tant d'esprit
Peuvent mettre en papier leur dire par écrit,
Et rendre par leurs vers leur muse maquerelle;
Mais, pour dire le vrai, je n'en ai la cervelle.

Il faut être trop prompt, écrire à tous propos,
Perdre pour un sonnet et sommeil et repos.
Puis ma muse est trop chaste, et j'ai trop de courage
Et ne puis pour autrui façonner un ouvrage.
Pour moi, j'ai de la Court autant comme il m'en faut;
Le vol de mon dessein ne s'étend point si haut;
De peu je suis content, encore que mon maître,
S'il lui plaisait un jour mon travail reconnaître,
Peut autant qu'autre prince, et a trop de moyen
D'élever ma fortune et me faire du bien.
Ainsi que sa nature, à la vertu facile,
Promet que mon labeur ne doit être inutile,
Et qu'il doit quelque jour, malgré le sort cuisant,
Mon service honorer d'un honnête présent,
Honnête et convenable à ma basse fortune
Qui n'aboye et n'aspire, ainsi que la commune,
Après l'or de Pérou, ni ne tend aux honneurs
Que Rome départit aux vertus des seigneurs.
Que me sert de m'asseoir le premier à la table,
Si la faim d'en avoir me rend insatiable,
Et si le faix léger d'une double évêché,
Me rendant moins content, me rend plus empêché?
Si la gloire et la charge, à la peine adonnée,

Rend sous l'ambition mon âme infortunée?
Et quand la servitude a pris l'homme au collet,
J'estime que le prince est moins que son valet.
C'est pourquoi je ne tends à fortune si grande;
Loin de l'ambition, la raison me commande,
Et ne prétends avoir autre chose sinon
Qu'un simple bénéfice et quelque peu de nom,
Afin de pouvoir vivre avec quelque assurance,
Et de m'ôter mon bien que l'on ait conscience.

   Alors, vraiment heureux, les livres feuilletant,
Je rendrais mon désir et mon esprit content;
Car sans le revenu l'étude nous abuse,
Et le corps ne se paît aux banquets de la Muse.
Ses mets sont de savoir discourir par raison
Comme l'âme se meut un temps en sa prison,
Et comme délivrée, elle monte, divine,
Au ciel, lieu de son être et de son origine;
Comme le ciel mobile, éternel en son cours,
Fait les siècles, les ans, et les mois et les jours,
Comme aux quatre éléments les matières encloses
Donnent, comme la mort, la vie à toutes choses,
Comme premièrement les hommes dispersés
Furent par l'harmonie en troupes amassés,
Et comme la malice en leur âme glissée
Troubla de nos aïeux l'innocente pensée,
D'où naquirent les lois, les bourgs et les cités,
Pour servir de gourmette à leurs méchancetés.
Comme ils furent enfin réduits sous un empire,
Et beaucoup d'autres plats qui seraient longs à dire;
Et quand on en saurait ce que Platon en sait,
Marquis, tu n'en serais plus gras ni plus refait;
Car c'est une viande en esprit consommée,

MATHURIN RÉGNIER

Légère à l'estomac ainsi que la fumée.
Sais-tu, pour savoir bien, ce qu'il nous faut savoir?
C'est s'affiner le goût de connaître et de voir;
Apprendre dans le monde et lire dans la vie
D'autres secrets plus fins que de philosophie,
Et qu'avec la science il faut un bon esprit.

Or, entends à ce point ce qu'un Grec en écrit:
Jadis un loup, dit-il, que la faim époinçonne,
Sortant hors de son fort rencontre une lionne,
Rugissante à l'abord, et qui montrait aux dents
L'insatiable faim qu'elle avait au dedans.
Furieuse, elle approche; et le loup, qui l'avise,
D'un langage flatteur lui parle et la courtise:
Car ce fut de tout temps que, ployant sous l'effort,
Le petit cède au grand, et le faible au plus fort.
Lui, dis-je, qui craignait que faute d'autre proie
La beste l'attaquât, ses ruses il emploie.
Mais enfin le hasard si bien le secourut,
Qu'un mulet gros et gras à leurs yeux apparut.
Ils cheminent dispos, croyant la table prête,
Et s'approchent tous deux assez près de la bête.
Le loup, qui la connaît, malin et défiant,
Lui regardant aux pieds, lui parlait en riant:
« D'où es-tu, qui es-tu? quelle est ta nourriture,
Ta race, ta maison, ton maître, ta nature? »
Le mulet, étonné de ce nouveau discours,
De peur ingénieux, aux ruses eut recours;
Et, comme les Normands, sans lui répondre voire:
« Compère, ce dit-il, je n'ai point de mémoire;
Et comme sans esprit ma grand-mère me vit,
Sans m'en dire autre chose au pied me l'écrivit. »

Lors il lève la jambe au jarret ramassée,

Et d'un œil innocent il couvrait sa pensée,
Se tenant suspendu sur les pieds en avant.
Le loup qui l'aperçoit se lève de devant,
S'excusant de ne lire avec cette parole,
Que les loups de son temps n'allaient point à l'école.
Quand la chaude lionne, à qui l'ardente faim
Allait précipitant la rage et le dessein,
S'approche, plus savante, en volonté de lire.
Le mulet prend le temps, et du grand coup qu'il tire
Lui enfonce la tête, et d'une autre façon,
Qu'elle ne savait point, lui apprit sa leçon.
    Alors le loup s'enfuit, voyant la bête morte,
Et de son ignorance ainsi se réconforte:
« N'en déplaise aux docteurs, Cordeliers, Jacobins,
Pardieu, les plus grands clercs ne sont pas les plus fins. »

148   *Abrégé de Confession*

PUISQUE sept péchés de nos yeux
Ferment la barrière des Cieux,
Révérend Père, je vous jure
De les abhorrer en tout point,
Pourvu que je ne trouve point
L'impatience et la luxure.

Ces deux sont naturels en moy:
Il n'y a ny rigueur ny loy
Ny beau discours qui m'en retire;
Et quand un simple repentir
M'en voudroit enfin divertir,
Mon humeur les feroit dédire.

MATHURIN RÉGNIER

J'ay tâché de les éviter
Tous deux en disant mon Pater
Et lisant la Sainte Écriture;
Mais au milieu de mes combas
Des flatteurs me disent tout bas
Qu'ils sont enfans de la nature.

Ce n'est point Dieu qui les a mis
Au nombre de nos ennemis;
C'est quelque Pandore seconde,
Qui, pour affliger les humains,
A semé de ses propres mains
Cette mensonge par le monde.

Car je ne sais point d'Augustin,
De Carme ny de Celestin,
Tant soit-il ferme et plein de zèle,
Si rempli de devotion,
Qui puisse, entrant en action,
Tenir une loy si cruelle.

Faites donc, ainsi que j'ay dit,
Que je puisse avoir ce credit,
Pour être net de conscience,
Comme les vieux Saints l'ont été,
D'ôter de ce nombre arrêté
La luxure et l'impatience.

MATHURIN RÉGNIER

149 *Épitaphe de Regnier*

J'AY vécu sans nul pensement,
 Me laissant aller doucement
A la bonne loy naturelle,
Et si m'étonne fort pourquoy
La mort osa songer à moy,
Qui ne songeay jamais à elle.

FRANÇOIS MAYNARD
1582-†1646

150 *La Belle Vieille*

CLORIS, que dans mon cœur j'ai si longtemps servie,
 Et que ma passion montre à tout l'univers,
Ne veux-tu pas changer le destin de ma vie,
Et donner de beaux jours à mes derniers hivers?

N'oppose plus ton deuil au bonheur où j'aspire.
Ton visage est-il fait pour demeurer voilé?
Sors de ta nuit funèbre, et permets que j'admire
Les divines clartés des yeux qui m'ont brûlé.

Où s'enfuit ta prudence acquise et naturelle?
Qu'est-ce que ton esprit a fait de sa vigueur?
La folle vanité de paraître fidèle
Aux cendres d'un jaloux m'expose à ta rigueur.

Eusses-tu fait le vœu d'un éternel veuvage
Pour l'honneur du mari que ton lit a perdu,
Et trouvé des Césars dans ton haut parentage:
Ton amour est un bien qui m'est justement dû.

FRANÇOIS MAYNARD

Qu'on a vu revenir de malheurs et de joies,
Qu'on a vu trébucher de peuples et de rois,
Qu'on a pleuré d'Hector, qu'on a brûlé de Troyes,
Depuis que mon courage a fléchi sous tes lois !

Ce n'est pas d'aujourd'hui que je suis ta conquête,
Huit lustres ont suivi le jour que tu me pris;
Et j'ai fidèlement aimé ta belle tête
Sous des cheveux châtains, et sous des cheveux gris.

C'est de tes jeunes yeux que mon ardeur est née,
C'est de leurs premiers traits que je fus abattu;
Mais, tant que tu brûlas du flambeau d'hyménée,
Mon amour se cacha pour plaire à ta vertu.

Je sais de quel respect il faut que je t'honore,
Et mes ressentiments ne l'ont pas violé;
Si quelquefois j'ai dit le soin qui me dévore,
C'est à des confidents qui n'ont jamais parlé.

Pour adoucir l'aigreur des peines que j'endure,
Je me plains aux rochers, et demande conseil
A ces vieilles forêts, dont l'épaisse verdure
Fait de si belles nuits en dépit du soleil.

L'âme pleine d'amour et de mélancolie,
Et couché sur des fleurs et sous des orangers,
J'ai montré ma blessure aux deux mers d'Italie,
Et fait dire ton nom aux échos étrangers.

Ce fleuve impérieux à qui tout fit hommage,
Et dont Neptune même endura le mépris,
A su qu'en mon esprit j'adorais ton image,
Au lieu de chercher Rome en ses vastes débris.

FRANÇOIS MAYNARD

Cloris, la passion que mon cœur t'a jurée
Ne trouve point d'exemple aux siècles les plus vieux.
Amour et la Nature admirent la durée
Du feu de mes désirs, et du feu de tes yeux.

La beauté qui te suit depuis ton premier âge,
Au déclin de tes jours ne veut pas te laisser;
Et le temps, orgueilleux d'avoir fait ton visage,
En conserve l'éclat, et craint de l'effacer.

Regarde sans frayeur la fin de toutes choses,
Consulte ton miroir avec des yeux contents:
On ne voit point tomber ni tes lis ni tes roses,
Et l'hiver de ta vie est ton second printemps.

Pour moi, je cède aux ans, et ma tête chenue
M'apprend qu'il faut quitter les hommes et le jour;
Mon sang se refroidit; ma force diminue;
Et je serais sans feu, si j'étais sans amour.

C'est dans peu de matins que je croîtrai le nombre
De ceux à qui la Parque a ravi la clarté.
Oh! qu'on oira souvent les plaintes de mon ombre
Accuser tes mépris de m'avoir maltraité!

Que feras-tu, Cloris, pour honorer ma cendre?
Pourras-tu sans regret ouïr parler de moi,
Et le mort que tu plains te pourra-t-il défendre
De blâmer ta rigueur et de louer ma foi?

Si je voyais la fin de l'âge qui te reste,
Ma raison tomberait sous l'excès de mon deuil;
Je pleurerais sans cesse un malheur si funeste,
Et ferais, jour et nuit, l'amour à ton cercueil.

FRANÇOIS MAYNARD

151 *Épigramme*

Un rare écrivain comme toi
Devrait enrichir sa famille
D'autant d'argent que le feu roi
En avait mis en la Bastille:
Mais les vers ont perdu leur prix,
Et pour les excellents esprits
La faveur des princes est morte;
Malherbe, en cet âge brutal,
Pégase est un cheval qui porte
Les grands hommes à l'hôpital.

152 *Épitaphe*

Ci gît Paul qui baissait les yeux
A la rencontre des gens sobres,
Et qui priait toujours les cieux
Que l'année eût plusieurs Octobres.
Ce grand pilier de carbaret
Avecque un hareng soret
Humait des bouteilles sans nombre;
Passant qui t'es ici porté,
Sache qu'il voudrait que son ombre
Eût de quoi boire à ta santé.

HONORAT DE RACAN
1589–†1670

153 *Stances*

TIRCIS, il faut penser à faire la retraite;
La course de nos jours est plus qu'à demi faite;
L'âge insensiblement nous conduit à la mort:
Nous avons assez vu sur la mer de ce monde
Errer au gré des flots notre nef vagabonde;
Il est temps de jouir des délices du port.

Le bien de la fortune est un bien périssable;
Quand on bâtit sur elle, on bâtit sur le sable;
Plus on est élevé, plus on court de dangers;
Les grands pins sont en butte aux coups de la tempête,
Et la rage des vents brise plutôt le faîte
Des maisons de nos rois que les toits des bergers.

O bienheureux celui qui peut de sa mémoire
Effacer pour jamais ce vain espoir de gloire,
Dont l'inutile soin traverse nos plaisirs;
Et qui, loin retiré de la foule importune,
Vivant dans sa maison, content de sa fortune,
A, selon son pouvoir, mesuré ses désirs!

Il laboure le champ que labourait son père;
Il ne s'informe point de ce qu'on délibère
Dans ces graves conseils d'affaires accablés;
Il voit sans intérêt la mer grosse d'orages,
Et n'observe des vents les sinistres présages,
Que pour le soin qu'il a du salut de ses blés.

HONORAT DE RACAN

Roi de ses passions, il a ce qu'il désire.
Son fertile domaine est son petit empire,
Sa cabane est son Louvre et son Fontainebleau;
Ses champs et ses jardins sont autant de provinces,
Et sans porter envie à la pompe des princes
Se contente chez lui de les voir en tableau.

Il voit de toutes parts combler d'heur sa famille,
La javelle à plein poing tomber sous sa faucille,
Le vendangeur ployer sous le faix des paniers;
Et semble qu'à l'envi les fertiles montagnes,
Les humides vallons, et les grasses campagnes
S'efforcent à remplir sa cave et ses greniers.

Il suit aucune fois un cerf par les foulées,
Dans ces vieilles forêts du peuple reculées,
Et qui même du jour ignorent le flambeau;
Aucune fois des chiens il suit les voix confuses,
Et voit enfin le lièvre, après toutes ses ruses,
Du lieu de sa naissance en faire son tombeau.

Tantôt il se promène au long de ses fontaines,
De qui les petits flots font luire dans les plaines
L'argent de leurs ruisseaux parmi l'or des moissons;
Tantôt il se repose, avecque les bergères,
Sur des lits naturels de mousse et de fougères,
Qui n'ont d'autres rideaux que l'ombre des buissons.

Il soupire en repos l'ennui de sa vieillesse,
Dans ce même foyer où sa tendre jeunesse
A vu dans le berceau ses bras emmaillotés;
Il tient par les moissons registre des années,
Et voit de temps en temps leurs courses enchaînées
Vieillir avecque lui les bois qu'il a plantés.

HONORAT DE RACAN

Il ne va point fouiller aux terres inconnues,
A la merci des vents et des ondes chenues,
Ce que nature avare a caché de trésors;
Et ne recherche point, pour honorer sa vie
De plus illustre mort, ni plus digne d'envie,
Que de mourir au lit où ses pères sont morts.

Il contemple, du port, les insolentes rages
Des vents de la faveur, auteurs de nos orages,
Allumer des mutins les desseins factieux;
Et voit en un clin d'œil, par un contraire échange,
L'un déchiré du peuple au milieu de la fange
Et l'autre à même temps élevé dans les cieux.

S'il ne possède point ces maisons magnifiques,
Ces tours, ces chapiteaux, ces superbes portiques
Où la magnificence étale ses attraits,
Il jouit des beautés qu'ont les saisons nouvelles;
Il voit de la verdure et des fleurs naturelles,
Qu'en ces riches lambris l'on ne voit qu'en portraits.

Crois-moi, retirons-nous hors de la multitude,
Et vivons désormais loin de la servitude
De ces palais dorés où tout le monde accourt:
Sous un chêne élevé les arbrisseaux s'ennuient,
Et devant le soleil tous les astres s'enfuient,
De peur d'être obligés de lui faire la cour.

Après qu'on a suivi sans aucune assurance
Cette vaine faveur qui nous paît d'espérance,
L'envie en un moment tous nos desseins détruit;
Ce n'est qu'une fumée; il n'est rien de si frêle;
Sa plus belle moisson est sujette à la grêle,
Et souvent elle n'a que des fleurs pour du fruit.

HONORAT DE RACAN

Agréables déserts, séjour de l'innocence,
Où loin des vanités, de la magnificence,
Commence mon repos et finit mon tourment,
Vallons, fleuves, rochers, plaisante solitude,
Si vous fûtes témoins de mon inquiétude,
Soyez-le désormais de mon contentement!

THÉOPHILE DE VIAU
1590-†1626

Apollon Champion

MOI, de qui les rayons font les traits du tonnerre
Et de qui l'univers adore les autels,
Moi, dont les plus grands dieux redouteraient la guerre,
Puis-je, sans déshonneur, me prendre à des mortels?

J'attaque malgré moi leur orgueilleuse envie,
Leur audace a vaincu ma nature et le sort;
Car ma vertu, qui n'est que de donner la vie,
Est aujourd'hui forcée à leur donner la mort.

J'affranchis mes autels de ces fâcheux obstacles,
Et, foulant ces brigands que mes traits vont punir,
Chacun dorénavant viendra vers mes oracles,
Et préviendra le mal qui lui peut advenir.

C'est moi qui, pénétrant la dureté des arbres,
Arrache de leur cœur une savante voix,
Qui fais taire les vents, qui fais parler les marbres,
Et qui trace au destin la conduite des rois.

C'est moi dont la chaleur donne la vie aux roses
Et fait ressusciter les fruits ensevelis;
Je donne la durée et la couleur aux choses,
Et fais vivre l'éclat de la blancheur des lis.

THÉOPHILE DE VIAU

Si peu que je m'absente, un manteau de ténèbres
Tient d'une froide horreur ciel et terre couverts;
Les vergers les plus beaux sont des objets funèbres;
Et quand mon œil est clos, tout meurt dans l'univers.

MARC-ANTOINE GÉRARD DE SAINT-AMANT

1594–†1661

155

OH! que j'aime la solitude!
Que ses lieux sacrés à la nuit,
Éloignés du monde et du bruit,
Plaisent à mon inquiétude!
Mon Dieu! que mes yeux sont contents
De voir ces bois qui se trouvèrent
A la nativité du temps,
Et que tous les siècles révèrent,
Être encore aussi beaux et verts
Qu'aux premiers jours de l'univers!

Un gai zéphyre les caresse
D'un mouvement douce et flatteur.
Rien que leur extrême hauteur
Ne fait remarquer leur vieillesse,
Jadis Pan et ses demi-dieux
Y vinrent chercher du refuge,
Quand Jupiter ouvrit les cieux
Pour nous envoyer le déluge,
Et se sauvant sur leurs rameaux,
A peine virent-ils les eaux.

MARC-ANTOINE DE SAINT-AMANT

Que, sur cette épine fleurie,
Dont le printemps est amoureux,
Philomèle au chant langoureux,
Entretient bien ma rêverie!
Que je prends de plaisir de voir
Ces monts pendant en précipices,
Qui pour les coups du désespoir
Sont aux malheureux si propices,
Quand la cruauté de leur sort
Les force à rechercher la mort.

Que je trouve doux le ravage
De ces fiers torrents vagabonds,
Qui se précipitent par bonds
Dans ce vallon vert et sauvage,
Puis glissant sous les arbrisseaux,
Ainsi que des serpents sur l'herbe,
Se changent en plaisants ruisseaux,
Où quelque Naïade superbe
Règne comme en son lit natal,
Dessus un trône de crystal!

Que j'aime ce marais paisible!
Il est tout bordé d'aliziers,
D'aulnes, de saules et d'oziers,
A qui le fer n'est point nuisible.
Les nymphes, y cherchant le frais,
S'y viennent fournir de quenouilles,
De pipeaux, de joncs et de glais;
Où l'on voit sauter les grenouilles,
Qui de frayeur s'y vont cacher
Sitôt qu'on veut s'en approcher.

MARC-ANTOINE DE SAINT-AMANT

Là, cent mille oiseaux aquatiques
Vivent sans craindre, en leur repos,
Le giboyeur fin et dispos,
Avec ses mortelles pratiques.
L'un, tout joyeux d'un si beau jour,
S'amuse à becqueter sa plume;
L'autre alentit le feu d'amour
Qui dans l'eau même se consume,
Et prennent tout innocemment
Leur plaisir en cet élément.

Jamais l'été ni la froidure
N'ont vu passer dessus cette eau
Nulle charrette ni bateau,
Depuis que l'un et l'autre dure;
Jamais voyageur altéré
N'y fit servir sa main de tasse;
Jamais chevreuil désespéré
N'y finit sa vie à la chasse;
Et jamais le traître hameçon
N'en fit sortir aucun poisson.

Que j'aime à voir la décadence
De ces vieux châteaux ruinés,
Contre qui les ans mutinés
Ont déployé leur insolence!
Les sorciers y font leur sabbat;
Les démons follets s'y retirent,
Qui d'un malicieux ébat
Trompent nos sens et nous martyrent;
Là se nichent en mille trous
Les couleuvres et les hiboux.

MARC-ANTOINE DE SAINT-AMANT

    L'orfraie, avec ses cris funèbres,
Mortels augures des destins,
Fait rire et danser les lutins
Dans ces lieux remplis de ténèbres.
Sous un chevron de bois maudit
Y branle le squelette horrible
D'un pauvre amant qui se pendit
Pour une bergère insensible,
Qui d'un seul regard de pitié
Ne daigna voir son amitié...

    Tantôt, sortant de ces ruines,
Je monte au haut de ce rocher,
Dont le sommet semble chercher
En quel lieu se font les bruines;
Puis je descends tout à loisir
Sous une falaise escarpée,
D'où je regarde avec plaisir
L'onde qui l'a presque sapée,
Jusqu'au siège de Palémon,
Fait d'éponges et de limon.

    Que c'est une chose agréable
D'être sur le bord de la mer,
Quand elle vient à se calmer
Après quelque orage effroyable,
Et que les chevelus Tritons,
Hauts, sur les vagues secouées,
Frappent les airs d'étranges tons
Avec leurs trompes enrouées,
Dont l'éclat rend respectueux
Les vents les plus impétueux !

MARC-ANTOINE DE SAINT-AMANT

Tantôt l'onde, brouillant l'arène,
Murmure et frémit de courroux,
Se roulant dessus les cailloux
Qu'elle apporte et qu'elle rentraîne.
Tantôt elle étale en ses bords,
Que l'ire de Neptune outrage,
Des gens noyés, des monstres morts,
Des vaisseaux brisés du naufrage,
Des diamants, de l'ambre gris
Et mille autres choses de prix.

Tantôt, la plus claire du monde,
Elle semble un miroir flottant,
Et nous représente l'instant
Encore d'autres cieux sous l'onde.
Le soleil s'y fait si bien voir,
Y contemplant son beau visage,
Qu'on est quelque temps à savoir
Si c'est lui-même, ou son image,
Et d'abord il semble à nos yeux
Qu'il s'est laissé tomber des cieux.

Bernières, pour qui je me vante
De ne rien faire que de beau,
Reçois ce fantasque tableau
Fait d'une peinture vivante.
Je ne cherche que les déserts,
Où, rêvant tout seul, je m'amuse
A des discours assez diserts
De mon génie avec la muse;
Mais mon plus aimable entretien
C'est le ressouvenir du tien.

MARC-ANTOINE DE SAINT-AMANT

Tu vois dans cette poésie
Pleine de licence et d'ardeur
Les beaux rayons de la splendeur
Qui m'éclaire la fantaisie:
Tantôt chagrin, tantôt joyeux,
Selon que la fureur m'enflamme
Et que l'objet s'offre à mes yeux,
Les propos me naissent en l'âme,
Sans contraindre la liberté
Du démon qui m'a transporté.

Oh! que j'aime la solitude!
C'est l'élément des bons esprits,
C'est par elle que j'ai compris
L'art d'Apollon sans nulle étude;
Je l'aime pour l'amour de toi,
Connaissant que ton humeur l'aime;
Mais, quand je pense bien à moi,
Je la hais pour la raison même;
Car elle pourrait me ravir
L'heur de te voir et te servir.

VINCENT VOITURE
1597–†1648

156 *Sonnet*

Il faut finir mes jours en l'amour d'Uranie;
L'absence ni le temps ne m'en sauraient guérir,
Et je ne vois plus rien qui me pût secourir,
Ni qui sût rappeler ma liberté bannie.

VINCENT VOITURE

Dès longtemps je connais sa rigueur infinie;
Mais pensant aux beautés, pour qui je dois périr,
Je bénis mon martyre, et content de mourir,
Je n'ose murmurer contre sa tyrannie.

Quelquefois ma raison par de faibles discours
M'incite à la révolte et me promet secours;
Mais lorsqu'à mon besoin je me veux servir d'elle,

Après beaucoup de peine et d'efforts impuissants,
Elle dit qu'Uranie est seule aimable et belle,
Et m'y rengage plus que ne font tous mes sens.

Rondeaux

i

MA foi, c'est fait de moi; car Isabeau
M'a conjuré de lui faire un rondeau,
Cela me met en une peine extrême.
Quoi! treize vers, huit en eau, cinq en ème!
Je lui ferais aussitôt un bateau.

En voilà cinq pourtant en un monceau,
Faisons en huit, en invoquant Brodeau,
Et puis mettons par quelque stratagème:
    Ma foi, c'est fait!

Si je pouvais encor de mon cerveau
Tirer cinq vers, l'ouvrage serait beau.
Mais cependant je suis dedans l'onzième,
Et ci je crois que je fais le douzième,
En voilà treize ajustés au niveau:
    Ma foi, c'est fait!

VINCENT VOITURE

ii

Vous parlez comme un Scipion,
Et si vous n'êtes qu'un pion,
D'un mot je vous pourrais défaire;
Mais une palme si vulgaire
N'est pas pour un tel champion.

Je vous le dis sans passion,
N'ayez point de présomption,
Et songez de quelle manière
    Vous parlez.

Eussiez-vous le corps d'Orion,
Avecque la voix d'Arion,
Devant moi vous vous devez taire;
Ne craignez-vous point ma colère?
Qu'est-ce là, petit embrion?
    Vous parlez!

iii

En bon Français politique et dévot
Vous discourez, plus grave qu'un magot;
Votre chagrin de tout se formalise,
Et l'on dirait que la France et l'Église
Tournent sur vous, comme sur leur pivot.

A tous propos vous faites le bigot,
Pleurant nos maux avecque maint sanglot;
Et votre cœur espagnol se déguise
    En bon Français.

VINCENT VOITURE

Laissez l'État et n'en dites plus mot ;
Il est pourvu d'un très-bon matelot ;
Car, s'il vous faut parler avec franchise,
Quoique sur tout votre esprit subtilise,
On vous connaît, et vous n'êtes qu'un sot
    En bon français.

GUILLAUME COLLETET
1598-†1659

Sonnets
La Maison de Ronsard

i

JE ne vois rien ici qui ne flatte mes yeux ;
  Cette cour du balustre est gaie et magnifique,
Ces superbes lions qui gardent ce portique
Adoucissent pour moi leurs regards furieux.

Le feuillage, animé d'un vent délicieux,
Joint au chant des oiseaux sa tremblante musique ;
Ce parterre de fleurs, par un secret magique,
Semble avoir dérobé les étoiles des cieux.

L'aimable promenoir de ces doubles allées,
Qui de profanes pas n'ont point été foulées,
Garde encor, ô Ronsard, les vestiges des tiens.

Désir ambitieux d'une gloire infinie !
Je trouve bien ici mes pas avec les siens,
Mais non pas, dans mes vers, sa force et son génie.

GUILLAUME COLLETET

161   *ii*

AFIN de témoigner à la postérité
Que je fus en mon temps partisan de ta gloire,
Malgré ces ignorants de qui la bouche noire
Blasphème parmi nous contre ta déité;

Je viens rendre à ton nom ce qu'il a mérité,
Belle âme de Ronsard, dont la sainte mémoire
Remportera du temps une heureuse victoire,
Et ne se bornera que de l'éternité.

Attendant que le ciel mon désir favorise,
Que je te puisse voir dans les plaines d'Élise,
Ne t'ayant jamais vu qu'en tes doctes écrits;

Belle âme, qu'Apollon ses grâces me refuse,
Si je n'adore en toi le roi des grands esprits,
Le père des beaux vers et l'enfant de la Muse.

FRANÇOIS, *dit* TRISTAN L'HERMITE
1601-†1655

162   *Le Promenoir des Deux Amants*

AUPRÈS de cette grotte sombre
Où l'on respire un air si doux,
L'onde lutte avec les cailloux
Et la lumière avecque l'ombre.

Ces flots lassés de l'exercice
Qu'ils ont fait dessus ce gravier
Se reposent dans ce vivier
Où mourut autrefois Narcisse.

TRISTAN L'HERMITE

C'est un des miroirs où le faune
Vient voir si son teint cramoisi
Depuis que l'Amour l'a saisi
Ne serait point devenu jaune.

L'ombre de cette fleur vermeille
Et celle de ces joncs pendants
Paraissent être là-dedans
Les songes de l'eau qui sommeille.

Les plus aimables influences
Qui rajeunissent l'univers,
Ont relevé ces tapis verts
De fleurs de toutes les nuances.

Dans ce bois ni dans ces montagnes
Jamais chasseur ne vint encor;
Si quelqu'un y sonne du cor,
C'est Diane avec ses compagnes.

Ce vieux chêne a des marques saintes;
Sans doute qui le couperait,
Le sang chaud en découlerait
Et l'arbre pousserait des plaintes.

Ce rossignol mélancolique
Du souvenir de son malheur
Tâche de charmer sa douleur
Mettant son histoire en musique.

Il reprend sa note première
Pour chanter d'un art sans pareil
Sous ce rameau que le soleil
A doré d'un trait de lumière.

TRISTAN L'HERMITE

Sur ce frêne deux tourterelles
S'entretiennent de leurs tourments,
Et font les doux appointements
De leurs amoureuses querelles.

Un jour Vénus avec Anchise
Parmi ses forts s'allait perdant,
Et deux Amours, en l'attendant,
Disputaient pour une cerise.

Dans toutes ces routes divines,
Les Nymphes dansent aux chansons,
Et donnent la grâce aux buissons
De porter des fleurs sans épines.

Jamais le vent ni le tonnerre
N'ont troublé la paix de ces lieux,
Et la complaisance des cieux
Y sourit toujours à la terre.

Crois mon conseil, chère Climène;
Pour laisser arriver le soir,
Je te prie, allons nous asseoir
Sur le bord de cette fontaine.

N'ois-tu pas soupirer Zéphyre
De merveille et d'amour atteint,
Voyant des roses sur ton teint,
Qui ne sont pas de son empire?

Sa bouche, d'odeurs toute pleine,
A soufflé sur notre chemin,
Mêlant un esprit de jasmin
A l'ambre de ta douce haleine.

TRISTAN L'HERMITE

Penche la tête sur cette onde,
Dont le cristal paraît si noir;
Je t'y veux faire apercevoir
L'objet le plus charmant du monde.

Tu ne dois pas être étonnée,
Si, vivant sous tes douces lois,
J'appelle ces beaux yeux mes rois,
Mes astres et ma destinée.

Bien que ta froideur soit extrême,
Si dessous l'habit d'un garçon
Tu te voyais de la façon,
Tu mourrais d'amour pour toi-même.

Vois mille amours qui se vont prendre
Dans les filets de tes cheveux
Et d'autres qui cachent leurs feux
Dessous une si belle cendre.

Cette troupe jeune et folâtre,
Si tu pensais la dépiter,
S'irait soudain précipiter
Du haut de ces deux monts d'albâtre.

Je tremble en voyant ton visage
Flotter avecque mes désirs,
Tant j'ai peur que mes soupirs
Ne lui fassent faire naufrage.

De crainte de cette aventure,
Ne commets pas si librement
A cet infidèle élément
Tous les trésors de la nature.

TRISTAN L'HERMITE

Veux-tu par un doux privilège
Me mettre au-dessus des humains?
Fais-moi boire au creux de tes mains,
Si l'eau n'en dissout point la neige.

Ah! Je n'en puis plus, je me pâme,
Mon âme est prête à s'envoler;
Tu viens de me faire avaler
La moitié moins d'eau que de flamme.

Ta bouche, d'un baiser humide,
Pourrait amortir ce grand feu;
De crainte de pécher un peu,
N'achève pas un homicide.

J'aurais plus de bonne fortune
Caressé d'un jeune soleil,
Que celui qui, dans le sommeil,
Reçut les faveurs de la lune.

Climène, ce baiser m'enivre,
Cet autre me rend tout transi,
Si je meurs de celui-ci,
Je ne suis pas digne de vivre.

PIERRE CORNEILLE

1606–†1684

163   *Stances à la Marquise*

MARQUISE, si mon visage
A quelques traits un peu vieux,
Souvenez-vous qu'à mon âge
Vous ne vaudrez guère mieux.

PIERRE CORNEILLE

Le temps aux plus belles choses
Se plaît à faire un affront,
Et saura faner vos roses
Comme il a ridé mon front.

Le même cours des planètes
Règle nos jours et nos nuits,
On m'a vu ce que vous êtes;
Vous serez ce que je suis.

Cependant j'ai quelques charmes
Qui sont assez éclatants
Pour n'avoir pas trop d'alarmes
De ces ravages du temps.

Vous en avez qu'on adore,
Mais ceux que vous méprisez
Pourraient bien durer encore
Quand ceux-là seront usés.

Ils pourront sauver la gloire
Des yeux qui me semblent doux,
Et dans mille ans faire croire
Ce qu'il me plaira de vous.

Chez cette race nouvelle
Où j'aurai quelque crédit,
Vous ne passerez pour belle
Qu'autant que je l'aurai dit.

Pensez-y, belle Marquise:
Quoiqu'un grison fasse effroi,
Il vaut bien qu'on le courtise,
Quand il est fait comme moi.

PIERRE CORNEILLE

164 *Épitaphe d'Élisabeth Ranquet*

NE verse point de pleurs sur cette sépulture,
Passant: ce lit funèbre est un lit précieux,
Où gît d'un corps tout pur la cendre toute pure;
Mais le zèle du cœur vit encore en ces lieux.

Avant que de payer le droit à la nature,
Son âme, s'élevant au delà de ses yeux,
Avait au Créateur uni la créature;
Et marchant sur la terre elle était dans les cieux.

Les pauvres bien mieux qu'elle ont senti sa richesse:
L'humilité, la peine étaient son allégresse;
Et son dernier soupir fut un soupir d'amour.

Passant, qu'à son exemple un beau feu te transporte,
Et loin de la pleurer d'avoir perdu le jour,
Crois qu'on ne meurt jamais quand on meurt de la sorte.

165 *Stances de Don Rodrigue*

[*Le Cid*, Acte I, sc. vi]

PERCÉ jusques au fond du cœur
D'une atteinte imprévue aussi bien que mortelle,
Misérable vengeur d'une juste querelle,
Et malheureux objet d'une injuste rigueur,
Je demeure immobile, et mon âme abattue
    Cède au coup qui me tue.
  Si près de voir mon feu récompensé,
    O Dieu! l'étrange peine!
  En cet affront mon père est l'offensé,
Et l'offenseur le père de Chimène!

PIERRE CORNEILLE

    Que je sens de rudes combats !
Contre mon propre honneur mon amour s'intéresse :
Il faut venger un père, et perdre une maîtresse ;
L'un m'anime le cœur, l'autre retient mon bras.
Réduit au triste choix, ou de trahir ma flamme,
    Ou de vivre en infâme,
  Des deux côtés mon mal est infini.
    O Dieu ! l'étrange peine !
  Faut-il laisser un affront impuni ?
  Faut-il punir le père de Chimène ?

    Père, maîtresse, honneur, amour,
Noble et dure contrainte, aimable tyrannie,
Tous mes plaisirs sont morts, ou ma gloire ternie :
L'un me rend malheureux, l'autre indigne du jour.
Cher et cruel espoir d'une âme généreuse,
    Mais ensemble amoureuse,
  Digne ennemi de mon plus grand bonheur,
    Fer, qui causes ma peine,
  M'es-tu donné pour venger mon honneur ?
  M'es-tu donné pour perdre ma Chimène ?

    Il vaut mieux courir au trépas ;
Je dois à ma maîtresse aussi bien qu'à mon père :
J'attire en me vengeant sa haine et sa colère,
J'attire ses mépris en ne me vengeant pas.
A mon plus doux espoir l'un me rend infidèle,
    Et l'autre indigne d'elle ;
  Mon mal augmente à le vouloir guérir,
    Tout redouble ma peine :
  Allons, mon âme, et puisqu'il faut mourir,
  Mourons du moins sans offenser Chimène.

Mourir sans tirer ma raison!
Rechercher un trépas si mortel à ma gloire!
Endurer que l'Espagne impute à ma mémoire
D'avoir mal soutenu l'honneur de ma maison!
Respecter un amour dont mon âme égarée
　　　Voit la perte assurée!
　　N'écoutons plus ce penser suborneur
　　　Qui ne sert qu'à ma peine:
　　Allons, mon bras, sauvons du moins l'honneur,
Puisqu'après tout il faut perdre Chimène.

　　　Oui, mon esprit s'était déçu:
Je dois tout à mon père avant qu'à ma maîtresse;
Que je meure au combat, ou meure de tristesse,
Je rendrai mon sang pur, comme je l'ai reçu.
Je m'accuse déjà de trop de négligence.
　　　Courons à la vengeance,
　　Et, tout honteux d'avoir tant balancé,
　　　Ne soyons plus en peine,
　　Puisqu'aujourd'hui mon père est offensé,
Si l'offenseur est père de Chimène!

166　　　*Stances de Polyeucte*

[*Polyeucte*, Acte IV, sc. ii]

SOURCE délicieuse, en misères féconde,
　Que voulez-vous de moi, flatteuses voluptés?
Honteux attachements de la chair et du monde,
　Que ne me quittez-vous, quand je vous ai quittés?
Allez, honneurs, plaisirs, qui me livrez la guerre:

PIERRE CORNEILLE

Toute votre félicité,
Sujette à l'instabilité,
En moins de rien tombe par terre,
Et comme elle a l'éclat du verre,
Elle en a la fragilité.

Ainsi n'espérez pas qu'après vous je soupire.
Vous étalez en vain vos charmes impuissants;
Vous me montrez en vain, par tout ce vaste empire,
Les ennemis de Dieu pompeux et florissants.
Il étale à son tour des revers équitables
    Par qui les grands sont confondus;
    Et les glaives qu'il tient pendus
    Sur les plus fortunés coupables
    Sont d'autant plus inévitables,
    Que leurs coups sont moins attendus.

Tigre altéré de sang, Décie impitoyable,
Ce Dieu t'a trop longtemps abandonné les siens;
De ton heureux destin vois la suite effroyable:
Le Scythe va venger la Perse et les Chrétiens;
Encore un peu plus outre, et ton heure est venue;
    Rien ne t'en saurait garantir;
    Et la foudre qui va partir,
    Toute prête à crever la nue,
    Ne peut plus être retenue
    Par l'attente du repentir.

Que cependant Félix m'immole à ta colère;
Qu'un rival plus puissant éblouisse ses yeux;
Qu'aux dépens de ma vie il s'en fasse beau-père,
Et qu'à titre d'esclave il commande en ces lieux:
Je consens, ou plutôt j'aspire à ma ruine.

PIERRE CORNEILLE

Monde, pour moi tu n'as plus rien:
Je porte en un cœur tout chrétien
Une flamme toute divine;
Et je ne regarde Pauline
Que comme un obstacle à mon bien.

Saintes douceurs du ciel, adorables idées,
Vous remplissez un cœur qui vous peut recevoir:
De vos sacrés attraits les âmes possédées
Ne conçoivent plus rien qui les puisse émouvoir.
Vous promettez beaucoup, et donnez davantage:
    Vos biens ne sont point inconstants,
    Et l'heureux trépas que j'attends
    Ne vous sert que d'un doux passage
    Pour nous introduire au partage
    Qui nous rend à jamais contents.

PAUL SCARRON

1610–†1660

167 *Épitaphe*

CELUI qui ci maintenant dort
  Fit plus de pitié que d'envie,
Et souffrit mille fois la mort
Avant que de perdre la vie.
Passant, ne fais ici de bruit,
Prends garde qu'aucun ne l'éveille;
Car voici la première nuit
Que le pauvre Scarron sommeille.

ISAAC DE BENSERADE
1613–†1691

Sonnet

JOB, de mille tourments atteint,
  Vous rendra sa douleur connue,
Et raisonnablement il craint
Que vous n'en soyez point émue.

Vous verrez sa misère nue;
Il s'est lui-même ici dépeint:
Accoutumez-vous à la vue
D'un homme qui souffre et se plaint.

Bien qu'il eût d'extrêmes souffrances,
On voit aller des patiences
Plus loin que la sienne n'alla.

Il souffrit des maux incroyables;
Il s'en plaignit, il en parla;
J'en connais de plus misérables.

FRANÇOIS DE MAUCROIX
1619–†1708

Stances

CHLORIS, je vous le dis toujours,
  Ces faiseurs de pièces tragiques,
Ces chantres de gens héroïques
Ne chantent pas bien les amours.

De beaux mots leurs œuvres sont pleines,
Ils sont sages comme Catons,
Ils sont discrets pour les Hélènes,
Et muets pour les Jeannetons!

FRANÇOIS DE MAUCROIX

Tout ce qu'on nomme bagatelle
Déplaît à ces rares esprits;
On dirait qu'ils sont en querelle
Avec les Grâces et les Ris.

Pour moi qui hais la muse austère
Et la gravité de ses tons,
Je vous ai choisi, ma bergère,
Pour le sujet de mes chansons.

Au doux murmure des fontaines
Je mêlerai des airs si doux
Que les dieux des prés et des plaines
Deviendront amoureux de vous.

Mais gardez bien d'être infidèle
A votre fidèle berger;
Car, ma Chloris, pour être belle,
Il n'est pas permis de changer.

JEAN DE LA FONTAINE
1621-†1695

La Cour du Lion

SA Majesté Lionne un jour voulut connaître
De quelles nations le Ciel l'avait fait maître.
    Il manda donc par députés
    Ses vassaux de toute nature,
    Envoyant de tous les côtés
    Une circulaire écriture,
    Avec son sceau. L'écrit portait
    Qu'un mois durant le roi tiendrait

JEAN DE LA FONTAINE

    Cour plénière dont l'ouverture
    Devait être un fort grand festin,
    Suivi des tours de Fagotin.
    Par ce trait de magnificence
Le prince à ses sujets étalait sa puissance.
    En son Louvre il les invita.
Quel Louvre ! un vrai charnier, dont l'odeur se porta
D'abord au nez des gens. L'ours boucha sa narine:
Il se fût bien passé de faire cette mine.
Sa grimace déplut. Le monarque irrité
L'envoya chez Pluton faire le dégoûté.
Le singe approuva fort cette sévérité,
Et, flatteur excessif, il loua la colère
Et la griffe du prince, et l'antre, et cette odeur:
    Il n'était ambre, il n'était fleur,
Qui ne fût ail au prix. Sa sotte flatterie
Eut un mauvais succès, et fut encor punie.
    Ce monseigneur du Lion là
    Fut parent de Caligula.
Le renard étant proche: « Or çà, lui dit le sire,
Que sens-tu ? dis-le-moi. Parle sans déguiser. »
    L'autre aussitôt de s'excuser,
Alléguant un grand rhume: il ne pouvait que dire
    Sans odorat; bref il s'en tire.
    Ceci vous sert d'enseignement.
Ne soyez à la cour, si vous voulez y plaire,
Ni fade adulateur, ni parleur trop sincère,
Et tâchez quelquefois de répondre en Normand.

171   *Le Rat qui s'est retiré du Monde*

Les Levantins en leur légende
Disent qu'un certain rat, las des soins d'ici-bas,
Dans un fromage de Hollande
Se retira loin du tracas.
La solitude était profonde,
S'étendant partout à la ronde.
Notre hermite nouveau subsistait là-dedans.
Il fit tant de pieds et de dents
Qu'en peu de jours il eut au fond de l'hermitage
Le vivre et le couvert; que faut-il davantage?
Il devint gros et gras: Dieu prodigue ses biens
A ceux qui font vœu d'être siens.
Un jour au dévot personnage
Des députés du peuple rat
S'en vinrent demander quelque aumône légère:
Ils allaient en terre étrangère
Chercher quelque secours contre le peuple chat;
Ratopolis était bloquée:
On les avait contraints de partir sans argent,
Attendu l'état indigent
De la république attaquée.
Ils demandaient fort peu, certains que le secours
Serait prêt dans quatre ou cinq jours.
« Mes amis, dit le solitaire,
Les choses d'ici-bas ne me regardent plus:
En quoi peut un pauvre reclus
Vous assister? que peut-il faire
Que de prier le Ciel qu'il vous aide en ceci?
J'espère qu'il aura de vous quelque souci. »

JEAN DE LA FONTAINE

>   Ayant parlé de cette sorte
>   Le nouveau saint ferma sa porte.
>   Qui désignai-je, à votre avis,
>   Par ce rat si peu secourable?
>   Un moine? Non, mais un dervis:
> Je suppose qu'un moine est toujours charitable.

172 *La Laitière et le Pot au Lait*

PERRETTE, sur sa tête ayant un pot au lait
   Bien posé sur un coussinet,
Prétendait arriver sans encombre à la ville.
Légère et court vêtue, elle allait à grands pas,
Ayant mis ce jour-là, pour être plus agile,
   Cotillon simple et souliers plats.
   Notre laitière ainsi troussée
   Comptait déjà dans sa pensée
Tout le prix de son lait, en employait l'argent;
Achetait un cent d'œufs, faisait triple couvée:
La chose allait à bien par son soin diligent.
   « Il m'est, disait-elle, facile
D'élever des poulets autour de ma maison;
   Le renard sera bien habile
S'il ne m'en laisse assez pour avoir un cochon.
Le porc à s'engraisser coûtera peu de son;
Il était, quand je l'eus, de grosseur raisonnable:
J'aurai, le revendant, de l'argent bel et bon.
Et qui m'empêchera de mettre dans notre étable,
Vu le prix dont il est, une vache et son veau,
Que je verrai sauter au milieu du troupeau? »
Perrette là-dessus saute aussi, transportée:
Le lait tombe; adieu veau, vache, cochon, couvée.

JEAN DE LA FONTAINE

La dame de ces biens, quittant d'un œil marri
    Sa fortune ainsi répandue,
    Va s'excuser à son mari,
    En grand danger d'être battue.
    Le récit en farce en fut fait;
    On l'appela le *Pot au lait*.

    Quel esprit ne bat la campagne?
    Qui ne fait châteaux en Espagne?
Picrochole, Pyrrhus, la laitière, enfin tous,
    Autant les sages que les fous,
Chacun songe en veillant; il n'est rien de plus doux.
Une flatteuse erreur emporte alors nos âmes;
    Tout le bien du monde est à nous,
    Tous les honneurs, toutes les femmes.
Quand je suis seul, je fais au plus brave un défi;
Je m'écarte, je vais détrôner le sophi;
    On m'élit roi, mon peuple m'aime,
Les diadèmes vont sur ma tête pleuvant.
Quelque accident fait-il que je rentre en moi-même:
    Je suis Gros-Jean comme devant.

173   *La Mort et le Mourant*

LA mort ne surprend point le sage:
    Il est toujours prêt à partir,
    S'étant su lui-même avertir
Du temps où l'on se doit résoudre à ce passage.
    Ce temps, hélas! embrasse tous les temps:
Qu'on le partage en jours, en heures, en moments,
    Il n'en est point qu'il ne comprenne
Dans le fatal tribut; tous sont de son domaine;

JEAN DE LA FONTAINE

Et le premier instant où les enfants des rois
    Ouvrent les yeux à la lumière
    Est celui qui vient quelquefois
    Fermer pour toujours leur paupière.
    Défendez-vous par la grandeur,
    Alléguez la beauté, la vertu, la jeunesse:
    La mort ravit tout sans pudeur;
Un jour, le monde entier accroîtra sa richesse.
    Il n'est rien de moins ignoré,
    Et, puisqu'il faut que je le die,
    Rien où l'on soit moins préparé.
Un mourant, qui comptait plus de cent ans de vie,
Se plaignait à la Mort que précipitamment
Elle le contraignait de partir tout à l'heure,
    Sans qu'il eût fait son testament,
Sans l'avertir au moins. « Est-il juste qu'on meure
Au pied levé? dit-il; attendez quelque peu:
Ma femme ne veut pas que je parte sans elle;
Il me reste à pourvoir un arrière-neveu;
Souffrez qu'à mon logis j'ajoute encore une aile.
Que vous êtes pressante, ô déesse cruelle!»
— «Vieillard, lui dit la Mort, je ne t'ai point surpris;
Tu te plains sans raison de mon impatience:
Eh! n'as-tu pas cent ans? Trouve-moi dans Paris
Deux mortels aussi vieux; trouve-m'en dix en France.
Je devais, ce dis-tu, te donner quelque avis
    Qui te disposât à la chose:
    J'aurais trouvé ton testament tout fait,
Ton petit-fils pourvu, ton bâtiment parfait.
Ne te donna-t-on pas des avis, quand la cause
    Du marcher et du mouvement,
    Quand les esprits, le sentiment,

Quand tout faillit en toi? Plus de goût, plus d'ouïe;
Toute chose pour toi semble être évanouie;
Pour toi l'astre du jour prend des soins superflus;
Tu regrettes des biens qui ne te touchent plus.
    Je t'ai fait voir tes camarades,
    Ou morts, ou mourants, ou malades:
Qu'est-ce que tout cela, qu'un avertissement?
    Allons, vieillard, et sans réplique.
    Il n'importe à la République
    Que tu fasses ton testament.»

La Mort avait raison. Je voudrais qu'à cet âge
On sortît de la vie ainsi que d'un banquet,
Remerciant son hôte, et qu'on fît son paquet:
Car de combien peut-on retarder le voyage?
Tu murmures, vieillard! Vois ces jeunes mourir,
    Vois-les marcher, vois-les courir
A des morts, il est vrai, glorieuses et belles,
Mais sûres cependant, et quelquefois cruelles.
J'ai beau te le crier; mon zèle est indiscret:
Le plus semblable aux morts meurt le plus à regret.

174   *La Grenouille qui se veut faire
    aussi grosse que le bœuf*

UNE grenouille vit un bœuf
    Qui lui sembla de belle taille.
Elle, qui n'était pas grosse en tout comme un œuf,
Envieuse s'étend, et s'enfle, et se travaille
    Pour égaler l'animal en grosseur,
    Disant: «Regardez bien, ma sœur,
    Est-ce assez? dites-moi. N'y suis-je point encore?

—Nenni. — M'y voici donc? — Point du tout. —
M'y voilà?
— Vous n'en approchez point. » La chétive pécore
S'enfla si bien qu'elle creva.
Le monde est plein de gens qui ne sont pas plus sages:
Tout bourgeois veut bâtir comme les grands seigneurs;
Tout petit prince a des ambassadeurs;
Tout marquis veut avoir des pages.

175 *La Montagne qui accouche*

UNE montagne en mal d'enfant
Jetait une clameur si haute
Que chacun, au bruit accourant,
Crut qu'elle accoucherait, sans faute,
D'une cité plus grosse que Paris:
Elle accoucha d'une souris.

Quand je songe à cette fable
Dont le récit est menteur
Et le sens est véritable,
Je me figure un auteur
Qui dit: « Je chanterai la guerre
Que firent les Titans au maître du tonnerre. »
C'est promettre beaucoup; mais qu'en sort-il souvent?
Du vent.

176 *Le Singe et le Léopard*

LE singe avec le léopard
Gagnaient de l'argent à la foire.
Ils affichaient chacun à part.
L'un d'eux disait: « Messieurs, mon mérite et ma gloire
Sont connus en bon lieu. Le roi m'a voulu voir;

JEAN DE LA FONTAINE

Et si je meurs, il veut avoir
Un manchon de ma peau, tant elle est bigarrée,
Pleine de taches, marquetée,
Et vergetée, et mouchetée.»
La bigarrure plaît. Partant chacun le vit;
Mais ce fut bientôt fait; bientôt chacun sortit.
Le singe, de sa part, disait: «Venez, de grâce,
Venez, Messieurs: je fais cent tours de passe-passe.
Cette diversité dont on vous parle tant,
Mon voisin léopard l'a sur soi seulement;
Moi je l'ai dans l'esprit. Votre serviteur Gille,
Cousin et gendre de Bertrand,
Singe du pape en son vivant,
Tout fraîchement en cette ville
Arrive en trois bateaux, exprès pour vous parler;
Car il parle, on l'entend: il sait danser, baller,
Faire des tours de toute sorte,
Passer en des cerceaux; et le tout pour six blancs;
Non, Messieurs, pour un sou: si vous n'êtes contents
Nous rendrons à chacun son argent à la porte.»
Le singe avait raison. Ce n'est pas sur l'habit
Que la diversité me plaît, c'est dans l'esprit:
L'une fournit toujours des choses agréables;
L'autre, en moins d'un moment, lasse les regardants.
Oh! que de grands seigneurs, au léopard semblables,
N'ont que l'habit pour tous talents!

177 *Les Animaux malades de la Peste*

UN mal qui répand la terreur,
Mal que le Ciel, en sa fureur,
Inventa pour punir les crimes de la terre,
La peste (puisqu'il faut l'appeler par son nom),

JEAN DE LA FONTAINE

Capable d'enrichir en un jour l'Achéron,
    Faisait aux animaux la guerre.
Ils ne mouraient pas tous, mais tous étaient frappés:
    On n'en voyait point d'occupés
A chercher le soutien d'une mourante vie:
    Nul mets n'excitait leur envie;
    Ni loups ni renards n'épiaient
    La douce et l'innocente proie;
    Les tourterelles se fuyaient:
    Plus d'amour; partant, plus de joie.
Le lion tint conseil, et dit: «Mes chers amis,
    Je crois que le ciel a permis
    Pour nos péchés cette infortune.
    Que le plus coupable de nous
Se sacrifie aux traits du céleste courroux:
Peut-être il obtiendra la guérison commune.
L'histoire nous apprend qu'en de tels accidents
    On fait de pareils dévouements.
Ne nous flattons donc point; voyons sans indulgence
    L'état de notre conscience.
Pour moi, satisfaisant mes appétits gloutons,
    J'ai dévoré force moutons.
    Que m'avaient-ils fait? Nulle offense;
Même il m'est arrivé quelquefois de manger
    Le berger.
Je me dévouerai donc, s'il le faut; mais je pense
Qu'il est bon que chacun s'accuse ainsi que moi;
Car on doit souhaiter, selon toute justice,
    Que le plus coupable périsse.»
—«Sire, dit le renard, vous êtes trop bon roi;
Vos scrupules font voir trop de délicatesse.
Eh bien! manger moutons, canaille, sotte espèce,

JEAN DE LA FONTAINE

Est-ce un péché? Non, non. Vous leur fîtes, Seigneur,
    En les croquant, beaucoup d'honneur;
    Et quant au berger, l'on peut dire
    Qu'il était digne de tous maux,
Étant de ces gens-là qui sur les animaux
    Se font un chimérique empire.»
Ainsi dit le renard; et flatteurs d'applaudir;
    On n'osa trop approfondir
Du tigre, ni de l'ours, ni des autres puissances
    Les moins pardonnables offenses:
Tous les gens querelleurs, jusqu'aux simples mâtins,
Au dire de chacun, étaient de petits saints.
L'âne vint à son tour, et dit: «J'ai souvenance
    Qu'en un pré de moines passant,
La faim, l'occasion, l'herbe tendre, et, je pense,
    Quelque diable aussi me poussant,
Je tondis de ce pré la largeur de ma langue;
Je n'en avais nul droit, puisqu'il faut parler net.»
A ces mots, on cria haro sur le baudet.
Un loup, quelque peu clerc, prouva par sa harangue
Qu'il fallait dévouer ce maudit animal,
Ce pelé, ce galeux, d'où venait tout leur mal.
Sa peccadille fut jugée un cas pendable.
Manger l'herbe d'autrui! quel crime abominable!
    Rien que la mort n'était capable
D'expier son forfait. On le lui fit bien voir.
Selon que vous serez puissant ou misérable,
Les jugements de cour vous rendront blanc ou noir.

178   *Le Vieillard et les Trois Jeunes Hommes*

UN octogénaire plantait.
    «Passe encor de bâtir; mais planter à cet âge!
Disaient trois jouvenceaux, enfants du voisinage:
    Assurément il radotait.
 Car, au nom des dieux, je vous prie,
Quel fruit de ce labeur pouvez-vous recueillir?
Autant qu'un patriarche il vous faudrait vieillir.
    A quoi bon charger votre vie
Des soins d'un avenir qui n'est pas fait pour vous?
Ne songez désormais qu'à vos erreurs passées;
Quittez le long espoir et les vastes pensées;
    Tout cela ne convient qu'à nous.
    —Il ne convient pas à vous-mêmes,
Repartit le vieillard. Tout établissement
Vient tard, et dure peu. La main des Parques blêmes
De vos jours et des miens se joue également.
Nos termes sont pareils par leur courte durée.
Qui de nous des clartés de la voûte azurée
Doit jouir le dernier? Est-il aucun moment
Qui vous puisse assurer d'un second seulement?
Mes arrière-neveux me devront cet ombrage:
    Eh bien! défendez-vous au sage
De se donner des soins pour le plaisir d'autrui?
Cela même est un fruit que je goûte aujourd'hui:
J'en puis jouir demain, et quelques jours encore;
    Je puis enfin compter l'aurore
    Plus d'une fois sur vos tombeaux.»
Le vieillard eut raison: l'un des trois jouvenceaux
Se noya dès le port, allant à l'Amérique;
L'autre, afin de monter aux grandes dignités,

Dans les emplois de Mars servant la république,
Par un coup imprévu vit ses jours emportés;
    Le troisième tomba d'un arbre
    Que lui-même il voulut enter;
Et, pleurés du vieillard, il grava sur leur marbre
    Ce que je viens de raconter.

179   *L'Alouette et ses petits avec le
        Maître d'un champ*

NE t'attends qu'à toi seul: c'est un commun proverbe.
    Voici comme Ésope le mit
        En crédit.
    Les Alouettes font leur nid
    Dans les blés quand ils sont en herbe,
    C'est-à-dire environ le temps
Que tout aime et que tout pullule dans le monde:
    Monstres marins au fond de l'onde,
Tigres dans les forêts, alouettes aux champs.
    Une pourtant de ces dernières
Avait laissé passer la moitié d'un printemps
Sans goûter le plaisir des amours printanières.
A toute force enfin elle se résolut
D'imiter la Nature, et d'être mère encore.
Elle bâtit un nid, pond, couve, et fait éclore
A la hâte: le tout alla du mieux qu'il put.
Les blés d'alentour mûrs avant que la nitée
    Se trouvât assez forte encor
    Pour voler et prendre l'essor,
De mille soins divers l'alouette agitée
S'en va chercher pâture, avertit ses enfants
D'être toujours au guet et faire sentinelle.

JEAN DE LA FONTAINE

«Si le possesseur de ces champs
Vient avecque son fils, comme il viendra, dit-elle,
Écoutez bien: selon ce qu'il dira,
Chacun de nous décampera.»
Sitôt que l'alouette eut quitté sa famille,
Le possesseur du champ vint avecque son fils.
«Ces blés sont mûrs, dit-il: allez chez nos amis
Les prier que chacun, apportant sa faucille,
Nous vienne aider demain dès la pointe du jour.»
Notre alouette, de retour,
Trouve en alarme sa couvée.
L'un commence: «Il a dit que, l'aurore levée,
L'on fît venir demain ses amis pour l'aider.
— S'il n'a dit que cela, repartit l'alouette,
Rien ne nous presse encor de changer de retraite;
Mais c'est demain qu'il faut tout de bon écouter.
Cependant soyez gais; voilà de quoi manger.»
Eux repus, tout s'endort, les petits et la mère.
L'aube du jour arrive, et d'amis point du tout.
L'alouette à l'essor, le maître s'en vient faire
Sa ronde ainsi qu'à l'ordinaire.
«Ces blés ne devraient pas, dit-il, être debout.
Nos amis ont grand tort, et tort qui se repose
Sur de tels paresseux, à servir ainsi lents.
Mon fils, allez chez nos parents,
Les prier de la même chose.»
L'épouvante est au nid plus forte que jamais:
«Il a dit ses parents, mère! c'est à cette heure . . .
— Non, mes enfants; dormez en paix:
Ne bougeons de notre demeure.»
L'alouette eut raison; car personne ne vint.
Pour la troisième fois le maître se souvint

De visiter ses blés. «Notre erreur est extrême,
Dit-il, de nous attendre à d'autres gens que nous.
Il n'est meilleur ami ni parent que soi-même.
Retenez bien cela, mon fils. Et savez-vous
Ce qu'il faut faire? Il faut qu'avec notre famille
Nous prenions dès demain chacun une faucille:
C'est là notre plus court; et nous achèverons
    Notre moisson quand nous pourrons.»
Dès lors que ce dessein fut su de l'alouette:
«C'est ce coup qu'il est bon de partir, mes enfants!»
    Et les petits, en même temps,
    Voletants, se culebutants,
    Délogèrent tous sans trompette.

180   *Le Savetier et le Financier*

UN savetier chantait du matin jusqu'au soir:
    C'était merveille de le voir,
Merveille de l'ouïr; il faisait des passages,
    Plus content qu'aucun des sept Sages.
Son voisin, au contraire, étant tout cousu d'or,
    Chantait peu, dormait moins encor:
    C'était un homme de finance.
Si sur le point du jour parfois il sommeillait,
Le savetier alors en chantant l'éveillait;
Et le financier se plaignait
    Que les soins de la Providence
N'eussent pas au marché fait vendre le dormir
    Comme le manger et le boire.
    En son hôtel il fait venir
Le chanteur, et lui dit: «Or çà, sire Grégoire,
Que gagnez-vous par an? — Par an! ma foi, Monsieur,
    Dit avec un ton de rieur

JEAN DE LA FONTAINE

Le gaillard savetier, ce n'est point ma manière
De compter de la sorte; et je n'entasse guère
   Un jour sur l'autre: il suffit qu'à la fin
      J'attrape le bout de l'année;
      Chaque jour amène son pain.
   — Eh bien! que gagnez-vous, dites-moi, par journée?
   — Tantôt plus, tantôt moins: le mal est que toujours
(Et sans cela nos gains seraient assez honnêtes),
Le mal est que dans l'an s'entremêlent des jours
   Qu'il faut chômer; on nous ruine en fêtes;
L'une fait tort à l'autre; et monsieur le curé
De quelque nouveau saint charge toujours son prône.»
Le financier, riant de sa naïveté,
Lui dit: «Je vous veux mettre aujourd'hui sur le trône.
Prenez ces cent écus; gardez-les avec soin,
     Pour vous en servir au besoin.»
Le savetier crut voir tout l'argent que la terre
     Avait, depuis plus de cent ans,
     Produit pour l'usage des gens.
Il retourne chez lui: dans sa cave il enserre
     L'argent et sa joie à la fois.
Plus de chant: il perdit la voix
Du moment qu'il gagna ce qui cause nos peines.
   Le sommeil quitta son logis:
   Il eut pour hôtes les soucis,
   Les soupçons, les alarmes vaines.
Tout le jour il avait l'œil au guet; et la nuit,
   Si quelque chat faisait du bruit,
Le chat prenait l'argent. A la fin le pauvre homme
S'en courut chez celui qu'il ne réveillait plus:
«Rendez-moi, lui dit-il, mes chansons et mon somme,
   Et reprenez vos cent écus.»

181 *Invocation*

O DOUCE Volupté, sans qui, dès notre enfance,
Le vivre et le mourir nous deviendraient égaux;
Aimant universel de tous les animaux,
Que tu sais attirer avecque violence!
  Par toi tout se meut ici-bas.
  C'est pour toi, c'est pour tes appas,
  Que nous courons après la peine:
  Il n'est soldat, ni capitaine,
Ni ministre d'État, ni prince, ni sujet,
  Qui ne t'ait pour unique objet.
Nous autres nourrissons, si, pour fruit de nos veilles,
Un bruit délicieux ne charmait nos oreilles,
Si nous ne nous sentions chatouillés de ce son,
  Ferions-nous un mot de chanson?
Ce qu'on appelle gloire en termes magnifiques,
Ce qui servait de prix dans les jeux olympiques,
N'est que toi proprement, divine Volupté,
Et le plaisir des sens n'est-il de rien compté?
  Pour quoi sont faits les dons de Flore,
  Le Soleil couchant et l'Aurore,
  Pomone et ses mets délicats,
  Bacchus, l'âme des bons repas,
  Les forêts, les eaux, les prairies,
  Mères des douces rêveries?
Pour quoi tant de beaux arts, qui tous sont tes enfants,
Mais pour quoi les Chloris aux appas triomphants,
  Que pour maintenir ton commerce?
J'entends innocemment: sur son propre désir
  Quelque rigueur que l'on exerce,
  Encor y prend-on du plaisir.

JEAN DE LA FONTAINE

Volupté, Volupté, qui fus jadis maîtresse
    Du plus bel esprit de la Grèce,
Ne me dédaigne pas, viens-t'en loger chez moi;
    Tu n'y seras pas sans emploi:
J'aime le jeu, l'amour, les livres, la musique,
La ville et la campagne, enfin tout; il n'est rien
    Qui ne me soit souverain bien,
Jusqu'au sombre plaisir d'un cœur mélancolique.
Viens donc; et de ce bien, ô douce Volupté,
Veux-tu savoir au vrai la mesure certaine?
Il m'en faut tout au moins un siècle bien compté;
    Car trente ans, ce n'est pas la peine.

JEAN-BAPTISTE POQUELIN DE MOLIÈRE
1622-†1673

182   *A Monsieur Le Vayer, sur la Mort de son Fils*

AUX larmes, Le Vayer, laisse tes yeux ouverts,
Ton deuil est raisonnable encor qu'il soit extrême,
Et lorsque pour toujours on perd ce que tu perds,
La sagesse, crois-moi, peut pleurer elle-même.

On se propose à tort cent préceptes divers
Pour vouloir d'un œil sec voir mourir ce qu'on aime;
L'effort en est barbare aux yeux de l'univers,
Et c'est brutalité plus que vertu suprême.

On sait bien que les pleurs ne ramèneront pas
Ce cher fils que t'enlève un imprévu trépas,
Mais la perte par là n'en est pas moins cruelle:

JEAN-BAPTISTE POQUELIN DE MOLIÈRE

Ses vertus d'un chacun le faisaient révérer,
Il avait le cœur grand, l'esprit beau, l'âme belle,
Et ce sont des sujets à toujours le pleurer.

CLAUDE-EMMANUEL LUILLIER,
dit CHAPELLE

1626–†1686

Rondeau

183 *Sur les Métamorphoses d'Ovide,
mises en rondeaux par Benserade*

A LA fontaine où l'on puise cette eau,
Qui fait rimer et Racine et Boileau,
Je ne bois point ou bien je ne bois guère.
Dans un besoin si j'en avais affaire,
J'en boirais moins que ne fait un moineau.

Je tirerai pourtant de mon cerveau
Plus aisément, s'il le faut, un rondeau,
Que je n'avale un plein verre d'eau claire
    A la fontaine.

De ces rondeaux un livre tout nouveau
A bien des gens n'a pas eu l'heur de plaire;
Mais quant à moi, j'en trouve tout fort beau,
Papier, dorure, images, caractère,
Hormis les vers, qu'il fallait laisser faire
    A La Fontaine.

ANTOINETTE DU LIGIER DE LA GARDE, DAME DESHOULIÈRES

1638–†1694

184 *Allégorie*

Dans ces prés fleuris
Qu'arrose la Senne,
Cherchez qui vous mène,
Mes chères brebis
J'ai fait, pour vous rendre
Le Destin plus doux,
Ce qu'on peut attendre
D'une amitié tendre:
Mais son long courroux
Détruit, empoisonne
Tous mes soins pour vous
Et vous abandonne
Aux fureurs des loups.
Seriez-vous leur proie,
Aimable troupeau,
Vous de ce hameau
L'honneur et la joie;
Vous qui, gras et beau,
Me donniez sans cesse
Sur l'herbette épaisse
Un plaisir nouveau?

Que je vous regrette!
Mais il faut céder:
Sans chien, sans houlette,
Puis-je vous garder?
L'injuste Fortune
Me les a ravis.

ANTOINETTE DESHOULIÈRES

En vain j'importune
Le Ciel par mes cris;
Il rit de mes plaintes,
Et, sourd à mes craintes,
Houlette ni chien,
Il ne me rend rien.

Puissiez-vous, contentes,
Et sans mon secours,
Passer d'heureux jours,
Brebis innocentes,
Brebis, mes amours!
Que Pan vous défende:
Hélas! il le sait,
Je ne lui demande
Que ce seul bienfait.

Oui, brebis chéries,
Qu'avec tant de soin
J'ai toujours nourries,
Je prends à témoin
Ces bois, ces prairies,
Que si les faveurs
Du dieu des pasteurs
Vous gardent d'outrages
Et vous font avoir,
Du matin au soir,
De gras pâturages,
J'en conserverai,
Tant que je vivrai,
La douce mémoire;
Et que mes chansons,

ANTOINETTE DESHOULIÈRES

En mille façons,
Porteront sa gloire
Du rivage heureux
Où, vif et pompeux,
L'astre qui mesure
Les nuits et les jours,
Commençant son cours,
Rend à la nature
Toute sa parure,
Jusqu'en ces climats
Où, sans doute las
D'éclairer le monde,
Il va chez Téthys
Rallumer dans l'onde
Ses feux amortis.

NICOLAS BOILEAU-DESPRÉAUX
1636–†1711

185 *Chanson*

VOICI les lieux charmants, où mon âme ravie
    Passait à contempler Sylvie
Ces tranquilles moments si doucement perdus.
Que je l'aimais alors! Que je la trouvais belle!
Mon cœur, vous soupirez au nom de l'infidèle:
Avez-vous oublié que vous ne l'aimez plus?

C'est ici que souvent, errant dans les prairies,
    Ma main des fleurs les plus chéries
Lui faisait des présents si tendrement reçus.
Que je l'aimais alors! Que je la trouvais belle!
Mon cœur, vous soupirez au nom de l'infidèle:
Avez-vous oublié que vous ne l'aimez plus?

NICOLAS BOILEAU-DESPRÉAUX

186 *Épître à M. Racine*

QUE tu sais bien, Racine, à l'aide d'un acteur,
Émouvoir, étonner, ravir un spectateur!
Jamais Iphigénie, en Aulide immolée,
N'a coûté tant de pleurs à la Grèce assemblée,
Que, dans l'heureux spectacle à nos yeux étalé,
En a fait sous son nom verser la Champmêlé.
Ne crois pas toutefois, par tes savans ouvrages,
Entraînant tous les cœurs, gagner tous les suffrages.
Sitôt que d'Apollon un génie inspiré
Trouve loin du vulgaire un chemin ignoré,
En cent lieux contre lui les cabales s'amassent;
Ses rivaux obscurcis autour de lui croassent;
Et son trop de lumière, importunant les yeux,
De ses propres amis lui fait des envieux.
La mort seule, ici-bas, en terminant sa vie,
Peut calmer sur son nom l'injustice et l'envie,
Faire au poids du bon sens peser tous ses écrits,
Et donner à ses vers leur légitime prix.

Avant qu'un peu de terre, obtenu par prière,
Pour jamais sous la tombe eût enfermé Molière,
Mille de ses beaux traits, aujourd'hui si vantés,
Furent des sots esprits à nos yeux rebutés.
L'ignorance et l'erreur à ses naissantes pièces
En habits de marquis, en robes de comtesses,
Venaient pour diffamer son chef-d'œuvre nouveau
Et secouaient la tête à l'endroit le plus beau.
Le commandeur voulait la scène plus exacte;
Le vicomte indigné sortait au second acte;
L'un, défenseur zélé des bigots mis en jeu,
Pour prix de ses bons mots le condamnait au feu,

NICOLAS BOILEAU-DESPRÉAUX

L'autre, fougueux marquis, lui déclarant la guerre,
Voulait venger la cour immolée au parterre.
Mais, sitôt que d'un trait de ses fatales mains
La Parque l'eut rayé du nombre des humains,
On reconnut le prix de sa muse éclipsée.
L'aimable Comédie, avec lui terrassée,
En vain d'un coup si rude espéra revenir
Et sur ses brodequins ne put plus se tenir.
Tel fut chez nous le sort du théâtre comique.

Toi donc qui, t'élevant sur la scène tragique,
Suis les pas de Sophocle, et, seul de tant d'esprits,
De Corneille vieilli sais consoler Paris:
Cesse de t'étonner si l'envie animée,
Attachant à ton nom sa rouille envenimée,
La calomnie en main, quelquefois te poursuit.
En cela, comme en tout, le ciel qui nous conduit,
Racine, fait briller sa profonde sagesse.
Le mérite en repos s'endort dans la paresse;
Mais par les envieux un génie excité
Au comble de son art est mille fois monté:
Plus on veut l'affaiblir, plus il croît et s'élance.
Au Cid persécuté Cinna doit sa naissance;
Et peut-être ta plume aux censeurs de Pyrrhus
Doit les plus nobles traits dont tu peignis Burrhus.

Moi-même, dont la gloire ici moins répandue
Des pâles envieux ne blesse point la vue,
Mais qu'une humeur trop libre, un esprit peu soumis,
De bonne heure a pourvu d'utiles ennemis,
Je dois plus à leur haine, il faut que je l'avoue,
Qu'au faible et vain talent dont la France me loue.
Leur venin, qui sur moi brûle de s'épancher,
Tous les jours en marchant m'empêche de broncher.

NICOLAS BOILEAU-DESPRÉAUX

Je songe, à chaque trait que ma plume hasarde,
Que d'un œil dangereux leur troupe me regarde.
Je sais sur leurs avis corriger mes erreurs,
Et je mets à profit leurs malignes fureurs.
Sitôt que sur un vice ils pensent me confondre,
C'est en me guérissant que je sais leur répondre;
Et plus en criminel ils pensent m'ériger,
Plus, croissant en vertu, je songe à me venger.

    Imite mon exemple; et lorsqu'une cabale,
Un flot de vains auteurs follement te ravale,
Profite de leur haine et de leur mauvais sens,
Ris du bruit passager de leurs cris impuissans.
Que peut contre tes vers une ignorance vaine?
Le Parnasse français, ennobli par ta veine,
Contre tous ces complots saura se maintenir
Et soulever pour toi l'équitable avenir.
Et qui, voyant un jour la douleur vertueuse
De Phèdre malgré soi perfide, incestueuse,
D'un si noble travail justement étonné,
Ne bénira d'abord le siècle fortuné
Qui, rendu plus fameux par tes illustres veilles,
Vit naître sous ta main ces pompeuses merveilles?

    Cependant laisse ici gronder quelques censeurs
Qu'aigrissent de tes vers les charmantes douceurs.
Et qu'importe à nos vers que Perrin les admire;
Que l'auteur de *Jonas* s'empresse pour les lire;
Qu'ils charment de Senlis le poète idiot,
Ou le sec traducteur du français d'Amyot:
Pourvu qu'avec éclat leurs rimes débitées
Soient du peuple, des grands, des provinces goûtées;
Pourvu qu'ils puissent plaire au plus puissant des rois;
Qu'à Chantilly Condé les souffre quelquefois;

NICOLAS BOILEAU-DESPRÉAUX

Qu'Enghien en soit touché; que Colbert et Vivonne,
Que La Rochefoucauld, Marsillac et Pomponne,
Et mille autres qu'ici je ne puis faire entrer
A leurs traits délicats se laissent pénétrer?
Et plût au ciel encor, pour couronner l'ouvrage,
Que Montausier voulût leur donner son suffrage!
C'est à de tels lecteurs que j'offre mes écrits.
Mais pour un tas grossier de frivoles esprits,
Admirateurs zélés de toute œuvre insipide,
Que, non loin de la place où Brioché préside,
Sans chercher dans les vers ni cadence ni son,
Il s'en aille admirer le savoir de Pradon!

JEAN RACINE

1639-†1699

187 *Hymnes traduites du Bréviaire Romain*
Le Lundi, à Matines

TANDIS que le sommeil, réparant la nature,
    Tient enchaînés le travail et le bruit,
Nous rompons ses liens, ô clarté toujours pure!
    Pour te louer dans la profonde nuit.

Que dès notre réveil notre voix te bénisse;
    Qu'à te chercher notre cœur empressé
T'offre ses premiers vœux; et que par toi finisse
    Le jour par toi saintement commencé.

L'astre dont la présence écarte la nuit sombre
    Viendra bientôt recommencer son tour:
O vous, noirs ennemis qui vous glissez dans l'ombre,
    Disparaissez à l'approche du jour.

JEAN RACINE

Nous t'implorons, Seigneur: tes bontés sont nos armes:
    De tout péché rends-nous purs à tes yeux;
Fais que, t'ayant chanté dans ce séjour de larmes,
    Nous te chantions dans le repos des cieux.

Exauce, Père saint, notre ardente prière,
    Verbe, son Fils, Esprit, leur nœud divin,
Dieu qui, tout éclatant de ta propre lumière,
    Règnes au ciel sans principe et sans fin.

188   *Le Lundi, à Vêpres*

GRAND Dieu, qui vis les cieux se former sans matière
    A ta voix seulement;
Tu séparas les eaux, leur marquas pour barrière
    Le vaste firmament.

Si la voûte céleste a ses plaines liquides,
    La terre a ses ruisseaux,
Qui, contre les chaleurs, portent aux champs arides
    Le secours de leurs eaux.

Seigneur, qu'ainsi les eaux de ta grâce féconde
    Réparent nos langueurs;
Que nos sens désormais vers les appas du monde
    N'entraînent plus nos cœurs.

Fais briller de ta foi les lumières propices
    A nos yeux éclairés:
Qu'elle arrache le voile à tous les artifices
    Des enfers conjurés.

Règne, ô Père éternel, Fils, sagesse incréée,
Esprit saint, Dieu de paix,
Qui fais changer des temps l'inconstante durée,
Et ne changes jamais.

189   *Le Mardi, à Laudes*

L'OISEAU vigilant nous réveille;
Et ses chants redoublés semblent chasser la nuit:
Jésus se fait entendre à l'âme qui sommeille,
Et l'appelle à la vie, où son jour nous conduit.

« Quittez, dit-il, la couche oisive
Où vous ensevelit une molle langueur:
Sobres, chastes et purs, l'œil et l'âme attentive,
Veillez: je suis tout proche, et frappe à votre cœur. »

Ouvrons donc l'œil à sa lumière,
Levons vers ce Sauveur et nos mains et nos yeux,
Pleurons et gémissons: une ardente prière
Écarte le sommeil, et pénètre les cieux.

O Christ, ô soleil de justice!
De nos cœurs endurcis romps l'assoupissement:
Dissipe l'ombre épaisse où les plonge le vice,
Et que ton divin jour y brille à tout moment!

Gloire à toi, Trinité profonde,
Père, Fils, Esprit saint: qu'on t'adore toujours,
Tant que l'astre des temps éclairera le monde,
Et quand les siècles même auront fini leur cours.

JEAN RACINE

Cantique

Sur les vaines occupations
des gens du siècle

QUEL charme vainqueur du monde
Vers Dieu m'élève aujourd'hui?
Malheureux l'homme qui fonde
Sur les hommes son appui!
Leur gloire fuit et s'efface
En moins de temps que la trace
Du vaisseau qui fend les mers,
Ou de la flèche rapide
Qui, loin de l'œil qui la guide,
Cherche l'oiseau dans les airs.

De la Sagesse immortelle
La voix tonne et nous instruit:
«Enfants des hommes, dit-elle,
De vos soins quel est le fruit?
Par quelle erreur, âmes vaines,
Du plus pur sang de vos veines,
Achetez-vous si souvent,
Non un pain qui vous repaisse,
Mais une ombre qui vous laisse
Plus affamés que d'avant?

«Le pain que je vous propose
Sert aux anges d'aliment;
Dieu lui-même le compose
De la fleur de son froment.
C'est ce pain si délectable
Que ne sert point à sa table
Le monde que vous suivez.

JEAN RACINE

Je l'offre à qui veut me suivre:
Approchez. Voulez-vous vivre?
Prenez, mangez, et vivez. »

O Sagesse! ta parole
Fit éclore l'univers,
Posa sur un double pôle
La terre au milieu des airs.
Tu dis; et les cieux parurent,
Et tous les astres coururent
Dans leur ordre se placer.
Avant les siècles tu règnes;
Et qui suis-je, que tu daignes
Jusqu'à moi te rabaisser?

Le Verbe, image du Père,
Laissa son trône éternel
Et d'une mortelle mère
Voulut naître homme et mortel.
Comme l'orgueil fut le crime
Dont il naissait la victime,
Il dépouilla sa splendeur,
Et vint pauvre et misérable
Apprendre à l'homme coupable
Sa véritable grandeur.

L'âme heureusement captive
Sous ton joug trouve la paix
Et s'abreuve d'une eau vive
Qui ne s'épuise jamais.
Chacun peut boire en cette onde,
Elle invite tout le monde;

Mais nous courons follement
Chercher des sources bourbeuses
Ou des citernes trompeuses
D'où l'eau fuit à tout moment.

Épigrammes

i

191   *Sur l'Iphigénie de Le Clerc*

ENTRE Le Clerc et son ami Coras,
   Tous deux auteurs rimants en compagnie,
N'a pas longtemps sourdirent grands débats
Sur le propos de son *Iphigénie*.
Coras lui dit: «La pièce est de mon cru»;
Le Clerc répond: «Elle est mienne, et non vôtre.»
Mais aussitôt que l'ouvrage a paru,
Plus n'ont voulu l'avoir fait l'un ni l'autre.

ii

192   *Sur l'Aspar de M. de Fontenelle*
L'Origine des Sifflets

CES jours passés, chez un vieil histrion,
   Grand chroniqueur, s'émut en question
Quand à Paris commença la méthode
De ces sifflets qui sont tant à la mode.
«Ce fut,» dit l'un, «aux pièces de Boyer.»
Gens pour Pradon voulurent parier:
«Non,» dit l'acteur, «je sais toute l'histoire,

JEAN RACINE

Que par degrés je vais vous débrouiller:
Boyer apprit au parterre à bâiller;
Quant à Pradon, si j'ai bonne mémoire,
Pommes sur lui volèrent largement;
Or quand sifflets prirent commencement,
C'est, j'y jouais, j'en suis témoin fidèle,
C'est à l'*Aspar* du sieur de Fontenelle.»

iii

193 *Sur le Germanicus de Pradon*

QUE je plains le destin du grand Germanicus!
Quel fut le prix de ses rares vertus?
Persécuté par le cruel Tibère,
Empoisonné par le traître Pison,
Il ne lui restait plus, pour dernière misère,
Que d'être chanté par Pradon.

GUILLAUME AMFRYE,
ABBÉ DE CHAULIEU

1639–†1720

Stances

194 *A la Solitude de Fontenay*

C'EST toi qui me rends à moi-même;
Tu calmes mon cœur agité;
Et de ma seule oisiveté
Tu me fais un bonheur extrême.

Parmi ces bois et ces hameaux
C'est là que je commence à vivre;
Et j'empêcherai de m'y suivre
Le souvenir de tous mes maux.

ABBÉ DE CHAULIEU

Emplois, grandeurs tant désirées,
J'ai connu vos illusions;
Je vis loin des préventions
Qui forgent vos chaînes dorées.

La cour ne peut plus m'éblouir;
Libre de son joug le plus rude,
J'ignore ici la servitude
De louer qui je dois haïr.

Fils des dieux, qui de flatteries
Repaissez votre vanité,
Apprenez que la vérité
Ne s'entend que dans nos prairies.

Grotte d'où sort ce clair ruisseau,
De mousse et de fleurs tapissée,
N'entretiens jamais ma pensée
Que du murmure de son eau.

Bannissons la flatteuse idée
Des honneurs que m'avaient promis
Mon savoir-faire et mes amis,
Tous deux maintenant en fumée.

Je trouve ici tous les plaisirs
D'une condition commune;
Avec l'éclat de ma fortune
Je mets au niveau mes désirs.

Ah! quelle riante peinture
Chaque jour se montre à mes yeux,
Des trésors dont la main des Dieux
Se plaît d'enrichir la nature!

ABBÉ DE CHAULIEU

Quel plaisir de voir les troupeaux,
Quand le midi brûle l'herbette,
Rangés autour de la houlette,
Chercher le frais sous ces ormeaux;

Puis sur le soir, à nos musettes
Ouïr répondre les coteaux,
Et retentir tous nos hameaux
De hautbois et de chansonnettes!

Mais hélas! ces paisibles jours
Coulent avec trop de vitesse;
Mon indolence et ma paresse
N'en peuvent suspendre le cours.

Déjà la vieillesse s'avance;
Et je verrai dans peu la mort
Exécuter l'arrêt du sort,
Qui m'y livre sans espérance.

Fontenay, lieu délicieux,
Où je vis d'abord la lumière,
Bientôt, au bout de ma carrière,
Chez toi je joindrai mes aïeux.

Muses, qui dans ce lieu champêtre
Avec soin me fîtes nourrir,
Beaux arbres, qui m'avaient vu naître,
Bientôt vous me verrez mourir!

Cependant du frais de votre ombre
Il faut sagement profiter,
Sans regret, prêt à vous quitter
Pour ce manoir terrible et sombre,

ABBÉ DE CHAULIEU

Où de ces arbres, dont exprès
Pour un doux et plus long usage
Mes mains ornèrent ce bocage,
Nul ne me suivra qu'un cyprès.

JEAN-FRANÇOIS REGNARD
1655-†1709

195 *Épître à M....*

Sɪ tu peux te résoudre à quitter ton logis,
Où l'or et l'outremer brillent sur les lambris,
Et laisser cette table avec ordre servie,
Viens, pourvu que l'amour ailleurs ne te convie,
Prendre un repas chez moi, demain, dernier janvier,
Dont le seul appétit sera le cuisinier.
Je te garde avec soin, mieux que mon patrimoine,
D'un vin exquis, sorti des pressoirs de ce moine
Fameux dans Ovilé, plus que ne fut jamais
Le défenseur du clos vanté par Rabelais.
Trois convives connus, sans amour, sans affaires,
Discrets, qui n'iront point révéler nos mystères,
Seront par moi choisis pour orner le festin.
Là par cent mots piquants, enfants nés dans le vin,
Nous donnerons l'essor à cette noble audace
Qui fait sortir la joie, et qu'avoûrait Horace.

Peut-être ignores-tu dans quel coin reculé
J'habite dans Paris, citoyen exilé,
Et me cache aux regards du profane vulgaire?
Si tu le veux savoir, je vais te satisfaire.
Au bout de cette rue où ce grand cardinal,
Ce prêtre conquérant, ce prélat amiral,

JEAN-FRANÇOIS REGNARD

Laissa pour monument une triste fontaine
Qui fait dire au passant que cet homme, en sa haine,
Qui du trône ébranlé soutint tout le fardeau,
Sut répandre le sang plus largement que l'eau,
S'élève une maison modeste et retirée,
Dont le chagrin surtout ne connaît point l'entrée.
L'œil voit d'abord ce mont dont les antres profonds
Fournissent à Paris l'honneur de ses plafonds,
Où de trente moulins les ailes étendues
M'apprennent chaque jour quel vent chasse les nues;
Le jardin est étroit; mais les yeux satisfaits
S'y promènent au loin sur de vastes marais.
C'est là qu'en mille endroits laissant errer ma vue
Je vois croître à plaisir l'oseille et la laitue;
C'est là que, dans son temps, des moissons d'artichauts
Du jardinier actif secondent les travaux,
Et que de champignons une couche voisine
Ne fait, quand il me plaît, qu'un saut dans ma cuisine;
Là, de Vertumne enfin les trésors précieux
Charment également et le goût et les yeux.

Dans ce logis pourtant humble et dont les tentures
Dans l'eau des Gobelins n'ont point pris leurs teintures,
Où Mansart de son art ne donna point les lois,
Sais-tu quel hôte, ami, j'ai reçu quelquefois?
Enghien, qui ne suivant que la gloire pour guide,
Vers l'immortalité prend un vol si rapide,
Et que Nerwinde a vu, par des faits inouïs,
Enchaîner la victoire aux drapeaux de Louis;
Ce prince, respecté moins par son rang suprême
Que par tant de vertus qu'il ne dut qu'à lui-même,
A fait plus d'une fois, fatigué de Marly,

JEAN-FRANÇOIS REGNARD

De ce simple séjour un autre Chantilly.
Conti, le grand Conti, que la gloire environne,
Plus orné par son nom que par une couronne,
Qui voit, de tous côtés, du peuple et des soldats
Et les cœurs et les yeux voler devant ses pas,
A qui Mars et l'Amour donnent, quand il commande,
De myrte et de laurier une double guirlande,
Dont l'esprit pénétrant, vif et plein de clarté,
Est un rayon sorti de la Divinité,
A daigné quelquefois, sans bruit, dans le silence,
Honorer le réduit de sa noble présence.
Ces héros, méprisant tout l'or de leurs buffets,
Contents d'un linge blanc et de verres bien nets,
Qui ne recevaient point la liqueur infidèle
Que Rousseau fit chez lui d'une main criminelle,
Ont souffert un repas simple et non préparé,
Où l'art des cuisiniers, sainement ignoré,
N'étalait point au goût la funeste élégance
De cent ragoûts divers que produit l'abondance,
Mais où le sel attique, à propos répandu,
Dédommageait assez d'un entremets perdu.

C'est à de tels repas que je te sollicite;
C'est dans cette maison où ma lettre t'invite.
Ma servante déjà, dans ses nobles transports,
A fait à deux chapons passer les sombres bords.
Ami, viens donc demain avant qu'il soit une heure.
Si le hasard te fait oublier ma demeure,
Ne va pas t'aviser, pour trouver ma maison,
Aux gens des environs d'aller nommer mon nom;
Depuis trois ans et plus, dans tout le voisinage,
On ne sait, grâce au ciel, mon nom ni mon visage.

JEAN-FRANÇOIS REGNARD

Mais demande d'abord où loge dans ces lieux
Un homme qui, poussé d'un désir curieux,
Dès ses plus jeunes ans sut percer où l'Aurore
Voit de ses premiers feux les peuples du Bosphore
Qui, parcourant le sein des infidèles mers,
Par le fier Ottoman se vit chargé de fers;
Qui prit, rompant sa chaîne, une nouvelle course
Vers les tristes Lapons que gèle et transit l'Ourse,
Et s'ouvrit un chemin jusqu'aux bords retirés
Où les feux du soleil sont six mois ignorés.
Mes voisins ont appris l'histoire de ma vie,
Dont mon valet causeur souvent les désennuie.
Demande-leur encore où loge en ces marais
Un magistrat qu'on voit rarement au palais;
Qui, revenant chez lui lorsque chacun sommeille,
Du bruit de ses chevaux bien souvent les réveille;
Chez qui l'on voit entrer, pour orner ses celliers,
Force quartauts de vin, et point de créanciers.
Si tu veux, cher ami, leur parler de la sorte,
Aucun ne manquera de te montrer ma porte:
C'est là qu'au premier coup tu verras accourir
Un valet diligent qui viendra pour t'ouvrir;
Tu seras aussitôt conduit dans une chambre
Où l'on brave à loisir les fureurs de décembre.
Déjà le feu dressé d'une prodigue main
S'allume en pétillant. Adieu jusqu'à demain.

JEAN-BAPTISTE ROUSSEAU

1671–†1741

Ode

POURQUOI, plaintive Philomèle,
Songer encore à vos malheurs,
Quand, pour apaiser vos douleurs,
Tout cherche à vous marquer son zèle?
L'univers, à votre retour,
Semble renaître pour vous plaire;
Les Dryades à votre amour
Prêtent leur ombre solitaire.
Loin de vous l'aquilon fougueux
Souffle sa piquante froidure;
La terre reprend sa verdure;
Le ciel brille des plus beaux feux:
Pour vous l'amante de Céphale
Enrichit Flore de ses pleurs;
Le zéphyr cueille sur les fleurs
Les parfums que la terre exhale.

Pour entendre vos doux accents
Les oiseaux cessent leur ramage;
Et le chasseur le plus sauvage
Respecte vos jours innocents.
Cependant votre âme, attendrie
Par un douloureux souvenir,
Des malheurs d'une sœur chérie
Semble toujours s'entretenir.
Hélas! que mes tristes pensées
M'offrent des maux bien plus cuisants!
Vous pleurez des peines passées;
Je pleure des ennuis présents;

Et quand la Nature attentive
Cherche à calmer vos déplaisirs
Il faut même que je me prive
De la douceur de mes soupirs.

197   *Ode tirée du Psaume XLVIII*
Sur l'aveuglement des hommes du siècle

QU'AUX accents de ma voix la terre se réveille;
Rois, soyez attentifs; peuples, ouvrez l'oreille:
Que l'univers se taise, et m'écoute parler.
Mes chants vont seconder les accords de ma lyre:
L'esprit saint me pénètre; il m'échauffe, et m'inspire
Les grandes vérités que je vais révéler.

L'homme en sa propre force a mis sa confiance;
Ivre de ses grandeurs et de son opulence,
L'éclat de sa fortune enfle sa vanité.
Mais, ô moment terrible, ô jour épouvantable,
Où la mort saisira ce fortuné coupable,
Tout chargé des liens de son iniquité!

Que deviendront alors, répondez, grands du monde,
Que deviendront ces biens où votre espoir se fonde,
Et dont vous étalez l'orgueilleuse moisson?
Sujets, amis, parents, tout deviendra stérile;
Et, dans ce jour fatal, l'homme à l'homme inutile
Ne paiera point à Dieu le prix de sa rançon.

Vous avez vu tomber les plus illustres têtes;
Et vous pourriez encore, insensés que vous êtes,
Ignorer le tribut que l'on doit à la mort?
Non, non, tout doit franchir ce terrible passage:

JEAN-BAPTISTE ROUSSEAU

Le riche et l'indigent, l'imprudent et le sage,
Sujets à même loi, subissent même sort.

D'avides étrangers, transportés d'allégresse,
Engloutissent déjà toute cette richesse,
Ces terres, ces palais de vos noms ennoblis.
Et que vous reste-t-il en ces moments suprêmes?
Un sépulcre funèbre, où vos noms, où vous-mêmes
Dans l'éternelle nuit serez ensevelis.

Les hommes, éblouis de leurs honneurs frivoles,
Et de leurs vains flatteurs écoutant les paroles,
Ont de ces vérités perdu le souvenir:
Pareils aux animaux farouches et stupides,
Les lois de leur instinct sont leurs uniques guides,
Et pour eux le présent paraît sans avenir.

Un précipice affreux devant eux se présente;
Mais toujours leur raison, soumise et complaisante,
Au-devant de leurs yeux met un voile imposteur.
Sous leurs pas cependant s'ouvrent les noirs abîmes,
Où la cruelle mort, les prenant pour victimes,
Frappe ces vils troupeaux, dont elle est le pasteur.

Là s'anéantiront ces titres magnifiques,
Ce pouvoir usurpé, ces ressorts politiques,
Dont le juste autrefois sentit le poids fatal:
Ce qui fit leur bonheur deviendra leur torture;
Et Dieu, de sa justice apaisant le murmure,
Livrera ces méchants au pouvoir infernal.

Justes, ne craignez point le vain pouvoir des hommes;
Quelque élevés qu'ils soient, ils sont ce que nous sommes:
Si vous êtes mortels, ils le sont comme vous.

JEAN-BAPTISTE ROUSSEAU

Nous avons beau vanter nos grandeurs passagères,
Il faut mêler sa cendre aux cendres de ses pères;
Et c'est le même Dieu qui nous jugera tous.

FRANÇOIS-MARIE AROUET DE VOLTAIRE

1694-†1778

198   *A Madame du Châtelet*

SI vous voulez que j'aime encore,
Rendez-moi l'âge des amours;
Au crépuscule de mes jours
Rejoignez, s'il se peut, l'aurore.

Des beaux lieux où le dieu du vin
Avec l'Amour tient son empire,
Le Temps, qui me prend par la main,
M'avertit que je me retire.

De son inflexible rigueur
Tirons au moins quelque avantage,
Qui n'a pas l'esprit de son âge
De son âge a tout le malheur.

Laissons à la belle jeunesse
Ses folâtres emportements:
Nous ne vivons que deux moments;
Qu'il en soit un pour la sagesse.

Quoi! pour toujours vous me fuyez,
Tendresse, illusion, folie,
Dons du ciel, qui me consoliez
Des amertumes de la vie!

F.-M. AROUET DE VOLTAIRE

On meurt deux fois, je le vois bien:
Cesser d'aimer et d'être aimable,
C'est une mort insupportable;
Cesser de vivre, ce n'est rien.

Ainsi je déplorais la perte
Des erreurs de mes premiers ans;
Et mon âme, aux désirs ouverte,
Regrettait ses égarements.

Du ciel alors daignant descendre,
L'Amitié vint à mon secours;
Elle était peut-être aussi tendre,
Mais moins vive que les Amours.

Touché de sa beauté nouvelle,
Et de sa lumière éclairé,
Je la suivis; mais je pleurai
De ne pouvoir plus suivre qu'elle.

Les Vous et les Tu

PHILIS, qu'est devenu ce temps
Où, dans un fiacre promenée,
Sans laquais, sans ajustements,
De tes grâces seules ornée,
Contente d'un mauvais soupé
Que tu changeais en ambroisie,
Tu te livrais, dans ta folie,
A l'amant heureux et trompé
Qui t'avait consacré sa vie?

F.-M. AROUET DE VOLTAIRE

Le ciel ne te donnait alors,
Pour tout rang et pour tous trésors,
Que les agréments de ton âge,
Un cœur tendre, un esprit volage,
Un sein d'albâtre, et de beaux yeux.
Avec tant d'attraits précieux,
Hélas! qui n'eût été friponne?
Tu le fus, objet gracieux;
Et (que l'Amour me le pardonne!)
Tu sais que je t'en aimais mieux.

  Ah, madame! que votre vie,
D'honneurs aujourd'hui si remplie,
Diffère de ces doux instants!
Ce large suisse à cheveux blancs,
Qui ment sans cesse à votre porte,
Philis, est l'image du Temps:
On dirait qu'il chasse l'escorte
Des tendres Amours et des Ris;
Sous vos magnifiques lambris
Ces enfants tremblent de paraître.
Hélas! je les ai vus jadis
Entrer chez toi par la fenêtre
Et se jouer dans ton taudis.

  Non, madame, tous ces tapis
Qu'a tissus la Savonnerie,
Ceux que les Persans ont ourdis,
Et toute votre orfèvrerie,
Et ces plats si chers que Germain
A gravés de sa main divine,
Et ces cabinets où Martin
A surpassé l'art de la Chine;
Vos vases japonais et blancs,

F.-M. AROUET DE VOLTAIRE

Toutes ces fragiles merveilles;
Ces deux lustres de diamants
Qui pendent à vos deux oreilles;
Ces riches carcans, ces colliers,
Et cette pompe enchanteresse,
Ne valent pas un des baisers
Que tu donnais dans ta jeunesse.

Épigrammes

200
i

DANCHET, si méprisé jadis,
Fait voir aux pauvres de génie
Qu'on peut gagner l'Académie
Comme on gagne le Paradis.

201
ii

(Sur un Christ habillé en Jésuite)

ADMIREZ l'artifice extrême
De ces moines industrieux;
Ils vous ont habillé comme eux,
Mon Dieu, de peur qu'on ne vous aime.

202
iii

(Inscription pour une statue de l'Amour)

QUI que tu sois, voici ton maître;
Il l'est, le fut, ou le doit être.

F.-M. AROUET DE VOLTAIRE

203   iv

(Épitaphe)

CI-GÎT dont la suprême loi
Fut de ne vivre que pour soi.
Passant, garde-toi de le suivre;
Car on pourrait dire de toi:
« Ci-gît qui ne dut jamais vivre. »

204   v

SAVEZ-VOUS pourquoi Jérémie
A tant pleuré pendant sa vie?
C'est qu'en prophète il prévoyait
Qu'un jour Lefranc le traduirait.

205   vi

*(Sur le portrait de Voltaire mis entre ceux de
La Beaumelle et de Fréron)*

LE JAY vient de mettre Voltaire
Entre La Beaumelle et Fréron:
Ce serait vraiment un Calvaire,
S'il s'y trouvait un bon larron.

206   vii

(A M. Grétry sur son opéra du « Jugement de Midas »)

LA Cour a dénigré tes chants,
Dont Paris a dit des merveilles.
Hélas! les oreilles des grands
Sont souvent de grandes oreilles.

F.-M. AROUET DE VOLTAIRE

viii

L'AUTRE jour, au fond d'un vallon,
Un serpent piqua Jean Fréron.
Que pensez-vous qu'il arriva?
Ce fut le serpent qui creva.

A Marmontel

MON très aimable successeur,
De la France historiographe,
Votre indigne prédécesseur
Attend de vous une épitaphe.
Au bout de quatre-vingts hivers
Dans mon obscurité profonde,
Enseveli dans mes déserts,
Je me tiens déjà mort au monde.
Mais sur le point d'être jeté
Au fond de la nuit éternelle,
Comme tant d'autres l'ont été,
Tout ce que je vois me rappelle
A ce monde que j'ai quitté.
Si vers le soir un triste orage
Vient ternir l'éclat d'un beau jour,
Je me souviens qu'à votre cour
Le vent change encor davantage.
Si mes paons de leur beau plumage
Me font admirer les couleurs,
Je crois voir nos jeunes seigneurs
Avec leur brillant étalage;
Et mes coqs d'Inde sont l'image
De leurs pesants imitateurs.
Puis-je voir mes troupeaux bêlants

F.-M. AROUET DE VOLTAIRE

Qu'un loup impunément dévore
Sans songer à des conquerants
Qui sont beaucoup plus loups encore?
Lorsque les chantres du printemps
Réjouissent de leurs accents
Mes jardins et mon toit rustique,
Lorsque mes sens en sont ravis,
On me soutient que leur musique
Cède aux bémols des Monsignis
Qu'on chante à l'Opéra-Comique.
Je lis cet éloge éloquent
Que Thomas a fait savamment
Des dames de Rome et d'Athène;
On me dit: «Partez promptement.
Venez sur les bords de la Seine,
Et vous en direz tout autant
Avec moins d'esprit et de peine.»
Ainsi, du monde détrompé,
Tout m'en parle, tout m'y ramène;
Serais-je un esclave échappé
Qui tient encore un bout de chaîne?
Non, je ne suis point faible assez
Pour regretter des jours stériles,
Perdus bien plutôt que passés
Parmi tant d'erreurs inutiles.
Adieu, faites de jolis riens,
Vous, encor dans l'âge de plaire,
Chantez Alonzo, Bélisaire.
Nos solides historiens
Sont des auteurs bien respectables;
Mais à vos chers concitoyens
Que faut-il, mon ami? des fables.

F.-M. AROUET DE VOLTAIRE

209 *A Horace*

J'AI déjà passé l'âge où ton grand protecteur,
Ayant joué son rôle en excellent acteur,
Et sentant que la Mort assiégeait sa vieillesse,
Voulut qu'on l'applaudît lorsqu'il finit sa pièce.
J'ai vécu plus que toi; mes vers dureront moins;
Mais au bord du tombeau je mettrai tous mes soins
A suivre les leçons de ta philosophie,
A mépriser la mort en savourant la vie,
A lire tes écrits pleins de grâce et de sens,
Comme on boit d'un vin vieux qui rajeunit les sens.

Avec toi l'on apprend à souffrir l'indigence,
A jouir sagement d'une honnête opulence,
A vivre avec soi-même, à servir ses amis,
A se moquer un peu de ses sots ennemis,
A sortir d'une vie ou triste ou fortunée
En rendant grâce aux dieux de nous l'avoir donnée.
Aussi, lorsque mon pouls inégal et pressé
Faisait peur à Tronchin, près de mon lit placé,
Quand la vieille Atropos, aux humains si sévère,
Approchait ses ciseaux de ma trame légère,
Il a vu de quel air je prenais mon congé;
Il sait si mon esprit, mon cœur, était changé.

210 *A Madame Lullin*

HÉ quoi! vous êtes étonnée
    Qu'au bout de quatre-vingts hivers
Ma muse faible et surannée
Puisse encor fredonner des vers?

F.-M. AROUET DE VOLTAIRE

Quelquefois un peu de verdure
Rit sous les glaçons de nos champs;
Elle console la nature,
Mais elle sèche en peu de temps.

Un oiseau peut se faire entendre
Après la saison des beaux jours;
Mais sa voix n'a plus rien de tendre;
Il ne chante plus ses amours.

Ainsi je touche encor ma lyre,
Qui n'obéit plus à mes doigts;
Ainsi j'essaye encor ma voix
Au moment même qu'elle expire.

« Je veux dans mes derniers adieux,
Disait Tibulle à son amante,
Attacher mes yeux sur tes yeux,
Te presser de ma main mourante. »

Mais quand on sent qu'on va passer,
Quand l'âme fuit avec la vie,
A-t-on des yeux pour voir Délie,
Et des mains pour la caresser?

Dans ce moment chacun oublie
Tout ce qu'il a fait en santé,
Quel mortel s'est jamais flatté
D'un rendez-vous à l'agonie?

Délie elle-même à son tour
S'en va dans la nuit éternelle,
En oubliant qu'elle fut belle,
Et qu'elle a vécu pour l'amour.

F.-M. AROUET DE VOLTAIRE

Nous naissons, nous vivons, bergère,
Nous mourons sans savoir comment:
Chacun est parti du néant:
Où va-t-il?... Dieu le sait, ma chère.

PONCE-DENIS ÉCOUCHARD LEBRUN
1729–†1807

211 *Arion*

QUEL est ce navire perfide
Où l'impitoyable Euménide
A soufflé d'horribles complots?
J'entends les cris d'une victime
Que la main sanglante du crime
Va précipiter dans les flots.

Arrêtez, pirates avares!
Durs nochers, que vos mains barbares
D'Arion respectent les jours!
Arrêtez! écoutez sa lyre:
Il chante! et du liquide empire
Un dauphin vole à son secours.

Il chante! et sa lyre fidèle
Du glaive qui brille autour d'elle
Charme les coups impétueux,
Tandis que le monstre en silence
Sous le demi-dieu qui s'élance
Courbe son flanc respectueux.

PONCE-DENIS ÉCOUCHARD LEBRUN

Le voilà, tel qu'un char docile,
Qui l'emporte d'un cours agile
Sur la plaine immense des mers !
Et du fond des grottes humides
Arion voit les Néréides
Courir en foule à ses concerts.

O merveilles de l'harmonie !
L'onde orageuse est aplanie,
Le ciel devient riant et pur,
Un doux calme enchaîne Borée,
Les palais flottants de Nérée
Brillent d'un immobile azur.

Jeune Arion, bannis la crainte ;
Aborde aux rives de Corinthe :
Périandre est digne de toi.
Minerve aime ce doux rivage ;
Et tes yeux y verront un sage
Assis sur le trône d'un roi.

212 *Sur une Dame Poète*

ÉGLÉ, belle et poète, a deux petits travers :
Elle fait son visage, et ne fait pas ses vers.

213 *Dialogue entre un pauvre Poète et l'Auteur*

ON vient de me voler ! — Que je plains ton malheur !
— Tous mes vers manuscrits ! — Que je plains le voleur !

JEAN-FRANÇOIS DUCIS
1733–†1816

A mes Pénates

PETITS dieux avec qui j'habite,
Compagnons de ma pauvreté,
Vous dont l'œil voit avec bonté
Mon fauteuil, mes chenets d'ermite,
Mon lit couleur de carmélite,
Et mon armoire de noyer,
O mes Pénates, mes dieux lares,
Chers protecteurs de mon foyer!
Si mes mains, pour vous fêtoyer,
De gâteaux ne sont point avares,
Si j'ai souvent versé pour vous
Le vin, le miel, un lait si doux,
Oh! veillez bien sur notre porte,
Sur nos gonds et sur nos verrous,
Non point par la peur des filous;
Car que voulez-vous qu'on m'emporte?
Je n'ai ni trésors ni bijoux,
Je peux voyager sans escorte.
Mes vœux sont courts: les voici tous:
Qu'un peu d'aisance entre chez nous,
Que jamais la vertu n'en sorte.
Mais n'en laissez point approcher
Tout front qui devrait se cacher,
Ces échappés de l'indigence
Que Plutus couvrit de ses dons,
Si surpris de leur opulence,
Si bas avec tant d'arrogance,
Si petits dans leurs grands salons.

JEAN-FRANÇOIS DUCIS

Que je n'ignore en sa misère
Cet aveugle errant sur la terre,
Sous le fardeau des ans pressé,
Jadis si grand par la victoire,
Maintenant puni de sa gloire,
Qu'un pauvre enfant déjà lassé,
Quand le jour est presque effacé,
Conduit, pieds nus, pendant l'orage,
Quêtant pour lui sur son passage,
Dans son casque ou sa faible main,
Avec les grâces de son âge,
De quoi ne pas mourir de faim !
O mes doux Pénates d'argile,
Attirez-les sous mon asile !
S'il est des cœurs faux, dangereux,
Soyez de fer, d'acier, pour eux;
Mais qu'un sot vienne à m'apparaître,
Exaucez ma prière, ô dieux:
Fermez vite et porte et fenêtre !
Après m'avoir sauvé du traître,
Défendez-moi de l'ennuyeux.

NICOLAS-LAURENT-JOSEPH GILBERT
1751–†1780

215 *Adieux à la vie*

J'AI révélé mon cœur au Dieu de l'innocence;
  Il a vu mes pleurs pénitents;
Il guérit mes remords, il m'arme de constance:
  Les malheureux sont ses enfants.

NICOLAS-LAURENT-JOSEPH GILBERT

Mes ennemis, riant, ont dit dans leur colère:
    «Qu'il meure, et sa gloire avec lui!»
Mais à mon cœur calmé le Seigneur dit en père:
    «Leur haine sera ton appui.

«A tes plus chers amis ils ont prêté leur rage:
    Tout trompe ta simplicité;
Celui que tu nourris court vendre ton image,
    Noire de sa méchanceté.

«Mais Dieu t'entend gémir, Dieu vers qui te ramène
    Un vrai remords né des douleurs,
Dieu qui pardonne enfin à la nature humaine
    D'être faible dans les malheurs.

«J'éveillerai pour toi la pitié, la justice
    De l'incorruptible avenir;
Eux-même épureront, par leur long artifice,
    Ton honneur qu'ils pensent ternir.»

Soyez béni, mon Dieu, vous qui daignez me rendre
    L'innocence et son noble orgueil,
Vous qui, pour protéger le repos de ma cendre,
    Veillerez près de mon cercueil!

Au banquet de la vie, infortuné convive,
    J'apparus un jour, et je meurs;
Je meurs, et sur ma tombe, où lentement j'arrive,
    Nul ne viendra verser des pleurs.

Salut, champs que j'aimais! et vous, douce verdure!
    Et vous, riant exil des bois!
Ciel, pavillon de l'homme, admirable nature,
    Salut pour la dernière fois!

NICOLAS-LAURENT-JOSEPH GILBERT

Ah! puissent voir longtemps votre beauté sacrée
    Tant d'amis sourds à mes adieux!
Qu'ils meurent pleins de jours, que leur mort soit pleurée,
    Qu'un ami leur ferme les yeux!

ÉVARISTE DE PARNY
1753–†1814

216   *Sur la mort d'une jeune fille*

SON âge échappait à l'enfance;
Riante comme l'innocence,
Elle avait les traits de l'Amour.
Quelques mois, quelques jours encore,
Dans ce cœur pur et sans détour
Le sentiment allait éclore.
Mais le ciel avait au trépas
Condamné ses jeunes appas.
Au ciel elle a rendu sa vie,
Et doucement s'est endormie
Sans murmurer contre ses lois.
Ainsi le sourire s'efface;
Ainsi meurt, sans laisser de trace,
Le chant d'un oiseau dans les bois.

JEAN-PIERRE CLARIS DE FLORIAN
1755–†1794

217   *Le Philosophe et le Chat-huant*

PERSÉCUTÉ, proscrit, chassé de son asile,
    Pour avoir appelé les choses par leur nom,
Un pauvre philosophe errait de ville en ville,
    Emportant avec lui tous ses biens, sa raison.

JEAN-PIERRE CLARIS DE FLORIAN

Un jour qu'il méditait sur le fruit de ses veilles,
(C'était dans un grand bois,) il voit un chat-huant
    Entouré de geais, de corneilles,
    Qui le harcelaient en criant:
    «C'est un coquin! c'est un impie,
    Un ennemi de la patrie!
Il faut le plumer vif: oui, oui, plumons, plumons!
    Ensuite nous le jugerons.»
Et tous fondaient sur lui: la malheureuse bête,
Tournant et retournant sa bonne et grosse tête,
Leur disait, mais en vain, d'excellentes raisons.
Touché de son malheur, car la philosophie
    Nous rend plus doux et plus humains,
Notre sage fait fuir la cohorte ennemie,
Puis dit au chat-huant: «Pourquoi ces assassins
    En voulaient-ils à votre vie?
Que leur avez-vous fait?» L'oiseau lui répondit:
«Rien du tout. Mon seul crime est d'y voir clair la nuit.»

218   *Le Roi de Perse*

UN roi de Perse, certain jour,
    Chassait avec toute sa cour.
Il eut soif, et dans cette plaine
On ne trouvait point de fontaine.
Près de là seulement était un grand jardin
Rempli de beaux cédrats, d'oranges, de raisin:
    «A Dieu ne plaise que j'en mange!
Dit le roi; ce jardin courrait trop de danger:
Si je me permettais d'y cueillir une orange,
Mes vizirs aussitôt mangeraient le verger.»

JEAN-PIERRE CLARIS DE FLORIAN

Le Phénix

LE Phénix, venant d'Arabie,
Dans nos bois parut un beau jour:
Grand bruit chez les oiseaux, leur troupe réunie
    Vole pour lui faire sa cour.
    Chacun l'observe, l'examine:
Son plumage, sa voix, son chant mélodieux,
    Tout est beauté, grâce divine,
    Tout charme l'oreille et les yeux.
Pour la première fois on vit céder l'envie
Au besoin de louer et d'aimer son vainqueur.
Le rossignol disait: «Jamais tant de douceur
    N'enchanta mon âme ravie.
— Jamais, disait le paon, de plus belles couleurs
    N'ont eu cet éclat que j'admire:
Il éblouit mes yeux et toujours les attire.»
Les autres répétaient ces éloges flatteurs,
    Vantaient le privilège unique
De ce roi des oiseaux, de cet enfant du ciel,
Qui, vieux, sur un bûcher de cèdre aromatique
Se consume lui-même et renaît immortel.
Pendant tous ces discours, la seule tourterelle,
    Sans rien dire, fit un soupir.
    Son époux, la poussant de l'aile,
    Lui demande d'où peut venir
    Sa rêverie et sa tristesse:
«De cet heureux oiseau désires-tu le sort?
    — Moi! mon ami, je le plains fort:
    Il est le seul de son espèce.»

ANDRÉ CHÉNIER

La Jeune Tarentine

PLEUREZ, doux alcyons, ô vous, oiseaux sacrés,
Oiseaux chers à Thétis, doux alcyons, pleurez.
Elle a vécu, Myrto, la jeune Tarentine!
Un vaisseau la portait aux bords de Camarine.
Là l'hymen, les chansons, les flûtes, lentement
Devaient la reconduire au seuil de son amant.
Une clef vigilante a pour cette journée
Dans le cèdre enfermé sa robe d'hyménée
Et l'or dont au festin ses bras seraient parés
Et pour ses blonds cheveux les parfums préparés.
Mais, seule sur la proue, invoquant les étoiles,
Le vent impétueux qui soufflait dans les voiles
L'enveloppe. Étonnée, et loin des matelots,
Elle crie, elle tombe, elle est au sein des flots.
Elle est au sein des flots, la jeune Tarentine.
Son beau corps a roulé sous la vague marine.
Thétis, les yeux en pleurs, dans le creux d'un rocher
Aux monstres dévorants eut soin de le cacher.
Par ses ordres bientôt les belles Néréides
L'élèvent au-dessus des demeures humides,
Le portent au rivage, et dans ce monument
L'ont au cap du Zéphyr déposé mollement.
Puis de loin à grands cris appelant leurs compagnes,
Et les Nymphes des bois, des sources, des montagnes,
Toutes, frappant leur sein et traînant un long deuil,
Répétèrent: «Hélas!» autour de son cercueil.
Hélas! chez ton amant tu n'es point ramenée.
Tu n'as point revêtu ta robe d'hyménée.
L'or autour de tes bras n'a point serré de nœuds.
Les doux parfums n'ont point coulé sur tes cheveux.

ANDRÉ CHÉNIER

221 *Clytie*

MES mânes à Clytie. «Adieu, Clytie, adieu.
Est-ce toi dont les pas ont visité ce lieu?
Parle, est-ce toi, Clytie, ou dois-je attendre encore?
Ah! si tu ne viens pas seule, ici, chaque aurore,
Rêver au peu de jours où je vivais pour toi,
Voir cette ombre qui t'aime et parler avec moi,
D'Élysée à mon cœur la paix devient amère
Et la terre à mes os ne sera plus légère.
Chaque fois qu'en ces lieux un air frais au matin
Vient caresser ta bouche et voler sur ton sein,
Pleure, pleure, c'est moi. Pleure, fille adorée,
C'est mon âme qui fuit sa demeure sacrée
Et sur ta bouche encore aime à se reposer.
Pleure, ouvre-lui tes bras et rends-lui son baiser.»

222 *La Mort d'Hercule*

ŒTA, mont ennobli par cette nuit ardente,
Quand l'infidèle époux d'une épouse imprudente
Reçut de son amour un présent trop jaloux,
Victime du Centaure immolé par ses coups.
Il brise tes forêts. Ta cime épaisse et sombre
En un bûcher immense amoncelle sans nombre
Les sapins résineux que son bras a ployés.
Il y porte la flamme. Il monte; sous ses pieds
Étend du vieux lion la dépouille héroïque,
Et l'œil au ciel, la main sur la massue antique,
Attend sa récompense et l'heure d'être un Dieu.
Le vent souffle et mugit. Le bûcher tout en feu
Brille autour du héros; et la flamme rapide
Porte aux palais divins l'âme du grand Alcide!

223 *J'étais un faible enfant...*

J'ÉTAIS un faible enfant qu'elle était grande et belle.
Elle me souriait et m'appelait près d'elle.
Debout sur ses genoux, mon innocente main
Parcourait ses cheveux, son visage, son sein,
Et sa main quelquefois, aimable et caressante,
Feignait de châtier mon enfance imprudente.
C'est devant ses amants, auprès d'elle confus,
Que la fière beauté me caressait le plus.
Que de fois (mais, hélas! que sent-on à cet âge?)
Les baisers de sa bouche ont pressé mon visage!
Et les bergers disaient, me voyant triomphant:
«Oh! que de biens perdus! ô trop heureux enfant!»

224 *La Flûte*

TOUJOURS ce souvenir m'attendrit et me touche,
Quand lui-même appliquant la flûte sur ma bouche,
Riant et m'asseyant sur lui, près de son cœur,
M'appelait son rival et déjà son vainqueur.
Il façonnait ma lèvre inhabile et peu sûre
A souffler une haleine harmonieuse et pure;
Et ses savantes mains prenaient mes jeunes doigts,
Les levaient, les baissaient, recommençaient vingt fois,
Leur enseignant ainsi, quoique faibles encore,
A fermer tour à tour les trous du buis sonore.

225 *L'Aveugle*

«DIEU, dont l'arc est d'argent, Dieu de Claros, écoute,
O Sminthée-Apollon, je périrai sans doute,
Si tu ne sers de guide à cet aveugle errant.»
C'est ainsi qu'achevait l'aveugle en soupirant,

ANDRÉ CHÉNIER

Et près des bois marchait, faible, et sur une pierre
S'asseyait. Trois pasteurs, enfants de cette terre,
Le suivaient, accourus aux abois turbulents
Des molosses, gardiens de leurs troupeaux bêlants.
Ils avaient, retenant leur fureur indiscrète,
Protégé du vieillard la faiblesse inquiète;
Ils l'écoutaient de loin; et s'approchant de lui:
«Quel est ce vieillard blanc, aveugle et sans appui?
Serait-ce un habitant de l'empire céleste?
Ses traits sont grands et fiers; de sa ceinture agreste
Pend une lyre informe, et les sons de sa voix
Émeuvent l'air et l'onde et le ciel et les bois.»

Mais il entend leurs pas, prête l'oreille, espère,
Se trouble, et tend déjà les mains à la prière.
«Ne crains point, disent-ils, malheureux étranger;
(Si plutôt, sous un corps terrestre et passager,
Tu n'es point quelque Dieu protecteur de la Grèce,
Tant une grâce auguste ennoblit ta vieillesse!)
Si tu n'es qu'un mortel, vieillard infortuné,
Les humains, près de qui les flots t'ont amené,
Aux mortels malheureux n'apportent point d'injures.
Les destins n'ont jamais de faveurs qui soient pures.
Ta voix noble et touchante est un bienfait des Dieux;
Mais aux clartés du jour ils ont fermé tes yeux.

— Enfants, car votre voix est enfantine et tendre,
Vos discours sont prudents, plus qu'on n'eût dû l'attendre;
Mais toujours soupçonneux, l'indigent étranger
Croit qu'on rit de ses maux et qu'on veut l'outrager.
Ne me comparez point à la troupe immortelle:
Ces rides, ces cheveux, cette nuit éternelle,

ANDRÉ CHÉNIER

Voyez; est-ce le front d'un habitant des cieux?
Je ne suis qu'un mortel, un des plus malheureux!
Si vous en savez un pauvre, errant, misérable,
C'est à celui-là seul que je suis comparable;
Et pourtant je n'ai point, comme fit Thamyris,
Des chansons à Phébus voulu ravir le prix;
Ni, livré comme Œdipe à la noire Euménide,
Je n'ai puni sur moi l'inceste parricide;
Mais les Dieux tout-puissants gardaient à mon déclin
Les ténèbres, l'exil, l'indigence et la faim.

— Prends; et puisse bientôt changer ta destinée!»
Disent-ils. Et tirant ce que, pour leur journée,
Tient la peau d'une chèvre aux crins noirs et luisants,
Ils versent à l'envi, sur ses genoux pesants,
Le pain de pur froment, les olives huileuses,
Le fromage et l'amande, et les figues mielleuses,
Et du pain à son chien entre ses pieds gisant,
Tout hors d'haleine encore, humide et languissant,
Qui, malgré les rameurs, se lançant à la nage,
L'avait loin du vaisseau rejoint sur le rivage.

«Le sort, dit le vieillard, n'est pas toujours de fer.
Je vous salue, enfants venus de Jupiter.
Heureux sont les parents qui tels vous firent naître!
Mais venez, que mes mains cherchent à vous connaître;
Je crois avoir des yeux. Vous êtes beaux tous trois.
Vos visages sont doux, car douce est votre voix.
Qu'aimable est la vertu que la grâce environne!
Croissez, comme j'ai vu ce palmier de Latone,
Alors qu'ayant des yeux je traversai les flots:
Car jadis, abordant à la sainte Délos,

ANDRÉ CHÉNIER

Je vis près d'Apollon, à son autel de pierre,
Un palmier, don du ciel, merveille de la terre.
Vous croîtrez, comme lui, grands, féconds, révérés,
Puisque les malheureux sont par vous honorés.
Le plus âgé de vous aura vu treize années:
A peine, mes enfants, vos mères étaient nées,
Que j'étais presque vieux. Assieds-toi près de moi,
Toi, le plus grand de tous; je me confie à toi.
Prends soin du vieil aveugle. — O sage magnanime!
Comment, et d'où viens-tu? car l'onde maritime
Mugit de toutes parts sur nos bords orageux.

— Des marchands de Cymé m'avaient pris avec eux.
J'allais voir, m'éloignant des rives de Carie,
Si la Grèce pour moi n'aurait point de patrie,
Et des Dieux moins jaloux et de moins tristes jours;
Car jusques à la mort nous espérons toujours.
Mais pauvre, et n'ayant rien pour payer mon passage,
Ils m'ont, je ne sais où, jeté sur le rivage.

— Harmonieux vieillard, tu n'as donc point chanté?
Quelques sons de ta voix auraient tout acheté.

— Enfants, du rossignol la voix pure et légère
N'a jamais apaisé le vautour sanguinaire,
Et les riches grossiers, avares, insolents,
N'ont pas une âme ouverte à sentir les talents.
Guidé par ce bâton, sur l'arène glissante,
Seul, en silence, au bord de l'onde mugissante,
J'allais; et j'écoutais le bêlement lointain
De troupeaux agitant leurs sonnettes d'airain.
Puis j'ai pris cette lyre, et les cordes mobiles
Ont encore résonné sous mes vieux doigts débiles.

ANDRÉ CHÉNIER

Je voulais des grands Dieux implorer la bonté,
Et surtout Jupiter, Dieu d'hospitalité :
Lorsque d'énormes chiens à la voix formidable
Sont venus m'assaillir ; et j'étais misérable,
Si vous (car c'était vous), avant qu'ils m'eussent pris,
N'eussiez armé pour moi les pierres et les cris.

— Mon père, il est donc vrai : tout est devenu pire ?
Car jadis, aux accents d'une éloquente lyre,
Les tigres et les loups, vaincus, humiliés,
D'un chanteur comme toi vinrent baiser les pieds.

— Les barbares ! J'étais assis près de la poupe.
Aveugle vagabond, dit l'insolente troupe,
Chante ; si ton esprit n'est point comme tes yeux,
Amuse notre ennui ; tu rendras grâce aux Dieux.
J'ai fait taire mon cœur qui voulait les confondre ;
Ma bouche ne s'est point ouverte à leur répondre.
Ils n'ont pas entendu ma voix, et sous ma main
J'ai retenu le Dieu courroucé dans mon sein.
Cymé, puisque tes fils dédaignent Mnémosyne,
Puisqu'ils ont fait outrage à la muse divine,
Que leur vie et leur mort s'éteignent dans l'oubli ;
Que ton nom dans la nuit demeure enseveli.

— Viens, suis-nous à la ville ; elle est toute voisine,
Et chérit les amis de la muse divine.
Un siège aux clous d'argent te place à nos festins ;
Et là les mets choisis, le miel et les bons vins,
Sous la colonne où pend une lyre d'ivoire,
Te feront de tes maux oublier la mémoire.
Et si, dans le chemin, rhapsode ingénieux,

ANDRÉ CHÉNIER

Tu veux nous accorder tes chants dignes des cieux,
Nous dirons qu'Apollon, pour charmer les oreilles,
T'a lui-même dicté de si douces merveilles.

— Oui, je le veux; marchons. Mais où m'entraînez-vous?
Enfants du vieil aveugle, en quel lieu sommes-nous?
— Syros est l'île heureuse où nous vivons, mon père.
— Salut, belle Syros, deux fois hospitalière !
Car sur ses bords heureux je suis déjà venu.
Amis, je la connais. Vos pères m'ont connu:
Ils croissaient comme vous; mes yeux s'ouvraient encore
Au soleil, au printemps, aux roses de l'aurore;
J'étais jeune et vaillant. Aux danses des guerriers,
A la course, aux combats, j'ai paru des premiers.
J'ai vu Corinthe, Argos, et Crète, et les cent villes,
Et du fleuve Ægyptus les rivages fertiles;
Mais la terre et la mer, et l'âge et les malheurs,
Ont épuisé ce corps fatigué de douleurs.
La voix me reste. Ainsi la cigale innocente,
Sur un arbuste assise, et se console et chante.
Commençons par les Dieux: Souverain Jupiter;
Soleil qui vois, entends, connais tout; et toi, mer,
Fleuves, terre, et noirs Dieux des vengeances trop lentes,
Salut ! Venez à moi, de l'Olympe habitantes,
Muses ! vous savez tout, vous Déesses; et nous,
Mortels, ne savons rien qui ne vienne de vous.»

Il poursuit; et déjà les antiques ombrages
Mollement en cadence inclinaient leurs feuillages;
Et pâtres oubliant leur troupeau délaissé,
Et voyageurs quittant leur chemin commencé,
Couraient; il les entend, près de son jeune guide,

ANDRÉ CHÉNIER

L'un sur l'autre pressés tendre une oreille avide;
Et Nymphes et Sylvains sortaient pour l'admirer,
Et l'écoutaient en foule, et n'osaient respirer;
Car en de longs détours de chansons vagabondes
Il enchaînait de tout les semences fécondes,
Les principes du feu, les eaux, la terre et l'air,
Les fleuves descendus du sein de Jupiter,
Les oracles, les arts, les cités fraternelles,
Et depuis le chaos les amours immortelles.
D'abord le roi divin, et l'Olympe et les cieux
Et le monde, ébranlés d'un signe de ses yeux;
Et les Dieux partagés en une immense guerre,
Et le sang plus qu'humain venant rougir la terre,
Et les rois assemblés, et sous les pieds guerriers,
Une nuit de poussière, et les chars meurtriers;
Et les héros armés, brillant dans les campagnes
Comme un vaste incendie aux cimes des montagnes;
Les coursiers hérissant leur crinière à longs flots,
Et d'une voix humaine excitant les héros;
De là, portant ses pas dans les paisibles villes,
Les lois, les orateurs, les récoltes fertiles;
Mais bientôt de soldats les remparts entourés,
Les victimes tombant dans les parvis sacrés,
Et les assauts mortels aux épouses plaintives,
Et les mères en deuil et les filles captives;
Puis aussi les moissons joyeuses, les troupeaux
Bêlants ou mugissants, les rustiques pipeaux,
Les chansons, les festins, les vendanges bruyantes,
Et la flûte et la lyre, et les notes dansantes;
Puis, déchaînant les vents à soulever les mers,
Il perdait les nochers sur les gouffres amers.
De là, dans le sein frais d'une roche azurée,

En foule il appelait les filles de Nérée,
Qui bientôt, à ses cris, s'élevant sur les eaux,
Aux rivages troyens parcouraient les vaisseaux;
Puis il ouvrait du Styx la rive criminelle,
Et puis les demi-dieux et les champs d'asphodèle,
Et la foule des morts; vieillards seuls et souffrants,
Jeunes gens emportés aux yeux de leurs parents,
Enfants dont au berceau la vie est terminée,
Vierges dont le trépas suspendit l'hyménée.
Mais, ô bois, ô ruisseaux, ô monts, ô durs cailloux,
Quels doux frémissements vous agitèrent tous,
Quand bientôt à Lemnos, sur l'enclume divine,
Il forgeait cette trame irrésistible et fine
Autant que d'Arachné les pièges inconnus,
Et dans ce fer mobile emprisonnait Vénus!
Et quand il revêtit d'une pierre soudaine
La fière Niobé, cette mère thébaine,
Et quand il répétait en accents de douleurs
De la triste Aédon l'imprudence et les pleurs,
Qui, d'un fils méconnu marâtre involontaire,
Vola, doux rossignol, sous le bois solitaire;
Ensuite, avec le vin, il versait aux héros
Le puissant népenthès, oubli de tous les maux;
Il cueillait le moly, fleur qui rend l'homme sage;
Du paisible lotos il mêlait le breuvage.
Les mortels oubliaient, à ce philtre charmés,
Et la douce patrie et les parents aimés.
Enfin l'Ossa, l'Olympe, et les bois du Pénée
Voyaient ensanglanter les banquets d'hyménée,
Quand Thésée, au milieu de la joie et du vin,
La nuit où son ami reçut à son festin
Le peuple monstrueux des enfants de la nue,

ANDRÉ CHÉNIER

Fut contraint d'arracher l'épouse demi-nue
Au bras ivre et nerveux du sauvage Eurytus.
Soudain, le glaive en main, l'ardent Pirithoüs:
« Attends; il faut ici que mon affront s'expie,
Traître ! » Mais avant lui, sur le Centaure impie,
Dryas a fait tomber, avec tous ses rameaux,
Un long arbre de fer hérissé de flambeaux.
L'insolent quadrupède en vain s'écrie, il tombe,
Et son pied bat le sol qui doit être sa tombe.
Sous l'effort de Nessus, la table du repas
Roule, écrase Cymèle, Évagre, Périphas.
Pirithoüs égorge Antimaque, et Pétrée,
Et Cyllare aux pieds blancs, et le noir Macarée,
Qui de trois fiers lions, dépouillés par sa main,
Couvrait ses quatre flancs, armait son double sein.
Courbé, levant un roc choisi pour leur vengeance,
Tout à coup, sous l'airain d'un vase antique, immense,
L'imprudent Bianor, par Hercule surpris,
Sent de sa tête énorme éclater les débris;
Hercule et sa massue entassent en trophée
Clanis, Démoléon, Lycothas, et Riphée
Qui portait, sur ses crins de taches colorés,
L'héréditaire éclat des nuages dorés.
Mais d'un double combat Eurynome est avide;
Car ses pieds agités en un cercle rapide
Battant à coups pressés l'armure de Nestor,
Le quadrupède Hélops fuit. L'agile Crantor,
Le bras levé, l'atteint. Eurynome l'arrête:
D'un érable noueux il va fendre sa tête:
Lorsque le fils d'Égée, invincible, sanglant,
L'aperçoit, à l'autel prend un chêne brûlant,
Sur sa croupe indomptée, avec un cri terrible,

S'élance, va saisir sa chevelure horrible,
L'entraîne, et quand sa bouche, ouverte avec effort,
Crie, il y plonge ensemble et la flamme et la mort.
L'autel est dépouillé. Tous vont s'armer de flamme,
Et le bois porte aux cieux des hurlements de femme,
L'ongle frappant la terre, et les guerriers meurtris,
Et les vases brisés, et l'injure, et les cris.

Ainsi le grand vieillard, en images hardies,
Déployait le tissu des saintes mélodies.
Les trois enfants, émus à son auguste aspect,
Admiraient, d'un regard de joie et de respect,
De sa bouche abonder les paroles divines,
Comme en hiver la neige aux sommets des collines.
Et partout accourus, dansant sur son chemin,
Hommes, femmes, enfants, les rameaux à la main,
Et vierges et guerriers, jeunes fleurs de la ville,
Chantaient: « Viens dans nos murs, viens habiter notre île;
Viens, prophète éloquent, aveugle harmonieux,
Convive du nectar, disciple aimé des Dieux;
Des jeux, tous les cinq ans, rendront saint et prospère
Le jour où nous avons reçu le grand HOMÈRE. »

226   *Sur la mort d'un enfant*

L'INNOCENTE victime, au terrestre séjour,
N'a vu que le printemps qui lui donna le jour.
Rien n'est resté de lui qu'un nom, un vain nuage,
Un souvenir, un songe, une invisible image.
Adieu, fragile enfant échappé de nos bras;
Adieu, dans la maison d'où l'on ne revient pas.
Nous ne te verrons plus, quand de moissons couverte
La campagne d'été rend la ville déserte;

ANDRÉ CHÉNIER

Dans l'enclos paternel nous ne te verrons plus,
De tes pieds, de tes mains, de tes flancs demi-nus,
Presser l'herbe et les fleurs dont les Nymphes de Seine
Couronnent tous les ans les coteaux de Lucienne.
L'axe de l'humble char à tes jeux destiné,
Par de fidèles mains avec toi promené,
Ne sillonnera plus les prés et le rivage.
Tes regards, ton murmure, obscur et doux langage,
N'inquièteront plus nos soins officieux;
Nous ne recevrons plus avec des cris joyeux
Les efforts impuissants de ta bouche vermeille
A bégayer les sons offerts à ton oreille.
Adieu, dans la demeure où nous nous suivrons tous,
Où ta mère déjà tourne ses yeux jaloux.

227 *A Charlotte Corday*

QUOI! tandis que partout, ou sincères ou feintes,
   Des lâches, des pervers, les larmes et les plaintes
Consacrent leur Marat parmi les immortels;
Et que, prêtre orgueilleux de cette idole vile,
Des fanges du Parnasse un impudent reptile
Vomit un hymne infâme au pied de ses autels;

La vérité se tait! Dans sa bouche glacée,
Des liens de la peur sa langue embarrassée
Dérobe un juste hommage aux exploits glorieux!
Vivre est-il donc si doux? De quel prix est la vie,
Quand, sous un joug honteux la pensée asservie,
Tremblante, au fond du cœur se cache à tous les yeux?

Non, non. Je ne veux point t'honorer en silence,
Toi qui crus par ta mort ressusciter la France,

ANDRÉ CHÉNIER

Et dévouas tes jours à punir des forfaits.
Le glaive arma ton bras, fille grande et sublime,
Pour faire honte aux Dieux, pour réparer leur crime,
Quand d'un homme à ce monstre ils donnèrent les traits.

Le noir serpent, sorti de sa caverne impure,
A donc vu rompre enfin sous ta main ferme et sûre
Le venimeux tissu de ses jours abhorrés !
Aux entrailles du tigre, à ses dents homicides,
Tu vins redemander et les membres livides
Et le sang des humains qu'il avait dévorés !

Son œil mourant t'a vue, en ta superbe joie,
Féliciter ton bras et contempler ta proie.
Ton regard lui disait: « Va, tyran furieux,
Va, cours frayer la route aux tyrans tes complices.
Te baigner dans le sang fut tes seules délices;
Baigne-toi dans le tien et reconnais des Dieux. »

La Grèce, ô fille illustre, admirant ton courage,
Épuiserait Paros pour placer ton image
Auprès d'Harmodius, auprès de son ami;
Et des chœurs sur ta tombe, en une sainte ivresse,
Chanteraient Némésis, la tardive Déesse,
Qui frappe le méchant sur son trône endormi.

Mais la France à la hache abandonne ta tête.
C'est au monstre égorgé qu'on prépare une fête
Parmi ses compagnons, tous dignes de son sort.
Oh ! quel noble dédain fit sourire ta bouche
Quand un brigand, vengeur de ce brigand farouche,
Crut te faire pâlir aux menaces de mort !

ANDRÉ CHÉNIER

C'est lui qui dut pâlir; et tes juges sinistres,
Et notre affreux sénat et ses affreux ministres,
Quand, à leur tribunal, sans crainte et sans appui,
Ta douceur, ton langage et simple et magnanime,
Leur apprit qu'en effet, tout puissant qu'est le crime,
Qui renonce à la vie est plus puissant que lui.

Longtemps, sous les dehors d'une allégresse aimable,
Dans ses détours profonds ton âme impénétrable
Avait tenu cachés les destins du pervers.
Ainsi, dans le secret amassant la tempête,
Rit un beau ciel d'azur, qui cependant s'apprête
A foudroyer les monts, à soulever les mers.

Belle, jeune, brillante, aux bourreaux amenée,
Tu semblais t'avancer sur le char d'hyménée.
Ton front resta paisible et ton regard serein.
Calme sur l'échafaud, tu méprisas la rage
D'un peuple abject, servile et fécond en outrage,
Et qui se croit encore et libre et souverain.

La vertu seule est libre. Honneur de notre histoire,
Notre immortel opprobre y vit avec ta gloire;
Seule, tu fus un homme et vengeas les humains !
Et nous, eunuques vils, troupeau lâche et sans âme,
Nous savons répéter quelques plaintes de femme,
Mais le fer pèserait à nos débiles mains.

Non; tu ne pensais pas qu'aux mânes de la France
Un seul traître immolé suffît à ta vengeance,
Ou tirât du chaos ses débris dispersés.
Tu voulais, enflammant les courages timides,
Réveiller les poignards sur tous ces parricides,
De rapines, de sang, d'infamie engraissés.

Un scélérat de moins rampe dans cette fange.
La vertu t'applaudit. De sa mâle louange
Entends, belle héroïne, entends l'auguste voix.
O Vertu, le poignard, seul espoir de la terre,
Est ton arme sacrée, alors que le tonnerre
Laisse régner le crime, et te vend à ses lois.

228 *La Jeune Captive*

« L'ÉPI naissant mûrit de la faux respecté ;
Sans crainte du pressoir, le pampre tout l'été
    Boit les doux présents de l'aurore ;
Et moi, comme lui belle, et jeune comme lui,
Quoi que l'heure présente ait de trouble et d'ennui,
    Je ne veux point mourir encore.

« Qu'un stoïque aux yeux secs vole embrasser la mort :
Moi je pleure et j'espère. Au noir souffle du nord
    Je plie et relève ma tête.
S'il est des jours amers, il en est de si doux !
Hélas ! quel miel jamais n'a laissé de dégoûts ?
    Quelle mer n'a point de tempête ?

« L'illusion féconde habite dans mon sein.
D'une prison sur moi les murs pèsent en vain,
    J'ai les ailes de l'espérance.
Échappée aux réseaux de l'oiseleur cruel,
Plus vive, plus heureuse, aux campagnes du ciel
    Philomèle chante et s'élance.

« Est-ce à moi de mourir ? Tranquille je m'endors,
Et tranquille je veille ; et ma veille aux remords
    Ni mon sommeil ne sont en proie.

ANDRÉ CHÉNIER

Ma bienvenue au jour me rit dans tous les yeux;
Sur des fronts abattus, mon aspect dans ces lieux
  Ranime presque de la joie.

« Mon beau voyage encore est si loin de sa fin!
Je pars, et des ormeaux qui bordent le chemin
  J'ai passé les premiers à peine.
Au banquet de la vie à peine commencé,
Un instant seulement mes lèvres ont pressé
  La coupe en mes mains encor pleine.

« Je ne suis qu'au printemps. Je veux voir la moisson,
Et comme le soleil, de saison en saison,
  Je veux achever mon année.
Brillante sur ma tige et l'honneur du jardin,
Je n'ai vu luire encor que les feux du matin;
  Je veux achever ma journée.

« O mort! tu peux attendre; éloigne, éloigne-toi;
Va consoler les cœurs que la honte, l'effroi,
  Le pâle désespoir dévore.
Pour moi Palès encore a des asiles verts,
Les Amours des baisers, les Muses des concerts,
  Je ne veux point mourir encore. »

Ainsi, triste et captif, ma lyre toutefois
S'éveillait, écoutant ces plaintes, cette voix,
  Ces vœux d'une jeune captive;
Et, secouant le faix de mes jours languissants,
Aux douces lois des vers je pliais les accents
  De sa bouche aimable et naïve.

Ces chants, de ma prison témoins harmonieux,
Feront à quelque amant des loisirs studieux
    Chercher quelle fut cette belle:
La grâce décorait son front et ses discours,
Et comme elle craindront de voir finir leurs jours
    Ceux qui les passeront près d'elle.

229   *Saint-Lazare*

COMME un dernier rayon, comme un dernier zéphyre
    Animent la fin d'un beau jour,
Au pied de l'échafaud j'essaye encor ma lyre.
    Peut-être est-ce bientôt mon tour.
Peut-être avant que l'heure en cercle promenée
    Ait posé sur l'émail brillant,
Dans les soixante pas où sa route est bornée,
    Son pied sonore et vigilant,
Le sommeil du tombeau pressera ma paupière.
    Avant que de ses deux moitiés
Ce vers que je commence ait atteint la dernière,
    Peut-être en ces murs effrayés
Le messager de mort, noir recruteur des ombres,
    Escorté d'infâmes soldats,
Ébranlant de mon nom ces longs corridors sombres,
    Où seul dans la foule à grands pas
J'erre, aiguisant ces dards persécuteurs du crime,
    Du juste trop faibles soutiens,
Sur mes lèvres soudain va suspendre la rime;
    Et, chargeant mes bras de liens,
Me traîner, amassant en foule à mon passage
    Mes tristes compagnons reclus,
Qui me connaissaient tous avant l'affreux message,
    Mais qui ne me connaissent plus.

ANDRÉ CHÉNIER

Eh bien! j'ai trop vécu. Quelle franchise auguste,
    De mâle constance et d'honneur,
Quels exemples sacrés, doux à l'âme du juste,
    Pour lui quelle ombre de bonheur,
Quelle Thémis terrible aux têtes criminelles,
    Quels pleurs d'une noble pitié,
Des antiques bienfaits quels souvenirs fidèles,
    Quels beaux échanges d'amitié,
Font digne de regrets l'habitacle des hommes?
    La peur fugitive est leur Dieu.
La bassesse; la feinte. Ah! lâches que nous sommes
    Tous, oui, tous. Adieu, terre, adieu.
Vienne, vienne la mort! — Que la mort me délivre!
    Ainsi donc, mon cœur abattu
Cède au poids de ses maux? Non, non. Puissé-je vivre!
    Ma vie importe à la vertu.
Car l'honnête homme enfin, victime de l'outrage,
    Dans les cachots, près du cercueil,
Relève plus altiers son front et son langage,
    Brillants d'un généreux orgueil.
S'il est écrit aux cieux que jamais une épée
    N'étincellera dans mes mains,
Dans l'encre et l'amertume une autre arme trempée
    Peut encor servir les humains.
Justice, Vérité, si ma main, si ma bouche,
    Si mes pensers les plus secrets
Ne froncèrent jamais votre sourcil farouche,
    Et si les infâmes progrès,
Si la risée atroce, ou, plus atroce injure,
    L'encens de hideux scélérats
Ont pénétré vos cœurs d'une longue blessure;
    Sauvez-moi. Conservez un bras

ANDRÉ CHÉNIER

Qui lance votre foudre, un amant qui vous venge.
    Mourir sans vider mon carquois!
Sans percer, sans fouler, sans pétrir dans leur fange
    Ces bourreaux barbouilleurs de lois!
Ces vers cadavéreux de la France asservie,
    Égorgée! O mon cher trésor,
O ma plume! fiel, bile, horreur, Dieux de ma vie!
    Par vous seuls je respire encor:
Comme la poix brûlante agitée en ses veines
    Ressuscite un flambeau mourant,
Je souffre; mais je vis. Par vous, loin de mes peines,
    D'espérance un vaste torrent
Me transporte. Sans vous, comme un poison livide,
    L'invisible dent du chagrin,
Mes amis opprimés, du menteur homicide
    Les succès, le sceptre d'airain;
Des bons proscrits par lui la mort ou la ruine,
    L'opprobre de subir sa loi,
Tout eût tari ma vie; ou contre ma poitrine
    Dirigé mon poignard. Mais quoi!
Nul ne resterait donc pour attendrir l'histoire
    Sur tant de justes massacrés?
Pour consoler leurs fils, leurs veuves, leur mémoire,
    Pour que des brigands abhorrés
Frémissent aux portraits noirs de leur ressemblance,
    Pour descendre jusqu'aux enfers
Nouer le triple fouet, le fouet de la vengeance,
    Déjà levé sur ces pervers?
Pour cracher sur leurs noms, pour chanter leur supplice?
    Allons, étouffe tes clameurs;
Souffre, ô cœur gros de haine, affamé de justice.
    Toi, Vertu, pleure si je meurs.

PIERRE-JEAN DE BÉRANGER
1780–†1857

Roger Bontemps

Aux gens atrabilaires
Pour exemple donné,
En un temps de misères
Roger Bontemps est né.
Vivre obscur à sa guise,
Narguer les mécontents;
Eh gai! c'est la devise
Du gros Roger Bontemps.

Du chapeau de son père
Coiffé dans les grands jours,
De roses ou de lierre
Le rajeunir toujours;
Mettre un manteau de bure,
Vieil ami de vingt ans;
Eh gai! c'est la parure
Du gros Roger Bontemps.

Posséder dans sa hutte
Une table, un vieux lit,
Des cartes, une flûte,
Un broc que Dieu remplit.
Un portrait de maîtresse,
Un coffre et rien dedans;
Eh gai! c'est la richesse
Du gros Roger Bontemps.

Aux enfants de la ville
Montrer de petits jeux;
Être un faiseur habile
De contes graveleux:

PIERRE-JEAN DE BÉRANGER

Ne parler que de danse
Et d'almanachs chantants;
Eh gai! c'est la science
Du gros Roger Bontemps.

Faute de vin d'élite,
Sabler ceux du canton;
Préférer Marguerite
Aux dames du grand ton;
De joie et de tendresse
Remplir tous ses instants;
Eh gai! c'est la sagesse
Du gros Roger Bontemps.

Dire au Ciel: Je me fie,
Mon Père, à ta bonté;
De ma philosophie
Pardonne la gaîté;
Que ma saison dernière
Soit encore un printemps;
Eh gai! c'est la prière
Du gros Roger Bontemps.

Vous, pauvres pleins d'envie,
Vous, riches désireux,
Vous, dont le char dévie
Après un cours heureux;
Vous, qui perdrez peut-être
Des titres éclatants,
Eh gai! prenez pour maître
Le gros Roger Bontemps.

231 *Les Souvenirs du peuple*

On parlera de sa gloire
Sous le chaume bien longtemps.
L'humble toit, dans cinquante ans.
Ne connaîtra plus d'autre histoire.
Là viendront les villageois
Dire alors à quelque vieille:
« Par des récits d'autrefois,
Mère, abrégez notre veille.
Bien, dit-on, qu'il nous ait nui,
Le peuple encor le révère,
    Oui, le révère;
Parlez-nous de lui, grand'mère,
    Parlez-nous de lui. »

« Mes enfants, dans ce village,
Suivi de rois, il passa;
Voilà bien longtemps de ça:
Je venais d'entrer en ménage.
A pied grimpant le coteau
Où pour voir je m'étais mise,
Il avait petit chapeau
Avec redingote grise.
Près de lui je me troublai;
Il me dit: Bonjour, ma chère,
    Bonjour, ma chère.
— Il vous a parlé, grand'mère !
    Il vous a parlé !

« L'an d'après, moi, pauvre femme,
A Paris étant un jour,

PIERRE-JEAN DE BÉRANGER

Je le vis avec sa cour:
Il se rendait à Notre-Dame.
Tous les cœurs étaient contents;
On admirait son cortège.
Chacun disait: Quel beau temps!
Le ciel toujours le protège.
Son sourire était bien doux;
D'un fils Dieu le rendait père,
    Le rendait père.
— Quel beau jour pour vous, grand'mère!
  Quel beau jour pour vous!

« Mais quand la pauvre Champagne
Fut en proie aux étrangers,
Lui, bravant tous les dangers,
Semblait seul tenir la campagne.
Un soir, tout comme aujourd'hui,
J'entends frapper à ma porte;
J'ouvre; bon Dieu! c'était lui
Suivi d'une faible escorte.
Il s'asseoit où me voilà,
S'écriant: Oh! quelle guerre!
    Oh! quelle guerre!
— Il s'est assis là, grand'mère!
  Il s'est assis là!

« J'ai faim, dit-il; et bien vite
Je sers piquette et pain bis;
Puis il sèche ses habits,
Même à dormir le feu l'invite.
Au réveil, voyant mes pleurs,
Il me dit: « Bonne espérance!

PIERRE-JEAN DE BÉRANGER

Je cours de tous ses malheurs,
Sous Paris, venger la France. »
Il part; et comme un trésor
J'ai depuis gardé son verre,
    Gardé son verre.
— Vous l'avez encor, grand'mère !
    Vous l'avez encor !

« Le voici. Mais à sa perte
Le héros fut entraîné.
Lui, qu'un pape a couronné,
Est mort dans une île déserte.
Longtemps aucun ne l'a cru ;
On disait: Il va paraître.
Par mer il est accouru ;
L'étranger va voir son maître.
Quand d'erreur on nous tira,
Ma douleur fut bien amère,
    Fut bien amère.
— Dieu vous bénira, grand'mère,
    Dieu vous bénira ! »

Les Hirondelles

CAPTIF au rivage du Maure
Un guerrier courbé sous ses fers
Disait: « Je vous revois encore,
Oiseaux ennemis des hivers.
Hirondelles, que l'espérance
Suit jusqu'en ces brillants climats,
Sans doute vous quittez la France:
De mon pays ne me parlez-vous pas ?

PIERRE-JEAN DE BÉRANGER

« Depuis trois ans je vous conjure
De m'apporter un souvenir
Du vallon où ma vie obscure
Se berçait d'un doux avenir.
Au détour d'une eau qui chemine
A flots purs, sous de frais lilas,
Vous avez vu notre chaumine:
De ce vallon ne me parlez-vous pas?

« L'une de vous peut-être est née
Au toit où j'ai reçu le jour;
Là, d'une mère infortunée
Vous avez dû pleurer l'amour.
Mourante, elle croit à toute heure
Entendre le bruit de mes pas;
Elle écoute, et puis elle pleure;
De son amour ne me parlez-vous pas?

« Ma sœur est-elle mariée?
Avez-vous vu de nos garçons
La foule, aux noces conviée,
La célébrer dans leurs chansons?
Et ces compagnons du jeune âge,
Qui m'ont suivi dans les combats,
Ont-ils revu tous le village?
De tant d'amis ne me parlez-vous pas?

« Sur leurs corps l'étranger peut-être
Du vallon reprend le chemin;
Sous mon chaume il commande en maître;
De ma sœur il trouble l'hymen.

PIERRE-JEAN DE BÉRANGER

Pour moi plus de mère qui prie,
Et partout des fers ici-bas.
Hirondelles de ma patrie,
De ses malheurs ne me parlez-vous pas? »

CHARLES-HUBERT MILLEVOYE
1782–†1816

La Chute des feuilles

De la dépouille de nos bois
L'automne avait jonché la terre;
Le bocage était sans mystère,
Le rossignol était sans voix.
Triste et mourant à son aurore
Un jeune malade, à pas lents,
Parcourait une fois encore
Le bois cher à ses premiers ans.

« Bois que j'aime, adieu! je succombe;
Votre deuil me prédit mon sort,
Et dans chaque feuille qui tombe
Je lis un présage de mort.
Fatal oracle d'Épidaure,
Tu m'as dit: « Les feuilles des bois
A tes yeux jauniront encore,
Et c'est pour la dernière fois.
La nuit du trépas t'environne;
Plus pâle que la pâle automne,
Tu t'inclines vers le tombeau.
Ta jeunesse sera flétrie
Avant l'herbe de la prairie,
Avant le pampre du coteau. »

Et je meurs! De sa froide haleine
Un vent funeste m'a touché,
Et mon hiver s'est approché
Quand mon printemps s'écoule à peine.
Arbuste en un seul jour détruit,
Quelques fleurs faisaient ma parure;
Mais ma languissante verdure
Ne laisse après elle aucun fruit.
Tombe, tombe, feuille éphémère,
Voile aux yeux ce triste chemin,
Cache au désespoir de ma mère
La place où je serai demain!
Mais vers la solitaire allée
Si mon amante désolée
Venait pleurer quand le jour fuit,
Éveille par un léger bruit
Mon ombre un instant consolée. »

Il dit, s'éloigne... et sans retour.
La dernière feuille qui tombe
A signalé son dernier jour.
Sous le chêne on creusa sa tombe.
Mais ce qu'il aimait ne vint pas
Visiter la pierre isolée;
Et le pâtre de la vallée
Troubla seul du bruit de ses pas
Le silence du mausolée.

MARCELINE DESBORDES-VALMORE
1786–†1859

234 *Souvenir*

QUAND il pâlit un soir, et que sa voix tremblante
   S'éteignit tout à coup dans un mot commencé;
Quand ses yeux, soulevant leur paupière brûlante,
Me blessèrent d'un mal dont je le crus blessé;
Quand ses traits plus touchants, éclairés d'une flamme
         Qui ne s'éteint jamais,
S'imprimèrent vivants dans le fond de mon âme;
         Il n'aimait pas, j'aimais!

235 *La Couronne effeuillée*

J'IRAI, j'irai porter ma couronne effeuillée
   Au jardin de mon père où revit toute fleur;
J'y répandrai longtemps mon âme agenouillée:
Mon père a des secrets pour vaincre la douleur.

J'irai, j'irai lui dire, au moins avec mes larmes:
« Regardez, j'ai souffert … » Il me regardera,
Et sous mes jours changés, sous mes pâleurs sans charmes,
Parce qu'il est mon père il me reconnaîtra.

Il dira: « C'est donc vous, chère âme désolée!
La terre manque-t-elle à vos pas égarés?
Chère âme, je suis Dieu: ne soyez plus troublée;
Voici votre maison, voici mon cœur, entrez! »

O clémence! ô douceur! ô saint refuge! ô Père!
Votre enfant qui pleurait vous l'avez entendu!
Je vous obtiens déjà, puisque je vous espère
Et que vous possédez tout ce que j'ai perdu.

Vous ne rejetez pas la fleur qui n'est plus belle;
Ce crime de la terre au ciel est pardonné.
Vous ne maudirez pas votre enfant infidèle,
Non d'avoir rien vendu, mais d'avoir tout donné.

ALPHONSE DE LAMARTINE

1790-†1869

Le Lac

AINSI, toujours poussés vers de nouveaux rivages,
Dans la nuit éternelle emportés sans retour,
Ne pourrons-nous jamais sur l'océan des âges
    Jeter l'ancre un seul jour?

O lac! l'année à peine a fini sa carrière,
Et près des flots chéris qu'elle devait revoir
Regarde! je viens seul m'asseoir sur cette pierre
    Où tu la vis s'asseoir!

Tu mugissais ainsi sous ces roches profondes;
Ainsi tu te brisais sur leurs flancs déchirés:
Ainsi le vent jetait l'écume de tes ondes
    Sur ses pieds adorés.

Un soir, t'en souvient-il? nous voguions en silence;
On n'entendait au loin, sur l'onde et sous les cieux,
Que le bruit des rameurs qui frappaient en cadence
    Tes flots harmonieux.

Tout à coup des accents inconnus à la terre
Du rivage charmé frappèrent les échos;
Le flot fut attentif, et la voix qui m'est chère
    Laissa tomber ces mots:

ALPHONSE DE LAMARTINE

« O temps, suspends ton vol! et vous, heures propices,
        Suspendez votre cours!
Laissez-nous savourer les rapides délices
        Des plus beaux de nos jours!

« Assez de malheureux ici-bas vous implorent:
        Coulez, coulez pour eux;
Prenez avec leurs jours les soins qui les dévorent;
        Oubliez les heureux.

« Mais je demande en vain quelques moments encore,
        Le temps m'échappe et fuit;
Je dis à cette nuit: « Sois plus lente »; et l'aurore
        Va dissiper la nuit.

« Aimons donc, aimons donc! de l'heure fugitive,
        Hâtons-nous, jouissons!
L'homme n'a point de port, le temps n'a point de rive;
        Il coule, et nous passons! »

Temps jaloux, se peut-il que ces moments d'ivresse,
Où l'amour à longs flots nous verse le bonheur,
S'envolent loin de nous de la même vitesse
        Que les jours de malheur?

Hé quoi! n'en pourrons-nous fixer au moins la trace?
Quoi! passés pour jamais? quoi! tout entiers perdus?
Ce temps qui les donna, ce temps qui les efface,
        Ne nous les rendra plus?

Éternité, néant, passé, sombres abîmes,
Que faites-vous des jours que vous engloutissez?
Parlez: nous rendrez-vous ces extases sublimes
        Que vous nous ravissez?

ALPHONSE DE LAMARTINE

O lac! rochers muets! grottes! forêt obscure!
Vous que le temps épargne ou qu'il peut rajeunir,
Gardez de cette nuit, gardez, belle nature,
    Au moins le souvenir!

Qu'il soit dans ton repos, qu'il soit dans tes orages,
Beau lac, et dans l'aspect de tes riants coteaux,
Et dans ces noirs sapins, et dans ces rocs sauvages
    Qui pendent sur tes eaux!

Qu'il soit dans le zéphyr qui frémit et qui passe,
Dans les bruits de tes bords par tes bords répétés,
Dans l'astre au front d'argent qui blanchit ta surface
    De ses molles clartés!

Que le vent qui gémit, le roseau qui soupire,
Que les parfums légers de ton air embaumé,
Que tout ce qu'on entend, l'on voit ou l'on respire,
    Tout dise: « Ils ont aimé! »

237   *Le Crucifix*

TOI que j'ai recueilli sur sa bouche expirante
  Avec son dernier souffle et son dernier adieu,
Symbole deux fois saint, don d'une main mourante,
    Image de mon Dieu;

Que de pleurs ont coulé sur tes pieds que j'adore,
Depuis l'heure sacrée où, du sein d'un martyr,
Dans mes tremblantes mains tu passas, tiède encore
    De son dernier soupir!

ALPHONSE DE LAMARTINE

Les saints flambeaux jetaient une dernière flamme;
Le prêtre murmurait ces doux chants de la mort,
Pareils aux chants plaintifs que murmure une femme
        A l'enfant qui s'endort.

De son pieux espoir son front gardait la trace,
Et sur ses traits, frappés d'une auguste beauté,
La douleur fugitive avait empreint sa grâce,
        La mort sa majesté.

Le vent qui caressait sa tête échevelée
Me montrait tour à tour ou me voilait ses traits,
Comme l'on voit flotter sur un blanc mausolée
        L'ombre des noirs cyprès.

Un de ses bras pendait de la funèbre couche;
L'autre, languissamment replié sur son cœur,
Semblait chercher encore et presser sur sa bouche
        L'image du Sauveur.

Ses lèvres s'entr'ouvraient pour l'embrasser encore
Mais son âme avait fui dans ce divin baiser,
Comme un léger parfum que la flamme dévore
        Avant de l'embraser.

Maintenant tout dormait sur sa bouche glacée,
Le souffle se taisait dans son sein endormi,
Et sur l'œil sans regard la paupière affaissée
        Retombait à demi.

Et moi, debout, saisi d'une terreur secrète,
Je n'osais m'approcher de ce reste adoré,
Comme si du trépas la majesté muette
        L'eût déjà consacré.

ALPHONSE DE LAMARTINE

Je n'osais!... Mais le prêtre entendit mon silence,
Et, de ses doigts glacés prenant le crucifix:
« Voilà le souvenir, et voilà l'espérance:
      Emportez-les, mon fils! »

Oui, tu me resteras, ô funèbre héritage!
Sept fois, depuis ce jour, l'arbre que j'ai planté
Sur sa tombe sans nom a changé de feuillage:
      Tu ne m'as pas quitté.

Placé près de ce cœur, hélas! où tout s'efface,
Tu l'as contre le temps défendu de l'oubli,
Et mes yeux goutte à goutte ont imprimé leur trace
      Sur l'ivoire amolli.

O dernier confident de l'âme qui s'envole,
Viens, reste sur mon cœur! parle encore, et dis-moi
Ce qu'elle te disait quand sa faible parole
      N'arrivait plus qu'à toi;

A cette heure douteuse où l'âme recueillie,
Se cachant sous le voile épaissi sur nos yeux,
Hors de nos sens glacés pas à pas se replie,
      Sourde aux derniers adieux;

Alors qu'entre la vie et la mort incertaine,
Comme un fruit par son poids détaché du rameau,
Notre âme est suspendue et tremble à chaque haleine
      Sur la nuit du tombeau;

Quand des chants, des sanglots la confuse harmonie
N'éveille déjà plus notre esprit endormi,
Aux lèvres du mourant collé dans l'agonie,
      Comme un dernier ami;

ALPHONSE DE LAMARTINE

Pour éclaircir l'horreur de cet étroit passage,
Pour relever vers Dieu son regard abattu,
Divin consolateur, dont nous baisons l'image,
    Réponds, que lui dis-tu ?

Tu sais, tu sais mourir ! et tes larmes divines,
Dans cette nuit terrible où tu prias en vain,
De l'olivier sacré baignèrent les racines
    Du soir jusqu'au matin.

De la croix, où ton œil sonda ce grand mystère,
Tu vis ta mère en pleurs et la nature en deuil;
Tu laissas comme nous tes amis sur la terre,
    Et ton corps au cercueil !

Au nom de cette mort, que ma faiblesse obtienne
De rendre sur ton sein ce douloureux soupir:
Quand mon heure viendra, souviens-toi de la tienne,
    O toi qui sais mourir !

Je chercherai la place où sa bouche expirante
Exhala sur tes pieds l'irrévocable adieu,
Et son âme viendra guider mon âme errante
    Au sein du même Dieu.

Ah ! puisse, puisse alors sur ma funèbre couche,
Triste et calme à la fois, comme un ange éploré,
Une figure en deuil recueillir sur ma bouche
    L'héritage sacré !

Soutiens ses derniers pas, charme sa dernière heure;
Et, gage consacré d'espérance et d'amour,
De celui qui s'éloigne à celui qui demeure
    Passe ainsi tour à tour,

Jusqu'au jour où, des morts perçant la voûte sombre,
Une voix dans le ciel, les appelant sept fois,
Ensemble éveillera ceux qui dorment à l'ombre
    De l'éternelle croix !

238 *Le Vallon*

MON cœur, lassé de tout, même de l'espérance,
N'ira plus de ses vœux importuner le sort ;
Prêtez-moi seulement, vallon de mon enfance,
Un asile d'un jour pour attendre la mort.

Voici l'étroit sentier de l'obscure vallée :
Du flanc de ces coteaux pendent des bois épais,
Qui, courbant sur mon front leur ombre entremêlée,
Me couvrent tout entier de silence et de paix.

Là, deux ruisseaux cachés sous des ponts de verdure
Tracent en serpentant les contours du vallon ;
Ils mêlent un moment leur onde et leur murmure,
Et non loin de leur source ils se perdent sans nom.

La source de mes jours comme eux s'est écoulée ;
Elle a passé sans bruit, sans nom et sans retour :
Mais leur onde est limpide, et mon âme troublée
N'aura pas réfléchi les clartés d'un beau jour.

La fraîcheur de leurs lits, l'ombre qui les couronne,
M'enchaînent tout le jour sur les bords des ruisseaux ;
Comme un enfant bercé par un chant monotone,
Mon âme s'assoupit au murmure des eaux.

ALPHONSE DE LAMARTINE

Ah ! c'est là qu'entouré d'un rempart de verdure,
D'un horizon borné qui suffit à mes yeux,
J'aime à fixer mes pas, et, seul dans la nature,
A n'entendre que l'onde, à ne voir que les cieux.

J'ai trop vu, trop senti, trop aimé dans ma vie;
Je viens chercher vivant le calme du Léthé.
Beaux lieux, soyez pour moi ces bords où l'on oublie:
L'oubli seul désormais est ma félicité.

Mon cœur est en repos, mon âme est en silence;
Le bruit lointain du monde expire en arrivant,
Comme un son éloigné qu'affaiblit la distance,
A l'oreille incertaine apporté par le vent.

D'ici je vois la vie, à travers un nuage,
S'évanouir pour moi dans l'ombre du passé;
L'amour seul est resté, comme une grande image
Survit seul au réveil dans un songe effacé.

Repose-toi, mon âme, en ce dernier asile,
Ainsi qu'un voyageur qui, le cœur plein d'espoir,
S'assied, avant d'entrer, aux portes de la ville,
Et respire un moment l'air embaumé du soir.

Comme lui, de nos pieds secouons la poussière;
L'homme par ce chemin ne repasse jamais:
Comme lui, respirons au bout de la carrière
Ce calme avant-coureur de l'éternelle paix.

Tes jours, sombres et courts comme les jours d'automne,
Déclinent comme l'ombre au penchant des coteaux;
L'amitié te trahit, la pitié t'abandonne,
Et, seule, tu descends le sentier des tombeaux.

ALPHONSE DE LAMARTINE

Mais la nature est là qui t'invite et qui t'aime;
Plonge-toi dans son sein qu'elle t'ouvre toujours:
Quand tout change pour toi, la nature est la même,
Et le même soleil se lève sur tes jours.

De lumière et d'ombrage elle t'entoure encore:
Détache ton amour des faux biens que tu perds;
Adore ici l'écho qu'adorait Pythagore,
Prête avec lui l'oreille aux célestes concerts.

Suis le jour dans le ciel, suis l'ombre sur la terre;
Dans les plaines de l'air vole avec l'aquilon;
Avec le doux rayon de l'astre du mystère
Glisse à travers les bois dans l'ombre du vallon.

Dieu, pour le concevoir, a fait l'intelligence:
Sous la nature enfin découvre son auteur!
Une voix à l'esprit parle dans son silence:
Qui n'a pas entendu cette voix dans son cœur?

239   *Le Coquillage au bord de la mer*
         (*A une jeune étrangère*)

QUAND tes beaux pieds distraits errent, ô jeune fille,
    Sur ce sable mouillé, frange d'or de la mer,
Baisse-toi, mon amour, vers la blonde coquille
Que Vénus fait, dit-on, polir au flot amer.

L'écrin de l'Océan n'en a point de pareille;
Les roses de ta joue ont peine à l'égaler;
Et quand de sa volute on approche l'oreille
On entend mille voix qu'on ne peut démêler.

ALPHONSE DE LAMARTINE

Tantôt c'est la tempête avec ses lourdes vagues
Qui viennent en tonnant se briser sur tes pas,
Tantôt c'est la forêt avec ses frissons vagues,
Tantôt ce sont des voix qui chuchotent tout bas.

Oh! ne dirais-tu pas, à ce confus murmure
Que rend le coquillage aux lèvres de carmin,
Un écho merveilleux où l'immense nature
Résume tous ses bruits dans le creux de ta main?

Emporte-la, mon ange! Et quand ton esprit joue
Avec lui-même, oisif, pour charmer tes ennuis,
Sur ce bijou des mers penche en riant ta joue,
Et, fermant tes beaux yeux, recueilles-en les bruits.

Si, dans ces mille accents dont sa conque fourmille,
Il en est un plus doux qui vienne te frapper,
Et qui s'élève à peine aux bords de la coquille,
Comme un aveu d'amour qui n'ose s'échapper;

S'il a pour ta candeur des terreurs et des charmes;
S'il renaît en mourant presque éternellement;
S'il semble au fond d'un cœur rouler avec des larmes;
S'il tient de l'espérance et du gémissement;...

Ne te consume pas à chercher ce mystère!
Ce mélodieux souffle, ô mon ange, c'est moi!
Quel bruit plus éternel, et plus doux sur la terre,
Qu'un écho de mon cœur qui m'entretient de toi?

240 *Vers sur un Album*

LE livre de la vie est le livre suprême
Qu'on ne peut ni fermer ni rouvrir à son choix;
Le passage attachant ne s'y lit pas deux fois,
Mais le feuillet fatal se tourne de lui-même:
On voudrait revenir à la page où l'on aime,
Et la page où l'on meurt est déjà sous nos doigts!

241 *Ferrare*

(Improvisé en sortant du cachot du Tasse)

HOMME ou Dieu, tout génie est promis au martyre;
Du supplice plus tard on baise l'instrument;
L'homme adore la croix où sa victime expire,
Et du cachot du Tasse enchâsse le ciment.

Prison du Tasse ici, de Galilée à Rome,
Échafaud de Sidney, bûchers, croix ou tombeaux,
Ah! vous donnez le droit à bien mépriser l'homme,
Qui veut que Dieu l'éclaire, et qui hait ses flambeaux!

Grand parmi les petits, libre chez les serviles,
Si le génie expire, il l'a bien mérité;
Car nous dressons partout aux portes de nos villes
Ces gibets de la gloire et de la vérité.

Loin de nous amollir, que ce sort nous retrempe!
Sachons le prix du don, mais ouvrons notre main.
Nos pleurs et notre sang sont l'huile de la lampe
Que Dieu nous fait porter devant le genre humain!

ALPHONSE DE LAMARTINE
La Cloche du village

OH! quand cette humble cloche à la lente volée
Épand comme un soupir sa voix sur la vallée,
Voix qu'arrête si près le bois ou le ravin;
Quand la main d'un enfant qui balance cette urne
En verse à sons pieux dans la brise nocturne
      Ce que la terre a de divin;

Quand du clocher vibrant l'hirondelle habitante
S'envole au vent d'airain qui fait trembler sa tente,
Et de l'étang ridé vient effleurer les bords,
Ou qu'à la fin du fil qui chargeait sa quenouille
La veuve du village à ce bruit s'agenouille
      Pour donner leur aumône aux morts:

Ce qu'éveille en mon sein le chant du toit sonore,
Ce n'est pas la gaîté du jour qui vient d'éclore,
Ce n'est pas le regret du jour qui va finir,
Ce n'est pas le tableau de mes fraîches années
Croissant sur ces coteaux parmi ces fleurs fanées
      Qu'effeuille encor mon souvenir;

Ce n'est pas mes sommeils d'enfant sous ces platanes,
Ni ces premiers élans du jeu de mes organes,
Ni mes pas égarés sur ces rudes sommets,
Ni ces grands cris de joie en aspirant vos vagues,
O brises du matin pleines de saveurs vagues
      Et qu'on croit n'épuiser jamais!

Ce n'est pas le coursier atteint dans la prairie,
Pliant son cou soyeux sous ma main aguerrie
Et mêlant sa crinière à mes beaux cheveux blonds,

ALPHONSE DE LAMARTINE

Quand, le sol sous ses pieds sonnant comme une enclume,
Sa croupe m'emportait et que sa blanche écume
      Argentait l'herbe des vallons!

Ce n'est pas même, amour, ton premier crépuscule,
Au mois où du printemps la sève qui circule
Fait fleurir la pensée et verdir le buisson,
Quand l'ombre ou seulement les jeunes voix lointaines
Des vierges rapportant leurs cruches des fontaines
      Laissaient sur ma tempe un frisson.

Ce n'est pas vous non plus, vous que pourtant je pleure,
Premier bouillonnement de l'onde intérieure,
Voix du cœur qui chantait en s'éveillant en moi,
Mélodieux murmure embaumé d'ambroisie
Qui fait rendre à sa source un vent de poésie!...
      O gloire, c'est encor moins toi!

De mes jours sans regret que l'hiver vous remporte
Avec le chaume vide, avec la feuille morte,
Avec la renommée, écho vide et moqueur!
Ces herbes du sentier sont des plantes divines
Qui parfument les pieds, oui, mais dont les racines
      Ne s'enfoncent pas dans le cœur!

Guirlandes du festin que pour un soir on cueille,
Que la haine empoisonne ou que l'envie effeuille,
Dont vingt fois sous les mains la couronne se rompt,
Qui donnent à la vie un moment de vertige,
Mais dont la fleur d'emprunt ne tient pas à la tige,
      Et qui sèche en tombant du front.

*

ALPHONSE DE LAMARTINE

C'est le jour où ta voix dans la vallée en larmes
Sonnait le désespoir après le glas d'alarmes,
Où deux cercueils passant sous les coteaux en deuil,
Et bercés sur des cœurs par des sanglots de femmes,
Dans un double sépulcre enfermèrent trois âmes
    Et m'oublièrent sur le seuil!

De l'aurore à la nuit, de la nuit à l'aurore,
O cloche, tu pleuras comme je pleure encore,
Imitant de nos cœurs le sanglot étouffant;
L'air, le ciel, résonnaient de ta complainte amère,
Comme si chaque étoile avait perdu sa mère,
    Et chaque brise son enfant!

Depuis ce jour suprême où ta sainte harmonie
Dans ma mémoire en deuil à ma peine est unie,
Où ton timbre et mon cœur n'eurent qu'un même son,
Oui, ton bronze sonore et trempé dans la flamme
Me semble, quand il pleure, un morceau de mon âme
    Qu'un ange frappe à l'unisson!

Je dors lorsque tu dors, je veille quand tu veilles;
Ton glas est un ami qu'attendent mes oreilles;
Entre la voix des tours je démêle ta voix;
Et ta vibration encore en moi résonne
Quand l'insensible bruit qu'un moucheron bourdonne
    Te couvre déjà sous les bois!

Je me dis: «Ce soupir mélancolique et vague
Que l'air profond des nuits roule de vague en vague,
Ah! c'est moi, pour moi seul, là-haut retentissant!
Je sais ce qu'il me dit, il sait ce que je pense
Et le vent qui l'ignore, à travers ce silence,
    M'apporte un sympathique accent.»

ALPHONSE DE LAMARTINE

Je me dis: « Cet écho de ce bronze qui vibre,
Avant de m'arriver au cœur de fibre en fibre,
A frémi sur la dalle où tout mon passé dort;
Du timbre du vieux dôme il garde quelque chose:
La pierre du sépulcre où mon amour repose
     Sonne aussi dans ce doux accord! »

*

Ne t'étonne donc pas, enfant, si ma pensée,
Au branle de l'airain secrètement bercée,
Aime sa voix mystique et fidèle au trépas,
Si, dès le premier son qui gémit sous sa voûte,
Sur un pied suspendu je m'arrête, et j'écoute
     Ce que la mort me dit tout bas.

Et toi, saint porte-voix des tristesses humaines,
Que la terre inventa pour mieux crier ses peines,
Chante! des cœurs brisés le timbre est encor beau!
Que ton gémissement donne une âme à la pierre,
Des larmes aux yeux secs, un signe à la prière,
     Une mélodie au tombeau!

*

Moi, quand des laboureurs porteront dans ma bière
Le peu qui doit rester ici de ma poussière;
Après tant de soupirs que mon sein lance ailleurs,
Quand des pleureurs gagés, froide et banale escorte,
Déposeront mon corps endormi sous la porte
     Qui mène à des soleils meilleurs,

Si quelque main pieuse en mon honneur te sonne,
Des sanglots de l'airain, oh! n'attriste personne.
Ne va pas mendier des pleurs à l'horizon;

ALPHONSE DE LAMARTINE

Mais prends ta voix de fête, et sonne sur ma tombe
Avec le bruit joyeux d'une chaîne qui tombe
    Au seuil libre d'une prison !

Ou chante un air semblable au cri de l'alouette
Qui, s'élevant du chaume où la bise la fouette,
Dresse à l'aube du jour son vol mélodieux,
Et gazouille ce chant qui fait taire d'envie
Ses rivaux attachés aux ronces de la vie,
    Et qui se perd au fond des cieux !

243   *La Vigne et la Maison*

MOI

QUEL fardeau te pèse, ô mon âme !
  Sur ce vieux lit des jours par l'ennui retourné,
Comme un fruit de douleurs qui pèse aux flancs de femme,
Impatient de naître et pleurant d'être né,
La nuit tombe, ô mon âme ! un peu de veille encore !
Ce coucher d'un soleil est d'un autre l'aurore.
Vois comme avec tes sens s'écroule ta prison !
Vois comme aux premiers vents de la précoce automne
Sur les bords de l'étang où le roseau frissonne
S'envole brin à brin le duvet du chardon !
Vois comme de mon front la couronne est fragile,
Vois comme cet oiseau dont le nid est la tuile
Nous suit pour emporter à son frileux asile
Nos cheveux blancs, pareils à la toison que file
La vieille femme assise au seuil de sa maison !
Dans un lointain qui fuit ma jeunesse recule,
Ma sève refroidie avec lenteur circule,
L'arbre quitte sa feuille et va nouer son fruit :

ALPHONSE DE LAMARTINE

Ne presse pas ces jours qu'un autre doigt calcule,
Bénis plutôt ce Dieu qui place un crépuscule
Entre les bruits du soir et la paix de la nuit!
Moi qui par des concerts saluai ta naissance,
Moi qui te réveillai neuve à cette existence
Avec des chants de fête et des chants d'espérance,
Moi qui fis de ton cœur chanter chaque soupir,
Veux-tu que, remontant ma harpe qui sommeille,
Comme un David assis près d'un Saül qui veille,
    Je chante encor pour t'assoupir?

L'ÂME

Non! Depuis qu'en ces lieux le temps m'oublia seule,
La terre m'apparaît vieille comme une aïeule
Qui pleure ses enfants sous ses robes de deuil.
Je n'aime des longs jours que l'heure des ténèbres,
Je n'écoute des chants que ces strophes funèbres
Que sanglote le prêtre en menant un cercueil.

MOI

Pourtant le soir qui tombe a des langueurs sereines
Que la fin donne à tout, aux bonheurs comme aux peines;
Le linceul même est tiède au cœur enseveli:
On a vidé ses yeux de ses dernières larmes,
L'âme à son désespoir trouve de tristes charmes,
Et des bonheurs perdus se sauve dans l'oubli.

Cette heure a pour nos sens des impressions douces
Comme des pas muets qui marchent sur des mousses:
C'est l'amère douceur du baiser des adieux.
De l'air plus transparent le cristal est limpide,
Des mots vaporisés l'azur vague et liquide
    S'y fond avec l'azur des cieux.

ALPHONSE DE LAMARTINE

Je ne sais quel lointain y baigne toute chose,
Ainsi que le regard l'oreille s'y repose,
On entend dans l'éther glisser le moindre vol;
C'est le pied de l'oiseau sur le rameau qui penche,
Ou la chute d'un fruit détaché de la branche
    Qui tombe du poids sur le sol.

Aux premières lueurs de l'aurore frileuse,
On voit flotter ces fils, dont la vierge fileuse
D'arbre en arbre au verger a tissé le réseau:
Blanche toison de l'air que la brume encor mouille,
Qui traîne sur nos pas, comme de la quenouille
    Un fil traîne après le fuseau.

Aux précaires tiédeurs de la trompeuse automne,
Dans l'oblique rayon le moucheron foisonne,
Prêt à mourir d'un souffle à son premier frisson;
Et sur le seuil désert de la ruche engourdie
Quelque abeille en retard, qui sort et qui mendie,
Rentre lourde de miel dans sa chaude prison.

Viens, reconnais la place où ta vie était neuve!
N'as-tu point de douceur, dis-moi, pauvre âme veuve,
A remuer ici la cendre des jours morts?
A revoir ton arbuste et ta demeure vide,
Comme l'insecte ailé revoit sa chrysalide,
    Balayure qui fut son corps?

    Moi, le triste instinct m'y ramène:
    Rien n'a changé là que le temps;
    Des lieux où notre œil se promène,
    Rien n'a fui que les habitants.

ALPHONSE DE LAMARTINE

Suis-moi du cœur pour voir encore,
Sur la pente douce au midi,
La vigne qui nous vit éclore
Ramper sur le roc attiédi.

Contemple la maison de pierre
Dont nos pas usèrent le seuil:
Vois-la se vêtir de son lierre
Comme d'un vêtement de deuil.

Écoute le cri des vendanges
Qui monte du pressoir voisin,
Vois les sentiers rocheux des granges
Rougis par le sang du raisin.

Regarde au pied du toit qui croule:
Voilà, près du figuier séché,
Le cep vivace qui s'enroule
A l'angle du mur ébréché!

L'hiver noircit sa rude écorce;
Autour du banc rongé du ver
Il contourne sa branche torse
Comme un serpent frappé du fer.

Autrefois ses pampres sans nombre
S'entrelaçaient autour du puits;
Père et mère goûtaient son ombre,
Enfants, oiseaux, rongeaient ses fruits.

Il grimpait jusqu'à la fenêtre,
Il s'arrondissait en arceau;
Il semble encor nous reconnaître
Comme un chien gardien d'un berceau.

ALPHONSE DE LAMARTINE

Sur cette mousse des allées
Où rougit son pampre vermeil,
Un bouquet de feuilles gelées
Nous abrite encor du soleil.

Vives glaneuses de novembre,
Les grives, sur la grappe en deuil,
Ont oublié ces beaux grains d'ambre
Qu'enfant nous convoitions de l'œil.

Le rayon du soir la transperce
Comme un albâtre oriental,
Et le sucre d'or qu'elle verse
Y pend en larmes de cristal.

Sous ce cep de vigne qui t'aime,
O mon âme! ne crois-tu pas
Te retrouver enfin toi-même,
Malgré l'absence et le trépas?

N'a-t-il pas pour toi le délice
Du brasier tiède et réchauffant
Qu'allume une vieille nourrice
Au foyer qui nous vit enfant?

Ou l'impression qui console
L'agneau tondu hors de saison,
Quand il sent sur sa laine folle
Repousser sa chaude toison?

ALPHONSE DE LAMARTINE

L'ÂME

Que me fait le coteau, le toit, la vigne aride?
Que me ferait le ciel, si le ciel était vide?
Je ne vois en ces lieux que ceux qui n'y sont pas.
Pourquoi ramènes-tu mes regrets sur leur trace?
Des bonheurs disparus se rappeler la place,
C'est rouvrir des cercueils pour revoir des trépas!

I

Le mur est gris, la tuile est rousse,
L'hiver a rongé le ciment;
Des pierres disjointes la mousse
Verdit l'humide fondement;
Les gouttières, que rien n'essuie,
Laissent, en rigoles de suie,
S'égoutter le ciel pluvieux,
Traçant sur la vide demeure
Ces noirs sillons par où l'on pleure,
Que les veuves ont sous les yeux.

La porte où file l'araignée,
Qui n'entend plus le doux accueil,
Reste immobile et dédaignée
Et ne tourne plus sur son seuil;
Les volets que le moineau souille,
Détachés de leurs gonds de rouille,
Battent nuit et jour le granit;
Les vitraux brisés par les grêles
Livrent aux vieilles hirondelles
Un libre passage à leur nid.

ALPHONSE DE LAMARTINE

> Leur gazouillement sur les dalles
> Couvertes de duvets flottants
> Est la seule voix de ces salles
> Pleines des silences du temps.
> De la solitaire demeure
> Une ombre lourde d'heure en heure
> Se détache sur le gazon:
> Et cette ombre, couchée et morte,
> Est la seule chose qui sorte
> Tout le jour de cette maison!

II

Efface ce séjour, ô Dieu! de ma paupière,
Ou rends-le-moi semblable à celui d'autrefois,
Quand la maison vibrait comme un grand cœur de pierre
De tous ces cœurs joyeux qui battaient sous ses toits!

A l'heure où la rosée au soleil s'évapore
Tous ces volets fermés s'ouvraient à sa chaleur,
Pour y laisser entrer, avec la tiède aurore,
Les nocturnes parfums de nos vignes en fleur.

On eût dit que ces murs respiraient comme un être
Des pampres réjouis la jeune exhalaison;
La vie apparaissait rose, à chaque fenêtre,
Sous les beaux traits d'enfants nichés dans la maison.

Leurs blonds cheveux épars au vent de la montagne,
Les filles, se passant leurs deux mains sur les yeux,
Jetaient des cris de joie à l'écho des montagnes,
Ou sur leurs seins naissants croisaient leurs doigts pieux.

ALPHONSE DE LAMARTINE

La mère, de sa couche à ces doux bruits levée,
Sur ces fronts inégaux se penchait tour à tour,
Comme la poule heureuse assemble sa couvée,
Leur apprenant les mots qui bénissent le jour.

Moins de balbutiements sortent du nid sonore,
Quand, au rayon d'été qui vient la réveiller,
L'hirondelle, au plafond qui les abrite encore,
A ses petits sans plume apprend à gazouiller.

Et les bruits du foyer que l'aube fait renaître,
Les pas des serviteurs sur les degrés de bois,
Les aboiements du chien qui voit sortir son maître,
Le mendiant plaintif qui fait pleurer sa voix,

Montaient avec le jour; et, dans les intervalles,
Sous des doigts de quinze ans répétant leur leçon,
Les claviers résonnaient ainsi que des cigales
Qui font tinter l'oreille au temps de la moisson !

III

Puis ces bruits d'année en année
Baissèrent d'une vie, hélas ! et d'une voix;
Une fenêtre en deuil, à l'ombre condamnée,
    Se ferma sous le bord des toits.

Printemps après printemps, de belles fiancées
    Suivirent de chers ravisseurs,
Et, par la mère en pleurs sur le seuil embrassées,
    Partirent en baisant leurs sœurs.

ALPHONSE DE LAMARTINE

Puis sortit un matin pour le champ où l'on pleure
    Le cercueil tardif de l'aïeul,
Puis un autre, et puis deux ; et puis dans la demeure
    Un vieillard morne resta seul !

Puis la maison glissa sur la pente rapide
    Où le temps entasse les jours ;
Puis la porte à jamais se ferma sur le vide,
    Et l'ortie envahit les cours !...

IV

. . . . . .

O famille ! ô mystère ! ô cœur de la nature,
Où l'amour dilaté dans toute créature
Se resserre en foyer pour couver des berceaux !
Goutte de sang puisée à l'artère du monde,
Qui court de cœur en cœur toujours chaude et féconde,
Et qui se ramifie en éternels ruisseaux !

Chaleur du sein de mère où Dieu nous fit éclore,
Qui du duvet natal nous enveloppe encore
Quand le vent d'hiver siffle à la place des lits ;
Arrière-goût du lait dont la femme nous sèvre,
Qui, même en tarissant, nous embaume la lèvre ;
Étreinte de deux bras par l'amour amollis !

Premier rayon du ciel vu dans des yeux de femmes,
Premier foyer d'une âme où s'allument nos âmes,
Premiers bruits de baisers au cœur retentissants !
Adieux, retours, départs pour de lointaines rives,
Mémoire qui revient pendant les nuits pensives
A ce foyer des cœurs, univers des absents !

. . . .

ALPHONSE DE LAMARTINE

Ah! que tout fils dise anathème
A l'insensé qui vous blasphème!
Rêveur du groupe universel,
Qu'il embrasse, au lieu de sa mère,
Sa froide et stoïque chimère
Qui n'a ni cœur, ni lait, ni sel!

Du foyer proscrit volontaire,
Qu'il cherche en vain sur cette terre
Un père au visage attendri;
Que tout foyer lui soit de glace,
Et qu'il change à jamais de place
Sans qu'aucun lieu lui jette un cri!

Envieux du champ de famille,
Que, pareil au frelon qui pille
L'humble ruche adossée au mur,
Il maudisse la loi divine
Qui donne un sol à la racine
Pour multiplier le fruit mûr!

Que sur l'herbe des cimetières
Il foule, indifférent, les pierres
Sans savoir laquelle prier!
Qu'il réponde au nom qui le nomme
Sans savoir s'il est né d'un homme,
Ou s'il est fils d'un meurtrier!...

V

Dieu! qui révèle aux cœurs mieux qu'à l'intelligence!
Resserre autour de nous, faits de joie et de pleurs,
Ces groupes rétrécis où de ta providence
Dans la chaleur du sang nous sentons les chaleurs;

ALPHONSE DE LAMARTINE

> Où, sous la porte bien close,
> La jeune nichée éclose
> Des saintetés de l'amour
> Passe du lait de la mère
> Au pain savoureux qu'un père
> Pétrit des sueurs du jour;

> Où ces beaux fronts de famille,
> Penchés sur l'âtre et l'aiguille,
> Prolongent leurs soirs pieux:
> O soirs! ô douces veillées
> Dont les images mouillées
> Flottent dans l'eau de nos yeux!

Oui, je vous revois tous, et toutes, âmes mortes!
O chers essaims groupés aux fenêtres, aux portes!
Les bras tendus vers vous, je crois vous ressaisir,
Comme on croit dans les eaux embrasser des visages
Dont le miroir trompeur réfléchit les images,
Mais glace le baiser aux lèvres du désir.

Toi qui fis la mémoire, est-ce pour qu'on oublie?...
Non, c'est pour rendre au temps à la fin tous ses jours
Pour faire confluer, là-bas, en un seul cours,
Le passé, l'avenir, ces deux moitiés de vie
Dont l'une dit jamais et l'autre dit toujours.
Ce passé, doux Éden dont notre âme est sortie,
De notre éternité ne fait-il pas partie?
Où le temps a cessé tout n'est-il pas présent?
Dans l'immuable sein qui contiendra nos âmes
Ne rejoindrons-nous pas tout ce que nous aimâmes
    Au foyer qui n'a plus d'absent?

ALPHONSE DE LAMARTINE

Toi qui formas ces nids rembourrés de tendresses
Où la nichée humaine est chaude de caresses,
    Est-ce pour en faire un cercueil ?
N'as-tu pas, dans un pan de tes globes sans nombre,
Une pente au soleil, une vallée à l'ombre
    Pour y rebâtir ce doux seuil ?

Non plus grand, non plus beau, mais pareil, mais le même,
Où l'instinct serre un cœur contre les cœurs qu'il aime,
Où le chaume et la tuile abritent tout l'essaim,
Où le père gouverne, où la mère aime et prie,
Où dans ses petits-fils l'aïeule est réjouie
    De voir multiplier son sein !

Toi qui permets, ô père ! aux pauvres hirondelles
De fuir sous d'autres cieux la saison des frimas,
N'as-tu donc pas aussi pour tes petits sans ailes
D'autres toits préparés dans tes divins climats ?
O douce Providence ! ô mère de famille
Dont l'immense foyer de tant d'enfants fourmille,
Et qui les vois pleurer, souriante au milieu,
Souviens-toi, cœur du ciel, que la terre est ta fille
    Et que l'homme est parent de Dieu !

MOI

    Pendant que l'âme oubliait l'heure
    Si courte dans cette saison,
    L'ombre de la chère demeure
    S'allongeait sur le froid gazon ;
    Mais de cette ombre sur la mousse
    L'impression funèbre et douce
    Me consolait d'y pleurer seul :

ALPHONSE DE LAMARTINE

Il me semblait qu'une main d'ange
De mon berceau prenait un lange
Pour m'en faire un sacré linceul !

JEAN-FRANÇOIS-CASIMIR DELAVIGNE
1793–†1843

Les Limbes

COMME un vain rêve du matin,
Un parfum vague, un bruit lointain,
C'est je ne sais quoi d'incertain
    Que cet empire ;
Lieux qu'à peine vient éclairer
Un jour qui, sans rien colorer,
A chaque instant près d'expirer,
    Jamais n'expire.

Partout cette demi-clarté
Dont la morne tranquillité
Suit un crépuscule d'été,
    Ou de l'aurore,
Fait pressentir que le retour
Va poindre au céleste séjour,
Quand la nuit n'est plus, quand le jour
    N'est pas encore !

Ce ciel terne, où manque un soleil,
N'est jamais bleu, jamais vermeil ;
Jamais brise, dans ce sommeil
    De la nature,

CASIMIR DELAVIGNE

N'agita d'un frémissement
La torpeur de ce lac dormant,
Dont l'eau n'a point de mouvement,
    Point de murmure.

L'air n'entr'ouvre sous sa tiédeur
Que fleurs qui, presque sans odeur,
Comme les lis ont la candeur
    De l'innocence;
Sur leur sein pâle et sans reflets
Languissent des oiseaux muets:
Dans le ciel, l'onde et les forêts,
    Tout est silence.

Loin de Dieu, là, sont renfermés
Les milliers d'êtres tant aimés,
Qu'en ces bosquets inanimés
    La tombe envoie.
Le calme d'un vague loisir,
Sans regret comme sans désir,
Sans peine comme sans plaisir,
    C'est là leur joie.

Là, ni veille ni lendemain!
Ils n'ont sur un bonheur prochain,
Sur celui qu'on rappelle en vain,
    Rien à se dire.
Leurs sanglots ne troublent jamais
De l'air l'inaltérable paix;
Mais aussi leur rire jamais
    N'est qu'un sourire.

CASIMIR DELAVIGNE

Sur leurs doux traits que de pâleur!
Adieu cette fraîche couleur
Qui de baiser leur joue en fleur
    Donnait l'envie!
De leurs yeux, qui charment d'abord,
Mais dont aucun éclair ne sort,
Le morne éclat n'est pas la mort,
    N'est pas la vie.

Rien de bruyant, rien d'agité
Dans leur triste félicité!
Ils se couronnent sans gaîté
    De fleurs nouvelles.
Ils se parlent, mais c'est tout bas;
Ils marchent, mais c'est pas à pas;
Ils volent, mais on n'entend pas
    Battre leurs ailes.

Parmi tout ce peuple charmant,
Qui se meut si nonchalamment,
Qui fait sous son balancement
    Plier les branches,
Quelle est cette ombre aux blonds cheveux,
Au regard timide, aux yeux bleus,
Qui ne mêle pas à leurs jeux
    Ses ailes blanches?

Elle arrive, et, fantôme ailé,
Elle n'a pas encor volé;
L'effroi dont son cœur est troublé,
    J'en vois la cause:

CASIMIR DELAVIGNE

N'est-ce pas celui que ressent
La colombe qui, s'avançant
Pour essayer son vol naissant,
    Voudrait et n'ose?

Non; dans ses yeux roulent des pleurs.
Belle enfant, calme tes douleurs;
Là sont des fruits, là sont des fleurs
    Dont tu disposes.
Laisse-toi tenter, et, crois-moi,
Cueille ces roses sans effroi;
Car, bien que pâles comme toi,
    Ce sont des roses.

Triomphe en tenant à deux mains
Ta robe pleine de jasmins;
Et puis, courant par les chemins,
    Va les répandre.
Viens, tu prendras en le guettant
L'oiseau qui, sans but voletant,
N'aime ni ne chante, et partant
    Se laisse prendre.

Avec ces enfants tu joûras;
Viens, ils tendent vers toi les bras;
On danse tristement là-bas,
    Mais on y danse.
Pourquoi penser, pleurer ainsi?
Aucun enfant ne pleure ici,
Ombre rêveuse; mais aussi
    Aucun ne pense.

CASIMIR DELAVIGNE

Dieu permet-il qu'un souvenir
Laisse ton cœur entretenir
D'un bien qui ne peut revenir
    L'idée amère?
« Oui, je me souviens du passé,
Du berceau vide où j'ai laissé
Mon rêve à peine commencé,
    Et de ma mère. »

ALFRED DE VIGNY

1797-†1863

245   *Moïse*

LE soleil prolongeait sur la cime des tentes
Ces obliques rayons, ces flammes éclatantes,
Ces larges traces d'or qu'il laisse dans les airs,
Lorsqu'en un lit de sable il se couche aux déserts.
La pourpre et l'or semblaient revêtir la campagne.
Du stérile Nébo gravissant la montagne,
Moïse, l'homme de Dieu, s'arrête, et, sans orgueil,
Sur le vaste horizon promène un long coup d'œil.
Il voit d'abord Phasga, que des figuiers entourent;
Puis, au delà des monts que ses regards parcourent,
S'étend tout Galaad, Éphraïm, Manassé
Dont le pays fertile à sa droite est placé;
Vers le Midi, Juda, grand et stérile, étale
Ses sables où s'endort la mer occidentale;
Plus loin, dans un vallon que le soir a pâli,
Couronné d'oliviers, se montre Nephtali;
Dans des plaines de fleurs magnifiques et calmes,
Jéricho s'aperçoit: c'est la ville des palmes;

ALFRED DE VIGNY

Et, prolongeant ses bois, des plaines de Phogor
Le lentisque touffu s'étend jusqu'à Ségor.
Il voit tout Chanaan et la terre promise,
Où sa tombe, il le sait, ne sera point admise.
Il voit; sur les Hébreux étend sa grande main,
Puis vers le haut du mont il reprend son chemin.

Or, des champs de Moab couvrant la vaste enceinte,
Pressés au large pied de la montagne sainte,
Les enfants d'Israël s'agitaient au vallon
Comme les blés épais qu'agite l'aquilon.
Dès l'heure où la rosée humecte l'or des sables
Et balance sa perle au sommet des érables,
Prophète centenaire, environné d'honneur,
Moïse était parti pour trouver le Seigneur.
On le suivait des yeux aux flammes de sa tête,
Et, lorsque du grand mont il atteignit le faîte,
Lorsque son front perça le nuage de Dieu
Qui couronnait d'éclairs la cime du haut lieu,
L'encens brûla partout sur les autels de pierre,
Et six cent mille Hébreux, courbés dans la poussière,
A l'ombre du parfum par le soleil doré,
Chantèrent d'une voix le cantique sacré;
Et les fils de Lévi, s'élevant sur la foule,
Tels qu'un bois de cyprès sur le sable qui roule,
Du peuple avec la harpe accompagnant les voix,
Dirigeaient vers le ciel l'hymne du Roi des Rois.

Et debout devant Dieu, Moïse ayant pris place,
Dans le nuage obscur lui parlait face à face.

ALFRED DE VIGNY

Il disait au Seigneur : « Ne finirai-je pas ?
Où voulez-vous encor que je porte mes pas ?
Je vivrai donc toujours puissant et solitaire ?
Laissez-moi m'endormir du sommeil de la terre !
Que vous ai-je donc fait pour être votre élu ?
J'ai conduit votre peuple où vous avez voulu.
Voilà que son pied touche à la terre promise.
De vous à lui qu'un autre accepte l'entremise,
Au coursier d'Israël qu'il attache le frein ;
Je lui lègue mon livre et la verge d'airain.

« Pourquoi vous fallut-il tarir mes espérances,
Ne pas me laisser homme avec mes ignorances,
Puisque du mont Horeb jusques au mont Nébo
Je n'ai pas pu trouver le lieu de mon tombeau ?
Hélas ! Vous m'avez fait sage parmi les sages !
Mon doigt du peuple errant a guidé les passages ;
J'ai fait pleuvoir le feu sur la tête des rois ;
L'avenir à genoux adorera mes lois ;
Des tombes des humains j'ouvre la plus antique,
La mort trouve à ma voix une voix prophétique,
Je suis très grand, mes pieds sont sur les nations,
Ma main fait et défait les générations.
Hélas ! je suis, Seigneur, puissant et solitaire,
Laissez-moi m'endormir du sommeil de la terre !

« Hélas ! je sais aussi tous les secrets des cieux,
Et vous m'avez prêté la force de vos yeux.
Je commande à la nuit de déchirer ses voiles ;
Ma bouche par leur nom a compté les étoiles,
Et, dès qu'au firmament mon geste l'appela,
Chacune s'est hâtée en disant « Me voilà. »

ALFRED DE VIGNY

J'impose mes deux mains sur le front des nuages
Pour tarir dans leurs flancs la source des orages;
J'engloutis les cités sous les sables mouvants;
Je renverse les monts sous les ailes des vents;
Mon pied infatigable est plus fort que l'espace;
Le fleuve aux grandes eaux se range quand je passe,
Et la voix de la mer se tait devant ma voix.
Lorsque mon peuple souffre, ou qu'il lui faut des lois,
J'élève mes regards, votre esprit me visite;
La terre alors chancelle et le soleil hésite;
Vos anges sont jaloux et m'admirent entre eux. —
Et cependant, Seigneur, je ne suis pas heureux;
Vous m'avez fait vieillir puissant et solitaire,
Laissez-moi m'endormir du sommeil de la terre!

« Sitôt que votre souffle a rempli le berger,
Les hommes se sont dit: « Il nous est étranger »;
Et les yeux se baissaient devant mes yeux de flamme,
Car ils venaient, hélas! d'y voir plus que mon âme.
J'ai vu l'amour s'éteindre et l'amitié tarir;
Les vierges se voilaient et craignaient de mourir.
M'enveloppant alors de la colonne noire,
J'ai marché devant tous, triste et seul dans ma gloire,
Et j'ai dit dans mon cœur: « Que vouloir à présent? »
Pour dormir sur un sein mon front est trop pesant,
Ma main laisse l'effroi sur la main qu'elle touche,
L'orage est dans ma voix, l'éclair est sur ma bouche;
Aussi, loin de m'aimer, voilà qu'ils tremblent tous,
Et, quand j'ouvre les bras, on tombe à mes genoux.
O Seigneur! j'ai vécu puissant et solitaire,
Laissez-moi m'endormir du sommeil de la terre! »

Or, le peuple attendait, et, craignant son courroux,
Priait sans regarder le mont du Dieu jaloux;
Car, s'il levait les yeux, les flancs noirs du nuage
Roulaient et redoublaient les foudres de l'orage,
Et le feu des éclairs, aveuglant les regards,
Enchaînait tous les fronts courbés de toutes parts.

Bientôt le haut du mont reparut sans Moïse. —
Il fut pleuré. — Marchant vers la terre promise,
Josué s'avançait pensif et pâlissant,
Car il était déjà l'élu du Tout-Puissant.

246 *La Maison du Berger*

SI ton cœur, gémissant du poids de notre vie,
Se traîne et se débat comme un aigle blessé,
Portant comme le mien, sur son aile asservie,
Tout un monde fatal, écrasant et glacé;
S'il ne bat qu'en saignant par sa plaie immortelle,
S'il ne voit plus l'amour, son étoile fidèle,
Éclairer pour lui seul l'horizon effacé;

Si ton âme enchaînée, ainsi que l'est mon âme,
Lasse de son boulet et de son pain amer,
Sur sa galère en deuil laisse tomber la rame,
Penche sa tête pâle et pleure sur la mer,
Et, cherchant dans les flots une route inconnue,
Y voit, en frissonnant, sur son épaule nue,
La lettre sociale écrite avec le fer;

Si ton corps, frémissant des passions secrètes,
S'indigne des regards, timide et palpitant;

ALFRED DE VIGNY

S'il cherche à sa beauté de profondes retraites
Pour la mieux dérober au profane insultant;
Si ta lèvre se sèche au poison des mensonges,
Si ton beau front rougit de passer dans les songes
D'un impur inconnu qui te voit et t'entend,

Pars courageusement, laisse toutes les villes;
Ne ternis plus tes pieds aux poudres du chemin;
Du haut de nos pensers vois les cités serviles
Comme les rocs fatals de l'esclavage humain.
Les grands bois et les champs sont de vastes asiles,
Libres comme la mer autour des sombres îles.
Marche à travers les champs une fleur à la main.

La Nature t'attend dans un silence austère;
L'herbe élève à tes pieds son nuage des soirs,
Et le soupir d'adieu du soleil à la terre
Balance les beaux lys comme des encensoirs.
La forêt a voilé ses colonnes profondes,
La montagne se cache, et sur les pâles ondes
Le saule a suspendu ses chastes reposoirs.

Le crépuscule ami s'endort dans la vallée
Sur l'herbe d'émeraude et sur l'or du gazon,
Sous les timides joncs de la source isolée
Et sous le bois rêveur qui tremble à l'horizon,
Se balance en fuyant dans les grappes sauvages,
Jette son manteau gris sur le bord des rivages,
Et des fleurs de la nuit entr'ouvre la prison.

Il est sur ma montagne une épaisse bruyère
Où les pas du chasseur ont peine à se plonger,

ALFRED DE VIGNY

Qui plus haut que nos fronts lève sa tête altière
Et garde dans la nuit le pâtre et l'étranger.
Viens y cacher l'amour et ta divine faute;
Si l'herbe est agitée ou n'est pas assez haute,
J'y roulerai pour toi la Maison du Berger.

Elle va doucement avec ses quatre roues,
Son toit n'est pas plus haut que ton front et tes yeux;
La couleur du corail et celle de tes joues
Teignent le char nocturne et ses muets essieux.
Le seuil est parfumé, l'alcôve est large et sombre,
Et, là, parmi les fleurs, nous trouverons dans l'ombre,
Pour nos cheveux unis, un lit silencieux.

Je verrai, si tu veux, les pays de la neige,
Ceux où l'astre amoureux dévore et resplendit,
Ceux que heurtent les vents, ceux que la mer assiège,
Ceux où le pôle obscur sous sa glace est maudit.
Nous suivrons du hasard la course vagabonde.
Que m'importe le jour? que m'importe le monde?
Je dirai qu'ils sont beaux quand tes yeux l'auront dit.

* * * * * *

Éva, qui donc es-tu? Sais-tu bien ta nature?
Sais-tu quel est ici ton but et ton devoir?
Sais-tu que, pour punir l'homme, sa créature,
D'avoir porté la main sur l'arbre du savoir,
Dieu permit qu'avant tout, de l'amour de soi-même,
En tout temps, à tout âge, il fît son bien suprême,
Tourmenté de s'aimer, tourmenté de se voir?

Mais, si Dieu près de lui t'a voulu mettre, ô femme!
Compagne délicate! Éva! sais-tu pourquoi?

ALFRED DE VIGNY

C'est pour qu'il se regarde au miroir d'une autre âme,
Qu'il entende ce chant qui ne vient que de toi:
— L'enthousiasme pur dans une voix suave.
C'est afin que tu sois son juge et son esclave
Et règnes sur sa vie en vivant sous sa loi.

Ta parole joyeuse a des mots despotiques;
Tes yeux sont si puissants, ton aspect est si fort,
Que les rois d'Orient ont dit dans leurs cantiques
Ton regard redoutable à l'égal de la mort;
Chacun cherche à fléchir tes jugements rapides...
— Mais ton cœur, qui dément tes formes intrépides,
Cède sans coup férir aux rudesses du sort.

Ta pensée a des bonds comme ceux des gazelles,
Mais ne saurait marcher sans guide et sans appui.
Le sol meurtrit ses pieds, l'air fatigue ses ailes,
Son œil se ferme au jour dès que le jour a lui;
Parfois, sur les hauts lieux d'un seul élan posée,
Troublée au bruit des vents, ta mobile pensée
Ne peut seule y veiller sans crainte et sans ennui.

Mais aussi tu n'as rien de nos lâches prudences,
Ton cœur vibre et résonne au cri de l'opprimé,
Comme dans une église aux austères silences
L'orgue entend un soupir et soupire alarmé.
Tes paroles de feu meuvent les multitudes,
Tes pleurs lavent l'injure et les ingratitudes,
Tu pousses par le bras l'homme... Il se lève armé.

C'est à toi qu'il convient d'ouïr les grandes plaintes
Que l'humanité triste exhale sourdement.

ALFRED DE VIGNY

Quand le cœur est gonflé d'indignations saintes,
L'air des cités l'étouffe à chaque battement.
Mais de loin les soupirs de tourmentes civiles,
S'unissant au-dessus du charbon noir des villes,
Ne forment qu'un grand mot qu'on entend clairement.

Viens donc! le ciel pour moi n'est plus qu'une auréole
Qui t'entoure d'azur, t'éclaire et te défend;
La montagne est ton temple et le bois sa coupole;
L'oiseau n'est sur la fleur balancé par le vent,
Et la fleur ne parfume et l'oiseau ne soupire
Que pour mieux enchanter l'air que ton sein respire;
La terre est le tapis de tes beaux pieds d'enfant.

Éva, j'aimerai tout dans les choses créées,
Je les contemplerai dans ton regard rêveur
Qui partout répandra ses flammes colorées,
Son repos gracieux, sa magique saveur:
Sur mon cœur déchiré viens poser ta main pure,
Ne me laisse jamais seul avec la Nature;
Car je la connais trop pour n'en pas avoir peur.

Elle me dit: « Je suis l'impassible théâtre
Que ne peut remuer le pied de ses acteurs;
Mes marches d'émeraude et mes parvis d'albâtre,
Mes colonnes de marbre ont les dieux pour sculpteurs.
Je n'entends ni vos cris ni vos soupirs; à peine
Je sens passer sur moi la comédie humaine
Qui cherche en vain au ciel ses muets spectateurs.

« Je roule avec dédain, sans voir et sans entendre,
A côté des fourmis les populations;

ALFRED DE VIGNY

Je ne distingue pas leur terrier de leur cendre,
J'ignore en les portant les noms des nations.
On me dit une mère et je suis une tombe.
Mon hiver prend vos morts comme son hécatombe,
Mon printemps ne sent pas vos adorations.

« Avant vous, j'étais belle et toujours parfumée,
J'abandonnais au vent mes cheveux tout entiers:
Je suivais dans les cieux ma route accoutumée,
Sur l'axe harmonieux des divins balanciers.
Après vous, traversant l'espace où tout s'élance,
J'irai seule et sereine, en un chaste silence
Je fendrai l'air du front et de mes seins altiers. »

C'est là ce que me dit sa voix triste et superbe,
Et dans mon cœur alors je la hais, et je vois
Notre sang dans son onde et nos morts sous son herbe
Nourrissant de leurs sucs la racine des bois.
Et je dis à mes yeux qui lui trouvaient des charmes:
« Ailleurs tous vos regards, ailleurs toutes vos larmes,
Aimez ce que jamais on ne verra deux fois. »

Oh! qui verra deux fois ta grâce et ta tendresse,
Ange doux et plaintif qui parle en soupirant?
Qui naîtra comme toi portant une caresse
Dans chaque éclair tombé de ton regard mourant,
Dans les balancements de ta tête penchée,
Dans ta taille indolente et mollement couchée,
Et dans ton pur sourire amoureux et souffrant?

Vivez, froide Nature, et revivez sans cesse
Sous nos pieds, sur nos fronts, puisque c'est votre loi;

ALFRED DE VIGNY

Vivez, et dédaignez, si vous êtes déesse,
L'Homme, humble passager, qui dut vous être un Roi;
Plus que tout votre règne et que ses splendeurs vaines
J'aime la majesté des souffrances humaines:
Vous ne recevrez pas un cri d'amour de moi.

Mais toi, ne veux-tu pas, voyageuse indolente,
Rêver sur mon épaule, en y posant ton front?
Viens du paisible seuil de la maison roulante
Voir ceux qui sont passés et ceux qui passeront.
Tous les tableaux humains qu'un Esprit pur m'apporte
S'animeront pour toi quand devant notre porte
Les grands pays muets longuement s'étendront.

Nous marcherons ainsi, ne laissant que notre ombre
Sur cette terre ingrate où les morts ont passé;
Nous nous parlerons d'eux à l'heure où tout est sombre,
Où tu te plais à suivre un chemin effacé,
A rêver, appuyée aux branches incertaines,
Pleurant, comme Diane au bord de ses fontaines,
Ton amour taciturne et toujours menacé.

247 *La Colère de Samson*

LE désert est muet, la tente est solitaire.
Quel pasteur courageux la dressa sur la terre
Du sable et des lions? — La nuit n'a pas calmé
La fournaise du jour dont l'air est enflammé.
Un vent léger s'élève à l'horizon et ride
Les flots de la poussière ainsi qu'un lac limpide.
Le lin blanc de la tente est bercé mollement;
L'œuf d'autruche allumé veille paisiblement,
Des voyageurs voilés intérieure étoile,
Et jette longuement deux ombres sur la toile.

ALFRED DE VIGNY

L'une est grande et superbe, et l'autre est à ses pieds :
C'est Dalila, l'esclave, et ses bras sont liés
Aux genoux réunis du maître jeune et grave
Dont la force divine obéit à l'esclave.
Comme un doux léopard elle est souple, et répand
Ses cheveux dénoués aux pieds de son amant.
Ses grands yeux, entr'ouverts comme s'ouvre l'amande,
Sont brûlants du plaisir que son regard demande
Et jettent, par éclats, leurs mobiles lueurs.
Ses bras fins tout mouillés de tièdes sueurs,
Ses pieds voluptueux qui sont croisés sous elle,
Ses flancs, plus élancés que ceux de la gazelle,
Pressés de bracelets, d'anneaux, de boucles d'or,
Sont bruns, et, comme il sied aux filles de Hatsor,
Ses deux seins, tout chargés d'amulettes anciennes,
Sont chastement pressés d'étoffes syriennes.

Les genoux de Samson fortement sont unis
Comme les deux genoux du colosse Anubis.
Elle s'endort sans force et riante et bercée
Par la puissante main sous sa tête placée.
Lui, murmure ce chant funèbre et douloureux
Prononcé dans la gorge avec des mots hébreux.
Elle ne comprend pas la parole étrangère,
Mais le chant verse un somme en sa tête légère.

« Une lutte éternelle en tout temps, en tout lieu,
Se livre sur la terre, en présence de Dieu,
Entre la bonté d'Homme et la ruse de Femme,
Car la femme est un être impur de corps et d'âme.

« L'Homme a toujours besoin de caresse et d'amour,
Sa mère l'en abreuve alors qu'il vient au jour,

ALFRED DE VIGNY

Et ce bras le premier l'engourdit, le balance
Et lui donne un désir d'amour et d'indolence.
Troublé dans l'action, troublé dans le dessein,
Il rêvera partout à la chaleur du sein,
Aux chansons de la nuit, aux baisers de l'aurore,
A la lèvre de feu que sa lèvre dévore,
Aux cheveux dénoués qui roulent sur son front,
Et les regrets du lit, en marchant, le suivront.
Il ira dans la ville, et là les vierges folles
Le prendront dans leurs lacs aux premières paroles.
Plus fort il sera né, mieux il sera vaincu,
Car plus le fleuve est grand et plus il est ému.
Quand le combat que Dieu fit pour la créature
Et contre son semblable et contre la Nature
Force l'Homme à chercher un sein où reposer,
Quand ses yeux sont en pleurs, il lui faut un baiser,
Mais il n'a pas encor fini toute sa tâche:
Vient un autre combat plus secret, traître et lâche;
Sous son bras, sur son cœur se livre celui-là;
Et, plus ou moins, la Femme est toujours DALILA.

« Elle rit et triomphe; en sa froideur savante,
Au milieu de ses sœurs elle attend et se vante
De ne rien éprouver des atteintes du feu.
A sa plus belle amie elle en a fait l'aveu:
Elle se fait aimer sans aimer elle-même;
Un maître lui fait peur. C'est le plaisir qu'elle aime;
L'Homme est rude et le prend sans savoir le donner.
Un sacrifice illustre et fait pour étonner
Rehausse mieux que l'or, aux yeux de ses pareilles,
La beauté qui produit tant d'étranges merveilles
Et d'un sang précieux sait arroser ses pas.

ALFRED DE VIGNY

— Donc, ce que j'ai voulu, Seigneur, n'existe pas! —
Celle à qui va l'amour et de qui vient la vie,
Celle-là, par orgueil, se fait notre ennemie.
La Femme est à présent pire que dans ces temps
Où, voyant les humains, Dieu dit: « Je me repens! »
Bientôt, se retirant dans un hideux royaume,
La Femme aura Gomorrhe et l'Homme aura Sodome;
Et, se jetant de loin un regard irrité,
Les deux sexes mourront chacun de son côté.

« Éternel! Dieu des forts! vous savez que mon âme
N'avait pour aliment que l'amour d'une femme,
Puisant dans l'amour seul plus de sainte vigueur
Que mes cheveux divins n'en donnaient à mon cœur.
— Jugez-nous. — La voilà sur mes pieds endormie.
Trois fois elle a vendu mes secrets et ma vie,
Et trois fois a versé des pleurs fallacieux
Qui n'ont pu me cacher la rage de ses yeux;
Honteuse qu'elle était plus encor qu'étonnée
De se voir découverte ensemble et pardonnée;
Car la bonté de l'Homme est forte, et sa douceur
Écrase, en l'absolvant, l'être faible et menteur.

« Mais enfin je suis las. J'ai l'âme si pesante
Que mon corps gigantesque et ma tête puissante
Qui soutiennent le poids des colonnes d'airain
Ne la peuvent porter avec tout son chagrin.
Toujours voir serpenter la vipère dorée
Qui se traîne en sa fange et s'y croit ignorée!
Toujours ce compagnon dont le cœur n'est pas sûr,
La Femme, enfant malade et douze fois impur!
Toujours mettre sa force à garder sa colère
Dans son cœur offensé, comme en un sanctuaire

ALFRED DE VIGNY

D'où le feu s'échappant irait tout dévorer,
Interdire à ses yeux de voir ou de pleurer,
C'est trop! Dieu, s'il le veut, peut balayer ma cendre.
J'ai donné mon secret, Dalila va le vendre.
Qu'ils seront beaux les pieds de celui qui viendra
Pour m'annoncer la mort! — Ce qui sera, sera! »

Il dit et s'endormit près d'elle jusqu'à l'heure
Où les guerriers, tremblant d'être dans sa demeure,
Payant au poids de l'or chacun de ses cheveux,
Attachèrent ses mains et brûlèrent ses yeux,
Le traînèrent sanglant et chargé d'une chaîne
Que douze grands taureaux ne tiraient qu'avec peine,
Le placèrent debout, silencieusement,
Devant Dagon, leur Dieu, qui gémit sourdement
Et deux fois, en tournant, recula sur sa base
Et fit pâlir deux fois ses prêtres en extase;
Allumèrent l'encens, dressèrent un festin
Dont le bruit s'entendait du mont le plus lointain;
Et près de la génisse aux pieds du Dieu tuée
Placèrent Dalila, pâle prostituée,
Couronnée, adorée et reine du repas,
Mais tremblante et disant: « Il ne me verra pas! »

Terre et Ciel! avez-vous tressailli d'allégresse
Lorsque vous avez vu la menteuse maîtresse
Suivre d'un œil hagard les yeux tachés de sang
Qui cherchaient le soleil d'un regard impuissant?
Et quand enfin Samson, secouant les colonnes
Qui faisaient le soutien des immenses Pylônes,
Écrasa d'un seul coup, sous les débris mortels,
Ses trois mille ennemis, leurs dieux et leurs autels?

Terre et Ciel! punissez par de telles justices
La trahison ourdie en des amours factices,
Et la délation du secret de nos cœurs
Arraché dans nos bras par des baisers menteurs!

248 *Les Destinées*

DEPUIS le premier jour de la création,
  Les pieds lourds et puissants de chaque Destinée
Pesaient sur chaque tête et sur toute action.

Chaque front se courbait et traçait sa journée,
Comme le front d'un bœuf creuse un sillon profond
Sans dépasser la pierre où sa ligne est bornée.

Ces froides Déités liaient le joug de plomb
Sur le crâne et les yeux des Hommes leurs esclaves,
Tous errants sans étoile en un désert sans fond;

Levant avec effort leurs pieds chargés d'entraves,
Suivant le doigt d'airain dans le cercle fatal,
Le doigt des Volontés inflexibles et graves.

Tristes Divinités du monde Oriental,
Femmes au voile blanc, immuables statues,
Elles nous écrasaient de leur poids colossal.

Comme un vol de vautours sur le sol abattues,
Dans un ordre éternel, toujours en nombre égal
Aux têtes des mortels sur la terre épandues,

Elles avaient posé leur ongle sans pitié
Sur les cheveux dressés des races éperdues,
Traînant la femme en pleurs et l'homme humilié.

ALFRED DE VIGNY

Un soir, il arriva que l'antique planète
Secoua sa poussière. — Il se fit un grand cri:
« Le Sauveur est venu, voici le jeune athlète;

« Il a le front sanglant et le côté meurtri,
Mais la Fatalité meurt au pied du Prophète;
La Croix monte et s'étend sur nous comme un abri! »

Avant l'heure où, jadis, ces choses arrivèrent,
Tout homme était courbé, le front pâle et flétri;
Quand ce cri fut jeté, tous ils se relevèrent.

Détachant les nœuds lourds du joug de plomb du Sort,
Toutes les nations à la fois s'écrièrent:
« O Seigneur! est-il vrai? le Destin est-il mort? »

Et l'on vit remonter vers le ciel, par volées,
Les filles du Destin, ouvrant avec effort
Leurs ongles qui pressaient nos races désolées;

Sous leur robe aux longs plis voilant leurs pieds d'airain,
Leur main inexorable et leur face inflexible;
Montant avec lenteur en innombrable essaim,

D'un vol inaperçu, sans ailes, insensible,
Comme apparaît au soir, vers l'horizon lointain,
D'un nuage orageux l'ascension paisible.

— Un soupir de bonheur sortit du cœur humain;
La terre frissonna dans son orbite immense,
Comme un cheval frémit délivré de son frein.

Tous les astres émus restèrent en silence,
Attendant avec l'Homme, en la même stupeur,
Le suprême décret de la Toute-Puissance,

ALFRED DE VIGNY

Quand ces filles du Ciel, retournant au Seigneur,
Comme ayant retrouvé leurs régions natales,
Autour de Jéhovah se rangèrent en chœur,

D'un mouvement pareil levant leurs mains fatales,
Puis chantant d'une voix leur hymne de douleur
Et baissant à la fois leurs fronts calmes et pâles:

« Nous venons demander la Loi de l'avenir.
Nous sommes, ô Seigneur, les froides Destinées
Dont l'antique pouvoir ne devait point faillir.

« Nous roulions sous nos doigts les jours et les années:
Devons-nous vivre encore ou devons-nous finir,
Des Puissances du ciel, nous, les fortes aînées?

« Vous détruisez d'un coup le grand piège du Sort
Où tombaient tour à tour les races consternées:
Faut-il combler la fosse et briser le ressort?

« Ne mènerons-nous plus ce troupeau faible et morne,
Ces hommes d'un moment, ces condamnés à mort,
Jusqu'au bout du chemin dont nous posions la borne?

« Le moule de la vie était creusé par nous.
Toutes les Passions y répandaient leur lave,
Et les événements venaient s'y fondre tous.

« Sur les tables d'airain où notre loi se grave,
Vous effacez le nom de la Fatalité,
Vous déliez les pieds de l'Homme notre esclave.

« Qui va porter le poids dont s'est épouvanté
Tout ce qui fut créé? ce poids sur la pensée,
Dont le nom est en bas: Responsabilité? »

ALFRED DE VIGNY

Il se fit un silence, et la Terre affaissée
S'arrêta comme fait la barque sans rameurs
Sur les flots orageux, dans la nuit balancée.

Une voix descendit, venant de ces hauteurs
Où s'engendrent, sans fin, les mondes dans l'espace;
Cette voix de la Terre emplit les profondeurs:

« Retournez en mon nom, Reines, je suis la Grâce.
L'Homme sera toujours un nageur incertain
Dans les ondes du temps qui se mesure et passe.

« Vous toucherez son front, ô filles du Destin!
Son bras ouvrira l'eau, qu'elle soit haute ou basse,
Voulant trouver sa place et deviner sa fin.

« Il sera plus heureux, se croyant maître et libre
En luttant contre vous dans un combat mauvais
Où moi seule, d'en haut, je tiendrai l'équilibre.

« De moi naîtra son souffle et sa force à jamais.
Son mérite est le mien, sa loi perpétuelle:
Faire ce que je veux pour venir où je sais. »

Et le chœur descendit vers sa proie éternelle
Afin d'y ressaisir sa domination
Sur la race timide, incomplète et rebelle.

On entendit venir la sombre Légion
Et retomber les pieds des femmes inflexibles,
Comme sur nos caveaux tombe un cercueil de plomb.

ALFRED DE VIGNY

Chacune prit chaque homme en ses mains invisibles;
Mais, plus forte à présent, dans ce sombre duel,
Notre âme en deuil combat ces Esprits impassibles.

Nous soulevons parfois leur doigt faux et cruel.
La Volonté transporte à des hauteurs sublimes
Notre front éclairé par un rayon du ciel.

Cependant sur nos caps, sur nos rocs, sur nos cimes,
Leur doigt rude et fatal se pose devant nous
Et, d'un coup, nous renverse au fond des noirs abîmes.

Oh! dans quel désespoir nous sommes encor tous!
Vous avez élargi le COLLIER qui nous lie,
Mais qui donc tient la chaîne? — Ah! Dieu juste, est-ce
    vous!

Arbitre libre et fier des actes de sa vie,
Si notre cœur s'entr'ouvre au parfum des vertus,
S'il s'embrase à l'amour, s'il s'élève au génie,

Que l'ombre des Destins, Seigneur, n'oppose plus
A nos belles ardeurs une immuable entrave,
A nos efforts sans fin des coups inattendus!

O sujet d'épouvante à troubler le plus brave!
Question sans réponse où vos Saints se sont tus!
O mystère! ô tourment de l'âme forte et grave!

Notre mot éternel est-il: C'ÉTAIT ÉCRIT?
SUR LE LIVRE DE DIEU, dit l'Orient esclave;
Et l'Occident répond: SUR LE LIVRE DU CHRIST.

ALFRED DE VIGNY

La Mort du Loup

I

Les nuages couraient sur la lune enflammée
Comme sur l'incendie on voit fuir la fumée,
Et les bois étaient noirs jusques à l'horizon.
Nous marchions, sans parler, dans l'humide gazon,
Dans la bruyère épaisse et dans les hautes brandes,
Lorsque, sous des sapins pareils à ceux des Landes,
Nous avons aperçu les grands ongles marqués
Par les loups voyageurs que nous avions traqués.
Nous avons écouté, retenant notre haleine
Et le pas suspendu. — Ni le bois ni la plaine
Ne poussaient un soupir dans les airs; seulement
La girouette en deuil criait au firmament;
Car le vent, élevé bien au-dessus des terres,
N'effleurait de ses pieds que les tours solitaires,
Et les chênes d'en bas, contre les rocs penchés,
Sur leurs coudes semblaient endormis et couchés.
Rien ne bruissait donc, lorsque, baissant la tête,
Le plus vieux des chasseurs qui s'étaient mis en quête
A regardé le sable en s'y couchant; bientôt,
Lui que jamais ici l'on ne vit en défaut,
A déclaré tout bas que ces marques récentes
Annonçaient la démarche et les griffes puissantes
De deux grands loups-cerviers et de deux louveteaux.
Nous avons tous alors préparé nos couteaux
Et, cachant nos fusils et leurs lueurs trop blanches,
Nous allions pas à pas en écartant les branches.
Trois s'arrêtent, et moi, cherchant ce qu'ils voyaient,
J'aperçois tout à coup deux yeux qui flamboyaient,
Et je vois au delà quatre formes légères

ALFRED DE VIGNY

Qui dansaient sous la lune au milieu des bruyères,
Comme font chaque jour, à grand bruit, sous nos yeux,
Quand le maître revient, les lévriers joyeux.
Leur forme était semblable, et semblable la danse ;
Mais les enfants du Loup se jouaient en silence,
Sachant bien qu'à deux pas, ne dormant qu'à demi,
Se couche dans ses murs l'homme, leur ennemi.
Le père était debout, et plus loin, contre un arbre,
Sa louve reposait comme celle de marbre
Qu'adoraient les Romains, et dont les flancs velus
Couvaient les demi-dieux Rémus et Romulus.
Le Loup vient et s'assied, les deux jambes dressées
Par leurs ongles crochus dans le sable enfoncées.
Il s'est jugé perdu, puisqu'il était surpris,
Sa retraite coupée et tous ses chemins pris ;
Alors il a saisi, dans sa gueule brûlante,
Du chien le plus hardi la gorge pantelante
Et n'a pas desserré ses mâchoires de fer,
Malgré nos coups de feu qui traversaient sa chair
Et nos couteaux aigus qui, comme des tenailles,
Se croisaient en plongeant dans ses larges entrailles,
Jusqu'au dernier moment où le chien étranglé,
Mort longtemps avant lui, sous ses pieds a roulé.
Le Loup le quitte alors et puis il nous regarde.
Les couteaux lui restaient au flanc jusqu'à la garde,
Le clouaient au gazon tout baigné dans son sang ;
Nos fusils l'entouraient en sinistre croissant.
Il nous regarde encore, ensuite il se recouche,
Tout en léchant le sang répandu sur sa bouche,
Et, sans daigner savoir comment il a péri,
Refermant ses grands yeux, meurt sans jeter un cri.

ALFRED DE VIGNY

II

J'ai reposé mon front sur mon fusil sans poudre,
Me prenant à penser, et n'ai pu me résoudre
A poursuivre sa Louve et ses fils, qui, tous trois,
Avaient voulu l'attendre, et, comme je le crois,
Sans ses deux louveteaux, la belle et sombre veuve
Ne l'eût pas laissé seul subir la grande épreuve;
Mais son devoir était de les sauver, afin
De pouvoir leur apprendre à bien souffrir la faim,
A ne jamais entrer dans le pacte des villes
Que l'homme a fait avec les animaux serviles
Qui chassent devant lui, pour avoir le coucher,
Les premiers possesseurs du bois et du rocher.

III

Hélas! ai-je pensé, malgré ce grand nom d'Hommes,
Que j'ai honte de nous, débiles que nous sommes!
Comment on doit quitter la vie et tous ses maux,
C'est vous qui le savez, sublimes animaux!
A voir ce que l'on fut sur terre et ce qu'on laisse,
Seul le silence est grand; tout le reste est faiblesse.
— Ah! je t'ai bien compris, sauvage voyageur,
Et ton dernier regard m'est allé jusqu'au cœur!
Il disait: « Si tu peux, fais que ton âme arrive,
A force de rester studieuse et pensive,
Jusqu'à ce haut degré de stoïque fierté
Où, naissant dans les bois, j'ai tout d'abord monté.
Gémir, pleurer, prier, est également lâche.
Fais énergiquement ta longue et lourde tâche
Dans la voie où le Sort a voulu t'appeler.
Puis après, comme moi, souffre et meurs sans parler. »

ALFRED DE VIGNY
La Bouteille à la Mer

I

COURAGE, ô faible enfant, de qui ma solitude
Reçoit ces chants plaintifs, sans nom, que vous jetez
Sous mes yeux ombragés du camail de l'étude.
Oubliez les enfants par la mort arrêtés;
Oubliez Chatterton, Gilbert et Malfilâtre;
De l'œuvre d'avenir saintement idolâtre,
Enfin, oubliez l'homme en vous-même. — Écoutez:

II

Quand un grave marin voit que le vent l'emporte
Et que les mâts brisés pendent tous sur le pont,
Que dans son grand duel la mer est la plus forte
Et que par des calculs l'esprit en vain répond;
Que le courant l'écrase et le roule en sa course,
Qu'il est sans gouvernail, et partant sans ressource,
Il se croise les bras dans un calme profond.

III

Il voit les masses d'eau, les toise et les mesure,
Les méprise en sachant qu'il en est écrasé,
Soumet son âme au poids de la matière impure
Et se sent mort ainsi que son vaisseau rasé.
— A de certains moments, l'âme est sans résistance;
Mais le penseur s'isole et n'attend d'assistance
Que de la forte foi dont il est embrasé.

IV

Dans les heures du soir, le jeune Capitaine
A fait ce qu'il a pu pour le salut des siens.
Nul vaisseau n'apparaît sur la vague lointaine,
La nuit tombe, et le brick court aux rocs indiens.

ALFRED DE VIGNY

— Il se résigne, il prie; il se recueille, il pense
A Celui qui soutient les pôles et balance
L'équateur hérissé des longs méridiens.

v

Son sacrifice est fait; mais il faut que la terre
Recueille du travail le pieux monument.
C'est le journal savant, le calcul solitaire,
Plus rare que la perle et que le diamant;
C'est la carte des flots faite dans la tempête,
La carte de l'écueil qui va briser sa tête:
Aux voyageurs futurs sublime testament.

vi

Il écrit: « Aujourd'hui, le courant nous entraîne,
Désemparés, perdus, sur la Terre-de-Feu.
Le courant porte à l'est. Notre mort est certaine:
Il faut cingler au nord pour bien passer ce lieu.
— Ci-joint est mon journal, portant quelques études
Des constellations des hautes latitudes.
Qu'il aborde, si c'est la volonté de Dieu! »

vii

Puis, immobile et froid, comme le cap des Brumes
Qui sert de sentinelle au détroit Magellan,
Sombre comme ces rocs au front chargé d'écumes,
Ces pics noirs dont chacun porte un deuil castillan,
Il ouvre une bouteille et la choisit très forte,
Tandis que son vaisseau, que le courant emporte,
Tourne en un cercle étroit comme un vol de milan.

ALFRED DE VIGNY

VIII

Il tient dans une main cette vieille compagne,
Ferme, de l'autre main, son flanc noir et terni.
Le cachet porte encor le blason de Champagne:
De la mousse de Reims son col vert est jauni.
D'un regard, le marin en soi-même rappelle
Quel jour il assembla l'équipage autour d'elle,
Pour porter un grand toste au pavillon béni.

IX

On avait mis en panne, et c'était grande fête;
Chaque homme sur son mât tenait le verre en main;
Chacun à son signal se découvrit la tête
Et répondit d'en haut par un hourra soudain.
Le soleil souriant dorait les voiles blanches;
L'air ému répétait ces voix mâles et franches,
Ce noble appel de l'homme à son pays lointain.

X

Après le cri de tous, chacun rêve en silence.
Dans la mousse d'Aï luit l'éclair d'un bonheur;
Tout au fond de son verre il aperçoit la France.
La France est pour chacun ce qu'y laissa son cœur:
L'un y voit son vieux père assis au coin de l'âtre,
Comptant ses jours d'absence; à la table du pâtre,
Il voit sa chaise vide à côté de sa sœur.

XI

Un autre y voit Paris, où sa fille penchée
Marque avec les compas tous les souffles de l'air,
Ternit de pleurs la glace où l'aiguille est cachée,
Et cherche à ramener l'aimant avec le fer.

ALFRED DE VIGNY

Un autre y voit Marseille. Une femme se lève,
Court au port et lui tend un mouchoir de la grève,
Et ne sent pas ses pieds enfoncés dans la mer.

XII

O superstition des amours ineffables,
Murmures de nos cœurs qui nous semblez des voix
Calculs de la science, ô décevantes fables !
Pourquoi nous apparaître en un jour tant de fois ?
Pourquoi vers l'horizon nous tendre ainsi des pièges ?
Espérances roulant comme roulent les neiges ;
Globes toujours pétris et fondus sous nos doigts !

XIII

Où sont-ils à présent ? Où sont ces trois cents braves ?
Renversés par le vent dans les courants maudits,
Aux harpons indiens ils portent pour épaves
Leurs habits déchirés sur leurs corps refroidis.
Les savants officiers, la hache à la ceinture,
Ont péri les premiers en coupant la mâture :
Ainsi de ces trois cents il n'en reste que dix !

XIV

Le Capitaine encor jette un regard au pôle
Dont il vient d'explorer les détroits inconnus.
L'eau monte à ses genoux et frappe son épaule ;
Il peut lever au ciel l'un de ses deux bras nus.
Son navire est coulé, sa vie est révolue :
Il lance la Bouteille à la mer, et salue
Les jours de l'avenir qui pour lui sont venus.

ALFRED DE VIGNY

XV

Il sourit en songeant que ce fragile verre
Portera sa pensée et son nom jusqu'au port,
Que d'une île inconnue il agrandit la terre,
Qu'il marque un nouvel astre et le confie au sort:
Que Dieu peut bien permettre à des eaux insensées
De perdre des vaisseaux, mais non pas des pensées;
Et qu'avec un flacon il a vaincu la mort.

XVI

Tout est dit. A présent, que Dieu lui soit en aide!
Sur le brick englouti l'onde a pris son niveau.
Au large flot de l'est le flot de l'ouest succède,
Et la Bouteille y roule en son vaste berceau.
Seule dans l'Océan, la frêle passagère
N'a pas pour se guider une brise légère;
Mais elle vient de l'arche et porte le rameau.

XVII

Les courants l'emportaient, les glaçons la retiennent
Et la couvrent des plis d'un épais manteau blanc.
Les noirs chevaux de mer la heurtent, puis reviennent
La flairer avec crainte, et passent en soufflant.
Elle attend que l'été, changeant ses destinées,
Vienne ouvrir le rempart des glaces obstinées,
Et vers la ligne ardente elle monte en roulant.

XVIII

Un jour, tout était calme et la mer Pacifique,
Par ses vagues d'azur, d'or et de diamant,
Renvoyait ses splendeurs au soleil du tropique.

ALFRED DE VIGNY

Un navire passait majestueusement;
Il a vu la Bouteille aux gens de mer sacrée:
Il couvre de signaux sa flamme diaprée,
Lance un canot en mer et s'arrête un moment.

XIX

Mais on entend au loin le canon des corsaires;
Le négrier va fuir s'il peut prendre le vent.
Alerte! et coulez bas ces sombres adversaires!
Noyez or et bourreaux du couchant au levant!
La frégate reprend ses canots et les jette
En son sein, comme fait la sarigue inquiète,
Et par voile et vapeur vole et roule en avant.

XX

Seule dans l'Océan, seule toujours! — Perdue
Comme un point invisible en un mouvant désert,
L'aventurière passe errant dans l'étendue
Et voit tel cap secret qui n'est pas découvert.
Tremblante voyageuse à flotter condamnée,
Elle sent sur son col que depuis une année
L'algue et les goémons lui font un manteau vert.

XXI

Un soir enfin, les vents qui soufflent des Florides
L'entraînent vers la France et ses bords pluvieux.
Un pêcheur accroupi sous des rochers arides
Tire dans ses filets le flacon précieux.
Il court, cherche un savant et lui montre sa prise,
Et, sans l'oser ouvrir, demande qu'on lui dise
Quel est cet élixir noir et mystérieux.

ALFRED DE VIGNY

XXII

Quel est cet élixir ? Pêcheur, c'est la science,
C'est l'élixir divin que boivent les esprits,
Trésor de la pensée et de l'expérience ;
Et si tes lourds filets, ô pêcheur, avaient pris
L'or qui toujours serpente aux veines du Mexique,
Les diamants de l'Inde et les perles d'Afrique,
Ton labeur de ce jour aurait eu moins de prix.

XXIII

Regarde. — Quelle joie ardente et sérieuse !
Une gloire de plus luit dans la nation.
Le canon tout-puissant et la cloche pieuse
Font sur les toits tremblants bondir l'émotion.
Aux héros du savoir plus qu'à ceux des batailles
On va faire aujourd'hui de grandes funérailles.
Lis ce mot sur les murs: « Commémoration ! »

XXIV

Souvenir éternel ! gloire à la découverte
Dans l'homme ou la nature, égaux en profondeur,
Dans le Juste et le Bien, source à peine entr'ouverte,
Dans l'Art inépuisable, abîme de splendeur !
Qu'importe oubli, morsure, injustice insensée,
Glaces et tourbillons de notre traversée ?
Sur la pierre des morts croît l'arbre de grandeur.

XXV

Cet arbre est le plus beau de la terre promise,
C'est votre phare à tous, penseurs laborieux !
Voguez sans jamais craindre ou les flots ou la brise
Pour tout trésor scellé du cachet précieux.

ALFRED DE VIGNY

L'or pur doit surnager, et sa gloire est certaine.
Dites en souriant, comme ce capitaine:
« Qu'il aborde, si c'est la volonté des Dieux! »

XXVI

Le vrai Dieu, le Dieu fort, est le Dieu des idées!
Sur nos fronts où le germe est jeté par le sort,
Répandons le savoir en fécondes ondées;
Puis, recueillant le fruit tel que de l'âme il sort,
Tout empreint du parfum des saintes solitudes,
Jetons l'œuvre à la mer, la mer des multitudes:
— Dieu la prendra du doigt pour la conduire au port.

VICTOR-MARIE HUGO
1802–†1885

251 *Lorsque l'enfant paraît...*

Lorsque l'enfant paraît, le cercle de famille
Applaudit à grands cris. Son doux regard qui brille
    Fait briller tous les yeux,
Et les plus tristes fronts, les plus souillés peut-être,
Se dérident soudain à voir l'enfant paraître,
    Innocent et joyeux.

Soit que juin ait verdi mon seuil, ou que novembre
Fasse autour d'un grand feu vacillant dans la chambre
    Les chaises se toucher,
Quand l'enfant vient, la joie arrive et nous éclaire.
On rit, on se récrie, on l'appelle, et sa mère
    Tremble à le voir marcher.

VICTOR HUGO

Quelquefois nous parlons, en remuant la flamme,
De patrie et de Dieu, des poëtes, de l'âme
      Qui s'élève en priant;
L'enfant paraît, adieu le ciel et la patrie
Et les poëtes saints! la grave causerie
      S'arrête en souriant.

La nuit, quand l'homme dort, quand l'esprit rêve, à l'heure
Où l'on entend gémir, comme une voix qui pleure,
      L'onde entre les roseaux,
Si l'aube tout à coup là-bas luit comme un phare,
Sa clarté dans les champs éveille une fanfare
      De cloches et d'oiseaux.

Enfant, vous êtes l'aube et mon âme est la plaine
Qui des plus douces fleurs embaume son haleine
      Quand vous la respirez;
Mon âme est la forêt dont les sombres ramures
S'emplissent pour vous seul de suaves murmures
      Et de rayons dorés.

Car vos beaux yeux sont pleins de douceurs infinies,
Car vos petites mains, joyeuses et bénies,
      N'ont point mal fait encor;
Jamais vos jeunes pas n'ont touché notre fange,
Tête sacrée! enfant aux cheveux blonds! bel ange
      A l'auréole d'or!

Vous êtes parmi nous la colombe de l'arche.
Vos pieds tendres et purs n'ont point l'âge où l'on marche,
      Vos ailes sont d'azur.
Sans le comprendre encor vous regardez le monde.
Double virginité! corps où rien n'est immonde,
      Ame où rien n'est impur!

Il est si beau, l'enfant, avec son doux sourire,
Sa douce bonne foi, sa voix qui veut tout dire,
      Ses pleurs vite apaisés,
Laissant errer sa vue étonnée et ravie,
Offrant de toutes parts sa jeune âme à la vie
      Et sa bouche aux baisers!

Seigneur! préservez-moi, préservez ceux que j'aime,
Frères, parents, amis, et mes ennemis même
      Dans le mal triomphants,
De jamais voir, Seigneur, l'été sans fleurs vermeilles,
La cage sans oiseaux, la ruche sans abeilles,
      La maison sans enfants!

Guitare

GASTIBELZA, l'homme à la carabine,
      Chantait ainsi:
« Quelqu'un a-t-il connu doña Sabine?
      Quelqu'un d'ici?
Dansez, chantez, villageois! la nuit gagne
      Le mont Falù.
— Le vent qui vient à travers la montagne
      Me rendra fou!

« Quelqu'un de vous a-t-il connu Sabine,
      Ma señora?
Sa mère était la vieille maugrabine
      D'Antequera,
Qui chaque nuit criait dans la Tour-Magne
      Comme un hibou... —
Le vent qui vient à travers la montagne
      Me rendra fou.

VICTOR HUGO

« Dansez, chantez ! Des biens que l'heure envoie,
        Il faut user.
Elle était jeune et son œil plein de joie
        Faisait penser. —
A ce vieillard qu'un enfant accompagne
        Jetez un sou !... —
Le vent qui vient à travers la montagne
        Me rendra fou.

« Vraiment, la reine eût près d'elle été laide
        Quand, vers le soir,
Elle passait sur le pont de Tolède
        En corset noir.
Un chapelet du temps de Charlemagne
        Ornait son cou... —
Le vent qui vient à travers la montagne
        Me rendra fou.

« Le roi disait, en la voyant si belle,
        A son neveu:
— Pour un baiser, pour un sourire d'elle,
        Pour un cheveu,
Infant don Ruy, je donnerais l'Espagne
        Et le Pérou ! —
Le vent qui vient à travers la montagne
        Me rendra fou.

« Je ne sais pas si j'aimais cette dame,
        Mais je sais bien
Que, pour avoir un regard de son âme,
        Moi, pauvre chien,

VICTOR HUGO

J'aurais gaîment passé dix ans au bagne
        Sous le verrou ... —
Le vent qui vient à travers la montagne
        Me rendra fou.

« Un jour d'été que tout était lumière,
        Vie et douceur,
Elle s'en vint jouer dans la rivière
        Avec sa sœur,
Je vis le pied de sa jeune compagne
        Et son genou ... —
Le vent qui vient à travers la montagne
        Me rendra fou.

« Quand je voyais cette enfant, moi le pâtre
        De ce canton
Je croyais voir la belle Cléopâtre,
        Qui, nous dit-on,
Menait César, empereur d'Allemagne,
        Par le licou ... —
Le vent qui vient à travers la montagne
        Me rendra fou.

« Dansez, chantez, villageois, la nuit tombe.
        Sabine, un jour,
A tout vendu, sa beauté de colombe,
        Et son amour,
Pour l'anneau d'or du comte de Saldagne,
        Pour un bijou ... —
Le vent qui vient à travers la montagne
        Me rendra fou.

VICTOR HUGO

« Sur ce vieux banc souffrez que je m'appuie,
   Car je suis las.
Avec ce comte elle s'est donc enfuie,
   Enfuie, hélas !
Par le chemin qui va vers la Cerdagne
   Je ne sais où ... —
Le vent qui vient à travers la montagne
   Me rendra fou.

« Je la voyais passer de ma demeure,
   Et c'était tout,
Mais à présent je m'ennuie à toute heure,
   Plein de dégoût,
Rêveur oisif, l'âme dans la campagne,
   La dague au clou ... —
Le vent qui vient à travers la montagne
   M'a rendu fou ! »

253   *Oceano Nox*

OH ! combien de marins, combien de capitaines
Qui sont partis joyeux pour des courses lointaines,
Dans ce morne horizon se sont évanouis !
Combien ont disparu, dure et triste fortune !
Dans une mer sans fond, par une nuit sans lune,
Sous l'aveugle océan à jamais enfouis !

Combien de patrons morts avec leurs équipages !
L'ouragan de leur vie a pris toutes les pages,
Et d'un souffle il a tout dispersé sur les flots !
Nul ne saura leur fin dans l'abîme plongée.
Chaque vague en passant d'un butin s'est chargée;
L'une a saisi l'esquif, l'autre les matelots !

VICTOR HUGO

Nul ne sait votre sort, pauvres têtes perdues !
Vous roulez à travers les sombres étendues,
Heurtant de vos fronts morts des écueils inconnus.
Oh ! que de vieux parents, qui n'avaient plus qu'un rêve,
Sont morts en attendant tous les jours sur la grève
      Ceux qui ne sont pas revenus !

On s'entretient de vous parfois dans les veillées.
Maint joyeux cercle, assis sur des ancres rouillées,
Mêle encor quelque temps vos noms d'ombre couverts
Aux rires, aux refrains, aux récits d'aventures,
Aux baisers qu'on dérobe à vos belles futures,
Tandis que vous dormez dans les goëmons verts !

On demande : — Où sont-ils ? sont-ils rois dans quelque île ?
Nous ont-ils délaissés pour un bord plus fertile ? —
Puis votre souvenir même est enseveli.
Le corps se perd dans l'eau, le nom dans la mémoire.
Le temps, qui sur toute ombre en verse une plus noire,
Sur le sombre océan jette le sombre oubli.

Bientôt des yeux de tous votre ombre est disparue.
L'un n'a-t-il pas sa barque et l'autre sa charrue ?
Seules, durant ces nuits où l'orage est vainqueur,
Vos veuves aux fronts blancs, lasses de vous attendre,
Parlent encor de vous en remuant la cendre
      De leur foyer et de leur cœur !

Et quand la tombe enfin a fermé leur paupière,
Rien ne sait plus vos noms, pas même une humble pierre
Dans l'étroit cimetière où l'écho nous répond,
Pas même un saule vert qui s'effeuille à l'automne,
Pas même la chanson naïve et monotone
Que chante un mendiant à l'angle d'un vieux pont !

VICTOR HUGO

Où sont-ils, les marins sombrés dans les nuits noires?
O flots, que vous avez de lugubres histoires!
Flots profonds, redoutés des mères à genoux!
Vous vous les racontez en montant les marées,
Et c'est ce qui vous fait ces voix désespérées
Que vous avez le soir quand vous venez vers nous!

254 *Nuits de Juin*

L'ÉTÉ, lorsque le jour a fui, de fleurs couverte
 La plaine verse au loin un parfum enivrant;
Les yeux fermés, l'oreille aux rumeurs entr'ouverte,
On ne dort qu'à demi d'un sommeil transparent.

Les astres sont plus purs, l'ombre paraît meilleure;
Un vague demi-jour teint le dôme éternel;
Et l'aube douce et pâle, en attendant son heure,
Semble toute la nuit errer au bas du ciel.

255 *L'Expiation*

I

IL neigeait. On était vaincu par sa conquête.
 Pour la première fois l'aigle baissait la tête.
Sombres jours! l'empereur revenait lentement,
Laissant derrière lui brûler Moscou fumant.
Il neigeait. L'âpre hiver fondait en avalanche.
Après la plaine blanche une autre plaine blanche.
On ne connaissait plus les chefs ni le drapeau.
Hier la grande armée, et maintenant troupeau.
On ne distinguait plus les ailes ni le centre.

VICTOR HUGO

Il neigeait. Les blessés s'abritaient dans le ventre
Des chevaux morts; au seuil des bivouacs désolés
On voyait des clairons à leur poste gelés,
Restés debout, en selle et muets, blancs de givre,
Collant leur bouche en pierre aux trompettes de cuivre.
Boulets, mitraille, obus, mêlés aux flocons blancs,
Pleuvaient; les grenadiers, surpris d'être tremblants,
Marchaient pensifs, la glace à leur moustache grise.
Il neigeait, il neigeait toujours! La froide bise
Sifflait; sur le verglas, dans des lieux inconnus,
On n'avait pas de pain et l'on allait pieds nus.
Ce n'étaient plus des cœurs vivants, des gens de guerre,
C'était un rêve errant dans la brume, un mystère,
Une procession d'ombres sur le ciel noir.
La solitude, vaste, épouvantable à voir,
Partout apparaissait, muette vengeresse.
Le ciel faisait sans bruit avec la neige épaisse
Pour cette immense armée un immense linceul;
Et, chacun se sentant mourir, on était seul.
— Sortira-t-on jamais de ce funeste empire?
Deux ennemis! le czar, le nord. Le nord est pire.
On jetait les canons pour brûler les affûts.
Qui se couchait, mourait. Groupe morne et confus,
Ils fuyaient; le désert dévorait le cortège.
On pouvait, à des plis qui soulevaient la neige,
Voir que des régiments s'étaient endormis là.
O chutes d'Annibal! lendemains d'Attila!
Fuyards, blessés, mourants, caissons, brancards, civières,
On s'écrasait aux ponts pour passer les rivières,
On s'endormait dix mille, on se réveillait cent.
Ney, que suivait naguère une armée, à présent
S'évadait, disputant sa montre à trois cosaques.

VICTOR HUGO

Toutes les nuits, qui-vive! alerte! assauts! attaques!
Ces fantômes prenaient leur fusil, et sur eux
Ils voyaient se ruer, effrayants, ténébreux,
Avec des cris pareils aux voix des vautours chauves,
D'horribles escadrons, tourbillons d'hommes fauves.
Toute une armée ainsi dans la nuit se perdait.
L'empereur était là, debout, qui regardait.
Il était comme un arbre en proie à la cognée.
Sur ce géant, grandeur jusqu'alors épargnée,
Le malheur, bûcheron sinistre, était monté;
Et lui, chêne vivant, par la hache insulté,
Tressaillant sous le spectre aux lugubres revanches,
Il regardait tomber autour de lui ses branches.
Chefs, soldats, tous mouraient. Chacun avait son tour.
Tandis qu'environnant sa tente avec amour,
Voyant son ombre aller et venir sur la toile,
Ceux qui restaient, croyant toujours à son étoile,
Accusaient le destin de lèse-majesté,
Lui se sentit soudain dans l'âme épouvanté.
Stupéfait du désastre et ne sachant que croire,
L'empereur se tourna vers Dieu; l'homme de gloire
Trembla; Napoléon comprit qu'il expiait
Quelque chose peut-être, et, livide, inquiet,
Devant ses légions sur la neige semées:
— Est-ce le châtiment, dit-il, Dieu des armées? —
Alors il s'entendit appeler par son nom
Et quelqu'un qui parlait dans l'ombre lui dit: Non.

II

Waterloo! Waterloo! Waterloo! morne plaine!
Comme une onde qui bout dans une urne trop pleine,
Dans ton cirque de bois, de coteaux, de vallons,

VICTOR HUGO

La pâle mort mêlait les sombres bataillons.
D'un côté c'est l'Europe et de l'autre la France.
Choc sanglant! des héros Dieu trompait l'espérance;
Tu désertais, victoire, et le sort était las.
O Waterloo! je pleure et je m'arrête, hélas!
Car ces derniers soldats de la dernière guerre
Furent grands; ils avaient vaincu toute la terre,
Chassé vingt rois, passé les Alpes et le Rhin,
Et leur âme chantait dans les clairons d'airain!

Le soir tombait; la lutte était ardente et noire.
Il avait l'offensive et presque la victoire;
Il tenait Wellington acculé sur un bois.
Sa lunette à la main il observait parfois
Le centre du combat, point obscur où tressaille
La mêlée, effroyable et vivante broussaille,
Et parfois l'horizon, sombre comme la mer.
Soudain, joyeux, il dit: Grouchy! — C'était Blücher!
L'espoir changea de camp, le combat changea d'âme,
La mêlée en hurlant grandit comme une flamme.
La batterie anglaise écrasa nos carrés.
La plaine où frissonnaient nos drapeaux déchirés
Ne fut plus, dans les cris des mourants qu'on égorge,
Qu'un gouffre flamboyant, rouge comme une forge;
Gouffre où les régiments, comme des pans de murs,
Tombaient, où se couchaient comme des épis mûrs
Les hauts tambours-majors aux panaches énormes,
Où l'on entrevoyait des blessures difformes!
Carnage affreux! moment fatal! L'homme inquiet
Sentit que la bataille entre ses mains pliait.
Derrière un mamelon la garde était massée,
La garde, espoir suprême et suprême pensée!

VICTOR HUGO

— Allons! faites donner la garde, cria-t-il, —
Et lanciers, grenadiers aux guêtres de coutil,
Dragons que Rome eût pris pour des légionnaires,
Cuirassiers, canonniers qui traînaient des tonnerres,
Portant le noir colback ou le casque poli,
Tous, ceux de Friedland et ceux de Rivoli,
Comprenant qu'ils allaient mourir dans cette fête,
Saluèrent leur dieu, debout dans la tempête.
Leur bouche, d'un seul cri, dit: vive l'empereur!
Puis, à pas lents, musique en tête, sans fureur,
Tranquille, souriant à la mitraille anglaise,
La garde impériale entra dans la fournaise.
Hélas! Napoléon, sur sa garde penché,
Regardait; et, sitôt qu'ils avaient débouché
Sous les sombres canons crachant des jets de soufre,
Voyait, l'un après l'autre, en cet horrible gouffre,
Fondre ces régiments de granit et d'acier,
Comme fond une cire au souffle d'un brasier.
Ils allaient, l'arme au bras, front haut, graves, stoïques,
Pas un ne recula. Dormez, morts héroïques!
Le reste de l'armée hésitait sur leurs corps
Et regardait mourir la garde. — C'est alors
Qu'élevant tout à coup sa voix désespérée,
La Déroute, géante à la face effarée,
Qui, pâle, épouvantant les plus fiers bataillons,
Changeant subitement les drapeaux en haillons,
A de certains moments, spectre fait de fumées,
Se lève grandissante au milieu des armées,
La Déroute apparut au soldat qui s'émeut,
Et, se tordant les bras, cria: Sauve qui peut!
Sauve qui peut! affront! horreur! toutes les bouches
Criaient; à travers champs, fous, éperdus, farouches,

VICTOR HUGO

Comme si quelque souffle avait passé sur eux,
Parmi les lourds caissons et les fourgons poudreux,
Roulant dans les fossés, se cachant dans les seigles,
Jetant shakos, manteaux, fusils, jetant les aigles,
Sous les sabres prussiens, ces vétérans, ô deuil!
Tremblaient, hurlaient, pleuraient, couraient. — En un
    clin d'œil,
Comme s'envole au vent une paille enflammée,
S'évanouit ce bruit qui fut la grande armée,
Et cette plaine, hélas, où l'on rêve aujourd'hui,
Vit fuir ceux devant qui l'univers avait fui!
Quarante ans sont passés, et ce coin de la terre,
Waterloo, ce plateau funèbre et solitaire,
Ce champ sinistre où Dieu mêla tant de néants,
Tremble encor d'avoir vu la fuite des géants!

Napoléon les vit s'écouler comme un fleuve;
Hommes, chevaux, tambours, drapeaux; et dans l'épreuve
Sentant confusément revenir son remords,
Levant les mains au ciel, il dit: — Mes soldats morts,
Moi vaincu! mon empire est brisé comme verre.
Est-ce le châtiment cette fois, Dieu sévère? —
Alors parmi les cris, les rumeurs, le canon,
Il entendit la voix qui lui répondait: Non!

III

Il croula. Dieu changea la chaîne de l'Europe.

Il est, au fond des mers que la brume enveloppe,
Un roc hideux, débris des antiques volcans.
Le Destin prit des clous, un marteau, des carcans,
Saisit, pâle et vivant, ce voleur du tonnerre,

VICTOR HUGO

Et, joyeux, s'en alla sur le pic centenaire
Le clouer, excitant par son rire moqueur
Le vautour Angleterre à lui ronger le cœur.

Évanouissement d'une splendeur immense !
Du soleil qui se lève à la nuit qui commence,
Toujours l'isolement, l'abandon, la prison ;
Un soldat rouge au seuil, la mer à l'horizon.
Des rochers nus, des bois affreux, l'ennui, l'espace,
Des voiles s'enfuyant comme l'espoir qui passe,
Toujours le bruit des flots, toujours le bruit des vents !
Adieu, tente de pourpre aux panaches mouvants,
Adieu, le cheval blanc que César éperonne !
Plus de tambours battant aux champs, plus de couronne,
Plus de rois prosternés dans l'ombre avec terreur,
Plus de manteau traînant sur eux, plus d'empereur !
Napoléon était retombé Bonaparte.
Comme un romain blessé par la flèche du parthe,
Saignant, morne, il songeait à Moscou qui brûla.
Un caporal anglais lui disait: halte-là !
Son fils aux mains des rois, sa femme au bras d'un autre !
Plus vil que le pourceau qui dans l'égout se vautre,
Son sénat, qui l'avait adoré, l'insultait.
Au bord des mers, à l'heure où la bise se tait,
Sur les escarpements croulant en noirs décombres,
Il marchait, seul, rêveur, captif des vagues sombres.
Sur les monts, sur les flots, sur les cieux, triste et fier,
L'œil encore ébloui des batailles d'hier,
Il laissait sa pensée errer à l'aventure.
Grandeur, gloire, ô néant ! calme de la nature !
Les aigles qui passaient ne le connaissaient pas.
Les rois, ses guichetiers, avaient pris un compas

Et l'avaient enfermé dans un cercle inflexible.
Il expirait. La mort de plus en plus visible
Se levait dans sa nuit et croissait à ses yeux,
Comme le froid matin d'un jour mystérieux.
Son âme palpitait, déjà presque échappée.
Un jour enfin il mit sur son lit son épée,
Et se coucha près d'elle, et dit: c'est aujourd'hui !
On jeta le manteau de Marengo sur lui.
Ses batailles du Nil, du Danube, du Tibre,
Se penchaient sur son front; il dit: Me voici libre !
Je suis vainqueur ! je vois mes aigles accourir ! —
Et, comme il retournait sa tête pour mourir,
Il aperçut, un pied dans la maison déserte,
Hudson Lowe guettant par la porte entr'ouverte.
Alors, géant broyé sous le talon des rois,
Il cria: La mesure est comble cette fois !
Seigneur ! c'est maintenant fini ! Dieu que j'implore,
Vous m'avez châtié ! — La voix dit: — Pas encore !

256 *Puisque le juste . . .*

PUISQUE le juste est dans l'abîme,
Puisqu'on donne le sceptre au crime,
Puisque tous les droits sont trahis,
Puisque les plus fiers restent mornes,
Puisqu'on affiche au coin des bornes
Le déshonneur de mon pays;

O République de nos pères,
Grand Panthéon plein de lumières,
Dôme d'or dans le libre azur,

VICTOR HUGO

Temple des ombres immortelles,
Puisqu'on vient avec des échelles
Coller l'empire sur ton mur;

Puisque toute âme est affaiblie,
Puisqu'on rampe, puisqu'on oublie
Le vrai, le pur, le grand, le beau,
Les yeux indignés de l'histoire,
L'honneur, la loi, le droit, la gloire,
Et ceux qui sont dans le tombeau;

Je t'aime, exil! douleur, je t'aime!
Tristesse, sois mon diadème!
Je t'aime, altière pauvreté!
J'aime ma porte aux vents battue.
J'aime le deuil, grave statue
Qui vient s'asseoir à mon côté.

J'aime le malheur qui m'éprouve,
Et cette ombre où je vous retrouve,
O vous à qui mon cœur sourit,
Dignité, foi, vertu voilée,
Toi, liberté, fière exilée,
Et toi, dévouement, grand proscrit!

J'aime cette île solitaire,
Jersey, que la libre Angleterre
Couvre de son vieux pavillon,
L'eau noire, par moments accrue,
Le navire, errante charrue,
Le flot, mystérieux sillon.

J'aime ta mouette, ô mer profonde,
Qui secoue en perles ton onde
Sur son aile aux fauves couleurs,
Plonge dans les lames géantes,
Et sort de ces gueules béantes
Comme l'âme sort des douleurs.

J'aime la roche solennelle
D'où j'entends la plainte éternelle,
Sans trêve comme le remords,
Toujours renaissant dans les ombres,
Des vagues sur les écueils sombres,
Des mères sur leurs enfants morts.

257 *Mes deux Filles*

DANS le frais clair-obscur du soir charmant qui tombe,
L'une pareille au cygne et l'autre à la colombe,
Belles, et toutes deux joyeuses, ô douceur!
Voyez, la grande sœur et la petite sœur
Sont assises au seuil du jardin, et sur elles
Un bouquet d'œillets blancs aux longues tiges frêles,
Dans une urne de marbre agité par le vent,
Se penche, et les regarde, immobile et vivant,
Et frissonne dans l'ombre, et semble, au bord du vase,
Un vol de papillons arrêté dans l'extase.

258 *Elle était déchaussée . . .*

ELLE était déchaussée, elle était décoiffée,
Assise, les pieds nus, parmi les joncs penchants;
Moi qui passais par là, je crus voir une fée,
Et je lui dis: Veux-tu t'en venir dans les champs?

VICTOR HUGO

Elle me regarda de ce regard suprême
Qui reste à la beauté quand nous en triomphons,
Et je lui dis: Veux-tu, c'est le mois où l'on aime,
Veux-tu nous en aller sous les arbres profonds?

Elle essuya ses pieds à l'herbe de la rive;
Elle me regarda pour la seconde fois,
Et la belle folâtre alors devint pensive.
Oh! comme les oiseaux chantaient au fond des bois!

Comme l'eau caressait doucement le rivage!
Je vis venir à moi, dans les grands roseaux verts,
La belle fille heureuse, effarée et sauvage,
Ses cheveux dans ses yeux, et riant au travers.

259 *L'Enfance*

L'ENFANT chantait; la mère au lit, exténuée,
Agonisait, beau front dans l'ombre se penchant;
La mort au-dessus d'elle errait dans la nuée;
Et j'écoutais ce râle, et j'entendais ce chant.

L'enfant avait cinq ans, et près de la fenêtre
Ses rires et ses jeux faisaient un charmant bruit;
Et la mère, à côté de ce pauvre doux être
Qui chantait tout le jour, toussait toute la nuit.

La mère alla dormir sous les dalles du cloître;
Et le petit enfant se remit à chanter. —
La douleur est un fruit; Dieu ne le fait pas croître
Sur la branche trop faible encor pour le porter.

VICTOR HUGO

260 *Demain, dès l'aube ...*

DEMAIN, dès l'aube, à l'heure où blanchit la campagne,
Je partirai. Vois-tu, je sais que tu m'attends.
J'irai par la forêt, j'irai par la montagne.
Je ne puis demeurer loin de toi plus longtemps.

Je marcherai les yeux fixés sur mes pensées,
Sans rien voir au dehors, sans entendre aucun bruit,
Seul, inconnu, le dos courbé, les mains croisées,
Triste, et le jour pour moi sera comme la nuit.

Je ne regarderai ni l'or du soir qui tombe,
Ni les voiles au loin descendant vers Harfleur,
Et quand j'arriverai, je mettrai sur ta tombe
Un bouquet de houx vert et de bruyère en fleur.

261 *Quand nous habitions ...*

QUAND nous habitions tous ensemble
Sur nos collines d'autrefois,
Où l'eau court, où le buisson tremble,
Dans la maison qui touche aux bois,

Elle avait dix ans, et moi trente;
J'étais pour elle l'univers.
Oh! comme l'herbe est odorante
Sous les arbres profonds et verts!

Elle faisait mon sort prospère,
Mon travail léger, mon ciel bleu.
Lorsqu'elle me disait: Mon père,
Tout mon cœur s'écriait: Mon Dieu!

VICTOR HUGO

A travers mes songes sans nombre,
J'écoutais son parler joyeux,
Et mon front s'éclairait dans l'ombre
A la lumière de ses yeux.

Elle avait l'air d'une princesse
Quand je la tenais par la main.
Elle cherchait des fleurs sans cesse
Et des pauvres dans le chemin.

Elle donnait comme on dérobe,
En se cachant aux yeux de tous.
Oh ! la belle petite robe
Qu'elle avait, vous rappelez-vous ?

Le soir, auprès de ma bougie,
Elle jasait à petit bruit,
Tandis qu'à la vitre rougie
Heurtaient les papillons de nuit.

Les anges se miraient en elle.
Que son bonjour était charmant !
Le ciel mettait dans sa prunelle
Ce regard qui jamais ne ment.

Oh ! je l'avais, si jeune encore,
Vue apparaître en mon destin !
C'était l'enfant de mon aurore,
Et mon étoile du matin !

Quand la lune claire et sereine
Brillait aux cieux, dans ces beaux mois,
Comme nous allions dans la plaine !
Comme nous courions dans les bois !

VICTOR HUGO

Puis, vers la lumière isolée
Étoilant le logis obscur,
Nous revenions par la vallée
En tournant le coin du vieux mur;

Nous revenions, cœurs pleins de flamme,
En parlant des splendeurs du ciel.
Je composais cette jeune âme
Comme l'abeille fait son miel.

Doux ange aux candides pensées,
Elle était gaie en arrivant... —
Toutes ces choses sont passées
Comme l'ombre et comme le vent!

262 *A Villequier*

MAINTENANT que Paris, ses pavés et ses marbres,
Et sa brume et ses toits sont bien loin des mes yeux;
Maintenant que je suis sous les branches des arbres,
Et que je puis songer à la beauté des cieux;

Maintenant que du deuil qui m'a fait l'âme obscure
   Je sors, pâle et vainqueur,
Et que je sens la paix de la grande nature
   Qui m'entre dans le cœur;

Maintenant que je puis, assis au bord des ondes,
Ému par ce superbe et tranquille horizon,
Examiner en moi les vérités profondes
Et regarder les fleurs qui sont dans le gazon;

VICTOR HUGO

Maintenant, ô mon Dieu ! que j'ai ce calme sombre
    De pouvoir désormais
Voir de mes yeux la pierre où je sais que dans l'ombre
    Elle dort pour jamais;

Maintenant qu'attendri par ces divins spectacles,
Plaines, forêts, rochers, vallons, fleuve argenté,
Voyant ma petitesse et voyant vos miracles,
Je reprends ma raison devant l'immensité;

Je viens à vous, Seigneur, père auquel il faut croire;
    Je vous porte, apaisé,
Les morceaux de ce cœur tout plein de votre gloire
    Que vous avez brisé;

Je viens à vous, Seigneur ! confessant que vous êtes
Bon, clément, indulgent et doux, ô Dieu vivant !
Je conviens que vous seul savez ce que vous faites,
Et que l'homme n'est rien qu'un jonc qui tremble au vent;

Je dis que le tombeau qui sur les morts se ferme
    Ouvre le firmament;
Et que ce qu'ici-bas nous prenons pour le terme
    Est le commencement;

Je conviens à genoux que vous seul, père auguste,
Possédez l'infini, le réel, l'absolu;
Je conviens qu'il est bon, je conviens qu'il est juste
Que mon cœur ait saigné, puisque Dieu l'a voulu !

Je ne résiste plus à tout ce qui m'arrive
    Par votre volonté.
L'âme de deuils en deuils, l'homme de rive en rive,
    Roule à l'éternité.

VICTOR HUGO

Nous ne voyons jamais qu'un seul côté des choses;
L'autre plonge en la nuit d'un mystère effrayant.
L'homme subit le joug sans connaître les causes.
Tout ce qu'il voit est court, inutile et fuyant.

Vous faites revenir toujours la solitude
                Autour de tous ses pas.
Vous n'avez pas voulu qu'il eût la certitude
                Ni la joie ici-bas!

Dès qu'il possède un bien, le sort le lui retire.
Rien ne lui fut donné, dans ses rapides jours,
Pour qu'il s'en puisse faire une demeure, et dire:
C'est ici ma maison, mon champ et mes amours!

Il doit voir peu de temps tout ce que ses yeux voient;
                Il vieillit sans soutiens.
Puisque ces choses sont, c'est qu'il faut qu'elles soient;
                J'en conviens, j'en conviens!

Le monde est sombre, ô Dieu! l'immuable harmonie
Se compose des pleurs aussi bien que des chants;
L'homme n'est qu'un atome en cette ombre infinie,
Nuit où montent les bons, où tombent les méchants.

Je sais que vous avez bien autre chose à faire
                Que de nous plaindre tous,
Et qu'un enfant qui meurt, désespoir de sa mère,
              Ne vous fait rien, à vous.

Je sais que le fruit tombe au vent qui le secoue,
Que l'oiseau perd sa plume et la fleur son parfum;
Que la création est une grande roue
Qui ne peut se mouvoir sans écraser quelqu'un;

VICTOR HUGO

Les mois, les jours, les flots des mers, les yeux qui pleurent,
                Passent sous le ciel bleu ;
Il faut que l'herbe pousse et que les enfants meurent;
                Je le sais, ô mon Dieu !

Dans vos cieux, au delà de la sphère des nues,
Au fond de cet azur immobile et dormant,
Peut-être faites-vous des choses inconnues
Où la douleur de l'homme entre comme élément.

Peut-être est-il utile à vos desseins sans nombre
                Que des êtres charmants
S'en aillent, emportés par le tourbillon sombre
                Des noirs événements.

Nos destins ténébreux vont sous des lois immenses
Que rien ne déconcerte et que rien n'attendrit.
Vous ne pouvez avoir de subites clémences
Qui dérangent le monde, ô Dieu, tranquille esprit !

Je vous supplie, ô Dieu ! de regarder mon âme,
                Et de considérer
Qu'humble comme un enfant et doux comme une femme
                Je viens vous adorer !

Considérez encor que j'avais, dès l'aurore,
Travaillé, combattu, pensé, marché, lutté,
Expliquant la nature à l'homme qui l'ignore,
Éclairant toute chose avec votre clarté;

Que j'avais, affrontant la haine et la colère,
                Fait ma tâche ici-bas,
Que je ne pouvais pas m'attendre à ce salaire,
              Que je ne pouvais pas

VICTOR HUGO

Prévoir que, vous aussi, sur ma tête qui ploie
Vous appesantiriez votre bras triomphant,
Et que, vous qui voyiez comme j'ai peu de joie,
Vous me reprendriez si vite mon enfant !

Qu'une âme ainsi frappée à se plaindre est sujette,
        Que j'ai pu blasphémer,
Et vous jeter mes cris comme un enfant qui jette
        Une pierre à la mer !

Considérez qu'on doute, ô mon Dieu ! quand on souffre,
Que l'œil qui pleure trop finit par s'aveugler,
Qu'un être que son deuil plonge au plus noir du gouffre,
Quand il ne vous voit plus, ne peut vous contempler,

Et qu'il ne se peut pas que l'homme, lorsqu'il sombre
        Dans les afflictions,
Ait présente à l'esprit la sérénité sombre
        Des constellations !

Aujourd'hui, moi qui fus faible comme une mère,
Je me courbe à vos pieds devant vos cieux ouverts.
Je me sens éclairé dans ma douleur amère
Par un meilleur regard jeté sur l'univers.

Seigneur, je reconnais que l'homme est en délire
        S'il ose murmurer;
Je cesse d'accuser, je cesse de maudire,
        Mais laissez-moi pleurer !

Hélas ! laissez les pleurs couler de ma paupière,
Puisque vous avez fait les hommes pour cela !
Laissez-moi me pencher sur cette froide pierre
Et dire à mon enfant: Sens-tu que je suis là ?

VICTOR HUGO

Laissez-moi lui parler, incliné sur ses restes,
        Le soir, quand tout se tait,
Comme si, dans sa nuit rouvrant ses yeux célestes,
        Cet ange m'écoutait !

Hélas ! vers le passé tournant un œil d'envie,
Sans que rien ici-bas puisse m'en consoler,
Je regarde toujours ce moment de ma vie
Où je l'ai vue ouvrir son aile et s'envoler.

Je verrai cet instant jusqu'à ce que je meure,
        L'instant, pleurs superflus !
Où je criai: L'enfant que j'avais tout à l'heure,
        Quoi donc ! je ne l'ai plus !

Ne vous irritez pas que je sois de la sorte,
O mon Dieu ! cette plaie a si longtemps saigné !
L'angoisse dans mon âme est toujours la plus forte,
Et mon cœur est soumis, mais n'est pas résigné.

Ne vous irritez pas ! fronts que le deuil réclame,
        Mortels sujets aux pleurs,
Il nous est malaisé de retirer notre âme
        De ces grandes douleurs.

Voyez-vous, nos enfants nous sont bien nécessaires,
Seigneur; quand on a vu dans sa vie, un matin,
Au milieu des ennuis, des peines, des misères,
Et de l'ombre que fait sur nous notre destin,

Apparaître un enfant, tête chère et sacrée,
        Petit être joyeux,
Si beau, qu'on a cru voir s'ouvrir à son entrée
        Une porte des cieux;

Quand on a vu, seize ans, de cet autre soi-même
Croître la grâce aimable et la douce raison,
Lorsqu'on a reconnu que cet enfant qu'on aime
Fait le jour dans notre âme et dans notre maison;

Que c'est la seule joie ici-bas qui persiste
　　　　De tout ce qu'on rêva,
Considérez que c'est une chose bien triste
　　　　De le voir qui s'en va!

263　　　　*Pasteurs et Troupeaux*
　　　　　　A Madame Louise C.

LE vallon où je vais tous les jours est charmant,
　Serein, abandonné, seul sous le firmament,
Plein de ronces en fleurs; c'est un sourire triste.
Il vous fait oublier que quelque chose existe,
Et, sans le bruit des champs remplis de travailleurs,
On ne saurait plus là si quelqu'un vit ailleurs.
Là, l'ombre fait l'amour; l'idylle naturelle
Rit; le bouvreuil avec le verdier s'y querelle,
Et la fauvette y met de travers son bonnet;
C'est tantôt l'aubépine et tantôt le genêt;
De noirs granits bourrus, puis des mousses riantes;
Car Dieu fait un poëme avec des variantes;
Comme le vieil Homère, il rabâche parfois,
Mais c'est avec les fleurs, les monts, l'onde et les bois!
Une petite mare est là, ridant sa face,
Prenant des airs de flot pour la fourmi qui passe,
Ironie étalée au milieu du gazon,
Qu'ignore l'océan grondant à l'horizon.
J'y rencontre parfois sur la roche hideuse
Un doux être; quinze ans, yeux bleus, pieds nus, gardeuse

VICTOR HUGO

De chèvres, habitant, au fond d'un ravin noir,
Un vieux chaume croulant qui s'étoile le soir;
Ses sœurs sont au logis et filent leur quenouille;
Elle essuie aux roseaux ses pieds que l'étang mouille;
Chèvres, brebis, béliers, paissent; quand, sombre esprit,
J'apparais, le pauvre ange a peur, et me sourit;
Et moi, je la salue, elle étant l'innocence.
Ses agneaux, dans le pré plein de fleurs qui l'encense,
Bondissent, et chacun, au soleil s'empourprant,
Laisse aux buissons, à qui la bise le reprend,
Un peu de sa toison, comme un flocon d'écume.
Je passe; enfant, troupeau, s'effacent dans la brume;
Le crépuscule étend sur les longs sillons gris
Ses ailes de fantôme et de chauve-souris;
J'entends encore au loin dans la plaine ouvrière
Chanter derrière moi la douce chevrière,
Et, là-bas, devant moi, le vieux gardien pensif
De l'écume, du flot, de l'algue, du récif,
Et des vagues sans trêve et sans fin remuées,
Le pâtre promontoire au chapeau de nuées,
S'accoude et rêve au bruit de tous les infinis,
Et, dans l'ascension des nuages bénis,
Regarde se lever la lune triomphale,
Pendant que l'ombre tremble, et que l'âpre rafale
Disperse à tous les vents avec son souffle amer
La laine des moutons sinistres de la mer.

264 *Ibo*

D ITES, pourquoi, dans l'insondable
    Au mur d'airain,
Dans l'obscurité formidable
    Du ciel serein,

VICTOR HUGO

Pourquoi, dans ce grand sanctuaire
    Sourd et béni,
Pourquoi, sous l'immense suaire
    De l'infini,

Enfouir vos lois éternelles
    Et vos clartés ?
Vous savez bien que j'ai des ailes,
    O vérités !

Pourquoi vous cachez-vous dans l'ombre
    Qui nous confond ?
Pourquoi fuyez-vous l'homme sombre
    Au vol profond ?

Que le mal détruise ou bâtisse,
    Rampe ou soit roi,
Tu sais bien que j'irai, justice,
    J'irai vers toi !

Beauté sainte, idéal qui germes
    Chez les souffrants,
Toi par qui les esprits sont fermes
    Et les cœurs grands,

Vous le savez, vous que j'adore,
    Amour, raison,
Qui vous levez comme l'aurore
    Sur l'horizon,

Foi, ceinte d'un cercle d'étoiles,
    Droit, bien de tous,
J'irai, liberté qui te voiles,
    J'irai vers vous !

VICTOR HUGO

Vous avez beau, sans fin, sans borne,
    Lueurs de Dieu,
Habiter la profondeur morne
    Du gouffre bleu,

Ame à l'abîme habituée
    Dès le berceau,
Je n'ai pas peur de la nuée;
    Je suis oiseau.

Je suis oiseau comme cet être
    Qu'Amos rêvait,
Que saint-Marc voyait apparaître
    A son chevet,

Qui mêlait sur sa tête fière,
    Dans les rayons,
L'aile de l'aigle à la crinière
    Des grands lions.

J'ai des ailes. J'aspire au faîte;
    Mon vol est sûr;
J'ai des ailes pour la tempête
    Et pour l'azur.

Je gravis les marches sans nombre;
    Je veux savoir,
Quand la science serait sombre
    Comme le soir!

Vous savez bien que l'âme affronte
    Ce noir degré,
Et que, si haut qu'il faut qu'on monte,
    J'y monterai!

VICTOR HUGO

Vous savez bien que l'âme est forte
    Et ne craint rien
Quand le souffle de Dieu l'emporte !
    Vous savez bien

Que j'irai jusqu'aux bleus pilastres,
    Et que mon pas,
Sur l'échelle qui monte aux astres,
    Ne tremble pas !

L'homme en cette époque agitée,
    Sombre océan,
Doit faire comme Prométhée
    Et comme Adam.

Il doit ravir au ciel austère
    L'éternel feu ;
Conquérir son propre mystère,
    Et voler Dieu.

L'homme a besoin, dans sa chaumière,
    Des vents battu,
D'une loi qui soit sa lumière
    Et sa vertu.

Toujours ignorance et misère !
    L'homme en vain fuit,
Le sort le tient ; toujours la serre !
    Toujours la nuit !

Il faut que le peuple s'arrache
    Au dur décret,
Et qu'enfin ce grand martyr sache
    Le grand secret.

VICTOR HUGO

Déjà l'amour, dans l'ère obscure
        Qui va finir,
Dessine la vague figure
        De l'avenir.

Les lois de nos destins sur terre,
        Dieu les écrit;
Et, si ces lois sont le mystère,
        Je suis l'esprit.

Je suis celui que rien n'arrête,
        Celui qui va,
Celui dont l'âme est toujours prête
        A Jéhovah;

Je suis le poëte farouche,
        L'homme devoir,
Le souffle des douleurs, la bouche
        Du clairon noir;

Le rêveur qui sur ses registres
        Met les vivants,
Qui mêle des strophes sinistres
        Aux quatre vents;

Le songeur ailé, l'âpre athlète
        Au bras nerveux,
Et je traînerais la comète
        Par les cheveux.

Donc, les lois de notre problème,
        Je les aurai;
J'irai vers elles, penseur blême,
        Mage effaré!

Pourquoi cacher ces lois profondes ?
    Rien n'est muré.
Dans vos flammes et dans vos ondes
    Je passerai ;

J'irai lire la grande bible ;
    J'entrerai nu
Jusqu'au tabernacle terrible
    De l'inconnu,

Jusqu'au seuil de l'ombre et du vide,
    Gouffres ouverts
Que garde la meute livide
    Des noirs éclairs,

Jusqu'aux portes visionnaires
    Du ciel sacré ;
Et, si vous aboyez, tonnerres,
    Je rugirai.

Booz endormi

BOOZ s'était couché de fatigue accablé ;
Il avait tout le jour travaillé dans son aire,
Puis avait fait son lit à sa place ordinaire ;
Booz dormait auprès des boisseaux pleins de blé.

Ce vieillard possédait des champs de blés et d'orge ;
Il était, quoique riche, à la justice enclin ;
Il n'avait pas de fange en l'eau de son moulin,
Il n'avait pas d'enfer dans le feu de sa forge.

VICTOR HUGO

Sa barbe était d'argent comme un ruisseau d'avril.
Sa gerbe n'était point avare ni haineuse;
Quand il voyait passer quelque pauvre glaneuse,
— Laissez tomber exprès des épis, disait-il.

Cet homme marchait pur loin des sentiers obliques,
Vêtu de probité candide et de lin blanc;
Et, toujours du côté des pauvres ruisselant,
Ses sacs de grains semblaient des fontaines publiques.

Booz était bon maître et fidèle parent;
Il était généreux, quoiqu'il fût économe;
Les femmes regardaient Booz plus qu'un jeune homme,
Car le jeune homme est beau, mais le vieillard est grand.

Le vieillard, qui revient vers la source première,
Entre aux jours éternels et sort des jours changeants;
Et l'on voit de la flamme aux yeux des jeunes gens,
Mais dans l'œil du vieillard on voit de la lumière.

*

Donc, Booz dans la nuit dormait parmi les siens;
Près des meules, qu'on eût prises pour des décombres,
Les moissonneurs couchés faisaient des groupes sombres;
Et ceci se passait dans des temps très anciens.

Les tribus d'Israël avaient pour chef un juge;
La terre, où l'homme errait sous la tente, inquiet
Des empreintes de pieds de géant qu'il voyait,
Était encor mouillée et molle du déluge.

*

Comme dormait Jacob, comme dormait Judith,
Booz, les yeux fermés, gisait sous la feuillée;
Or, la porte du ciel s'étant entre-bâillée
Au-dessus de sa tête, un songe en descendit.

VICTOR HUGO

Et ce songe était tel, que Booz vit un chêne
Qui, sorti de son ventre, allait jusqu'au ciel bleu;
Une race y montait comme une longue chaîne;
Un roi chantait en bas, en haut mourait un dieu.

Et Booz murmurait avec la voix de l'âme:
« Comment se pourrait-il que de moi ceci vînt?
Le chiffre de mes ans a passé quatre-vingt,
Et je n'ai pas de fils, et je n'ai plus de femme.

« Voilà longtemps que celle avec qui j'ai dormi,
O Seigneur! a quitté ma couche pour la vôtre;
Et nous sommes encor tout mêlés l'un à l'autre,
Elle à demi vivante et moi mort à demi.

« Une race naîtrait de moi! Comment le croire?
Comment se pourrait-il que j'eusse des enfants?
Quand on est jeune, on a des matins triomphants,
Le jour sort de la nuit comme d'une victoire;

« Mais, vieux, on tremble ainsi qu'à l'hiver le bouleau;
Je suis veuf, je suis seul, et sur moi le soir tombe,
Et je courbe, ô mon Dieu! mon âme vers la tombe,
Comme un bœuf ayant soif penche son front vers l'eau. »

Ainsi parlait Booz dans le rêve et l'extase,
Tournant vers Dieu ses yeux par le sommeil noyés;
Le cèdre ne sent pas une rose à sa base,
Et lui ne sentait pas une femme à ses pieds.

*

Pendant qu'il sommeillait, Ruth, une moabite,
S'était couchée aux pieds de Booz, le sein nu,
Espérant on ne sait quel rayon inconnu,
Quand viendrait du réveil la lumière subite.

VICTOR HUGO

Booz ne savait point qu'une femme était là,
Et Ruth ne savait point ce que Dieu voulait d'elle.
Un frais parfum sortait des touffes d'asphodèle;
Les souffles de la nuit flottaient sur Galgala.

L'ombre était nuptiale, auguste et solennelle;
Les anges y volaient sans doute obscurément,
Car on voyait passer dans la nuit, par moment,
Quelque chose de bleu qui paraissait une aile.

La respiration de Booz qui dormait
Se mêlait au bruit sourd des ruisseaux sur la mousse.
On était dans le mois où la nature est douce,
Les collines ayant des lys sur leur sommet.

Ruth songeait et Booz dormait; l'herbe était noire;
Les grelots des troupeaux palpitaient vaguement;
Une immense bonté tombait du firmament;
C'était l'heure tranquille où les lions vont boire.

Tout reposait dans Ur et dans Jérimadeth;
Les astres émaillaient le ciel profond et sombre;
Le croissant fin et clair parmi ces fleurs de l'ombre
Brillait à l'occident, et Ruth se demandait,

Immobile, ouvrant l'œil à moitié sous ses voiles,
Quel dieu, quel moissonneur de l'éternel été
Avait, en s'en allant, négligemment jeté
Cette faucille d'or dans le champ des étoiles.

VICTOR HUGO

Un peu de Musique

ÉCOUTEZ ! — Comme un nid qui murmure invisible,
Un bruit confus s'approche, et des rires, des voix,
Des pas, sortent du fond vertigineux des bois.

Et voici qu'à travers la grande forêt brune
Qu'emplit la rêverie immense de la lune,
On entend frissonner et vibrer mollement,
Communiquant aux bois son doux frémissement,
La guitare des monts d'Inspruck, reconnaissable
Au grelot de son manche où sonne un grain de sable;
Il s'y mêle la voix d'un homme, et ce frisson
Prend un sens et devient une vague chanson.

    « Si tu veux, faisons un rêve.
    Montons sur deux palefrois;
    Tu m'emmènes, je t'enlève.
    L'oiseau chante dans les bois.

    « Je suis ton maître et ta proie;
    Partons, c'est la fin du jour;
    Mon cheval sera la joie,
    Ton cheval sera l'amour.

    « Nous ferons toucher leurs têtes;
    Les voyages sont aisés;
    Nous donnerons à ces bêtes
    Une avoine de baisers.

    « Viens ! nos doux chevaux mensonges
    Frappent du pied tous les deux,
    Le mien au fond de mes songes,
    Et le tien au fond des cieux.

VICTOR HUGO

« Un bagage est nécessaire;
Nous emporterons nos vœux,
Nos bonheurs, notre misère,
Et la fleur de tes cheveux.

« Viens, le soir brunit les chênes,
Le moineau rit; ce moqueur
Entend le doux bruit des chaînes
Que tu m'as mises au cœur.

« Ce ne sera point ma faute
Si les forêts et les monts,
En nous voyant côte à côte,
Ne murmurent pas: Aimons!

« Viens, sois tendre, je suis ivre.
O les verts taillis mouillés!
Ton souffle te fera suivre
Des papillons réveillés.

« L'envieux oiseau nocturne,
Triste, ouvrira son œil rond;
Les nymphes, penchant leur urne,
Dans les grottes souriront,

« Et diront: « Sommes-nous folles!
« C'est Léandre avec Héro;
« En écoutant leurs paroles
« Nous laissons tomber notre eau. »

« Allons-nous-en par l'Autriche!
Nous aurons l'aube à nos fronts;
Je serai grand, et toi riche,
Puisque nous nous aimerons.

VICTOR HUGO

« Allons-nous-en par la terre,
Sur nos deux chevaux charmants,
Dans l'azur, dans le mystère,
Dans les éblouissements !

« Nous entrerons à l'auberge,
Et nous payerons l'hôtelier
De ton sourire de vierge,
De mon bonjour d'écolier.

« Tu seras dame, et moi comte ;
Viens, mon cœur s'épanouit,
Viens, nous conterons ce conte
Aux étoiles de la nuit. »

La mélodie encor quelques instants se traîne
Sous les arbres bleuis par la lune sereine,
Puis tremble, puis expire ; et la voix qui chantait
S'éteint comme un oiseau se pose ; tout se tait.

267 *Et Nox Facta Est*
VIII

LE soleil était là qui mourait dans l'abîme.

L'astre, au fond du brouillard, sans air qui le ranime,
Se refroidissait, morne et lentement détruit.
On voyait sa rondeur sinistre dans la nuit ;
Et l'on voyait décroître, en ce silence sombre,
Ses ulcères de feu sous une lèpre d'ombre.
Charbon d'un monde éteint ! flambeau soufflé par Dieu !
Ses crevasses montraient encore un peu de feu,

VICTOR HUGO

Comme si par les trous du crâne on eût vu l'âme.
Au centre palpitait et rampait une flamme
Qui par instants léchait les bords extérieurs,
Et de chaque cratère il sortait des lueurs
Qui frissonnaient ainsi que de flamboyants glaives,
Et s'évanouissaient sans bruit comme des rêves.
L'astre était presque noir. L'archange était si las
Qu'il n'avait plus de voix et plus de souffle, hélas !
Et l'astre agonisait sous ses regards farouches.
Il mourait, il luttait. Avec ses sombres bouches
Dans l'obscurité froide il lançait par moments
Des flots ardents, des blocs rougis, des monts fumants,
Des rocs tout écumants de sa clarté première :
Comme si ce géant de vie et de lumière,
Englouti par la brume où tout s'évanouit,
N'eût pas voulu mourir sans insulter la nuit
Et sans cracher sa lave à la face de l'ombre.
Autour de lui le temps et l'espace et le nombre
Et la forme et le bruit expiraient, en créant
L'unité formidable et noire du néant.
Le spectre Rien levait sa tête hors du gouffre.
Soudain, du cœur de l'astre, un âpre jet de soufre,
Pareil à la clameur du mourant éperdu,
Sortit, brusque, éclatant, splendide, inattendu,
Et, découpant au loin mille formes funèbres,
Énorme, illumina, jusqu'au fond des ténèbres,
Les porches monstrueux de l'infini profond.
Les angles que la nuit et l'immensité font
Apparurent. Satan, égaré, sans haleine,
La prunelle éblouie et de cet éclair pleine,
Battit de l'aile, ouvrit les mains, puis tressaillit
Et cria : — Désespoir ! le voilà qui pâlit ! —

Et l'archange comprit, pareil au mât qui sombre,
Qu'il était le noyé du déluge de l'ombre;
Il reploya son aile aux ongles de granit,
Et se tordit les bras. Et l'astre s'éteignit.

IX

Or, près des cieux, au bord du gouffre où rien ne change,
Une plume échappée à l'aile de l'archange
Était restée, et, pure et blanche, frissonnait.
L'ange au front de qui l'aube éblouissante naît
La vit, la prit, et dit, l'œil sur le ciel sublime:
— Seigneur, faut-il qu'elle aille, elle aussi, dans l'abîme ? —
Dieu se tourna, par l'être et la vie absorbé,
Et dit: — Ne jetez pas ce qui n'est pas tombé. —

La Plume de Satan

La plume, seul débris qui restât des deux ailes
De l'archange englouti dans les nuits éternelles,
Était toujours au bord du gouffre ténébreux.
Les morts laissent ainsi quelquefois derrière eux
Quelque chose d'eux-même au seuil de la nuit triste,
Sorte de lueur vague et sombre, qui persiste.

Cette plume avait-elle une âme ? Qui le sait ?
Elle avait un aspect étrange; elle gisait
Et rayonnait; c'était de la clarté tombée.

Les anges la venaient voir à la dérobée.
Elle leur rappelait le grand Porte-Flambeau;
Ils l'admiraient, pensant à cet être si beau
Plus hideux maintenant que l'hydre et le crotale;

VICTOR HUGO

Ils songeaient à Satan dont la blancheur fatale,
D'abord ravissement, puis terreur du ciel bleu,
Fut monstrueuse au point de s'égaler à Dieu.
Cette plume faisait revivre l'envergure
De l'ange, colossale et hautaine figure;
Elle couvrait d'éclairs splendides le rocher;
Parfois les séraphins, effarés d'approcher
De ces bas-fonds où l'âme en dragon se transforme,
Reculaient, aveuglés par sa lumière énorme;
Une flamme semblait flotter dans son duvet;
On sentait, à la voir frissonner, qu'elle avait
Fait partie autrefois d'une aile révoltée;
Le jour, la nuit, la foi tendre, l'audace athée,
La curiosité des gouffres, les essors
Démesurés bravant les hasards et les sorts,
L'onde et l'air, la sagesse auguste, la démence,
Palpitaient vaguement dans cette plume immense;
Mais dans son ineffable et sourd frémissement,
Au souffle de l'abîme, au vent du firmament,
On sentait plus d'amour encor que de tempête.

Et sans cesse, tandis que sur l'éternel faîte
Celui qui songe à tous pensait dans sa bonté,
La plume du plus grand des anges, rejeté
Hors de la conscience et hors de l'harmonie,
Frissonnait, près du puits de la chute infinie,
Entre l'abîme plein de noirceur et les cieux.

Tout à coup un rayon de l'œil prodigieux
Qui fit le monde avec du jour, tomba sur elle.
Sous ce rayon, lueur douce et surnaturelle,
La plume tressaillit, brilla, vibra, grandit,

VICTOR HUGO

Prit une forme et fut vivante, et l'on eût dit
Un éblouissement qui devient une femme.
Avec le glissement mystérieux d'une âme,
Elle se souleva debout, et, se dressant,
Éclaira l'infini d'un sourire innocent.
Et les anges tremblants d'amour la regardèrent.
Les chérubins jumeaux qui l'un à l'autre adhèrent,
Les groupes constellés du matin et du soir,
Les Vertus, les Esprits, se penchèrent pour voir
Cette sœur de l'enfer et du paradis naître.
Jamais le ciel sacré n'avait contemplé d'être
Plus sublime parmi les souffles et les voix.
En la voyant si fière et si pure à la fois,
La pensée hésitait entre l'aigle et la vierge;
Sa face, défiant le gouffre qui submerge,
Mêlant l'embrasement et le rayonnement,
Flamboyait; et c'était, sous un sourcil charmant,
Le regard de la foudre avec l'œil de l'aurore.
L'archange du soleil, qu'un feu céleste dore,
Dit: — De quel nom faut-il nommer cet ange, ô Dieu ? —

Alors, dans l'absolu que l'Être a pour milieu,
On entendit sortir des profondeurs du Verbe
Ce mot qui, sur le front du jeune ange superbe
Encor vague et flottant dans la vaste clarté,
Fit tout à coup éclore un astre: — Liberté !

CHARLES-AUGUSTIN SAINTE-BEUVE
1804–†1860

269 *Sonnet*

SI quelque blâme, hélas! se glisse à l'origine
En ces amours trop chers où deux cœurs ont failli,
Où deux êtres, perdus par un baiser cueilli,
Sur le sein l'un de l'autre ont béni la ruine;

Si le monde, raillant tout bonheur qu'il devine,
N'y voit que sens émus et que fragile oubli;
Si l'Ange, tout d'abord se voilant d'un long pli,
Refuse d'écouter le couple qui s'incline;

Approche, ô ma Délie, approche encor ton front,
Serrons plus fort nos mains pour les ans qui viendront:
La faute disparaît dans sa constance même.

Quand la fidélité, triomphant jusqu'au bout,
Luit sur des cheveux blancs et des rides qu'on aime,
Le Temps, vieillard divin, honore et blanchit tout!

270 *Dans l'île Saint-Louis . . .*

DANS l'île Saint-Louis, le long d'un quai désert,
L'autre soir je passais; le ciel était couvert,
Et l'horizon brumeux eût paru noir d'orages
Sans la fraîcheur du vent qui chassait les nuages;
Le soleil se couchait sous de sombres rideaux;
La rivière coulait verte entre les radeaux;
Aux balcons çà et là quelque figure blanche
Respirait l'air du soir; — et c'était un dimanche.

CHARLES-AUGUSTIN SAINTE-BEUVE

Le dimanche est pour nous le jour de souvenir;
Car dans la tendre enfance on aime à voir venir,
Après les soins comptés de l'exacte semaine
Et les devoirs remplis, le soleil qui ramène
Le loisir et la fête, et les habits parés,
Et l'église aux doux chants, et les jeux dans les prés;
Et plus tard, quand la vie, en proie à la tempête,
Ou stagnante d'ennui, n'a plus loisir ni fête,
Si pourtant nous sentons, aux choses d'alentour,
A la gaîté d'autrui, qu'est revenu ce jour,
Par degrés attendris jusqu'au fond de notre âme,
De nos beaux ans brisés nous renouons la trame,
Et nous nous rappelons nos dimanches d'alors,
Et notre blonde enfance, et ses riants trésors.
Je rêvais donc ainsi, sur le quai solitaire,
A mon jeune matin, si voilé de mystère,
A tant de pleurs obscurs en secret dévorés,
A tant de biens trompeurs ardemment espérés,
Qui ne viendront jamais . . ., qui sont venus, peut-être?
En suis-je plus heureux qu'avant de les connaître?
Et, tout rêvant ainsi, pauvre rêveur, voilà
Que soudain, loin, bien loin, mon âme s'envola,
Et d'objets en objets, dans sa course inconstante,
Se prit aux longs discours que feu ma bonne tante
Me tenait, tout enfant, durant nos soirs d'hiver,
Dans ma ville natale, à Boulogne-sur-Mer.
Elle m'y racontait souvent, pour me distraire,
Son enfance, et les jeux de mon père, son frère,
Que je n'ai pas connu; car je naquis en deuil,
Et mon berceau d'abord posé sur un cercueil.
Elle me parlait donc et de mon père et d'eell;
Et ce qu'aimait surtout sa mémoire fidèle,

CHARLES-AUGUSTIN SAINTE-BEUVE

C'était de me conter leurs destins entraînés
Loin du bourg paternel où tous deux étaient nés.
De mon antique aïeul je savais le ménage,
Le manoir, son aspect, et tout le voisinage;
La rivière coulait à cent pas près du seuil;
Douze enfants (tous sont morts) entouraient le fauteuil;
Et je disais les noms de chaque jeune fille,
Du curé, du notaire, amis de la famille,
Pieux hommes de bien, dont j'ai rêvé les traits,
Morts pourtant sans savoir que jamais je naîtrais.
Et tout cela revint en mon âme mobile,
Ce jour que je passais le long du quai dans l'île.

Et bientôt, au sortir de ces songes flottants,
Je me sentis pleurer, et j'admirai longtemps
Que de ces hommes morts, de ces choses vieillies,
De ces traditions par hasard recueillies,
Moi, si jeune et d'hier, inconnu des aïeux,
Qui n'ai vu qu'en récits les images des lieux,
Je susse ces détails, seul peut-être sur terre,
Que j'en gardasse un culte en mon cœur solitaire,
Et qu'à propos de rien, un jour d'été, si loin
Des lieux et des objets, ainsi j'en prisse soin.
Hélas! pensais-je alors, la tristesse dans l'âme,
Humbles hommes, l'oubli sans pitié nous réclame,
Et, sitôt que la mort nous a remis à Dieu,
Le souvenir de nous ici nous survit peu;
Notre trace est légère et bien vite effacée;
Et moi qui de ces morts garde encor la pensée,
Quand je m'endormirai comme eux, du temps vaincu,
Sais-je, hélas! si quelqu'un saura que j'ai vécu?
Et, poursuivant toujours, je disais qu'en la gloire,

CHARLES-AUGUSTIN SAINTE-BEUVE

En la mémoire humaine, il est peu sûr de croire,
Que les cœurs sont ingrats, et que bien mieux il vaut
De bonne heure aspirer et se fondre plus haut,
Et croire en Celui seul qui, dès qu'on le supplie,
Ne nous fait jamais faute, et qui jamais n'oublie.

AUGUSTE BARBIER
1805–†1882

Dante

DANTE, vieux Gibelin! quand je vois en passant
Le plâtre blanc et mat de ce masque puissant
Que l'art nous a laissé de ta divine tête,
Je ne puis m'empêcher de frémir, ô poète!
Tant la main du génie et celle du malheur
Ont imprimé sur toi le sceau de la douleur.
Sous l'étroit chaperon qui presse tes oreilles,
Est-ce le pli des ans ou le sillon des veilles
Qui traverse ton front si laborieusement?
Est-ce au champ de l'exil, dans l'avilissement,
Que ta bouche s'est close à force de maudire?
Ta dernière pensée est-elle en ce sourire
Que la Mort sur ta lèvre a cloué de ses mains?
Est-ce un ris de pitié sur les pauvres humains?
Ah! le mépris va bien à la bouche de Dante,
Car il reçut le jour dans une ville ardente,
Et le pavé natal fut un champ de graviers
Qui déchira longtemps la plante de ses pieds
Dante vit, comme nous, les passions humaines
Rouler autour de lui leurs fortunes soudaines;
Il vit les citoyens s'égorger en plein jour,
Les partis écrasés renaître tour à tour;

AUGUSTE BARBIER

Il vit sur les bûchers s'allumer les victimes;
Il vit pendant trente ans passer des flots de crimes,
Et le mot de patrie à tous les vents jeté
Sans profit pour le peuple et pour la liberté.
O Dante Alighieri, poète de Florence,
Je comprends aujourd'hui ta mortelle souffrance;
Amant de Béatrice, à l'exil condamné,
Je comprends ton œil cave et ton front décharné,
Le dégoût qui te prit des choses de ce monde,
Ce mal de cœur sans fin, cette haine profonde
Qui, te faisant atroce en te fouettant l'humeur,
Inondèrent de bile et ta plume et ton cœur.
Aussi, d'après les mœurs de ta ville natale,
Artiste, tu peignis une toile fatale,
Et tu fis le tableau de sa perversité
Avec tant d'énergie et tant de vérité,
Que les petits enfants qui le jour, dans Ravenne,
Te voyaient traverser quelque place lointaine,
Disaient en contemplant ton front livide et vert:
« Voilà, voilà celui qui revient de l'enfer! »

272 — *Michel-Ange*

QUE ton visage est triste et ton front amaigri,
Sublime Michel-Ange, ô vieux tailleur de pierre!
Nulle larme jamais n'a mouillé ta paupière;
Comme Dante, on dirait que tu n'as jamais ri.

Hélas! d'un lait trop fort la Muse t'a nourri,
L'art fut ton seul amour et prit ta vie entière;
Soixante ans tu courus une triple carrière
Sans reposer ton cœur sur un cœur attendri.

Pauvre Buonarotti ! ton seul bonheur au monde
Fut d'imprimer au marbre une grandeur profonde,
Et, puissant comme Dieu, d'effrayer comme Lui:
Aussi, quand tu parvins à ta saison dernière,
Vieux lion fatigué, sous ta blanche crinière,
Tu mourus longuement plein de gloire et d'ennui.

273 *L'Adieu*

AH ! quel que soit le deuil jeté sur cette terre
Qui par deux fois du monde a changé le destin,
Quels que soient ses malheurs et sa longue misère,
On ne peut la quitter sans peine et sans chagrin.

Ainsi, près de sortir du céleste jardin,
Je me retourne encor sur les cimes hautaines,
Pour contempler de là son horizon divin
Et longtemps m'enivrer de ses grâces lointaines:

Et puis le froid me prend et me glace les veines,
Et tout mon cœur soupire, oh ! comme si j'avais,
Aux champs de l'Italie et dans ses larges plaines,

De mes jours effeuillé le rameau le plus frais,
Et sur le sein vermeil de la brune déesse
Épuisé pour toujours ma vie et ma jeunesse.

JULIEN-AUGUSTE-PÉLAGE BRIZEUX
1806–†1858

Le Convoi d'une pauvre Fille

QUAND Louise mourut à sa quinzième année,
Fleur des bois par la pluie et le vent moissonnée,
Un cortège nombreux ne suivit pas son deuil:
Un seul prêtre, en priant, conduisait le cercueil;
Puis venait un enfant, qui, d'espace en espace,
Aux saintes oraisons répondait à voix basse;
Car Louise était pauvre, et jusqu'en son trépas
Le riche a des honneurs que le pauvre n'a pas.
La simple croix de buis, un vieux drap mortuaire,
Furent les seuls apprêts de son lit funéraire;
Et quand le fossoyeur, soulevant son beau corps,
Du village natal l'emporta chez les morts,
A peine si la cloche avertit la contrée
Que sa plus douce vierge en était retirée.
Elle mourut ainsi. — Par les taillis couverts,
Les vallons embaumés, les genêts, les blés verts,
Le convoi descendit, au lever de l'aurore.
Avec toute sa pompe avril venait d'éclore,
Et couvrait, en passant, d'une neige de fleurs
Ce cercueil virginal et la baignait de pleurs;
L'aubépine avait pris sa robe rose et blanche,
Un bourgeon étoilé tremblait à chaque branche;
Ce n'étaient que parfums et concerts infinis,
Tous les oiseaux chantaient sur le bord de leurs nids.

FÉLIX ARVERS
1806–†1851

275   *Sonnet*

MON âme a son secret, ma vie a son mystère:
Un amour éternel en un moment conçu.
Le mal est sans espoir, aussi j'ai dû le taire,
Et celle qui l'a fait n'en a jamais rien su.

Hélas! j'aurai passé près d'elle inaperçu,
Toujours à ses côtés, et pourtant solitaire,
Et j'aurai jusqu'au bout fait mon temps sur la terre,
N'osant rien demander et n'ayant rien reçu.

Pour elle, quoique Dieu l'ait faite douce et tendre,
Elle ira son chemin, distraite, et sans entendre
Ce murmure d'amour élevé sur ses pas;

A l'austère devoir pieusement fidèle,
Elle dira, lisant ces vers tout remplis d'elle:
« Quelle est donc cette femme? » et ne comprendra pas.

GÉRARD LABRUNIE, *dit* GÉRARD DE NERVAL
1808–†1855

276   *Les Cydalises*

OÙ sont nos amoureuses?
Elles sont au tombeau:
Elles sont plus heureuses,
Dans un séjour plus beau!

Elles sont près des anges,
Dans le fond du ciel bleu,
Et chantent les louanges
De la mère de Dieu!

GÉRARD DE NERVAL

O blanche fiancée!
O jeune vierge en fleur!
Amante délaissée,
Que flétrit la douleur!

L'éternité profonde
Souriait dans vos yeux...
Flambeaux éteints du monde,
Rallumez-vous aux cieux!

277   *Delfica*

LA connais-tu, Dafné, cette ancienne romance,
  Au pied du sycomore, ou sous les lauriers blancs,
Sous l'olivier, le myrte ou les saules tremblants,
Cette chanson d'amour qui toujours recommence?...

Reconnais-tu le Temple au péristyle immense,
Et les citrons amers où s'imprimaient tes dents,
Et la grotte, fatale aux hôtes imprudents,
Où du dragon vaincu dort l'antique semence?...

Ils reviendront, ces Dieux que tu pleures toujours!
Le temps va ramener l'ordre des anciens jours;
La terre a tressailli d'un souffle prophétique...

Cependant la sibylle au visage latin
Est endormie encor sous l'arc de Constantin:
— Et rien n'a dérangé le sévère portique.

278   *Vers dorés*

Eh quoi! tout est sensible! — *Pythagore*

HOMME, libre penseur! te crois-tu seul pensant
Dans ce monde où la vie éclate en toute chose?
Des forces que tu tiens ta liberté dispose,
Mais de tous tes conseils l'univers est absent.

Respecte dans la bête un esprit agissant;
Chaque fleur est une âme à la Nature éclose;
Un mystère d'amour dans le métal repose;
« Tout est sensible! » Et tout sur ton être est puissant.

Crains, dans le mur aveugle, un regard qui t'épie:
A la matière même un verbe est attaché...
Ne la fais pas servir à quelque usage impie!

Souvent dans l'être obscur habite un Dieu caché;
Et comme un œil naissant couvert par ses paupières,
Un pur esprit s'accroît sous l'écorce des pierres!

279   *El Desdichado*

JE suis le ténébreux, — le veuf, — l'inconsolé,
Le prince d'Aquitaine à la tour abolie:
Ma seule *étoile* est morte, — et mon luth constellé
Porte le *soleil* noir de la *Mélancolie*.

Dans la nuit du tombeau, toi qui m'as consolé,
Rends-moi le Pausilippe et la mer d'Italie,
La *fleur* qui plaisait tant à mon cœur désolé,
Et la treille où le pampre à la rose s'allie.

Suis-je Amour ou Phébus?... Lusignan ou Biron?
Mon front est rouge encor du baiser de la reine;
J'ai rêvé dans la grotte où nage la sirène...

GÉRARD DE NERVAL

Et j'ai deux fois vainqueur traversé l'Achéron:
Modulant tour à tour sur la lyre d'Orphée
Les soupirs de la sainte et les cris de la fée.

ALFRED DE MUSSET

1810–†1857

La Nuit de Mai

LA MUSE

POËTE, prends ton luth et me donne un baiser;
La fleur de l'églantier sent ses bourgeons éclore.
Le printemps naît ce soir; les vents vont s'embraser;
Et la bergeronnette, en attendant l'aurore,
Aux premiers buissons verts commence à se poser;
Poëte, prends ton luth et me donne un baiser.

LE POËTE

Comme il fait noir dans la vallée!
J'ai cru qu'une forme voilée
Flottait là-bas sur la forêt.
Elle sortait de la prairie;
Son pied rasait l'herbe fleurie;
C'est une étrange rêverie;
Elle s'efface et disparaît.

LA MUSE

Poëte, prends ton luth; la nuit, sur la pelouse,
Balance le zéphyr dans son voile odorant.
La rose, vierge encor, se referme jalouse
Sur le frelon nacré qu'elle enivre en mourant.
Écoute! tout se tait; songe à ta bien-aimée.

ALFRED DE MUSSET

Ce soir, sous les tilleuls, à la sombre ramée
Le rayon du couchant laisse un adieu plus doux.
Ce soir, tout va fleurir: l'immortelle nature
Se remplit de parfums, d'amour et de murmure,
Comme le lit joyeux de deux jeunes époux.

LE POËTE

Pourquoi mon cœur bat-il si vite?
Qu'ai-je donc en moi qui s'agite
Dont je me sens épouvanté?
Ne frappe-t-on pas à ma porte?
Pourquoi ma lampe à demi morte
M'éblouit-elle de clarté?
Dieu puissant! tout mon corps frissonne.
Qui vient? qui m'appelle? — Personne.
Je suis seul, c'est l'heure qui sonne;
O solitude! ô pauvreté!

LA MUSE

Poëte, prends ton luth; le vin de la jeunesse
Fermente cette nuit dans les veines de Dieu.
Mon sein est inquiet; la volupté l'oppresse,
Et les vents altérés m'ont mis la lèvre en feu.
O paresseux enfant! regarde, je suis belle.
Notre premier baiser, ne t'en souviens-tu pas,
Quand je te vis si pâle au toucher de mon aile,
Et que, les yeux en pleurs, tu tombas dans mes bras?
Ah! je t'ai consolé d'une amère souffrance!
Hélas! bien jeune encor, tu te mourais d'amour.
Console-moi ce soir, je me meurs d'espérance;
J'ai besoin de prier pour vivre jusqu'au jour.

ALFRED DE MUSSET

LE POËTE

Est-ce toi dont la voix m'appelle,
O ma pauvre Muse! est-ce toi?
O ma fleur! ô mon immortelle!
Seul être pudique et fidèle
Où vive encor l'amour de moi!
Oui, te voilà, c'est toi, ma blonde,
C'est toi, ma maîtresse et ma sœur!
Et je sens, dans la nuit profonde,
De ta robe d'or qui m'inonde
Les rayons glisser dans mon cœur.

LA MUSE

Poëte, prends ton luth; c'est moi, ton immortelle,
Qui t'ai vu cette nuit triste et silencieux,
Et qui, comme un oiseau que sa couvée appelle,
Pour pleurer avec toi descends du haut des cieux.
Viens, tu souffres, ami. Quelque ennui solitaire
Te ronge; quelque chose a gémi dans ton cœur;
Quelque amour t'est venu, comme on en voit sur terre,
Une ombre de plaisir, un semblant de bonheur.
Viens, chantons devant Dieu; chantons dans tes pensées,
Dans tes plaisirs perdus, dans tes peines passées;
Partons, dans un baiser, pour un monde inconnu.
Éveillons au hasard les échos de ta vie,
Parlons-nous de bonheur, de gloire et de folie,
Et que ce soit un rêve, et le premier venu.
Inventons quelque part des lieux où l'on oublie;
Partons, nous sommes seuls, l'univers est à nous.
Voici la verte Écosse et la brune Italie,
Et la Grèce, ma mère, où le miel est si doux,
Argos, et Ptéléon, ville des hécatombes,

ALFRED DE MUSSET

Et Messa la divine, agréable aux colombes;
Et le front chevelu du Pélion changeant;
Et le bleu Titarèse, et le golfe d'argent
Qui montre dans ses eaux, où le cygne se mire,
La blanche Oloossone à la blanche Camyre.
Dis-moi, quel songe d'or nos chants vont-ils bercer?
D'où vont venir les pleurs que nous allons verser?
Ce matin, quand le jour a frappé ta paupière,
Quel séraphin pensif, courbé sur ton chevet,
Secouait des lilas dans sa robe légère
Et te contait tout bas les amours qu'il rêvait?
Chanterons-nous l'espoir, la tristesse ou la joie?
Tremperons-nous de sang les bataillons d'acier?
Suspendrons-nous l'amant sur l'échelle de soie?
Jetterons-nous au vent l'écume du coursier?
Dirons-nous quelle main, dans les lampes sans nombre
De la maison céleste, allume nuit et jour
L'huile sainte de vie et d'éternel amour?
Crierons-nous à Tarquin: « Il est temps, voici l'ombre ! »?
Descendrons-nous cueillir la perle au fond des mers?
Mènerons-nous la chèvre aux ébéniers amers?
Montrerons-nous le ciel à la Mélancolie?
Suivrons-nous le chasseur sur les monts escarpés?
La biche le regarde; elle pleure et supplie;
Sa bruyère l'attend; ses faons sont nouveau-nés;
Il se baisse, il l'égorge, il jette à la curée
Sur les chiens en sueur son cœur encor vivant.
Peindrons-nous une vierge à la joue empourprée
S'en allant à la messe, un page la suivant,
Et d'un regard distrait, à côté de sa mère,
Sur sa lèvre entr'ouverte oubliant sa prière?
Elle écoute en tremblant, dans l'écho du pilier,

ALFRED DE MUSSET

Résonner l'éperon d'un hardi cavalier.
Dirons-nous aux héros des vieux temps de la France
De monter tout armés aux créneaux de leurs tours,
Et de ressusciter la naïve romance
Que leur gloire oubliée apprit aux troubadours ?
Vêtirons-nous de blanc une molle élégie ?
L'homme de Waterloo nous dira-t-il sa vie,
Et ce qu'il a fauché du troupeau des humains
Avant que l'envoyé de la nuit éternelle
Vînt sur son tertre vert l'abattre d'un coup d'aile
Et sur son cœur de fer lui croiser les deux mains ?
Clouerons-nous au poteau d'une satire altière
Le nom sept fois vendu d'un pâle pamphlétaire,
Qui, poussé par la faim, du fond de son oubli,
S'en vient, tout grelottant d'envie et d'impuissance,
Sur le front du génie insulter l'espérance
Et mordre le laurier que son souffle a sali ?
Prends ton luth ! prends ton luth ! je ne peux plus me taire ;
Mon aile me soulève au souffle du printemps.
Le vent va m'emporter ; je vais quitter la terre.
Une larme de toi ! Dieu m'écoute ; il est temps.

LE POËTE

S'il ne te faut, ma sœur chérie,
Qu'un baiser d'une lèvre amie
Et qu'une larme de mes yeux,
Je te les donnerai sans peine ;
De nos amours qu'il te souvienne,
Si tu remontes dans les cieux.
Je ne chante ni l'espérance,
Ni la gloire, ni le bonheur,
Hélas ! pas même la souffrance.

ALFRED DE MUSSET

La bouche garde le silence
Pour écouter parler le cœur.

LA MUSE

Crois-tu donc que je sois comme le vent d'automne
Qui se nourrit de pleurs jusque sur un tombeau,
Et pour qui la douleur n'est qu'une goutte d'eau ?
O poëte ! un baiser, c'est moi qui te le donne.
L'herbe que je voulais arracher de ce lieu,
C'est ton oisiveté; ta douleur est à Dieu.
Quel que soit le souci que ta jeunesse endure,
Laisse-la s'élargir, cette sainte blessure
Que les noirs séraphins t'ont faite au fond du cœur;
Rien ne nous rend si grands qu'une grande douleur.
Mais, pour en être atteint, ne crois pas, ô poëte,
Que ta voix ici-bas doive rester muette.
Les plus désespérés sont les chants les plus beaux,
Et j'en sais d'immortels qui sont de purs sanglots.
Lorsque le pélican, lassé d'un long voyage,
Dans les brouillards du soir retourne à ses roseaux,
Ses petits affamés courent sur le rivage
En le voyant au loin s'abattre sur les eaux.
Déjà, croyant saisir et partager leur proie,
Ils courent à leur père avec des cris de joie
En secouant leurs becs sur leurs goîtres hideux.
Lui, gagnant à pas lents une roche élevée,
De son aile pendante abritant sa couvée,
Pêcheur mélancolique, il regarde les cieux.
Le sang coule à longs flots de sa poitrine ouverte;
En vain il a des mers fouillé la profondeur:
L'Océan était vide et la plage déserte;
Pour toute nourriture il apporte son cœur.

ALFRED DE MUSSET

Sombre et silencieux, étendu sur la pierre,
Partageant à ses fils ses entrailles de père,
Dans son amour sublime il berce sa douleur,
Et, regardant couler sa sanglante mamelle,
Sur son festin de mort il s'affaisse et chancelle,
Ivre de volupté, de tendresse et d'horreur.
Mais parfois, au milieu du divin sacrifice,
Fatigué de mourir dans un trop long supplice,
Il craint que ses enfants ne le laissent vivant;
Alors il se soulève, ouvre son aile au vent,
Et se frappant le cœur avec un cri sauvage,
Il pousse dans la nuit un si funèbre adieu,
Que les oiseaux des mers désertent le rivage,
Et que le voyageur attardé sur la plage,
Sentant passer la mort, se recommande à Dieu.
Poëte, c'est ainsi que font les grands poëtes:
Ils laissent s'égayer ceux qui vivent un temps;
Mais les festins humains qu'ils servent à leurs fêtes
Ressemblent la plupart à ceux des pélicans.
Quand ils parlent ainsi d'espérances trompées,
De tristesse et d'oubli, d'amour et de malheur,
Ce n'est pas un concert à dilater le cœur.
Leurs déclamations sont comme des épées:
Elles tracent dans l'air un cercle éblouissant,
Mais il y pend toujours quelque goutte de sang.

LE POËTE

O Muse! spectre insatiable,
Ne m'en demande pas si long!
L'homme n'écrit rien sur le sable
A l'heure où passe l'aquilon.

J'ai vu le temps où ma jeunesse
Sur mes lèvres était sans cesse
Prête à chanter comme un oiseau ;
Mais j'ai souffert un dur martyre,
Et le moins que j'en pourrais dire,
Si je l'essayais sur ma lyre,
La briserait comme un roseau.

281 *Chanson*

A SAINT-BLAISE, à la Zuecca,
   Vous étiez, vous étiez bien aise
A Saint-Blaise.
A Saint-Blaise, à la Zuecca,
   Nous étions bien là.

Mais de vous en souvenir
   Prendrez-vous la peine ?
Mais de vous en souvenir
   Et d'y revenir,

A Saint-Blaise, à la Zuecca,
   Dans les prés fleuris cueillir la verveine ?
A Saint-Blaise, à la Zuecca,
   Vivre et mourir là !

282 *A la Malibran*
Stances

I

SANS doute il est trop tard pour parler encor d'elle ;
Depuis qu'elle n'est plus quinze jours sont passés,
Et dans ce pays-ci quinze jours, je le sais,
Font d'une mort récente une vieille nouvelle.

ALFRED DE MUSSET

De quelque nom d'ailleurs que le regret s'appelle,
L'homme, par tout pays, en a bien vite assez.

II

O Maria-Félicia! le peintre et le poëte
Laissent, en expirant, d'immortels héritiers;
Jamais l'affreuse nuit ne les prend tout entiers.
A défaut d'action, leur grande âme inquiète
De la mort et du temps entreprend la conquête,
Et, frappés dans la lutte, ils tombent en guerriers.

III

Celui-là sur l'airain a gravé sa pensée;
Dans un rythme doré l'autre l'a cadencée;
Du moment qu'on l'écoute, on lui devient ami.
Sur sa toile, en mourant, Raphaël l'a laissée;
Et, pour que le néant ne touche point à lui,
C'est assez d'un enfant sur sa mère endormi.

IV

Comme dans une lampe une flamme fidèle,
Au fond du Parthénon le marbre inhabité
Garde de Phidias la mémoire éternelle,
Et la jeune Vénus, fille de Praxitèle,
Sourit encor, debout dans sa divinité,
Aux siècles impuissants qu'a vaincus sa beauté.

V

Recevant d'âge en âge une nouvelle vie,
Ainsi s'en vont à Dieu les gloires d'autrefois;
Ainsi le vaste écho de la voix du génie
Devient du genre humain l'universelle voix...
Et de toi, morte hier, de toi, pauvre Marie,
Au fond d'une chapelle il nous reste une croix!

VI

Une croix ! et l'oubli, la nuit et le silence !
Écoutez ! c'est le vent, c'est l'Océan immense ;
C'est un pêcheur qui chante au bord du grand chemin.
Et de tant de beauté, de gloire et d'espérance,
De tant d'accords si doux d'un instrument divin,
Pas un faible soupir, pas un écho lointain !

VII

Une croix ! et ton nom écrit sur une pierre,
Non pas même le tien, mais celui d'un époux.
Voilà ce qu'après toi tu laisses sur la terre ;
Et ceux qui t'iront voir à ta maison dernière,
N'y trouvant pas ce nom qui fut aimé de nous,
Ne sauront pour prier où poser les genoux.

VIII

O Ninette ! où sont-ils, belle muse adorée,
Ces accents pleins d'amour, de charme et de terreur,
Qui voltigeaient le soir sur ta lèvre inspirée,
Comme un parfum léger sur l'aubépine en fleur ?
Où vibre maintenant cette voix éplorée,
Cette harpe vivante attaché à ton cœur ?

IX

N'était-ce pas hier, fille joyeuse et folle,
Que ta verve railleuse animait Corilla,
Et que tu nous lançais avec la Rosina
La roulade amoureuse et l'œillade espagnole ?
Ces pleurs sur tes bras nus, quand tu chantais *le Saule*,
N'était-ce pas hier, pâle Desdemona ?

ALFRED DE MUSSET

X

N'était-ce pas hier qu'à la fleur de ton âge
Tu traversais l'Europe, une lyre à la main;
Dans la mer, en riant, te jetant à la nage,
Chantant la tarentelle au ciel napolitain,
Cœur d'ange et de lion, libre oiseau de passage,
Espiègle enfant ce soir, sainte artiste demain?

XI

N'était-ce pas hier qu'enivrée et bénie
Tu traînais à ton char un peuple transporté,
Et que Londre et Madrid, la France et l'Italie
Apportaient à tes pieds cet or tant convoité,
Cet or deux fois sacré qui payait ton génie,
Et qu'à tes pieds souvent laissa ta charité?

XII

Qu'as-tu fait pour mourir, ô noble créature,
Belle image de Dieu, qui donnais en chemin
Au riche un peu de joie, au malheureux du pain?
Ah! qui donc frappe ainsi dans la mère nature,
Et quel faucheur aveugle, affamé de pâture,
Sur les meilleurs de nous ose porter la main?

XIII

Ne suffit-il donc pas à l'ange des ténèbres
Qu'à peine de ce temps il nous reste un grand nom?
Que Géricault, Cuvier, Schiller, Gœthe et Byron
Soient endormis d'hier sous les dalles funèbres,
Et que nous ayons vu tant d'autres morts célèbres
Dans l'abîme entr'ouvert suivre Napoléon?

ALFRED DE MUSSET

XIV

Nous faut-il perdre encor nos têtes les plus chères,
Et venir en pleurant leur fermer les paupières,
Dès qu'un rayon d'espoir a brillé dans leurs yeux?
Le ciel de ses élus devient-il envieux?
Ou faut-il croire, hélas! ce que disaient nos pères,
Que lorsqu'on meurt si jeune on est aimé des dieux?

XV

Ah! combien, depuis peu, sont partis pleins de vie,
Sous les cyprès anciens que de saules nouveaux!
La cendre de Robert à peine refroidie,
Bellini tombe et meurt! — Une lente agonie
Traîne Carrel sanglant à l'éternel repos.
Le seuil de notre siècle est pavé de tombeaux.

XVI

Que nous restera-t-il, si l'ombre insatiable,
Dès que nous bâtissons, vient tout ensevelir?
Nous qui sentons déjà le sol si variable,
Et, sur tant de débris, marchons vers l'avenir,
Si le vent, sous nos pas, balaye ainsi le sable,
De quel deuil le Seigneur veut-il donc nous vêtir?

XVII

Hélas! Marietta, tu nous restais encore.
Lorsque, sur le sillon, l'oiseau chante à l'aurore,
Le laboureur s'arrête, et, le front en sueur,
Aspire dans l'air pur un souffle de bonheur.
Ainsi nous consolait ta voix fraîche et sonore,
Et tes chants dans les cieux emportaient la douleur.

XVIII

Ce qu'il nous faut pleurer sur ta tombe hâtive,
Ce n'est pas l'art divin, ni ses savants secrets:
Quelque autre étudiera cet art que tu créais;
C'est ton âme, Ninette, et ta grandeur naïve,
C'est cette voix du cœur qui seule au cœur arrive,
Que nul autre, après toi, ne nous rendra jamais.

XIX

Ah! tu vivrais encor sans cette âme indomptable.
Ce fut là ton seul mal, et le secret fardeau
Sous lequel ton beau corps plia comme un roseau.
Il en soutint longtemps la lutte inexorable.
C'est le Dieu tout-puissant, c'est la Muse implacable
Qui dans ses bras en feu t'a porté au tombeau.

XX

Que ne l'étouffais-tu, cette flamme brûlante
Que ton sein palpitant ne pouvait contenir?
Tu vivrais, tu verrais te suivre et t'applaudir
De ce public blasé la foule indifférente,
Qui prodigue aujourd'hui sa faveur inconstante
A des gens dont pas un, certes, n'en doit mourir.

XXI

Connaissais-tu si peu l'ingratitude humaine?
Quel rêve as-tu donc fait de te tuer pour eux!
Quelques bouquets de fleurs te rendaient-ils si vaine,
Pour venir nous verser de vrais pleurs sur la scène,
Lorsque tant d'histrions et d'artistes fameux,
Couronnés mille fois, n'en ont pas dans les yeux?

ALFRED DE MUSSET

XXII

Que ne détournais-tu la tête pour sourire,
Comme on en use ici quand on feint d'être ému?
Hélas! on t'aimait tant, qu'on n'en aurait rien vu.
Quand tu chantais *le Saule*, au lieu de ce délire,
Que ne t'occupais-tu de bien porter ta lyre?
La Pasta fait ainsi: que ne l'imitais-tu?

XXIII

Ne savais-tu donc pas, comédienne imprudente,
Que ces cris insensés qui te sortaient du cœur
De ta joue amaigrie augmentaient la pâleur?
Ne savais-tu donc pas que, sur ta tempe ardente,
Ta main de jour en jour se posait plus tremblante,
Et que c'est tenter Dieu que d'aimer la douleur?

XXIV

Ne sentais-tu donc pas que ta belle jeunesse
De tes yeux fatigués s'écoulait en ruisseaux,
Et de ton noble cœur s'exhalait en sanglots?
Quand de ceux qui t'aimaient tu voyais la tristesse,
Ne sentais-tu donc pas qu'une fatale ivresse
Berçait ta vie errante à ses derniers rameaux?

XXV

Oui, oui, tu le savais, qu'au sortir du théâtre
Un soir dans ton linceul il faudrait te coucher.
Lorsqu'on te rapportait plus froide que l'albâtre,
Lorsque le médecin, de ta veine bleuâtre,
Regardait goutte à goutte un sang noir s'épancher,
Tu savais quelle main venait de te toucher.

ALFRED DE MUSSET

XXVI

Oui, oui, tu le savais, et que, dans cette vie,
Rien n'est bon que d'aimer, n'est vrai que de souffrir.
Chaque soir dans tes chants tu te sentais pâlir.
Tu connaissais le monde, et la foule, et l'envie,
Et, dans ce corps brisé concentrant ton génie,
Tu regardais aussi la Malibran mourir.

XXVII

Meurs donc! ta mort est douce et ta tâche est remplie.
Ce que l'homme ici-bas appelle le génie,
C'est le besoin d'aimer; hors de là tout est vain.
Et, puisque tôt ou tard l'amour humain s'oublie,
Il est d'une grande âme et d'un heureux destin
D'expirer comme toi pour un amour divin!

283   *Chanson de Fortunio*

SI vous croyez que je vais dire
    Qui j'ose aimer,
Je ne saurais, pour un empire,
    Vous la nommer.

Nous allons chanter à la ronde,
    Si vous voulez,
Que je l'adore et qu'elle est blonde
    Comme les blés.

Je fais ce que sa fantaisie
    Veut m'ordonner,
Et je puis, s'il lui faut ma vie,
    La lui donner.

Du mal qu'une amour ignorée
　　Nous fait souffrir,
J'en porte l'âme déchirée
　　Jusqu'à mourir.

Mais j'aime trop pour que je die
　　Qui j'ose aimer,
Et je veux mourir pour ma mie
　　Sans la nommer.

284　　*Chanson de Barberine*

BEAU chevalier qui partez pour la guerre,
　　　Qu'allez-vous faire
　　　Si loin d'ici ?

Voyez-vous pas que la nuit est profonde,
　　　Et que le monde
　　　N'est que souci ?

Vous qui croyez qu'une amour délaissée
　　　De la pensée
　　　S'enfuit ainsi,

Hélas ! hélas ! chercheurs de renommée,
　　　Votre fumée
　　　S'envole aussi.

Beau chevalier qui partez pour la guerre,
　　　Qu'allez-vous faire
　　　Si loin de nous ?

J'en vais pleurer, moi qui me laissais dire
　　　Que mon sourire
　　　Était si doux.

ALFRED DE MUSSET

285   *La Nuit de Décembre*

Du temps que j'étais écolier,
Je restais un soir à veiller
Dans notre salle solitaire.
Devant ma table vint s'asseoir
Un pauvre enfant vêtu de noir,
Qui me ressemblait comme un frère.

Son visage était triste et beau:
A la lueur de mon flambeau,
Dans mon livre ouvert il vint lire.
Il pencha son front sur ma main,
Et resta jusqu'au lendemain,
Pensif, avec un doux sourire.

Comme j'allais avoir quinze ans,
Je marchais un jour, à pas lents,
Dans un bois, sur une bruyère.
Au pied d'un arbre vint s'asseoir
Un jeune homme vêtu de noir,
Qui me ressemblait comme un frère.

Je lui demandai mon chemin;
Il tenait un luth d'une main,
De l'autre un bouquet d'églantine.
Il me fit un salut d'ami,
Et, se détournant à demi,
Me montra du doigt la colline.

A l'âge où l'on croit à l'amour,
J'étais seul dans ma chambre un jour,
Pleurant ma première misère.

ALFRED DE MUSSET

Au coin de mon feu vint s'asseoir
Un étranger vêtu de noir,
Qui me ressemblait comme un frère.

Il était morne et soucieux;
D'une main il montrait les cieux,
Et de l'autre il tenait un glaive.
De ma peine il semblait souffrir,
Mais il ne poussa qu'un soupir,
Et s'évanouit comme un rêve.

A l'âge où l'on est libertin
Pour boire un toast en un festin
Un jour je soulevai mon verre.
En face de moi vint s'asseoir
Un convive vêtu de noir,
Qui me ressemblait comme un frère.

Il secouait sous son manteau
Un haillon de pourpre en lambeau,
Sur sa tête un myrte stérile;
Son bras maigre cherchait le mien,
Et mon verre, en touchant le sien,
Se brisa dans ma main débile.

Un an après, il était nuit,
J'étais à genoux près du lit
Où venait de mourir mon père.
Au chevet du lit vint s'asseoir
Un orphelin vêtu de noir,
Qui me ressemblait comme un frère.

ALFRED DE MUSSET

Ses yeux étaient noyés de pleurs;
Comme les anges de douleurs,
Il était couronné d'épine;
Son luth à terre était gisant,
Sa pourpre de couleur de sang,
Et son glaive dans sa poitrine.

Je m'en suis si bien souvenu,
Que je l'ai toujours reconnu
A tous les instants de ma vie.
C'est une étrange vision;
Et cependant, ange ou démon,
J'ai vu partout cette ombre amie.

Lorsque plus tard, las de souffrir,
Pour renaître ou pour en finir,
J'ai voulu m'exiler de France;
Lorsqu'impatient de marcher,
J'ai voulu partir, et chercher
Les vestiges d'une espérance;

A Pise, au pied de l'Apennin;
A Cologne, en face du Rhin;
A Nice, au penchant des vallées;
A Florence, au fond des palais;
A Brigues, dans les vieux chalets;
Au sein des Alpes désolées;

A Gênes, sous les citronniers;
A Vevay, sous les verts pommiers;
Au Havre, devant l'Atlantique;
A Venise, à l'affreux Lido,
Où vient sur l'herbe d'un tombeau
Mourir la pâle Adriatique;

ALFRED DE MUSSET

Partout où, sous ces vastes cieux,
J'ai lassé mon cœur et mes yeux,
Saignant d'une éternelle plaie;
Partout où le boiteux Ennui,
Traînant ma fatigue après lui,
M'a promené sur une claie;

Partout où, sans cesse altéré
De la soif d'un monde ignoré,
J'ai suivi l'ombre de mes songes;
Partout où, sans avoir vécu,
J'ai revu ce que j'avais vu,
La face humaine et ses mensonges;

Partout où, le long des chemins,
J'ai posé mon front dans mes mains
Et sangloté comme une femme;
Partout où j'ai, comme un mouton
Qui laisse sa laine au buisson,
Senti se dénuer mon âme;

Partout où j'ai voulu dormir,
Partout où j'ai voulu mourir,
Partout où j'ai touché la terre,
Sur ma route est venu s'asseoir
Un malheureux vêtu de noir,
Qui me ressemblait comme un frère.

Qui donc es-tu, toi que dans cette vie
    Je vois toujours sur mon chemin?
Je ne puis croire, à ta mélancolie,
    Que tu sois mon mauvais Destin.

ALFRED DE MUSSET

Ton doux sourire a trop de patience,
    Tes larmes ont trop de pitié.
En te voyant, j'aime la Providence.
Ta douleur même est sœur de ma souffrance ;
    Elle ressemble à l'amitié.

Qui donc es-tu ? — Tu n'es pas mon bon ange ;
    Jamais tu ne viens m'avertir.
Tu vois mes maux (c'est une chose étrange !)
    Et tu me regardes souffrir.
Depuis vingt ans tu marches dans ma voie,
    Et je ne saurais t'appeler.
Qui donc es-tu, si c'est Dieu qui t'envoie ?
Tu me souris sans partager ma joie,
    Tu me plains sans me consoler !

Ce soir encor je t'ai vu m'apparaître.
    C'était par une triste nuit.
L'aile des vents battait à ma fenêtre ;
    J'étais seul, courbé sur mon lit.
J'y regardais une place chérie,
    Tiède encor d'un baiser brûlant ;
Et je songeais comme la femme oublie,
Et je sentais un lambeau de ma vie,
    Qui se déchirait lentement.

Je rassemblais des lettres de la veille,
    Des cheveux, des débris d'amour.
Tout ce passé me criait à l'oreille
    Ses éternels serments d'un jour.

ALFRED DE MUSSET

Je contemplais ces reliques sacrées,
    Qui me faisaient trembler la main:
Larmes du cœur par le cœur dévorées,
Et que les yeux qui les avaient pleurées
    Ne reconnaîtront plus demain !

J'enveloppais dans un morceau de bure
    Ces ruines des jours heureux.
Je me disais qu'ici-bas ce qui dure,
    C'est une mèche de cheveux.
Comme un plongeur dans une mer profonde
    Je me perdais dans tant d'oubli.
De tous côtés j'y retournais la sonde,
Et je pleurais seul, loin des yeux du monde,
    Mon pauvre amour enseveli.

J'allais poser le sceau de cire noire
    Sur ce fragile et cher trésor.
J'allais le rendre, et, n'y pouvant pas croire,
    En pleurant j'en doutais encor.
Ah ! faible femme, orgueilleuse insensée,
    Malgré toi tu t'en souviendras !
Pourquoi, grand Dieu ! mentir à sa pensée ?
Pourquoi ces pleurs, cette gorge oppressée,
    Ces sanglots, si tu n'aimais pas ?

Oui, tu languis, tu souffres et tu pleures;
    Mais ta chimère est entre nous.
Eh bien, adieu ! Vous compterez les heures
    Qui me sépareront de vous.
Partez, partez, et dans ce cœur de glace
    Emportez l'orgueil satisfait.

ALFRED DE MUSSET

Je sens encor le mien jeune et vivace,
Et bien des maux pourront y trouver place
    Sur le mal que vous m'avez fait.

Partez, partez! la Nature immortelle
    N'a pas tout voulu vous donner.
Ah! pauvre enfant, qui voulez être belle
    Et ne savez pas pardonner!
Allez, allez, suivez la destinée;
    Qui vous perd n'a pas tout perdu.
Jetez au vent notre amour consumée; —
Éternel Dieu! toi que j'ai tant aimée,
    Si tu pars, pourquoi m'aimes-tu?

Mais tout à coup j'ai vu dans la nuit sombre
    Une forme glisser sans bruit.
Sur mon rideau j'ai vu passer une ombre;
    Elle vient s'asseoir sur mon lit.
Qui donc es-tu, morne et pâle visage,
    Sombre portrait vêtu de noir?
Que me veux-tu, triste oiseau de passage?
Est-ce un vain rêve? est-ce ma propre image
    Que j'aperçois dans ce miroir?

Qui donc es-tu, spectre de ma jeunesse,
    Pèlerin que rien n'a lassé?
Dis-moi pourquoi je te trouve sans cesse
    Assis dans l'ombre où j'ai passé.
Qui donc es-tu, visiteur solitaire,
    Hôte assidu de mes douleurs?
Qu'as-tu donc fait pour me suivre sur terre?
Qui donc es-tu, qui donc es-tu, mon frère,
    Qui n'apparais qu'au jour des pleurs?

ALFRED DE MUSSET

LA VISION

— Ami, notre père est le tien.
Je ne suis ni l'ange gardien,
Ni le mauvais destin des hommes.
Ceux que j'aime, je ne sais pas
De quel côté s'en vont leurs pas
Sur ce peu de fange où nous sommes.

Je ne suis ni dieu ni démon,
Et tu m'as nommé par mon nom
Quand tu m'as appelé ton frère;
Où tu vas, j'y serai toujours,
Jusques au dernier de tes jours,
Où j'irai m'asseoir sur ta pierre.

Le ciel m'a confié ton cœur.
Quand tu seras dans la douleur,
Viens à moi sans inquiétude;
Je te suivrai sur le chemin,
Mais je ne puis toucher ta main;
Ami, je suis la Solitude.

Sur une Morte

ELLE était belle, si la Nuit
Qui dort dans la sombre chapelle
Où Michel-Ange a fait son lit,
Immobile peut être belle.

Elle était bonne, s'il suffit
Qu'en passant la main s'ouvre et donne,
Sans que Dieu n'ait rien vu, rien dit;
Si l'or sans pitié fait l'aumône.

ALFRED DE MUSSET

Elle pensait, si le vain bruit
D'une voix douce et cadencée,
Comme le ruisseau qui gémit,
Peut faire croire à la pensée.

Elle priait, si deux beaux yeux,
Tantôt s'attachant à la terre,
Tantôt se levant vers les cieux,
Peuvent s'appeler la prière.

Elle aurait souri, si la fleur
Qui ne s'est point épanouie
Pouvait s'ouvrir à la fraîcheur
Du vent qui passe et qui l'oublie.

Elle aurait pleuré, si sa main,
Sur son cœur froidement posée,
Eût jamais dans l'argile humain
Senti la céleste rosée.

Elle aurait aimé, si l'orgueil,
Pareil à la lampe inutile
Qu'on allume près d'un cercueil,
N'eût veillé sur son cœur stérile.

Elle est morte et n'a point vécu.
Elle faisait semblant de vivre.
De ses mains est tombé le livre
Dans lequel elle n'a rien lu.

PIERRE-JULES-THÉOPHILE GAUTIER
1811–†1872

287 *Terza rima*

QUAND Michel-Ange eut peint la chapelle Sixtine,
Et que de l'échafaud, sublime et radieux,
Il fut redescendu dans la cité latine,

Il ne pouvait baisser ni les bras ni les yeux;
Ses pieds ne savaient pas comment marcher sur terre;
Il avait oublié le monde dans les cieux.

Trois grands mois il garda cette attitude austère.
On l'eût pris pour un ange en extase devant
Le saint triangle d'or, au moment du mystère.

Frère, voilà pourquoi les poètes, souvent,
Buttent à chaque pas sur les chemins du monde:
Les yeux fichés au ciel, ils s'en vont en rêvant.

Les anges, secouant leur chevelure blonde,
Penchent leur front sur eux et leur tendent les bras,
Et les veulent baiser avec leur bouche ronde.

Eux marchent au hasard et font mille faux pas;
Ils cognent les passants, se jettent sous les roues,
Ou tombent dans les puits qu'ils n'aperçoivent pas.

Que leur font les passants, les pierres et les boues?
Ils cherchent dans le jour le rêve de leurs nuits,
Et le feu du désir leur empourpre les joues.

Ils ne comprennent rien aux terrestres ennuis
Et, quand ils ont fini leur chapelle Sixtine,
Ils sortent rayonnants de leurs obscurs réduits.

Un auguste reflet de leur œuvre divine
S'attache à leur personne et leur dore le front
Et le ciel qu'ils ont vu dans leurs yeux se devine.

Les nuits suivront les jours et se succéderont
Avant que leurs regards et leurs bras ne s'abaissent,
Et leurs pieds, de longtemps, ne se raffermiront.

Tous nos palais sous eux s'éteignent et s'affaissent;
Leur âme à la coupole où leur œuvre reluit
Revole, et ce ne sont que leurs corps qu'ils nous laissent.

Notre jour leur paraît plus sombre que la nuit;
Leur œil cherche toujours le ciel bleu de la fresque,
Et le tableau quitté les tourmente et les suit.

Comme Buonarotti, le peintre gigantesque,
Ils ne peuvent plus voir que les choses d'en haut,
Et que le ciel de marbre où leur front touche presque.

Sublime aveuglement! magnifique défaut!

288 *L'Escurial*

POSÉ comme un défi tout près d'une montagne,
L'on aperçoit de loin dans la morne campagne
Le sombre Escurial, à trois cents pieds du sol,
Soulevant sur le coin de son épaule énorme,
Éléphant monstrueux, la coupole difforme,
Débauche de granit du Tibère espagnol.

THÉOPHILE GAUTIER

Jamais vieux Pharaon, aux flancs d'un mont d'Égypte,
Ne fit pour sa momie une plus noire crypte;
Jamais sphinx au désert n'a gardé plus d'ennui;
La cigogne s'endort au bout des cheminées;
Partout l'herbe verdit les cours abandonnées;
Moines, prêtres, soldats, courtisans, tout a fui!

Et tout semblerait mort, si du bord des corniches,
Des mains des rois sculptés, des frontons et des niches,
Avec leurs cris charmants et leur folle gaîté,
Il ne s'envolait pas des essaims d'hirondelles,
Qui, pour le réveiller, agacent à coups d'ailes
Le géant assoupi qui rêve éternité!...

289 *Pastel*

J'AIME à vous voir en vos cadres ovales,
Portraits jaunis des belles du vieux temps,
Tenant en main des roses un peu pâles,
Comme il convient à des fleurs de cent ans.

Le vent d'hiver, en vous touchant la joue,
A fait mourir vos œillets et vos lis,
Vous n'avez plus que des mouches de boue
Et sur les quais vous gisez tout salis.

Il est passé le doux règne des belles;
La Parabère avec la Pompadour
Ne trouveraient que des sujets rebelles,
Et sous leur tombe est enterré l'amour.

Vous, cependant, vieux portraits qu'on oublie,
Vous respirez vos bouquets sans parfums,
Et souriez avec mélancolie
Au souvenir de vos galants défunts.

290   *Chinoiserie*

CE n'est pas vous, non, madame, que j'aime,
　Ni vous non plus, Juliette, ni vous,
Ophélia, ni Béatrix, ni même
Laure la blonde, avec ses grands yeux doux.

Celle que j'aime, à présent, est en Chine;
Elle demeure avec ses vieux parents,
Dans une tour de porcelaine fine,
Au fleuve Jaune, où sont les cormorans.

Elle a des yeux retroussés vers les tempes,
Un pied petit à tenir dans la main,
Le teint plus clair que le cuivre des lampes,
Les ongles longs et rougis de carmin.

Par son treillis elle passe sa tête,
Que l'hirondelle, en volant, vient toucher,
Et, chaque soir, aussi bien qu'un poète,
Chante le saule et la fleur du pêcher.

291   *Symphonie en Blanc Majeur*

DE leur col blanc courbant les lignes,
　On voit dans les contes du Nord,
Sur le vieux Rhin, des femmes-cygnes
Nager en chantant près du bord.

Ou, suspendant à quelque branche
Le plumage qui les revêt,
Faire luire leur peau plus blanche
Que la neige de leur duvet.

THÉOPHILE GAUTIER

De ces femmes il en est une,
Qui chez nous descend quelquefois,
Blanche comme le clair de lune
Sur les glaciers dans les cieux froids;

Conviant la vue enivrée
De sa boréale fraîcheur
A des régals de chair nacrée,
A des débauches de blancheur!

Son sein, neige moulée en globe,
Contre les camélias blancs
Et le blanc satin de sa robe
Soutient des combats insolents.

Dans ces grandes batailles blanches,
Satins et fleurs ont le dessous,
Et, sans demander leurs revanches,
Jaunissent comme des jaloux.

Sur les blancheurs de son épaule,
Paros au grain éblouissant,
Comme dans une nuit du pôle,
Un givre invisible descend.

De quel mica de neige vierge,
De quelle moelle de roseau,
De quelle hostie et de quel cierge
A-t-on fait le blanc de sa peau ?

A-t-on pris la goutte lactée
Tachant l'azur du ciel d'hiver.
Le lis à la pulpe argentée,
La blanche écume de la mer,

THÉOPHILE GAUTIER

Le marbre blanc, chair froide et pâle,
Où vivent les divinités;
L'argent mat, la laiteuse opale
Qu'irisent de vagues clartés;

L'ivoire, où ses mains ont des ailes,
Et, comme des papillons blancs,
Sur la pointe des notes frêles
Suspendent leurs baisers tremblants;

L'hermine vierge de souillure,
Qui, pour abriter leurs frissons,
Ouate de sa blanche fourrure
Les épaules et les blasons;

Le vif-argent aux fleurs fantasques
Dont les vitraux sont ramagés;
Les blanches dentelles des vasques,
Pleurs de l'ondine en l'air figés;

L'aubépine de mai qui plie
Sous les blancs frimas de ses fleurs;
L'albâtre où la mélancolie
Aime à retrouver ses pâleurs;

Le duvet blanc de la colombe,
Neigeant sur les toits du manoir,
Et la stalactite qui tombe,
Larme blanche de l'antre noir?

Des Groenlands et des Norvèges
Vient-elle avec Séraphita?
Est-ce la Madone des neiges,
Un sphinx blanc que l'hiver sculpta,

Sphinx enterré par l'avalanche,
Gardien des glaciers étoilés,
Et qui, sous sa poitrine blanche,
Cache de blancs secrets gelés?

Sous la glace où calme il repose,
Oh! qui pourra fondre ce cœur!
Oh! qui pourra mettre un ton rose
Dans cette implacable blancheur!

Pendant la Tempête

LA barque est petite et la mer immense,
La vague nous jette au ciel en courroux,
Le ciel nous renvoie au flot en démence:
Près du mât rompu prions à genoux!

De nous à la tombe il n'est qu'une planche:
Peut-être ce soir, dans un lit amer,
Sous un froid linceul, fait d'écume blanche,
Irons-nous dormir, veillés par l'éclair!

Fleur du paradis, sainte Notre-Dame,
Si bonne aux marins en péril de mort,
Apaise le vent, fais taire la lame,
Et pousse du doigt notre esquif au port.

Nous te donnerons, si tu nous délivres,
Une belle robe en papier d'argent,
Un cierge à festons pesant quatre livres,
Et, pour ton Jésus, un petit Saint-Jean.

THÉOPHILE GAUTIER

293   *L'Hippopotame*

L'HIPPOPOTAME au large ventre
Habite aux Jungles de Java,
Où grondent, au fond de chaque antre,
Plus de monstres qu'on n'en rêva.

Le boa se déroule et siffle,
Le tigre fait son hurlement,
Le buffle en colère renifle,
Lui dort ou paît tranquillement.

Il ne craint ni krisse ni zagaies,
Il regarde l'homme sans fuir,
Et rit des balles des cipayes
Qui rebondissent sur son cuir.

Je suis comme l'hippopotame:
De ma conviction couvert,
Forte armure que rien n'entame,
Je vais sans peur par le désert.

294   *Carmen*

CARMEN est maigre, — un trait de bistre
Cerne son œil de gitana.
Ses cheveux sont d'un noir sinistre,
Sa peau, le diable la tanna.

Les femmes disent qu'elle est laide,
Mais tous les hommes en sont fous:
Et l'archevêque de Tolède
Chante la messe à ses genoux;

Car sur sa nuque d'ambre fauve
Se tord un énorme chignon
Qui, dénoué, fait dans l'alcôve
Une mante à son corps mignon.

Et, parmi sa pâleur, éclate
Une bouche aux rires vainqueurs;
Piment rouge, fleur écarlate,
Qui prend sa pourpre au sang des cœurs.

Ainsi faite, la moricaude
Bat les plus altières beautés,
Et de ses yeux la lueur chaude
Rend la flamme aux satiétés.

Elle a, dans sa laideur piquante,
Un grain de sel de cette mer
D'où jaillit, nue et provocante,
L'âcre Vénus du gouffre amer.

L'Art

OUI, l'œuvre sort plus belle
 D'une forme au travail
    Rebelle,
Vers, marbre, onyx, émail.

Point de contraintes fausses!
Mais que pour marcher droit
    Tu chausses,
Muse, un cothurne étroit.

THÉOPHILE GAUTIER

Fi du rythme commode,
Comme un soulier trop grand,
    Du mode
Que tout pied quitte et prend !

Statuaire, repousse
L'argile que pétrit
    Le pouce
Quand flotte ailleurs l'esprit.

Lutte avec le carrare,
Avec le paros dur
    Et rare,
Gardiens du contour pur ;

Emprunte à Syracuse
Son bronze où fermement
    S'accuse
Le trait fier et charmant ;

D'une main délicate
Poursuis dans un filon
    D'agate
Le profil d'Apollon.

Peintre, fuis l'aquarelle,
Et fixe la couleur
    Trop frêle
Au four de l'émailleur.

Fais les sirènes bleues,
Tordant de cent façons
    Leurs queues,
Les monstres des blasons ;

THÉOPHILE GAUTIER

Dans son nimbe trilobe
La Vierge et son Jésus,
    Le globe
Avec la croix dessus.

Tout passe. — L'art robuste
Seul a l'éternité,
    Le buste
Survit à la cité,

Et la médaille austère
Que trouve un laboureur
    Sous terre
Révèle un empereur.

Les dieux eux-mêmes meurent,
Mais les vers souverains
    Demeurent
Plus forts que les airains.

Sculpte, lime, cisèle;
Que ton rêve flottant
    Se scelle
Dans le bloc résistant!

CHARLES-MARIE-RENÉ LECONTE DE LISLE
1818–†1894

Les Montreurs

TEL qu'un morne animal, meurtri, plein de poussière,
La chaîne au cou, hurlant au chaud soleil d'été,
Promène qui voudra son cœur ensanglanté
Sur ton pavé cynique, ô plèbe carnassière!

Pour mettre un feu stérile en ton œil hébété,
Pour mendier ton rire ou ta pitié grossière,
Déchire qui voudra la robe de lumière
De la pudeur divine et de la volupté.

Dans mon orgueil muet, dans ma tombe sans gloire,
Dussé-je m'engloutir pour l'éternité noire,
Je ne te vendrai pas mon ivresse ou mon mal,

Je ne livrerai pas ma vie à tes huées,
Je ne danserai pas sur ton tréteau banal
Avec tes histrions et tes prostituées.

297 *Néférou-Ra*

KHONS, tranquille et parfait, le Roi des Dieux thébains,
Est assis gravement dans sa barque dorée:
Le col roide, l'œil fixe et l'épaule carrée,
Sur ses genoux aigus il allonge les mains.

La double bandelette enclôt ses tempes lisses
Et pend avec lourdeur sur le sein et le dos.
Tel le Dieu se recueille et songe en son repos,
Le regard immuable et noyé de délices.

Un matin éclatant de la chaude saison
Baigne les grands sphinx roux couchés au sable aride,
Et des vieux Anubis ceints du pagne rigide
La gueule de chacal aboie à l'horizon.

LECONTE DE LISLE

Dix prêtres, du Nil clair suivant la haute berge,
D'un pas égal, le front incliné vers le sol,
Portent la barque peinte où, sous un parasol,
Siège le fils d'Amon, Khons, le Dieu calme et vierge.

Où va-t-il, le Roi Khons, le divin Guérisseur,
Qui toujours se procrée et s'engendre lui-même,
Lui que Mout a conçu du Créateur suprême,
L'Enfant de l'Invisible, aux yeux pleins de douceur?

Il méditait depuis mille ans, l'âme absorbée,
A l'ombre des palmiers d'albâtre et de granit,
Regardant le lotus qui charme et qui bénit
Ouvrir son cœur d'azur où dort le Scarabée.

Pourquoi s'est-il levé de son bloc colossal,
Lui d'où sortent la vie et la santé du monde,
Disant: J'irai! Pareille à l'eau pure et féconde,
Ma vertu coulera sur l'arbuste royal!

Le grand Rhamsès l'attend dans sa vaste demeure.
Les vingt Nomes, les trois Empires sont en deuil,
Craignant que, si le Dieu ne se présente au seuil,
La Beauté du Soleil, Néférou-Ra ne meure.

Voici qu'elle languit sur son lit virginal,
Très pâle, enveloppée avec de fines toiles;
Et ses yeux noirs sont clos, semblables aux étoiles
Qui se ferment quand vient le rayon matinal.

Hier, Néférou-Ra courait parmi les roses,
La joue et le front purs polis comme un bel or,
Et souriait, son cœur étant paisible encor,
De voir dans le ciel bleu voler les ibis roses.

LECONTE DE LISLE

Et voici qu'elle pleure en un rêve enflammé,
Amer, mystérieux, qui consume sa vie !
Quel démon l'a touché, ou quel Dieu la convie ?
O lumineuse fleur, meurs-tu d'avoir aimé ?

Puisque Néférou-Ra, sur sa couche d'ivoire,
Palmier frêle, a ployé sous un souffle ennemi,
La tristesse envahit la terre de Khêmi,
Et l'âme de Rhamsès est comme la nuit noire.

Mais il vient, le Roi jeune et doux, le Dieu vainqueur,
Le Dieu Khons, à la fois baume, flamme et rosée,
Qui rend la sève à flots à la plante épuisée,
L'espérance et la joie intarissable au cœur.

Il approche. Un long cri d'allégresse s'élance.
Le cortège, à pas lents, monte les escaliers ;
La foule se prosterne, et, du haut des piliers
Et des plafonds pourprés, tombe un profond silence.

Tremblante, ses grands yeux pleins de crainte et d'amour,
Devant le Guérisseur sacré qu'elle devine,
Néférou-Ra tressaille et sourit et s'incline
Comme un rayon furtif oublié par le jour.

Son sourire est tranquille et joyeux. Que fait-elle ?
Sans doute elle repose en un calme sommeil.
Hélas ! Khons a guéri la Beauté du Soleil ;
Le Sauveur l'a rendue à la vie immortelle.

Ne gémis plus, Rhamsès ! Le mal était sans fin,
Qui dévorait ce cœur blessé jusqu'à la tombe ;
Et la mort, déliant ses ailes de colombe,
L'embaumera d'oubli dans le monde divin !

298   *La Maya*

MAYA! Maya! torrent des mobiles chimères,
Tu fais jaillir du cœur de l'homme universel
Les brèves voluptés et les haines amères,
Le monde obscur des sens et la splendeur du ciel;
Mais qu'est-ce que le cœur des hommes éphémères,
O Maya! sinon toi, le mirage immortel?
Les siècles écoulés, les minutes prochaines,
S'abîment dans ton ombre, en un même moment,
Avec nos cris, nos pleurs et le sang de nos veines:
Éclair, rêve sinistre, éternité qui ment,
La Vie antique est faite inépuisablement
Du tourbillon sans fin des apparences vaines.

299   *Solvet seclum*

TU te tairas, ô voix sinistre des vivants!

Blasphèmes furieux qui roulez par les vents,
Cris d'épouvante, cris de haine, cris de rage,
Effroyables clameurs de l'éternel naufrage,
Tourments, crimes, remords, sanglots désespérés,
Esprit et chair de l'homme, un jour vous vous tairez!
Tout se taira, dieux, rois, forçats et foules viles,
Le rauque grondement des bagnes et des villes,
Les bêtes des forêts, des monts et de la mer,
Ce qui vole et bondit et rampe en cet enfer,
Tout ce qui tremble et fuit, tout ce qui tue et mange,
Depuis le ver de terre écrasé dans la fange
Jusqu'à la foudre errant dans l'épaisseur des nuits!
D'un seul coup la nature interrompra ses bruits.

Et ce ne sera point, sous les cieux magnifiques,
Le bonheur reconquis des paradis antiques,
Ni l'entretien d'Adam et d'Ève sur les fleurs,
Ni le divin sommeil après tant de douleurs;
Ce sera quand le Globe et tout ce qui l'habite,
Bloc stérile arraché de son immense orbite,
Stupide, aveugle, plein d'un dernier hurlement,
Plus lourd, plus éperdu de moment en moment,
Contre quelque univers immobile en sa force
Défoncera sa vieille et misérable écorce,
Et, laissant ruisseler, par mille trous béants,
Sa flamme intérieure avec ses océans,
Ira fertiliser de ses restes immondes
Les sillons de l'espace où fermentent les mondes.

Le Sommeil du Condor

PAR delà l'escalier des roides Cordillères,
Par delà les brouillards hantés des aigles noirs,
Plus haut que les sommets creusés en entonnoirs
Où bout le flux sanglant des laves familières,
L'envergure pendante et rouge par endroits,
Le vaste Oiseau, tout plein d'une morne indolence,
Regarde l'Amérique et l'espace en silence,
Et le sombre soleil qui meurt dans ses yeux froids.
La nuit roule de l'Est, où les pampas sauvages
Sous les monts étagés s'élargissent sans fin;
Elle endort le Chili, les villes, les rivages,
Et la mer Pacifique et l'horizon divin;
Du continent muet elle s'est emparée:
Des sables aux coteaux, des gorges aux versants,

De cime en cime, elle enfle, en tourbillons croissants,
Le lourd débordement de sa haute marée.
Lui, comme un spectre, seul, au front du pic altier,
Baigné d'une lueur qui saigne sur la neige,
Il attend cette mer sinistre qui l'assiège:
Elle arrive, déferle, et le couvre en entier.
Dans l'abîme sans fond la Croix australe allume
Sur les côtes du ciel son phare constellé.
Il râle de plaisir, il agite sa plume,
Il érige son cou musculeux et pelé,
Il s'enlève en fouettant l'âpre neige des Andes,
Dans un cri rauque il monte où n'atteint pas le vent,
Et, loin du globe noir, loin de l'astre vivant,
Il dort dans l'air glacé, les ailes toutes grandes.

301 *Le Colibri*

LE vert colibri, le roi des collines,
Voyant la rosée et le soleil clair
Luire dans son nid tissé d'herbes fines,
Comme un frais rayon s'échappe dans l'air.

Il se hâte et vole aux sources voisines
Où les bambous font le bruit de la mer,
Où l'açoka rouge, aux odeurs divines,
S'ouvre et porte au cœur un humide éclair.

Vers la fleur dorée il descend, se pose,
Et boit tant d'amour dans la coupe rose,
Qu'il meurt, ne sachant s'il l'a pu tarir.

Sur ta lèvre pure, ô ma bien-aimée,
Telle aussi mon âme eût voulu mourir
Du premier baiser qui l'a parfumée!

302   *Épiphanie*

ELLE passe, tranquille, en un rêve divin,
Sur le bord du plus frais de tes lacs, ô Norvège !
Le sang rose et subtil qui dore son col fin
Est doux comme un rayon de l'aube sur la neige.

Au murmure indécis du frêne et du bouleau,
Dans l'étincellement et le charme de l'heure,
Elle va, reflétée au pâle azur de l'eau
Qu'un vol silencieux de papillons effleure.

Quand un souffle furtif glisse en ses cheveux blonds,
Une cendre ineffable inonde son épaule ;
Et, de leur transparence argentant leurs cils longs,
Ses yeux ont la couleur des belles nuits du Pôle.

Purs d'ombre et de désir, n'ayant rien espéré
Du monde périssable où rien d'ailé ne reste,
Jamais ils n'ont souri, jamais ils n'ont pleuré,
Ces yeux calmes ouverts sur l'horizon céleste.

Et le Gardien pensif du mystique oranger
Des balcons de l'Aurore éternelle se penche,
Et regarde passer ce fantôme léger
Dans les plis de sa robe immortellement blanche.

303   *Le Cœur de Hialmar*

UNE nuit claire, un vent glacé. La neige est rouge.
Mille braves sont là qui dorment sans tombeaux,
L'épée au poing, les yeux hagards. Pas un ne bouge.
Au-dessus tourne et crie un vol de noirs corbeaux.

LECONTE DE LISLE

La lune froide verse au loin sa pâle flamme.
Hialmar se soulève entre les morts sanglants,
Appuyé des deux mains au tronçon de sa lame.
La pourpre du combat ruisselle de ses flancs.

— Holà ! Quelqu'un a-t-il encore un peu d'haleine,
Parmi tant de joyeux et robustes garçons
Qui, ce matin, riaient et chantaient à voix pleine
Comme des merles dans l'épaisseur des buissons ?

Tous sont muets. Mon casque est rompu, mon armure
Est trouée, et la hache a fait sauter ses clous.
Mes yeux saignent. J'entends un immense murmure
Pareil aux hurlements de la mer ou des loups.

Viens par ici, Corbeau, mon brave mangeur d'hommes !
Ouvre-moi la poitrine avec ton bec de fer.
Tu nous retrouveras demain tels que nous sommes.
Porte mon cœur tout chaud à la fille d'Ylmer.

Dans Upsal, où les Jarls boivent la bonne bière,
Et chantent, en heurtant les cruches d'or, en chœur,
A tire-d'aile vole, ô rôdeur de bruyère !
Cherche ma fiancée et porte-lui mon cœur.

Au sommet de la tour que hantent les corneilles
Tu la verras debout, blanche, aux longs cheveux noirs.
Deux anneaux d'argent fin lui pendent aux oreilles,
Et ses yeux sont plus clairs que l'astre des beaux soirs.

Va, sombre messager, dis-lui bien que je l'aime,
Et que voici mon cœur. Elle reconnaîtra
Qu'il est rouge et solide et non tremblant et blême ;
Et la fille d'Ylmer, Corbeau, te sourira !

Moi, je meurs. Mon esprit coule par vingt blessures.
J'ai fait mon temps. Buvez, ô loups, mon sang vermeil.
Jeune, brave, riant, libre et sans flétrissures,
Je vais m'asseoir parmi les Dieux, dans le soleil !

304 *Les Elfes*

COURONNÉS de thym et de marjolaine,
Les Elfes joyeux dansent sur la plaine.

Du sentier des bois aux daims familier,
Sur un noir cheval, sort un chevalier.
Son éperon d'or brille en la nuit brune ;
Et, quand il traverse un rayon de lune,
On voit resplendir, d'un reflet changeant,
Sur sa chevelure un casque d'argent.

Couronnés de thym et de marjolaine,
Les Elfes joyeux dansent sur la plaine.

Ils l'entourent tous d'un essaim léger
Qui dans l'air muet semble voltiger.
— Hardi chevalier, par la nuit sereine,
Où vas-tu si tard ? dit la jeune Reine.
De mauvais esprits hantent les forêts ;
Viens danser plutôt sur les gazons frais. —

Couronnés de thym et de marjolaine,
Les Elfes joyeux dansent sur la plaine.

— Non ! ma fiancée aux yeux clairs et doux
M'attend, et demain nous serons époux.
Laissez-moi passer, Elfes des prairies,

LECONTE DE LISLE

Qui foulez en rond les mousses fleuries;
Ne m'attardez pas loin de mon amour,
Car voici déjà les lueurs du jour. —

Couronnés de thym et de marjolaine,
Les Elfes joyeux dansent sur la plaine.

— Reste, chevalier. Je te donnerai
L'opale magique et l'anneau doré,
Et, ce qui vaut mieux que gloire et fortune,
Ma robe filée au clair de la lune.
— Non! dit-il. — Va donc! — Et de son doigt blanc
Elle touche au cœur le guerrier tremblant.

Couronnés de thym et de marjolaine,
Les Elfes joyeux dansent sur la plaine.

Et sous l'éperon le noir cheval part.
Il court, il bondit et va sans retard;
Mais le chevalier frissonne et se penche;
Il voit sur la route une forme blanche
Qui marche sans bruit et lui tend les bras:
— Elfe, esprit, démon, ne m'arrête pas! —

Couronnés de thym et de marjolaine,
Les Elfes joyeux dansent sur la plaine.

— Ne m'arrête pas, fantôme odieux!
Je vais épouser ma belle aux doux yeux.
— O mon cher époux, la tombe éternelle
Sera notre lit de noce, dit-elle.
Je suis morte! — Et lui, la voyant ainsi,
D'angoisse et d'amour tombe mort aussi.

Couronnés de thym et de marjolaine,
Les Elfes joyeux dansent sur la plaine.

CHARLES BAUDELAIRE

1821–†1867

305 *Correspondances*

L A Nature est un temple où de vivants piliers
Laissent parfois sortir de confuses paroles;
L'homme y passe à travers des forêts de symboles
Qui l'observent avec des regards familiers.

Comme de longs échos qui de loin se confondent
Dans une ténébreuse et profonde unité,
Vaste comme la nuit et comme la clarté,
Les parfums, les couleurs et les sons se répondent.

Il est des parfums frais comme des chairs d'enfants,
Doux comme les hautbois, verts comme les prairies,
— Et d'autres, corrompus, riches et triomphants,

Ayant l'expansion des choses infinies,
Comme l'ambre, le musc, le benjoin et l'encens,
Qui chantent les transports de l'esprit et des sens.

306 *La Vie antérieure*

J'AI longtemps habité sous de vastes portiques
Que les soleils marins teignaient de mille feux,
Et que leurs grands piliers, droits et majestueux,
Rendaient pareils, le soir, aux grottes basaltiques.

Les houles, en roulant les images des cieux,
Mêlaient d'une façon solennelle et mystique
Les tout-puissants accords de leur riche musique
Aux couleurs du couchant reflété par mes yeux.

CHARLES BAUDELAIRE

C'est là que j'ai vécu dans les voluptés calmes,
Au milieu de l'azur, des vagues, des splendeurs
Et des esclaves nus, tout imprégnés d'odeurs,

Qui me rafraîchissaient le front avec des palmes,
Et dont l'unique soin était d'approfondir
Le secret douloureux qui me faisait languir.

Don Juan aux Enfers

QUAND don Juan descendit vers l'onde souterraine
Et lorsqu'il eut donné son obole à Charon,
Un sombre mendiant, l'œil fier comme Antisthène,
D'un bras vengeur et fort saisit chaque aviron.

Montrant leurs seins pendants et leurs robes ouvertes,
Des femmes se tordaient sous le noir firmament,
Et, comme un grand troupeau de victimes offertes,
Derrière lui traînaient un long mugissement.

Sganarelle en riant lui réclamait ses gages,
Tandis que don Luis avec un doigt tremblant
Montrait à tous les morts errant sur les rivages
Le fils audacieux qui railla son front blanc.

Frissonnant sous son deuil, la chaste et maigre Elvire,
Près de l'époux perfide et qui fut son amant,
Semblait lui réclamer un suprême sourire
Où brillât la douceur de son premier serment.

Tout droit dans son armure, un grand homme de pierre
Se tenait à la barre et coupait le flot noir;
Mais le calme héros, courbé sur sa rapière,
Regardait le sillage et ne daignait rien voir.

Le Balcon

MÈRE des souvenirs, maîtresse des maîtresses,
O toi, tous mes plaisirs! ô toi, tous mes devoirs!
Tu te rappelleras la beauté des caresses,
La douceur du foyer et le charme des soirs,
Mère des souvenirs, maîtresse des maîtresses!

Les soirs illuminés par l'ardeur du charbon,
Et les soirs au balcon, voilés de vapeurs roses.
— Que ton sein m'était doux! que ton cœur m'était bon!
Nous avons dit souvent d'impérissables choses
Les soirs illuminés par l'ardeur du charbon.

Que les soleils sont beaux dans les chaudes soirées!
Que l'espace est profond! que le cœur est puissant!
En me penchant vers toi, reine des adorées,
Je croyais respirer le parfum de ton sang.
Que les soleils sont beaux dans les chaudes soirées!

La nuit s'épaississait ainsi qu'une cloison,
Et mes yeux dans le noir devinaient tes prunelles,
Et je buvais ton souffle, ô douceur, ô poison!
Et tes pieds s'endormaient dans mes mains fraternelles.
La nuit s'épaississait ainsi qu'une cloison.

Je sais l'art d'évoquer les minutes heureuses
Et revis mon passé blotti dans tes genoux.
Car à quoi bon chercher tes beautés langoureuses
Ailleurs qu'en ton cher corps et qu'en ton cœur si doux?
Je sais l'art d'évoquer les minutes heureuses!

Ces serments, ces parfums, ces baisers infinis,
Renaîtront-ils d'un gouffre interdit à nos sondes,
Comme montent au ciel les soleils rajeunis
Après s'être lavés au fond des mers profondes?
— O serments! ô parfums! ô baisers infinis!

309   *Je te donne ces vers...*

JE te donne ces vers afin que si mon nom
   Aborde heureusement aux époques lointaines,
Et fait rêver un soir les cervelles humaines,
Vaisseau favorisé par un grand aquilon,

Ta mémoire, pareille aux fables incertaines,
Fatigue le lecteur ainsi qu'un tympanon,
Et par un fraternel et mystique chaînon
Reste comme pendue à mes rimes hautaines;

Être maudit à qui, de l'abîme profond
Jusqu'au plus haut du ciel, rien, hors moi, ne répond!
— O toi qui, comme une ombre à la trace éphémère,

Foules d'un pied léger et d'un regard serein
Les stupides mortels qui t'ont jugée amère,
Statue aux yeux de jais, grand ange au front d'airain.

L'Invitation au Voyage

M ON enfant, ma sœur,
 Songe à la douceur
D'aller là-bas vivre ensemble !
　　Aimer à loisir,
　　Aimer et mourir
Au pays qui te ressemble !
　　Les soleils mouillés
　　De ces ciels brouillés
Pour mon esprit ont les charmes
　　Si mystérieux
　　De tes traîtres yeux,
Brillant à travers leurs larmes.

Là, tout n'est qu'ordre et beauté,
Luxe, calme et volupté.

　　Des meubles luisants,
　　Polis par les ans,
Décoreraient notre chambre ;
　　Les plus rares fleurs
　　Mêlant leurs odeurs
Aux vagues senteurs de l'ambre.
　　Les riches plafonds,
　　Les miroirs profonds,
La splendeur orientale,
　　Tout y parlerait,
　　A l'âme en secret
Sa douce langue natale.

Là, tout n'est qu'ordre et beauté,
Luxe, calme et volupté.

CHARLES BAUDELAIRE

>   Vois sur ces canaux
>   Dormir ces vaisseaux
> Dont l'humeur est vagabonde ;
>   C'est pour assouvir
>   Ton moindre désir
> Qu'ils viennent du bout du monde.
>   — Les soleils couchants
>   Revêtent les champs,
> Les canaux, la ville entière,
>   D'hyacinthe et d'or ;
>   Le monde s'endort
> Dans une chaude lumière.

Là, tout n'est qu'ordre et beauté,
Luxe, calme et volupté.

Chant d'Automne

i

BIENTÔT nous plongerons dans les froides ténèbres ;
Adieu, vive clarté de nos étés trop courts !
J'entends déjà tomber avec des chocs funèbres
Le bois retentissant sur le pavé des cours.

Tout l'hiver va rentrer dans mon être : colère,
Haine, frissons, horreur, labeur dur et forcé,
Et, comme le soleil dans son enfer polaire,
Mon cœur ne sera plus qu'un bloc rouge et glacé.

J'écoute en frémissant chaque bûche qui tombe ;
L'échafaud qu'on bâtit n'a pas d'écho plus sourd.
Mon esprit est pareil à la tour qui succombe
Sous les coups du bélier infatigable et lourd.

Il me semble, bercé par ce choc monotone,
Qu'on cloue en grande hâte un cercueil quelque part.
Pour qui ? — C'était hier l'été ; voici l'automne !
Ce bruit mystérieux sonne comme un départ.

ii

J'aime de vos longs yeux la lumière verdâtre,
Douce beauté, mais tout aujourd'hui m'est amer,
Et rien, ni votre amour, ni le boudoir, ni l'âtre,
Ne me vaut le soleil rayonnant sur la mer.

Et pourtant aimez-moi, tendre cœur ! soyez mère,
Même pour un ingrat, même pour un méchant ;
Amante ou sœur, soyez la douceur éphémère
D'un glorieux automne ou d'un soleil couchant.

Courte tâche ! La tombe attend ; elle est avide !
Ah ! laissez-moi, mon front posé sur vos genoux,
Goûter, en regrettant l'été blanc et torride,
De l'arrière-saison le rayon jaune et doux !

312 *Le Cygne*

i

ANDROMAQUE, je pense à vous ! Ce petit fleuve,
Pauvre et triste miroir où jadis resplendit
L'immense majesté de vos douleurs de veuve,
Ce Simoïs menteur qui par vos pleurs grandit,

A fécondé soudain ma mémoire fertile,
Comme je traversais le nouveau Carrousel.
Le vieux Paris n'est plus (la forme d'une ville
Change plus vite, hélas ! que le cœur d'un mortel) ;

CHARLES BAUDELAIRE

Je ne vois qu'en esprit tout ce camp de baraques,
Ces tas de chapiteaux ébauchés et de fûts,
Les herbes, les gros blocs verdis par l'eau des flaques,
Et, brillant aux carreaux, le bric-à-brac confus.

Là s'étalait jadis une ménagerie;
Là je vis un matin, à l'heure où sous les cieux
Froids et clairs le Travail s'éveille, où la voirie
Pousse un sombre ouragan dans l'air silencieux,

Un cygne qui s'était évadé de sa cage,
Et, de ses pieds palmés frottant le pavé sec,
Sur le sol raboteux traînait son blanc plumage.
Près d'un ruisseau sans eau la bête ouvrant le bec

Baignait nerveusement ses ailes dans la poudre,
Et disait, le cœur plein de son beau lac natal:
« Eau, quand donc pleuvras-tu ? quand tonneras-tu,
 foudre ? »
Je vois ce malheureux, mythe étrange et fatal,

Vers le ciel quelquefois, comme l'homme d'Ovide,
Vers le ciel ironique et cruellement bleu,
Sur son cou convulsif tendant sa tête avide,
Comme s'il adressait des reproches à Dieu!

ii

Paris change! mais rien dans ma mélancolie
N'a bougé! palais neuf, échafaudages, blocs,
Vieux faubourgs, tout pour moi devient allégorie,
Et mes chers souvenirs sont plus lourds que des rocs.

Aussi devant ce Louvre une image m'opprime:
Je pense à mon grand cygne, avec ses gestes fous,
Comme les exilés ridicule et sublime,
Et rongé d'un désir sans trêve! et puis à vous,

Andromaque, des bras d'un grand époux tombée,
Vil bétail, sous la main du superbe Pyrrhus,
Auprès d'un tombeau vide en extase courbée;
Veuve d'Hector, hélas! et femme d'Hélénus!

Je pense à la négresse, amaigrie et phtisique,
Piétinant dans la boue, et cherchant, l'œil hagard,
Les cocotiers absents de la superbe Afrique
Derrière la muraille immense du brouillard;

A quiconque a perdu ce qui ne se retrouve
Jamais, jamais! à ceux qui s'abreuvent de pleurs
Et tettent la Douleur comme une bonne louve!
Aux maigres orphelins séchant comme des fleurs!

Ainsi dans la forêt où mon esprit s'exile
Un vieux Souvenir sonne à plein souffle du cor!
Je pense aux matelots oubliés dans une île,
Aux captifs, aux vaincus!... à bien d'autres encor!

313   *La servante au grand cœur...*

LA servante au grand cœur dont vous étiez jalouse,
   Et qui dort son sommeil sous une humble pelouse,
Nous devrions pourtant lui porter quelques fleurs.
Les morts, les pauvres morts, ont de grandes douleurs,

Et quand Octobre souffle, émondeur des vieux arbres,
Son vent mélancolique à l'entour de leurs marbres,
Certe, ils doivent trouver les vivants bien ingrats,
A dormir, comme ils font, chaudement dans leurs draps,
Tandis que, dévorés de noires songeries,
Sans compagnon de lit, sans bonnes causeries,
Vieux squelettes gelés travaillés par le ver,
Ils sentent s'égoutter les neiges de l'hiver
Et le siècle couler, sans qu'amis ni famille
Remplacent les lambeaux qui pendent à leur grille.
Lorsque la bûche siffle et chante, si le soir,
Calme, dans le fauteuil je la voyais s'asseoir,
Si, par une nuit bleue et froide de décembre,
Je la trouvais tapie en un coin de ma chambre,
Grave, et venant du fond de son lit éternel
Couver l'enfant grandi de son œil maternel,
Que pourrais-je répondre à cette âme pieuse,
Voyant tomber des pleurs de sa paupière creuse?

Rêve parisien

A CONSTANTIN GUYS

i

DE ce terrible paysage,
   Tel que jamais mortel n'en vit,
Ce matin encore l'image,
Vague et lointaine, me ravit.

Le sommeil est plein de miracles!
Par un caprice singulier,
J'avais banni de ces spectacles
Le végétal irrégulier,

CHARLES BAUDELAIRE

Et, peintre fier de mon génie,
Je savourais dans mon tableau
L'enivrante monotonie
Du métal, du marbre et de l'eau.

Babel d'escaliers et d'arcades,
C'était un palais infini,
Plein de bassins et de cascades
Tombant dans l'or mat ou bruni;

Et des cataractes pesantes,
Comme des rideaux de cristal,
Se suspendaient, éblouissantes,
A des murailles de métal.

Non d'arbres, mais de colonnades
Les étangs dormants s'entouraient,
Où de gigantesques naïades,
Comme des femmes, se miraient.

Des nappes d'eau s'épanchaient, bleues,
Entre des quais roses et verts,
Pendant des millions de lieues,
Vers les confins de l'univers;

C'étaient des pierres inouïes
Et des flots magiques; c'étaient
D'immenses glaces éblouies
Par tout ce qu'elles reflétaient!

Insouciants et taciturnes,
Des Ganges, dans le firmament,
Versaient le trésor de leurs urnes
Dans des gouffres de diamant.

CHARLES BAUDELAIRE

Architecte de mes féeries,
Je faisais, à ma volonté,
Sous un tunnel de pierreries
Passer un océan dompté;

Et tout, même la couleur noire,
Semblait fourbi, clair, irisé;
Le liquide enchâssait sa gloire
Dans le rayon cristallisé.

Nul astre d'ailleurs, nuls vestiges
De soleil, même au bas du ciel,
Pour illuminer ces prodiges,
Qui brillaient d'un feu personnel!

Et sur ces mouvantes merveilles
Planait (terrible nouveauté!
Tout pour l'œil, rien pour les oreilles!)
Un silence d'éternité.

ii

En rouvrant mes yeux pleins de flamme
J'ai vu l'horreur de mon taudis,
Et senti, rentrant dans mon âme,
La pointe des soucis maudits;

La pendule aux accents funèbres
Sonnait brutalement midi,
Et le ciel versait des ténèbres
Sur ce triste monde engourdi.

315 *La Mort des Amants*

NOUS aurons des lits pleins d'odeurs légères,
Des divans profonds comme des tombeaux,
Et d'étranges fleurs sur des étagères,
Écloses pour nous sous des cieux plus beaux.

Usant à l'envi leurs chaleurs dernières,
Nos deux cœurs seront deux vastes flambeaux
Qui réfléchiront leurs doubles lumières
Dans nos deux esprits, ces miroirs jumeaux.

Un soir fait de rose et de bleu mystique,
Nous échangerons un éclair unique,
Comme un long sanglot, tout chargé d'adieux;

Et plus tard un Ange, entr'ouvrant les portes,
Viendra ranimer, fidèle et joyeux,
Les miroirs ternis et les flammes mortes.

316 *Madrigal triste*
i

QUE m'importe que tu sois sage?
Sois belle! et sois triste! Les pleurs
Ajoutent un charme au visage,
Comme le fleuve au paysage;
L'orage rajeunit les fleurs.

Je t'aime surtout quand la joie
S'enfuit de ton front terrassé;
Quand ton cœur dans l'horreur se noie;
Quand sur ton présent se déploie
Le nuage affreux du passé.

CHARLES BAUDELAIRE

Je t'aime quand ton grand œil verse
Une eau chaude comme le sang;
Quand, malgré ma main qui te berce,
Ton angoisse, trop lourde, perce
Comme un râle d'agonisant.

J'aspire, volupté divine!
Hymne profond, délicieux!
Tous les sanglots de ta poitrine,
Et crois que ton cœur s'illumine
Des perles que versent tes yeux!

ii

Je sais que ton cœur, qui regorge
De vieux amours déracinés,
Flamboie encor comme une forge,
Et que tu couves sous ta gorge
Un peu de l'orgueil des damnés;

Mais tant, ma chère, que tes rêves
N'auront pas reflété l'Enfer,
Et qu'en un cauchemar sans trêves,
Songeant de poisons et de glaives,
Éprise de poudre et de fer,

N'ouvrant à chacun qu'avec crainte,
Déchiffrant le malheur partout,
Te convulsant quand l'heure tinte,
Tu n'auras pas senti l'étreinte
De l'irrésistible Dégoût,

Tu ne pourras, esclave reine
Qui ne m'aimes qu'avec effroi,
Dans l'horreur de la nuit malsaine
Me dire, l'âme de cris pleine:
« Je suis ton égale, ô mon Roi! »

317   *Recueillement*

SOIS sage, ô ma Douleur, et tiens-toi plus tranquille.
Tu réclamais le Soir; il descend; le voici;
Une atmosphère obscure enveloppe la ville,
Aux uns portant la paix, aux autres le souci.

   Pendant que des mortels la multitude vile,
Sous le fouet du Plaisir, ce bourreau sans merci,
Va cueillir des remords dans la fête servile,
Ma Douleur, donne-moi la main; viens par ici,

   Loin d'eux. Vois se pencher les défuntes Années,
Sur les balcons du ciel, en robes surannées;
Surgir du fond des eaux le Regret souriant;

   Le Soleil moribond s'endormir sous une arche,
Et, comme un long linceul traînant à l'Orient,
Entends, ma chère, entends la douce Nuit qui marche.

318   *Un Voyage à Cythère*

MON cœur, comme un oiseau, voltigeait tout joyeux
Et planait librement à l'entour des cordages;
Le navire roulait sous un ciel sans nuages,
Comme un ange enivré du soleil radieux.

Quelle est cette île triste et noire? — C'est Cythère,
Nous dit-on, un pays fameux dans les chansons,
Eldorado banal de tous les vieux garçons.
Regardez, après tout, c'est une pauvre terre.

— Île des doux secrets et des fêtes du cœur!
De l'antique Vénus le superbe fantôme
Au-dessus de tes mers plane comme un arome
Et charge les esprits d'amour et de langueur.

CHARLES BAUDELAIRE

Belle île aux myrtes verts, pleine de fleurs écloses,
Vénérée à jamais par toute nation,
Où les soupirs des cœurs en adoration
Roulent comme l'encens sur un jardin de roses,

Ou le roucoulement éternel d'un ramier!
— Cythère n'était plus qu'un terrain des plus maigres,
Un désert rocailleux troublé par des cris aigres.
J'entrevoyais pourtant un objet singulier!

Ce n'était pas un temple aux ombres bocagères,
Où la jeune prêtresse, amoureuse des fleurs,
Allait, le corps brûlé de secrètes chaleurs,
Entre-bâillant sa robe aux brises passagères;

Mais voilà qu'en rasant la côte d'assez près
Pour troubler les oiseaux avec nos voiles blanches,
Nous vîmes que c'était un gibet à trois branches,
Du ciel se détachant en noir, comme un cyprès.

De féroces oiseaux perchés sur leur pâture
Détruisaient avec rage un pendu déjà mûr,
Chacun plantant, comme un outil, son bec impur
Dans tous les coins saignants de cette pourriture;

Les yeux étaient deux trous, et du ventre effondré
Les intestins pesants lui coulaient sur les cuisses,
Et ses bourreaux, gorgés de hideuses délices,
L'avaient à coups de bec absolument châtré.

Sous les pieds, un troupeau de jaloux quadrupèdes,
Le museau relevé, tournoyait et rôdait;
Une plus grande bête au milieu s'agitait
Comme un exécuteur entouré de ses aides.

Habitant de Cythère, enfant d'un ciel si beau,
Silencieusement tu souffrais ces insultes,
En expiation de tes infâmes cultes,
Et des péchés qui t'ont interdit le tombeau.

Ridicule pendu, tes douleurs sont les miennes !
Je sentis, à l'aspect de tes membres flottants,
Comme un vomissement, remonter vers mes dents
Le long fleuve de fiel des douleurs anciennes.

Devant toi, pauvre diable au souvenir si cher,
J'ai senti tous les becs et toutes les mâchoires
Des corbeaux lancinants et des panthères noires
Qui jadis aimaient tant à triturer ma chair.

Le ciel était charmant, la mer était unie ;
Pour moi tout était noir et sanglant désormais,
Hélas ! et j'avais, comme en un suaire épais,
Le cœur enseveli dans cette allégorie.

Dans ton île, ô Vénus, je n'ai trouvé debout
Qu'un gibet symbolique où pendait mon image . . .
— Ah ! Seigneur ! donnez-moi la force et le courage
De contempler mon cœur et mon corps sans dégoût !

Hymne

A LA très-chère, à la très-belle
Qui remplit mon cœur de clarté,
A l'ange, à l'idole immortelle,
Salut en l'immortalité !

Elle se répand dans ma vie
Comme un air imprégné de sel,
Et dans mon âme inassouvie
Verse le goût de l'éternel.

Sachet toujours frais qui parfume
L'atmosphère d'un cher réduit,
Encensoir oublié qui fume
En secret à travers la nuit.

Comment, amour incorruptible,
T'exprimer avec vérité ?
Grain de musc qui gis, invisible,
Au fond de mon éternité !

A la très-bonne, à la très-belle
Qui fait ma joie et ma santé,
A l'ange, à l'idole immortelle,
Salut en l'immortalité !

320 *Le Gouffre*

Pascal avait son gouffre, avec lui se mouvant.
— Hélas ! tout est abîme, — action, désir, rêve,
Parole ! et sur mon poil qui tout droit se relève
Mainte fois de la Peur je sens passer le vent.

En haut, en bas, partout, la profondeur, la grève,
Le silence, l'espace affreux et captivant . . .
Sur le fond de mes nuits Dieu de son doigt savant
Dessine un cauchemar multiforme et sans trêve.

CHARLES BAUDELAIRE

J'ai peur du sommeil comme on a peur d'un grand trou,
Tout plein de vague horreur, menant on ne sait où;
Je ne vois qu'infini par toutes les fenêtres,

Et mon esprit, toujours du vertige hanté,
Jalouse du néant l'insensibilité.
— Ah! ne jamais sortir des Nombres et des Êtres.

THÉODORE FAULLAIN DE BANVILLE
1823–†1891

321   *A la Font-Georges*

O CHAMPS pleins de silence,
Où mon heureuse enfance
Avait des jours encor
   Tout filés d'or!

O ma vieille Font-Georges,
Vers qui les rouges-gorges
Et le doux rossignol
   Prenaient leur vol!

Maison blanche où la vigne
Tordait en longue ligne
Son feuillage qui boit
   Les pleurs du toit!

O claire source froide,
Qu'ombrageait, vieux et roide,
Un noyer vigoureux
   A moitié creux!

THÉODORE DE BANVILLE

Sources ! fraîches fontaines !
Qui, douces à mes peines,
Frémissiez autrefois
   Rien qu'à ma voix ?

Bassin où les laveuses
Chantaient insoucieuses
En battant sur leur banc
   Le linge blanc !

O sorbier centenaire,
Dont trois coups de tonnerre
Avaient laissé tout nu
   Le front chenu !

Tonnelles et coudrettes,
Verdoyantes retraites
De peupliers mouvants
   A tous les vents !

O vignes purpurines,
Dont, le long des collines,
Les ceps accumulés
   Ployaient gonflés ;

Où, l'automne venue,
La Vendange mi-nue
A l'entour du pressoir
   Dansait le soir !

O buissons d'églantines,
Jetant dans les ravines,
Comme un chêne le gland,
   Leur fruit sanglant !

THÉODORE DE BANVILLE

Murmurante oseraie,
Où le ramier s'effraie,
Saule au feuillage bleu,
   Lointains en feu !

Rameaux lourds de cerises !
Moissonneuses surprises
A mi-jambe dans l'eau
   Du clair ruisseau !

Antres, chemins, fontaines,
Âcres parfums et plaines,
Ombrages et rochers
   Souvent cherchés !

Ruisseaux ! forêts ! silence !
O mes amours d'enfance !
Mon âme, sans témoins,
   Vous aime moins

Que ce jardin morose
Sans verdure et sans rose
Et ces sombres massifs
   D'antiques ifs,

Et ce chemin de sable,
Où j'eus l'heur ineffable,
Pour la première fois,
   D'ouïr sa voix !

Où rêveuse, l'amie
Doucement obéie,
S'appuyant à mon bras,
   Parlait tout bas,

THÉODORE DE BANVILLE

  Pensive et recueillie,
  Et d'une fleur cueillie
  Brisant le cœur discret
   D'un doigt distrait,

  A l'heure où les étoiles
  Frissonnant sous leurs voiles
  Brodent le ciel changeant
   De fleurs d'argent.

322   *« Nous n'irons plus au bois »*

NOUS n'irons plus au bois, les lauriers sont coupés.
 Les Amours des bassins, les Naïades en groupe
Voient reluire au soleil en cristaux découpés
Les flots silencieux qui coulaient de leur coupe.
Les lauriers sont coupés, et le cerf aux abois
Tressaille au son du cor; nous n'irons plus au bois,
Où des enfants charmants riait la folle troupe
Sous les regards des lys aux pleurs du ciel trempés.
Voici l'herbe qu'on fauche et les lauriers qu'on coupe.
Nous n'irons plus au bois, les lauriers sont coupés.

323   *A Adolphe Gaïffe*

JEUNE homme sans mélancolie,
 Blond comme un soleil d'Italie,
Garde bien ta belle folie.

C'est la sagesse! Aimer le vin,
La beauté, le printemps divin,
Cela suffit. Le reste est vain.

THÉODORE DE BANVILLE

Souris, même au destin sévère!
Et quand revient la primevère,
Jettes-en les fleurs dans ton verre.

Au corps sous la tombe enfermé
Que reste-t-il? D'avoir aimé
Pendant deux ou trois mois de mai.

« Cherchez les effets et les causes, »
Nous disent les rêveurs moroses.
Des mots! des mots! cueillons les roses.

324 *A Georges Rochegrosse*

ENFANT dont la lèvre rit
Et, gracieuse, fleurit
Comme une corolle éclose,
Et qui sur ta joue en fleurs
Portes encor les couleurs
Du soleil et de la rose!

Pendant ces jours filés d'or
Où tu ressembles encor
A toutes les choses belles,
Le vieux poète bénit
Ton enfance, et le doux nid
Où ton âme ouvre ses ailes.

Hélas! bientôt, petit roi,
Tu seras grand! souviens-toi
De notre splendeur première.
Dis tout haut les divins noms:
Souviens-toi que nous venons
Du ciel et de la lumière.

THÉODORE DE BANVILLE

Je te souhaite, non pas
De tout fouler sous tes pas
Avec un orgueil barbare,
Non pas d'être un de ces fous
Qui sur l'or ou les gros sous
Fondent leur richesse avare,

Mais de regarder les cieux !
Qu'au livre silencieux
Ta prunelle sache lire,
Et que, docile aux chansons,
Ton oreille s'ouvre aux sons
Mystérieux de la lyre !

Enfant bercé dans les bras
De ta mère, tu sauras
Qu'ici-bas il faut qu'on vive
Sur une terre d'exil
Où je ne sais quel plomb vil
Retient notre âme captive.

Sous cet horizon troublé,
Ah ! malheur à l'Exilé
Dont la mémoire flétrie
Ne peut plus se rappeler,
Et qui n'y sait plus parler
La langue de la patrie !

Mais le ciel, dans notre ennui,
N'est pas perdu pour celui
Qui le veut et le devine,
Et qui, malgré tous nos maux,
Balbutie encor les mots
Dont l'origine est divine.

THÉODORE DE BANVILLE

Emplis ton esprit d'azur !
Garde-le sévère et pur,
Et que ton cœur, toujours digne
De n'être pas reproché,
Ne soit jamais plus taché
Que le plumage d'un cygne !

Souviens-toi du Paradis,
Cher cœur ! et je te le dis
Au moment où nulle fange
Terrestre ne te corrompt,
Pendant que ton petit front
Est encor celui d'un ange.

325   *Sculpteur, cherche avec soin...*

SCULPTEUR, cherche avec soin, en attendant l'extase,
Un marbre sans défaut pour en faire un beau vase ;
Cherche longtemps sa forme et n'y retrace pas
D'amours mystérieux ni de divins combats.
Pas d'Héraklès vainqueur du monstre de Némée,
Ni de Cypris naissant sur la mer embaumée ;
Pas de Titans vaincus dans leurs rébellions,
Ni de riant Bacchos attelant les lions
Avec un frein tressé de pampres et de vignes ;
Pas de Léda jouant dans la troupe des cygnes
Sous l'ombre des lauriers en fleur, ni d'Artémis
Surprise au sein des eaux dans sa blancheur de lys.
Qu'autour du vase pur, trop beau pour la Bacchante,
La verveine mêlée à des feuilles d'acanthe

Fleurisse, et que plus bas des vierges lentement
S'avancent deux à deux, d'un pas sûr et charmant,
Les bras pendant le long de leurs tuniques droites,
Et les cheveux tressés sur leurs têtes étroites.

RENÉ-FRANÇOIS-ARMAND, *dit* SULLY PRUDHOMME
1839–†1907

326 *Le Vase brisé*

Le vase où meurt cette verveine
  D'un coup d'éventail fut fêlé;
Le coup dut effleurer à peine.
  Aucun bruit ne l'a révélé.

Mais la légère meurtrissure,
  Mordant le cristal chaque jour,
D'une marche invisible et sûre
  En a fait lentement le tour.

Son eau fraîche a fui goutte à goutte,
  Le suc des fleurs s'est épuisé;
Personne encore ne s'en doute.
  N'y touchez pas, il est brisé.

Souvent aussi la main qu'on aime,
  Effleurant le cœur, le meurtrit;
Puis le cœur se fend de lui-même,
  La fleur de son amour périt;

Toujours intact aux yeux du monde,
  Il sent croître et pleurer tout bas
Sa blessure fine et profonde.
  Il est brisé, n'y touchez pas.

JOSÉ-MARIA DE HEREDIA
1842-†1905

327   *Fuite de Centaures*

ILS fuient, ivres de meurtre et de rébellion,
Vers le mont escarpé qui garde leur retraite;
La peur les précipite, ils sentent la mort prête
Et flairent dans la nuit une odeur de lion.

Ils franchissent, foulant l'hydre et le stellion,
Ravins, torrents, halliers, sans que rien les arrête;
Et déjà, sur le ciel, se dresse au loin la crête
De l'Ossa, de l'Olympe ou du noir Pélion.

Parfois, l'un des fuyards de la farouche harde
Se cabre brusquement, se retourne, regarde,
Et rejoint d'un seul bond le fraternel bétail;

Car il a vu la lune éblouissante et pleine
Allonger derrière eux, suprême épouvantail,
La gigantesque horreur de l'ombre Herculéenne.

328   *L'Esclave*

TEL, nu, sordide, affreux, nourri des plus vils mets,
Esclave, — vois, mon corps en a gardé les signes, —
Je suis né libre au fond du golfe aux belles lignes
Où l'Hybla plein de miel mire ses bleus sommets.

J'ai quitté l'île heureuse, hélas!... Ah! si jamais
Vers Syracuse et les abeilles et les vignes
Tu retournes, suivant le vol vernal des cygnes,
Cher hôte, informe-toi de celle que j'aimais.

Reverrai-je ses yeux de sombre violette,
Si purs, sourire au ciel natal qui s'y reflète
Sous l'arc victorieux que tend un sourcil noir ?

Sois pitoyable ! Pars, va, cherche Cléariste
Et dis-lui que je vis encor pour la revoir.
Tu la reconnaîtras, car elle est toujours triste.

329 *La Trebbia*

L'AUBE d'un jour sinistre a blanchi les hauteurs.
Le camp s'éveille. En bas roule et gronde le fleuve
Où l'escadron léger des Numides s'abreuve.
Partout sonne l'appel clair des buccinateurs.

Car malgré Scipion, les augures menteurs,
La Trebbia débordée, et qu'il vente et qu'il pleuve,
Sempronius Consul, fier de sa gloire neuve,
A fait lever la hache et marcher les licteurs.

Rougissant le ciel noir de flamboîments lugubres,
A l'horizon, brûlaient les villages Insubres ;
On entendait au loin barrir un éléphant.

Et là-bas, sous le pont, adossé contre une arche,
Hannibal écoutait, pensif et triomphant,
Le piétinement sourd des légions en marche.

330 *Soir de Bataille*

LE choc avait été très rude. Les tribuns
Et les centurions, ralliant les cohortes,
Humaient encor dans l'air, où vibraient leurs voix fortes,
La chaleur du carnage et ses âcres parfums.

D'un œil morne, comptant leurs compagnons défunts,
Les soldats regardaient, comme des feuilles mortes,
Au loin tourbillonner les archers de Phraortes;
Et la sueur coulait de leurs visages bruns.

C'est alors qu'apparut, tout hérissé de flèches,
Rouge du flux vermeil de ses blessures fraîches,
Sous la pourpre flottante et l'airain rutilant,

Au fracas des buccins qui sonnaient leur fanfare,
Superbe, maîtrisant son cheval qui s'effare,
Sur le ciel enflammé, l'Impérator sanglant.

331 *Antoine et Cléopâtre*

Tous deux ils regardaient, de la haute terrasse,
L'Égypte s'endormir sous un ciel étouffant
Et le fleuve, à travers le Delta noir qu'il fend,
Vers Bubaste ou Saïs rouler son onde grasse.

Et le Romain sentait sous la lourde cuirasse,
Soldat captif berçant le sommeil d'un enfant,
Ployer et défaillir sur son cœur triomphant
Le corps voluptueux que son étreinte embrasse.

Tournant sa tête pâle entre ses cheveux bruns
Vers celui qu'enivraient d'invincibles parfums,
Elle tendit sa bouche et ses prunelles claires;

Et sur elle courbé, l'ardent Impérator
Vit dans ses larges yeux étoilés de points d'or
Toute une mer immense où fuyaient des galères.

332 *La Source*

L'AUTEL gît sous la ronce et l'herbe enseveli;
Et la source sans nom qui goutte à goutte tombe
D'un son plaintif emplit la solitaire combe.
C'est la Nymphe qui pleure un éternel oubli.

L'inutile miroir que ne ride aucun pli
A peine est effleuré par un vol de colombe
Et la lune, parfois, qui du ciel noir surplombe,
Seule, y reflète encore un visage pâli.

De loin en loin, un pâtre errant s'y désaltère.
Il boit, et sur la dalle antique du chemin
Verse un peu d'eau resté dans le creux de sa main.

Il a fait, malgré lui, le geste héréditaire,
Et ses yeux n'ont pas vu sur le cippe romain
Le vase libatoire auprès de la patère.

333 *Le Récif de Corail*

LE soleil sous la mer, mystérieuse aurore,
Éclaire la forêt des coraux abyssins
Qui mêle, aux profondeurs de ses tièdes bassins,
La bête épanouie et la vivante flore.

Et tout ce que le sel ou l'iode colore,
Mousse, algue chevelue, anémones, oursins,
Couvre de pourpre sombre, en somptueux dessins,
Le fond vermiculé du pâle madrépore.

De sa splendide écaille éteignant les émaux,
Un grand poisson navigue à travers les rameaux;
Dans l'ombre transparente indolemment il rôde;

Et, brusquement, d'un coup de sa nageoire en feu
Il fait, par le cristal morne, immobile et bleu,
Courir un frisson d'or, de nacre et d'émeraude.

334 — *Épigramme funéraire*

ICI gît, Étranger, la verte sauterelle
Que durant deux saisons nourrit la jeune Hellé,
Et dont l'aile vibrant sous le pied dentelé
Bruissait dans le pin, le cytise ou l'airelle.

Elle s'est tue, hélas! la lyre naturelle,
La muse des guérets, des sillons et du blé;
De peur que son léger sommeil ne soit troublé,
Ah! passe vite, ami, ne pèse point sur elle.

C'est là. Blanche, au milieu d'une touffe de thym,
Sa pierre funéraire est fraîchement posée.
Que d'hommes n'ont pas eu ce suprême destin!

Des larmes d'un enfant sa tombe est arrosée,
Et l'Aurore pieuse y fait chaque matin
Une libation de gouttes de rosée.

335 — *Le Naufragé*

AVEC la brise en poupe et par un ciel serein,
Voyant le Phare fuir à travers la mâture,
Il est parti d'Égypte au lever de l'Arcture,
Fier de sa nef rapide aux flancs doublés d'airain.

JOSÉ-MARIA DE HEREDIA

Il ne reverra plus le môle Alexandrin.
Dans le sable où pas même un chevreau ne pâture
La tempête a creusé sa triste sépulture;
Le vent du large y tord quelque arbuste marin.

Au pli le plus profond de la mouvante dune,
En la nuit sans aurore et sans astre et sans lune,
Que le navigateur trouve enfin le repos.

O Terre, ô Mer, pitié pour son ombre anxieuse!
Et sur la rive hellène où sont venus ses os,
Soyez-lui, toi, légère, et toi, silencieuse.

STÉPHANE MALLARMÉ

1842-†1898

336 *Apparition*

LA lune s'attristait. Des séraphins en pleurs
Rêvant, l'archet aux doigts, dans le calme des fleurs
Vaporeuses, tiraient de mourantes violes
De blancs sanglots glissant sur l'azur des corolles.
— C'était le jour béni de ton premier baiser.
Ma songerie aimant à me martyriser
S'enivrait savamment du parfum de tristesse
Que même sans regret et sans déboire laisse
La cueillaison d'un Rêve au cœur qui l'a cueilli.
J'errais donc, l'œil rivé sur le pavé vieilli
Quand avec du soleil aux cheveux, dans la rue
Et dans le soir, tu m'es en riant apparue
Et j'ai cru voir la fée au chapeau de clarté
Qui jadis sur mes beaux sommeils d'enfant gâté
Passait, laissant toujours de ses mains mal fermées
Neiger de blancs bouquets d'étoiles parfumées.

STÉPHANE MALLARMÉ

337 *Brise marine*

LA chair est triste, hélas! et j'ai lu tous les livres.
Fuir! là-bas fuir! Je sens que des oiseaux sont ivres
D'être parmi l'écume inconnue et les cieux!
Rien, ni les vieux jardins reflétés par les yeux
Ne retiendra ce cœur qui dans la mer se trempe
O nuits! ni la clarté déserte de ma lampe
Sur le vide papier que la blancheur défend
Et ni la jeune femme allaitant son enfant.
Je partirai! Steamer balançant ta mâture,
Lève l'ancre pour une exotique nature!

Un Ennui, désolé par les cruels espoirs,
Croit encore à l'adieu suprême des mouchoirs!
Et, peut-être, les mâts, invitant les orages
Sont-ils de ceux qu'un vent penche sur les naufrages
Perdus, sans mâts, sans mâts, ni fertiles îlots...
Mais, ô mon cœur, entends le chant des matelots!

338 *L'Après-midi d'un Faune*

Le Faune

CES nymphes, je les veux perpétuer.

                                Si clair,
Leur incarnat léger, qu'il voltige dans l'air
Assoupi de sommeils touffus.

                      Aimai-je un rêve?

STÉPHANE MALLARMÉ

Mon doute, amas de nuit ancienne, s'achève
En maint rameau subtil, qui, demeuré les vrais
Bois mêmes, prouve, hélas! que bien seul je m'offrais
Pour triomphe la faute idéale de roses.
Réfléchissons...

              ou si les femmes dont tu gloses
Figurent un souhait de tes sens fabuleux!
Faune, l'illusion s'échappe des yeux bleus
Et froids, comme une source en pleurs, de la plus chaste:
Mais, l'autre tout soupirs, dis-tu qu'elle contraste
Comme brise du jour chaude dans ta toison!
Que non! par l'immobile et lasse pâmoison
Suffoquant de chaleurs le matin frais s'il lutte,
Ne murmure point d'eau que ne verse ma flûte
Au bosquet arrosé d'accords; et le seul vent
Hors des deux tuyaux prompt à s'exhaler avant
Qu'il disperse le son dans une pluie aride,
C'est, à l'horizon pas remué d'une ride,
Le visible et serein souffle artificiel
De l'inspiration, qui regagne le ciel.

O bords siciliens d'un calme marécage
Qu'à l'envi des soleils ma vanité saccage,
Tacite sous les fleurs d'étincelles, CONTEZ
« *Que je coupais ici les creux roseaux domptés*
« *Par le talent; quand, sur l'or glauque de lointaines*
« *Verdures dédiant leur vigne à des fontaines,*
« *Ondoie une blancheur animale au repos:*
« *Et qu'au prélude lent où naissent les pipeaux*
« *Ce vol de cygnes, non! de naïades se sauve*
« *Ou plonge...* »

STÉPHANE MALLARMÉ

    Inerte, tout brûle dans l'heure fauve
Sans marquer par quel art ensemble détala
Trop d'hymen souhaité de qui cherche le *la*:
Alors m'éveillerai-je à la ferveur première,
Droit et seul, sous un flot antique de lumière,
Lys! et l'un de vous tous pour l'ingénuité.

Autre que ce doux rien par leur lèvre ébruité,
Le baiser, qui tout bas des perfides assure,
Mon sein, vierge de preuve, atteste une morsure
Mystérieuse, due à quelque auguste dent;
Mais, bast! arcane tel élut pour confident
Le jonc vaste et jumeau dont sous l'azur on joue:
Qui, détournant à soi le trouble de la joue
Rêve, dans un solo long, que nous amusions
La beauté d'alentour par des confusions
Fausses entre elle-même et notre chant crédule;
Et de faire aussi haut que l'amour se module
Évanouir du songe ordinaire de dos
Ou de flanc pur suivis avec mes regards clos,
Une sonore, vaine et monotone ligne.

Tâche donc, instrument des fuites, ô maligne
Syrinx, de refleurir aux lacs où tu m'attends!
Moi, de ma rumeur fier, je vais parler longtemps
Des déesses; et par d'idolâtres peintures,
A leur ombre enlever encore des ceintures:
Ainsi, quand des raisins j'ai sucé la clarté,
Pour bannir un regret par ma feinte écarté,
Rieur, j'élève au ciel d'été la grappe vide
Et, soufflant dans ses peaux lumineuses, avide

STÉPHANE MALLARMÉ

D'ivresse, jusqu'au soir je regarde au travers.
O nymphes, regonflons des SOUVENIRS divers.
« *Mon œil, trouant les joncs, dardait chaque encolure*
« *Immortelle, qui noie en l'onde sa brûlure*
« *Avec un cri de rage au ciel de la forêt;*
« *Et le splendide bain de cheveux disparaît*
« *Dans les clartés et les frissons, ô pierreries!*
« *J'accours; quand, à mes pieds, s'entrejoignent (meurtries*
« *De la langueur goûtée à ce mal d'être deux)*
« *Des dormeuses parmi leurs seuls bras hasardeux;*
« *Je les ravis, sans les désenlacer, et vole*
« *A ce massif, haï par l'ombrage frivole,*
« *De roses tarissant tout parfum au soleil,*
« *Où notre ébat au jour consumé soit pareil.* »
Je t'adore, courroux des vierges, ô délice
Farouche du sacré fardeau nu qui se glisse
Pour fuir ma lèvre en feu buvant, comme un éclair
Tressaille! la frayeur secrète de la chair:
Des pieds de l'inhumaine au cœur de la timide
Que délaisse à la fois une innocence, humide
De larmes folles ou de moins tristes vapeurs.
« *Mon crime, c'est d'avoir, gai de vaincre ces peurs*
« *Traîtresses, divisé la touffe échevelée*
« *De baisers que les dieux gardaient si bien mêlée:*
« *Car, à peine j'allais cacher un rire ardent*
« *Sous les replis heureux d'une seule (gardant*
« *Par un doigt simple, afin que sa candeur de plume*
« *Se teignît à l'émoi de sa sœur qui s'allume,*
« *La petite, naïve et ne rougissant pas:)*
« *Que de mes bras, défaits par de vagues trépas,*
« *Cette proie, à jamais ingrate se délivre*
« *Sans pitié du sanglot dont j'étais encore ivre.* »

STÉPHANE MALLARMÉ

Tant pis! vers le bonheur d'autres m'entraîneront
Par leur tresse nouée aux cornes de mon front:
Tu sais, ma passion, que, pourpre et déjà mûre,
Chaque grenade éclate et d'abeilles murmure;
Et notre sang, épris de qui le va saisir,
Coule pour tout l'essaim éternel du désir.
A l'heure où ce bois d'or et de cendres se teinte
Une fête s'exalte en la feuillée éteinte:
Etna! c'est parmi toi visité de Vénus
Sur ta lave posant ses talons ingénus,
Quand tonne un somme triste ou s'épuise la flamme.
Je tiens la reine!

        O sûr châtiment . . .

                Non, mais l'âme
De paroles vacante et ce corps alourdi
Tard succombent au fier silence de midi:
Sans plus il faut dormir en l'oubli du blasphème,
Sur le sable altéré gisant et comme j'aime
Ouvrir ma bouche à l'astre efficace des vins!

Couple, adieu; je vais voir l'ombre que tu devins.

339   *Sonnet*

QUAND l'ombre menaça de la fatale loi
Tel vieux Rêve, désir et mal de mes vertèbres,
Affligé de périr sous les plafonds funèbres
Il a ployé son aile indubitable en moi.

STÉPHANE MALLARMÉ

Luxe, ô salle d'ébène où, pour séduire un roi
Se tordent dans leur mort des guirlandes célèbres,
Vous n'êtes qu'un orgueil menti par les ténèbres
Aux yeux du solitaire ébloui de sa foi.

Oui, je sais qu'au lointain de cette nuit, la Terre
Jette d'un grand éclat l'insolite mystère,
Sous les siècles hideux qui l'obscurcissent moins.

L'espace à soi pareil qu'il s'accroisse ou se nie
Roule dans cet ennui des feux vils pour témoins
Que s'est d'un astre en fête allumé le génie.

Autre Éventail
de Mademoiselle Mallarmé

O RÊVEUSE, pour que je plonge
Au pur délice sans chemin,
Sache, par un subtil mensonge,
Garder mon aile dans ta main.

Une fraîcheur de crépuscule
Te vient à chaque battement
Dont le coup prisonnier recule
L'horizon délicatement.

Vertige ! voici que frissonne
L'espace comme un grand baiser
Qui, fou de naître pour personne,
Ne peut jaillir ni s'apaiser.

Sens-tu le paradis farouche
Ainsi qu'un rire enseveli
Se couler du coin de ta bouche
Au fond de l'unanime pli !

STÉPHANE MALLARMÉ

Le sceptre des rivages roses
Stagnants sur les soirs d'or, ce l'est,
Ce blanc vol fermé que tu poses
Contre le feu d'un bracelet.

341 *Sonnet*

LE vierge, le vivace et le bel aujourd'hui
  Va-t-il nous déchirer avec un coup d'aile ivre
Ce lac dur oublié que hante sous le givre
Le transparent glacier des vols qui n'ont pas fui !

Un cygne d'autrefois se souvient que c'est lui
Magnifique mais qui sans espoir se délivre
Pour n'avoir pas chanté la région où vivre
Quand du stérile hiver a resplendi l'ennui.

Tout son col secouera cette blanche agonie
Par l'espace infligée à l'oiseau qui le nie,
Mais non l'horreur du sol où le plumage est pris.

Fantôme qu'à ce lieu son pur éclat assigne,
Il s'immobilise au songe froid de mépris
Que vêt parmi l'exil inutile le Cygne.

342 *Le Tombeau d'Edgar Poe*

TEL qu'en Lui-même enfin l'éternité le change,
  Le Poète suscite avec un glaive nu
Son siècle épouvanté de n'avoir pas connu
Que la mort triomphait dans cette voix étrange !

STÉPHANE MALLARMÉ

Eux, comme un vil sursaut d'hydre oyant jadis l'ange
Donner un sens plus pur aux mots de la tribu,
Proclamèrent très haut le sortilège bu
Dans le flot sans honneur de quelque noir mélange.

Du sol et de la nue hostiles, ô grief!
Si notre idée avec ne sculpte un bas-relief
Dont la tombe de Poe éblouissante s'orne,

Calme bloc ici-bas chu d'un désastre obscur,
Que ce granit du moins montre à jamais sa borne
Aux noirs vols du Blasphème épars dans le futur.

343 *Toute l'âme résumée...*

TOUTE l'âme résumée
  Quand lente nous l'expirons
Dans plusieurs ronds de fumée
Abolis en autres ronds

Atteste quelque cigare
Brûlant savamment pour peu
Que la cendre se sépare
De son clair baiser de feu

Ainsi le chœur des romances
A la lèvre vole-t-il
Exclus-en si tu commences
Le réel parce que vil

Le sens trop précis rature
Ta vague littérature.

PAUL VERLAINE

Sérénade

Comme la voix d'un mort qui chanterait
　　　Du fond de sa fosse,
Maîtresse, entends monter vers ton retrait
　　　Ma voix aigre et fausse.

Ouvre ton âme et ton oreille au son
　　　De la mandoline:
Pour toi j'ai fait, pour toi, cette chanson
　　　Cruelle et câline.

Je chanterai tes yeux d'or et d'onyx
　　　Purs de toutes ombres,
Puis le Léthé de ton sein, puis le Styx
　　　De tes cheveux sombres.

Comme la voix d'un mort qui chanterait
　　　Du fond de sa fosse,
Maîtresse, entends monter vers ton retrait
　　　Ma voix aigre et fausse.

Puis je louerai beaucoup, comme il convient,
　　　Cette chair bénie
Dont le parfum opulent me revient
　　　Les nuits d'insomnie.

Et pour finir, je dirai le baiser
　　　De ta lèvre rouge,
Et ta douceur à me martyriser,
　　　— Mon Ange! — ma Gouge!

PAUL VERLAINE

Ouvre ton âme et ton oreille au son
      De ma mandoline:
Pour toi j'ai fait, pour toi, cette chanson
      Cruelle et câline.

345   *Chanson d'Automne*

LES sanglots longs
   Des violons
   De l'automne
Blessent mon cœur
D'une langueur
   Monotone.

Tout suffoquant
Et blême, quand
   Sonne l'heure,
Je me souviens
Des jours anciens
   Et je pleure.

Et je m'en vais
Au vent mauvais
   Qui m'emporte
Deçà, delà,
Pareil à la
   Feuille morte.

346   *Mon Rêve familier*

JE fais souvent ce rêve étrange et pénétrant
D'une femme inconnue, et que j'aime, et qui m'aime,
Et qui n'est, chaque fois, ni tout à fait la même
Ni tout à fait une autre, et m'aime et me comprend.

Car elle me comprend, et mon cœur, transparent
Pour elle seule, hélas! cesse d'être un problème
Pour elle seule, et les moiteurs de mon front blême
Elle seule les sait rafraîchir, en pleurant.

Est-elle brune, blonde ou rousse? — Je l'ignore.
Son nom? Je me souviens qu'il est doux et sonore,
Comme ceux des aimés que la Vie exila.

Son regard est pareil au regard des statues,
Et pour sa voix, lointaine, et calme, et grave, elle a
L'inflexion des voix chères qui se sont tues.

347 *Colloque sentimental*

Dans le vieux parc solitaire et glacé
Deux formes ont tout à l'heure passé.

Leurs yeux sont morts et leurs lèvres sont molles,
Et l'on entend à peine leurs paroles.

Dans le vieux parc solitaire et glacé
Deux spectres ont évoqué le passé.

— Te souvient-il de notre extase ancienne?
— Pourquoi voulez-vous donc qu'il m'en souvienne?

— Ton cœur bat-il toujours à mon seul nom?
Toujours vois-tu mon âme en rêve? — Non.

— Ah! les beaux jours de bonheur indicible
Où nous joignions nos bouches! — C'est possible.

— Qu'il était bleu, le ciel, et grand, l'espoir!
— L'espoir a fui, vaincu, vers le ciel noir.

Tels ils marchaient dans les avoines folles,
Et la nuit seule entendit leurs paroles.

348 *Après trois Ans*

AYANT poussé la porte étroite qui chancelle,
Je me suis promené dans le petit jardin
Qu'éclairait doucement le soleil du matin,
Pailletant chaque fleur d'une humide étincelle.

Rien n'a changé. J'ai tout revu: l'humble tonnelle
De vigne folle avec les chaises de rotin...
Le jet d'eau fait toujours son murmure argentin
Et le vieux tremble sa plainte sempiternelle.

Les roses comme avant palpitent; comme avant,
Les grands lys orgueilleux se balancent au vent.
Chaque alouette qui va et vient m'est connue.

Même j'ai retrouvé debout la Velléda,
Dont le plâtre s'écaille au bout de l'avenue,
— Grêle, parmi l'odeur fade du réséda.

349 *Le ciel est, par-dessus le toit...*

LE ciel est, par-dessus le toit,
Si bleu, si calme !
Un arbre, par-dessus le toit,
Berce sa palme.

La cloche dans le ciel qu'on voit
Doucement tinte.
Un oiseau sur l'arbre qu'on voit
Chante sa plainte.

PAUL VERLAINE

Mon Dieu, mon Dieu, la vie est là,
  Simple et tranquille.
Cette paisible rumeur-là
  Vient de la ville.

— Qu'as-tu fait, ô toi que voilà
  Pleurant sans cesse,
Dis, qu'as-tu fait, toi que voilà,
  De ta jeunesse ?

350 *Les faux beaux jours ...*

LES faux beaux jours ont lui tout le jour, ma pauvre âme,
Et les voici vibrer aux cuivres du couchant.
Ferme les yeux, pauvre âme, et rentre sur-le-champ ;
Une tentation des pires. Fuis l'infâme.

Ils ont lui tout le jour en longs grêlons de flamme,
Battant toute vendange aux collines, couchant
Toute moisson de la vallée, et ravageant
Le ciel tout bleu, le ciel chanteur qui te réclame.

O pâlis, et va-t'en, lente et joignant les mains.
Si ces hiers allaient manger nos beaux demains ?
Si la vieille folie était encore en route ?

Ces souvenirs, va-t-il falloir les retuer ?
Un assaut furieux, le suprême sans doute !
O, va prier contre l'orage, va prier.

351   *L'espoir luit...*

L'ESPOIR luit comme un brin de paille dans l'étable.
Que crains-tu de la guêpe ivre de son vol fou?
Vois, le soleil toujours poudroie à quelque trou.
Que ne t'endormais-tu, le coude sur la table?

Pauvre âme pâle, au moins cette eau du puits glacé,
Bois-la. Puis dors après. Allons, tu vois, je reste,
Et je dorloterai les rêves de ta sieste,
Et tu chantonneras comme un enfant bercé.

Midi sonne. De grâce, éloignez-vous, madame.
Il dort. C'est étonnant comme les pas de femme
Résonnent au cerveau des pauvres malheureux.

Midi sonne. J'ai fait arroser dans la chambre.
Va, dors! L'espoir luit comme un caillou dans un creux.
Ah! quand refleuriront les roses de septembre!

352   *Un grand sommeil noir...*

UN grand sommeil noir
    Tombe sur ma vie:
Dormez, tout espoir,
Dormez, toute envie!

Je ne vois plus rien.
Je perds la mémoire
Du mal et du bien...
O la triste histoire!

PAUL VERLAINE

Je suis un berceau
Qu'une main balance
Au creux d'un caveau:
Silence, silence!

353 *L'échelonnement des haies...*

L'ÉCHELONNEMENT des haies
Moutonne à l'infini, mer
Claire dans le brouillard clair
Qui sent bon les jeunes baies.

Des arbres et des moulins
Sont légers sur le vert tendre
Où vient s'ébattre et s'étendre
L'agilité des poulains.

Dans ce vague d'un Dimanche
Voici se jouer aussi
De grandes brebis aussi
Douce que leur laine blanche.

Tout à l'heure déferlait
L'onde, roulée en volutes,
De cloches comme des flûtes
Dans le ciel comme du lait.

354 *Art poétique*

DE la musique avant toute chose,
Et pour cela préfère l'Impair
Plus vague et plus soluble dans l'air,
Sans rien en lui qui pèse ou qui pose.

PAUL VERLAINE

Il faut aussi que tu n'ailles point
Choisir tes mots sans quelque méprise:
Rien de plus cher que la chanson grise
Où l'Indécis au Précis se joint.

C'est de beaux yeux derrière des voiles,
C'est le grand jour tremblant de midi,
C'est par un ciel d'automne attiédi,
Le bleu fouillis des claires étoiles!

Car nous voulons la Nuance encor,
Pas la couleur, rien que la Nuance!
Oh! la nuance seule fiance
Le rêve au rêve et la flûte au cor!

Fuis du plus loin la Pointe assassine,
L'Esprit cruel et le Rire impur,
Qui font pleurer les yeux de l'Azur,
Et tout cet ail de basse cuisine!

Prends l'éloquence et tords-lui son cou!
Tu feras bien, en train d'énergie,
De rendre un peu la Rime assagie.
Si l'on n'y veille, elle ira jusqu'où?

O qui dira les torts de la Rime!
Quel enfant sourd ou quel nègre fou
Nous a forgé ce bijou d'un sou
Qui sonne creux et faux sous la lime?

De la musique encore et toujours!
Que ton vers soit la chose envolée
Qu'on sent qui fuit d'une âme en allée
Vers d'autres cieux à d'autres amours.

PAUL VERLAINE

Que ton vers soit la bonne aventure
Éparse au vent crispé du matin
Qui va fleurant la menthe et le thym...
Et tout le reste est littérature.

355 *Parsifal*

PARSIFAL a vaincu les Filles, leur gentil
   Babil et la luxure amusante — et sa pente
Vers la Chair de garçon vierge que cela tente
D'aimer les seins légers et ce gentil babil;

Il a vaincu la Femme belle, au cœur subtil,
Étalant ses bras frais et sa gorge excitante;
Il a vaincu l'Enfer et rentre sous la tente
Avec un lourd trophée à son bras puéril,

Avec la lance qui perça le Flanc suprême!
Il a guéri le roi, le voici roi lui-même,
Et prêtre du très saint Trésor essentiel.

En robe d'or il adore, gloire et symbole,
Le vase pur où resplendit le sang réel.
— Et, ô ces voix d'enfants chantant dans la coupole!

ÉDOUARD-JOACHIM, *dit* TRISTAN CORBIÈRE
1845–†1875

356 *Lettre du Mexique*

«VOUS m'avez confié le petit. — Il est mort.
   «Et plus d'un camarade avec, pauvre cher être,
«L'équipage... y en a plus. Il reviendra peut-être
   «Quelques-uns de nous. — C'est le sort —

« Rien n'est beau comme ça — Matelot — pour un
　　homme;
« Tout le monde en voudrait à terre — C'est bien sûr.
« Sans le désagrément. Rien que ça: Voyez comme
　　« Déjà l'apprentissage est dur.

« Je pleure en marquant ça, moi, vieux *Frère-la-Côte*.
« J'aurais donné ma peau joliment sans façon
« Pour vous le renvoyer... Moi, ce n'est pas ma faute:
　　« Ce mal n'a pas de raison.

« La fièvre est ici comme Mars en carême.
« Au cimetière on va toucher sa ration.
« Le zouave a nommé ça — Parisien quand même —
　　« *Le jardin d'acclimatation.* »

« Consolez-vous. Le monde y crève comme mouches
« ... J'ai trouvé dans son sac des souvenirs de cœur:
« Un portrait de fille, et deux petites babouches,
　　« Et: marqué — *Cadeau pour ma sœur.* —

« Il fait dire à *maman*: qu'il a fait sa prière.
« Au père: qu'il serait mieux mort dans un combat.
« Deux anges étaient là sur son heure dernière:
　　« Un matelot, un vieux soldat. »

357　　　　　　*Le Crapaud*

　　UN chant dans une nuit sans air...
　　　　— La lune plaque en métal clair
　　Les découpures du vert sombre.

　　　... Un chant; comme un écho, tout vif
　　Enterré, là, sous le massif...
　　　— Ça se tait: Viens, c'est là, dans l'ombre...

— Un crapaud ! — Pourquoi cette peur,
Près de moi, ton soldat fidèle ?
Vois-le, poète tondu, sans aile,
Rossignol de la boue . . . — Horreur ! —

. . . Il chante — Horreur !! — Horreur pourquoi ?
Vois-tu pas son œil de lumière . . .
Non : il s'en va, froid, sous sa pierre.
. . . .
Bonsoir — ce crapaud-là, c'est moi.

Le Cantique spirituel

MÈRE taillée à coups de hache,
Tout cœur de chêne dur et bon;
Sous l'or de ta robe se cache
L'âme en pièce d'un franc Breton !

— Vieille verte à face usée
Comme la pierre du torrent,
Par des larmes d'amour creusée,
Séchée avec des pleurs de sang !

— Toi, dont la mamelle tarie
S'est refait, pour avoir porté
La Virginité de Marie,
Une mâle virginité !

— Servante-maîtresse altière,
Très haute devant le Très-Haut,
Au pauvre monde, pas fière,
Dame pleine de comme-il-faut !

TRISTAN CORBIÈRE

Bâton des aveugles! Béquille
Des vieilles! Bras des nouveau-nés!
Mère de madame ta fille!
Parente des abandonnés!

— O Fleur de la pucelle neuve!
Fruit de l'épouse au sein grossi!
Reposoir de la femme veuve...
Et du veuf Dame-de-merci!

— Arche de Joachim! Aïeule!
Médaille de cuivre effacée!
Gui sacré! Trèfle-quatre-feuille!
Mont d'Horeb! Souche de Jessé!

— O toi qui recouvrais la cendre,
Qui filais comme on fait chez nous,
Quand le soir venait à descendre,
Tenant l'Enfant sur tes genoux;

Toi qui fus là, seule pour faire
Son maillot neuf à Bethléem,
Et là, pour coudre son suaire
Douloureux, à Jérusalem!...

Des croix profondes sont tes rides,
Tes cheveux sont blancs comme fils...
— Préserve des regards arides
Le berceau de nos petits-fils!

Fais venir et conserve en joie
Ceux à naître et ceux qui sont nés.
Et verse, sans que Dieu te voie,
L'eau de tes yeux sur les damnés!

TRISTAN CORBIÈRE

Reprends dans leur chemise blanche
Les petits qui sont en langueur...
Rappelle à l'éternel Dimanche
Les vieux qui traînent en longueur.

— Dragon-gardien de la Vierge,
Garde la crèche sous ton œil.
Que, près de toi, Joseph-concierge
Garde la propreté du seuil!

Prends pitié de la fille-mère,
Du petit au bord du chemin...
Si quelqu'un leur jette la pierre,
Que la pierre se change en pain!

— Dame bonne en mer et sur terre,
Montre-nous le ciel et le port,
Dans la tempête ou dans la guerre...
O Fanal de la bonne mort!

Humble: à tes pieds n'a point d'étoile,
Humble... et brave pour protéger!
Dans la nue apparaît ton voile,
Pâle auréole du danger.

— Aux perdus dont la vie est grise,
(— Sauf respect — perdus de boisson)
Montre le clocher de l'église
Et le chemin de la maison.

Prête ta douce et chaste flamme
Aux chrétiens qui sont ici...
Ton remède de bonne femme
Pour les bêtes-à-corne aussi!

Montre à nos femmes et servantes
L'ouvrage et la fécondité...
— Le bonjour aux âmes parentes
Qui sont bien dans l'éternité !

Nous mettrons un cordon de cire,
De cire-vierge jaune, autour
De ta chapelle et ferons dire
Ta messe basse au point du jour.

Préserve notre cheminée
Des sorts et du monde malin...
A Pâques te sera donnée
Une quenouille avec du lin.

Si nos corps sont puants sur terre,
Ta grâce est un bain de santé;
Répands sur nous, au cimetière,
Ta bonne odeur-de-sainteté.

— A l'an prochain ! — Voici ton cierge:
(C'est deux livres qu'il a coûté)
... Respects à Madame la Vierge,
Sans oublier la Trinité.

Sonnet à Sir Bob

Chien de femme légère, braque anglais pur sang

BEAU chien, quand je te vois caresser ta maîtresse.
Je grogne malgré moi — pourquoi ? — Tu n'en sais rien...
— Ah ! c'est que moi — vois-tu — jamais je ne caresse,
Je n'ai pas de maîtresse, et... ne suis pas beau chien.

— *Bob! Bob!* — Oh! le fier nom à hurler d'allégresse!...
Si je m'appelais Bob... Elle dit Bob si bien!
Mais moi je ne suis pas *pur sang*. — Par maladresse,
On m'a fait *braque aussi*... mâtiné de chrétien.

— O Bob! nous changerons, à la métempsycose:
Prends mon sonnet, moi ta sonnette à faveur rose;
Toi ma peau, moi ton poil — avec puces ou non...

Et je serai *sir Bob*. — Son seul amour fidèle!
Je mordrai les roquets, elle me mordait, Elle!
Et j'aurai le collier portant Son petit nom.

360 *Épitaphe*

Tristan-Joachim-Édouard Corbière, Philosophe
ÉPAVE, MORT-NÉ

MÉLANGE adultère de tout:
De la fortune et pas le sou,
De l'énergie et pas de force,
La Liberté, mais une entorse.
Du cœur, du cœur! de l'âme, non —
Des amis, pas un compagnon,
De l'idée et pas une idée,
De l'amour et pas une aimée,
La paresse et pas le repos.
Vertus chez lui furent défaut,
Ame blasée inassouvie.
Mort, mais pas guéri de la vie,
Gâcheur de vie hors de propos,
Le corps à sec et la tête ivre,
Espérant, niant l'avenir,
Il mourut en s'attendant vivre
Et vécut s'attendant mourir.

JEAN-ARTHUR RIMBAUD
1854-1891

361 *Ma Bohème*

JE m'en allais, les poings dans mes poches crevées;
 Mon paletot aussi devenait idéal;
J'allais sous le ciel, Muse! et j'étais ton féal;
Oh! là, là! que d'amours splendides j'ai rêvées!

Mon unique culotte avait un large trou.
— Petit Poucet rêveur, j'égrenais dans ma course
Des rimes. Mon auberge était à la Grande-Ourse.
— Mes étoiles au ciel avaient un doux frou-frou

Et je les écoutais, assis au bord des routes,
Ces bons soirs de septembre où je sentais des gouttes
De rosée à mon front, comme un vin de vigueur;

Où, rimant au milieu des ombres fantastiques,
Comme des lyres, je tirais les élastiques
De mes souliers blessés, un pied près de mon cœur!

362 *Voyelles*

A NOIR, E blanc, I rouge, U vert, O bleu: voyelles,
 Je dirai quelque jour vos naissances latentes:
A, noir corset velu des mouches éclatantes
Qui bombinent autour des puanteurs cruelles,

Golfes d'ombre; E, candeurs des vapeurs et des tentes,
Lances des glaciers, rois blancs, frissons d'ombelles;
I, pourpres, sang craché, rire des lèvres belles
Dans la colère ou les ivresses pénitentes;

U, cycles, vibrements divins des mers virides,
Paix des pâtis semés d'animaux, paix des rides
Que l'alchimie imprime aux grands fronts studieux;

O, suprême clairon plein des strideurs étranges,
Silences traversés des Mondes et des Anges:
— O l'Oméga, rayon violet de Ses Yeux!

363 *Le Bateau ivre*

COMME je descendais des Fleuves impassibles,
Je ne me sentis plus guidé par les haleurs:
Des Peaux-Rouges criards les avaient pris pour cibles,
Les ayant cloués nus aux poteaux de couleurs.

J'étais insoucieux de tous les équipages,
Porteur de blés flamands ou de cotons anglais.
Quand avec mes haleurs ont fini ces tapages,
Les Fleuves m'ont laissé descendre où je voulais.

Dans les clapotements furieux des marées,
Moi, l'autre hiver, plus sourd que les cerveaux d'enfants,
Je courus! et les Péninsules démarrées
N'ont pas subi tohu-bohus plus triomphants.

La tempête a béni mes éveils maritimes.
Plus léger qu'un bouchon j'ai dansé sur les flots
Qu'on appelle rouleurs éternels de victimes,
Dix nuits, sans regretter l'œil niais des falots!

Plus douce qu'aux enfants la chair des pommes sures,
L'eau verte pénétra ma coque de sapin
Et des taches de vins bleus et des vomissures
Me lava, dispersant gouvernail et grappin.

ARTHUR RIMBAUD

Et dès lors, je me suis baigné dans le Poëme
De la Mer, infusé d'astres, et lactescent,
Dévorant les azurs verts; où, flottaison blême
Et ravie, un noyé pensif parfois descend;

Où, teignant tout à coup les bleuités, délires
Et rhythmes lents sous les rutilements du jour,
Plus fortes que l'alcool, plus vastes que nos lyres,
Fermentent les rousseurs amères de l'amour!

Je sais les cieux crevant en éclairs, et les trombes
Et les ressacs et les courants: je sais le soir,
L'Aube exaltée ainsi qu'un peuple de colombes,
Et j'ai vu quelquefois ce que l'homme a cru voir!

J'ai vu le soleil bas, taché d'horreurs mystiques,
Illuminant de longs figements violets,
Pareils à des acteurs de drames très-antiques
Les flots roulant au loin leurs frissons de volets!

J'ai rêvé la nuit verte aux neiges éblouies,
Baiser montant aux yeux des mers avec lenteurs,
La circulation des sèves inouïes,
Et l'éveil jaune et bleu des phosphores chanteurs!

J'ai suivi, des mois pleins, pareille aux vacheries
Hystériques, la houle à l'assaut des récifs,
Sans songer que les pieds lumineux des Maries
Pussent forcer le mufle aux Océans poussifs!

J'ai heurté, savez-vous, d'incroyables Florides
Mêlant aux fleurs des yeux de panthères à peaux
D'hommes! Des arcs-en-ciel tendus comme des brides
Sous l'horizon des mers, à de glauques troupeaux!

ARTHUR RIMBAUD

J'ai vu fermenter les marais énormes, nasses
Où pourrit dans les joncs tout un Léviathan !
Des écroulements d'eaux au milieu des bonaces,
Et les lointains vers les gouffres cataractant !

Glaciers, soleils d'argent, flots nacreux, cieux de braises !
Échouages hideux au fond des golfes bruns
Où les serpents géants dévorés des punaises
Choient, des arbres tordus, avec de noirs parfums !

J'aurais voulu montrer aux enfants ces dorades
Du flot bleu, ces poissons d'or, ces poissons chantants.
— Des écumes de fleurs ont bercé mes dérades,
Et d'ineffables vents m'ont ailé par instants.

Parfois, martyr lassé des pôles et des zones,
La mer dont le sanglot faisait mon roulis doux
Montait vers moi ses fleurs d'ombre aux ventouses jaunes
Et je restais, ainsi qu'une femme à genoux ...

Presque île, ballottant sur mes bords les querelles
Et les fientes d'oiseaux clabaudeurs aux yeux blonds.
Et je voguais, lorsqu'à travers mes liens frêles
Des noyés descendaient dormir, à reculons ! ...

Or moi, bateau perdu sous les cheveux des anses,
Jeté par l'ouragan dans l'éther sans oiseau,
Moi dont les Monitors et les voiliers des Hanses
N'auraient pas repêché la carcasse ivre d'eau ;

Libre, fumant, monté de brumes violettes,
Moi qui trouais le ciel rougeoyant comme un mur
Qui porte, confiture exquise aux bons poètes,
Des lichens de soleil et des morves d'azur ;

ARTHUR RIMBAUD

Qui courais, taché de lunules électriques,
Planche folle, escorté des hippocampes noirs,
Quand les juillets faisaient crouler à coups de triques
Les cieux ultramarins aux ardents entonnoirs;

Moi qui tremblais, sentant geindre à cinquante lieues
Le rut des Béhémots et des Maelstroms épais,
Fileur éternel des immobilités bleues,
Je regrette l'Europe aux anciens parapets!

J'a vu des archipels sidéraux! et des îles
Dont les cieux délirants sont ouverts au vogueur:
— Est-ce en ces nuits sans fonds que tu dors et t'exiles,
Million d'oiseaux d'or, ô future Vigueur? —

Mais, vrai, j'ai trop pleuré! Les Aubes sont navrantes.
Toute lune est atroce et tout soleil amer:
L'âcre amour m'a gonflé de torpeurs enivrantes.
O que ma quille éclate! O que j'aille à la mer!

Si je désire une eau d'Europe, c'est la flache
Noire et froide où vers le crépuscule embaumé
Un enfant accroupi plein de tristesses, lâche
Un bateau frêle comme un papillon de mai.

Je ne puis plus, baigné de vos langueurs, ô lames,
Enlever leur sillage aux porteurs de cotons,
Ni traverser l'orgueil des drapeaux et des flammes,
Ni nager sous les yeux horribles des pontons.

ARTHUR RIMBAUD

Les Effarés

NOIRS dans la neige et dans la brume,
Au grand soupirail qui s'allume,
    Leurs culs en rond,

A genoux, cinq petits — misère ! —
Regardent le Boulanger faire
    Le lourd pain blond.

Ils voient le fort bras blanc qui tourne
La pâte grise et qui l'enfourne
    Dans un trou clair.

Ils écoutent le bon pain cuire.
Le Boulanger au gras sourire
    Grogne un vieil air.

Ils sont blottis, pas un ne bouge,
Au souffle du soupirail rouge
    Chaud comme un sein.

Quand pour quelque médianoche,
Façonné comme une brioche,
    On sort le pain,

Quand sous les poutres enfumées
Chantent les croûtes parfumées
    Et les grillons,

Que ce trou chaud souffle la vie,
Ils ont leur âme si ravie
    Sous leurs haillons,

ARTHUR RIMBAUD

Ils se ressentent si bien vivre,
Les pauvres Jésus pleins de givre,
    Qu'ils sont là tous,

Collant leurs petits museaux roses
Au treillage, grognant des choses
    Entre les trous,

Tout bêtes, faisant leurs prières
Et repliés vers ces lumières
    Du ciel rouvert,

Si fort, qu'ils crèvent leur culotte
Et que leur chemise tremblote
    Au vent d'hiver.

Comédie de la Soif

I. LES PARENTS

NOUS sommes tes Grands-Parents,
    Les Grands !
Couverts des froides sueurs
De la lune et des verdures.
Nos vins secs avaient du cœur !
Au soleil sans imposture
Que faut-il à l'homme ? boire.

MOI — Mourir aux fleuves barbares,

Nous sommes tes Grands-Parents
    Des champs.
L'eau est au fond des osiers :
Vois le courant du fossé
Autour du château mouillé.

ARTHUR RIMBAUD

    Descendons en nos celliers;
    Après, le cidre et le lait.

MOI — Aller où boivent les vaches.

    Nous sommes tes Grands-Parents;
        Tiens, prends
    Les liqueurs dans nos armoires;
    Le Thé, le Café, si rares,
    Frémissent dans les bouilloires.
    — Vois les images, les fluers.
    Nous rentrons du cimetière.

MOI — Ah! tarir toutes les urnes!

2. L'ESPRIT

    Éternelles Ondines,
    Divisez l'eau fine.
    Vénus, sœur de l'azur,
    Émeus le flot pur.

    Juifs errants de Norwège,
    Dites-moi la neige,
    Anciens exilés chers,
    Dites-moi la mer.

MOI — Non, plus ces boissons pures,
      Ces fleurs d'eau pour verres;
    Légendes ni figures
      Ne me désaltèrent;
    Chansonnier, ta filleule
      C'est ma soif si folle,
    Hydre intime sans gueules
      Qui mine et désole.

ARTHUR RIMBAUD

3. LES AMIS

Viens, les Vins vont aux plages,
Et les flots par millions!
Vois le Bitter sauvage
Rouler du haut des monts!

Gagnons, pèlerins sages,
L'Absinthe aux verts piliers...

MOI — Plus ces paysages.
Qu'est l'ivresse, Amis?

J'aime autant, mieux, même,
Pourrir dans l'étang,
Sous l'affreuse crème,
Près des bois flottants.

4. LE PAUVRE SONGE

Peut-être un Soir m'attend
Où je boirai tranquille
En quelque vieille Ville,
Et mourrai plus content:
Puisque je suis patient!

Si mon mal se résigne,
Si j'ai jamais quelque or,
Choisirai-je le Nord
Ou le Pays des Vignes?...
— Ah! songer est indigne

Puisque c'est pure perte!
Et si je redeviens
Le voyageur ancien,
Jamais l'auberge verte
Ne peut bien m'être ouverte.

5. CONCLUSION

Les pigeons qui tremblent dans la prairie,
Le gibier, qui court et qui voit la nuit,
Les bêtes des eaux, la bête asservie,
Les derniers papillons !... ont soif aussi.

Mais fondre où fond ce nuage sans guide,
— Oh ! favorisé de ce qui est frais !
Expirer en ces violettes humides
Dont les aurores chargent ces forêts ?

Aube

J'AI embrassé l'aube d'été.

Rien ne bougeait encore au front des palais. L'eau était morte. Les camps d'ombres ne quittaient pas la route du bois. J'ai marché, réveillant les haleines vives et tièdes, et les pierreries regardèrent, et les ailes se levèrent sans bruit.

La première entreprise fut, dans le sentier déjà empli de frais et blêmes éclats, une fleur qui me dit son nom.

Je ris au wasserfall blond qui s'échevela à travers les sapins: à la cime argentée je reconnus la déesse.

Alors je levai un à un les voiles. Dans l'allée, en agitant les bras. Par la plaine, où je l'ai dénoncée au coq. A la grand'ville elle fuyait parmi les clochers et les dômes, et courant comme un mendiant sur les quais de marbre, je la chassais.

En haut de la route, près d'un bois de lauriers, je l'ai entourée avec ses voiles amassés, et j'ai senti un peu son immense corps. L'aube et l'enfant tombèrent au bas du bois.

Au réveil, il était midi.

367   *Départ*

Assez vu. La vision s'est rencontrée à tous les airs.
Assez eu. Rumeurs des villes, le soir, et au soleil, et toujours.
Assez connu. Les arrêts de la vie. — O Rumeurs et Visions !
Départ dans l'affection et le bruit neufs !

368   *Chanson de la plus haute Tour*

Oisive jeunesse
A tout asservie,
Par délicatesse
J'ai perdu ma vie.
Ah ! Que le temps vienne
Où les cœurs s'éprennent.

Je me suis dit : laisse,
Et qu'on ne te voie ;
Et sans la promesse
De plus hautes joies.
Que rien ne t'arrête,
Auguste retraite.

J'ai tant fait patience
Qu'à jamais j'oublie ;
Craintes et souffrances
Aux cieux sont parties.
Et la soif malsaine
Obscurcit mes veines.

ARTHUR RIMBAUD

Ainsi la Prairie
A l'oubli livrée,
Grandie, et fleurie
D'encens et d'ivraies
Au bourdon farouche
De cent sales mouches.

Ah! Mille veuvages
De la si pauvre âme
Qui n'a que l'image
De la Notre-Dame!
Est-ce que l'on prie
La Vierge Marie?

Oisive jeunesse
A tout asservie,
Par délicatesse
J'ai perdu ma vie.
Ah! Que le temps vienne
Où les cœurs s'éprennent!

L'Éternité

ELLE est retrouvée.
Quoi? — L'Éternité.
C'est la mer allée
Avec le soleil.

Ame sentinelle,
Murmurons l'aveu
De la nuit si nulle
Et du jour en feu.

Des humains suffrages,
Des communs élans
Là tu te dégages
Et voles selon.

Puisque de vous seules,
Braises de satin,
Le Devoir s'exhale
Sans qu'on dise: enfin.

Là pas d'espérance,
Nul orietur.
Science avec patience,
Le supplice est sûr.

Elle est retrouvée.
Quoi ? — L'Éternité.
C'est la mer allée
Avec le soleil.

O saisons, ô châteaux

O SAISONS, ô châteaux,
Quelle âme est sans défauts ?

O saisons, ô châteaux,

J'ai fait la magique étude
Du bonheur, que nul n'élude.

O vive lui, chaque fois
Que chante le coq gaulois.

ARTHUR RIMBAUD

Mais je n'aurai plus d'envie,
Il s'est chargé de ma vie.

Ce charme! il prit âme et corps,
Et dispersa tous efforts.

Que comprendre à ma parole?
Il fait qu'elle fuie et vole!

O saisons, ô châteaux!

371 *Matin*

N'EUS-JE pas *une fois* une jeunesse aimable, héroïque, fabuleuse, à écrire sur des feuilles d'or, — trop de chance! Par quel crime, par quelle erreur, ai-je mérité ma faiblesse actuelle? Vous qui prétendez que des bêtes poussent des sanglots de chagrin, que des malades désespèrent, que des morts rêvent mal, tâchez de raconter ma chute et mon sommeil. Moi, je ne puis pas plus m'expliquer que le mendiant avec ses continuels *Pater* et *Ave Maria. Je ne sais plus parler!*

Pourtant, aujourd'hui, je crois avoir fini la relation de mon enfer. C'était bien l'enfer; l'ancien, celui dont le fils de l'homme ouvrit les portes.

Du même désert, à la même nuit, toujours mes yeux las se réveillent à l'étoile d'argent, toujours, sans que s'émeuvent les Rois de la vie, les trois mages, le cœur, l'âme, l'esprit. Quand irons-nous, par delà les grèves et les monts, saluer la naissance du travail nouveau, la sagesse nouvelle, la fuite des tyrans et des démons, la fin de la superstition, adorer — les premiers! — Noël sur la terre!

Le chant des cieux, la marche des peuples! Esclaves, ne maudissons pas la vie.

ÉMILE VERHAEREN
1855-†1916

372 *Pieusement*

La nuit d'hiver élève au ciel son pur calice.

Et je lève mon cœur aussi, mon cœur nocturne,
Seigneur, mon cœur! mon cœur! vers ton infini vide,
Et néanmoins je sais que tout est taciturne
Et qu'il n'existe rien dont ce cœur meurt, avide;
Et je te sais mensonge et mes lèvres te prient
Et mes genoux; je sais et tes grandes mains closes
Et tes grands yeux fermés aux désespoirs qui crient
Et que c'est moi, qui seul, me rêve dans les choses;
Sois de pitié, Seigneur, pour ma toute démence,
J'ai besoin de pleurer mon mal vers ton silence!...

La nuit d'hiver élève au ciel son pur calice.

373 *La Révolte*

La rue, en un remous de pas,
De corps et d'épaules d'où sont tendus des bras
Sauvagement ramifiés vers la folie,
Semble passer volante,
Et ses fureurs, au même instant, s'allient
A des haines, à des appels, à des espoirs;
La rue en or,
La rue en rouge, au fond des soirs.

ÉMILE VERHAEREN

Toute la mort
En des beffrois tonnants se lève;
Toute la mort, surgie en rêves,
Avec des feux et des épées
Et des têtes, à la tige des glaives,
Comme des fleurs atrocement coupées

La toux des canons lourds,
Les lourds hoquets des canons sourds
Mesurent seuls les pleurs et les abois de l'heure
Les cadrans blancs des carrefours obliques,
Comme des yeux en des paupières,
Sont défoncés à coups de pierre:
Le temps normal n'existant plus
Pour les cœurs fous et résolus
De ces foules hyperboliques.

La rage, elle a bondi de terre
Sur un monceau de pavés gris,
La rage immense, avec des cris,
Avec du sang féroce en ses artères,
Et pâle et haletante
Et si terriblement
Que son moment d'élan vaut à lui seul le temps
Que met un siècle en gravitant
Autour de ses cent ans d'attente.

Tout ce qui fut rêvé jadis;
Ce que les fronts les plus hardis
Vers l'avenir ont instauré;
Ce que les âmes ont brandi,
Ce que les yeux ont imploré,

ÉMILE VERHAEREN

Ce que toute la sève humaine
Silencieuse a renfermé,
S'épanouit, aux mille bras armés
De ces foules, brassant leur houle avec leurs haines.

C'est la fête du sang qui se déploie,
A travers la terreur, en étendards de joie:
Des gens passent rouges et ivres;
Des gens passent sur des gens morts;
Les soldats clairs, casqués de cuivre,
Ne sachant plus où sont les droits, où sont les torts,
Las d'obéir, chargent, mollassement,
Le peuple énorme et véhément
Qui veut enfin que sur sa tête
Luisent les ors sanglants et violents de la conquête.

— Tuer, pour rajeunir et pour créer!
Ainsi que la nature inassouvie
Mordre le but, éperdument,
A travers la folie énorme d'un moment:
Tuer ou s'immoler pour tordre de la vie! —
Voici des ponts et des maisons qui brûlent,
En façades de sang, sur le fond noir du crépuscule;
L'eau des canaux en réfléchit les fumantes splendeurs,
De haut en bas, jusqu'en ses profondeurs;
D'énormes tours obliquement dorées
Barrent la ville au loin d'ombres démesurées;
Les bras des feux, ouvrant leurs mains funèbres,
Éparpillent des tisons d'or par les ténèbres;
Et les brasiers des toits sautent en bonds sauvages,
Hors d'eux-mêmes, jusqu'aux nuages.

On fusille par tas, là-bas.

ÉMILE VERHAEREN

La mort, avec des doigts précis et mécaniques,
Au tir rapide et sec des fusils lourds,
Abat, le long des murs du carrefour,
Des corps raidis en gestes tétaniques;
Leurs rangs entiers tombent comme des barres.
Des silences de plomb pèsent sur les bagarres.
Les cadavres, dont les balles ont fait des loques,
Le torse à nu, montrent leurs chairs baroques;
Et le reflet dansant des lanternes fantasques
Crispe en rire le cri dernier sur tous ces masques.

Tapant et haletant, le tocsin bat,
Comme un cœur dans un combat,
Quand, tout à coup, pareille aux voix asphyxiées,
Telle cloche qui âprement tintait,
Dans sa tourelle incendiée,
Se tait.

Aux vieux palais publics, d'où les échevins d'or
Jadis domptaient la ville et refoulaient l'effort
Et la marée en rut des multitudes fortes,
On pénètre, cognant et martelant les portes;
Les clefs sautent et les verrous;
Des armoires de fer ouvrent leur trou,
Où s'alignent les lois et les harangues;
Une torche les lèche, avec sa langue,
Et tout leur passé noir s'envole et s'éparpille,
Tandis que dans la cave et les greniers on pille
Et que l'on jette au loin, par les balcons hagards,
Des corps humains fauchant le vide avec leurs bras épars.

Dans les églises,
Les verrières, où les martyres sont assises,

ÉMILE VERHAEREN

Jonchent le sol et s'émiettent comme du chaume ;
Un Christ, exsangue et long comme un fantôme,
Est lacéré et pend, tel un haillon de bois,
Au dernier clou qui perce encor sa croix ;
Le tabernacle, où sont les chrêmes,
Est enfoncé, à coups de poings et de blasphèmes ;
On soufflette les Saints près des autels debout
Et dans la grande nef, de l'un à l'autre bout,
— Telle une neige — on dissémine les hosties
Pour qu'elles soient, sous des talons rageurs, anéanties.

Tous les joyaux du meurtre et des désastres
Étincellent ainsi, sous l'œil des astres ;
La ville entière éclate
En pays d'or coiffé de flammes écarlates ;
La ville, au fond des soirs, vers les lointains houleux,
Tend sa propre couronne énormément en feu ;
Toute la rage et toute la folie
Brassent la vie avec leur lie,
Si fort que, par instants, le sol semble trembler,
Et l'espace brûler
Et la fumée et ses fureurs s'écheveler et s'envoler
Et balayer les grands cieux froids.

— Tuer, pour rajeunir et pour créer ;
Ou pour tomber et pour mourir, qu'importe !
Ouvrir, ou se casser les poings contre la porte !
Et puis — que son printemps soit vert ou qu'il soit rouge —
N'est-elle point, dans le monde, toujours,
Haletante, par à travers les jours,
La puissance profonde et fatale qui bouge !

EMILE VERHAEREN

374 *Vers la Mer*

*C*OMME *des objets frêles,*
   Les vaisseaux blancs semblent posés,
Sur la mer éternelle.

Le vent futile et pur n'est que baisers;
Et les écumes
Qui, doucement, échouent
Contre les proues,
Ne sont que plumes:
Il fait dimanche sur la mer!

Telles des dames
Passent, au ciel ou vers les plages,
Voilures et nuages:
Il fait dimanche sur la mer;
Et l'on voit luire, au loin, des rames,
Barres de prismes sur la mer.

Fier de soi-même et de cette heure,
Qui scintillait, en grappes de joyaux
Translucides sur l'eau,
J'ai crié, vers l'espace et sa splendeur:
« O mer de luxe frais et de moires fleuries,
Où l'immobile et vaste été
Marie
Sa force à la douceur et la limpidité;
Mer de fierté et de conquête
Où voyagent, de crête en crête,
Sur les vagues qu'elles irisent,
Les brises;
Mer de ferveurs, où des musiques de lumière

ÉMILE VERHAEREN

Chantent dans l'or
Immobile du fulgurant décor;
Mer de beauté sereine et de frêle merveille
Dont la rumeur résonne en mes oreilles
Depuis qu'enfant j'imaginais les grèves bleues
Où l'Ourse et le Centaure et le Lion des cieux
Venaient boire, le soir,
Là-bas, très loin, à l'autre bout du monde;
O mer, qui fus ma joie étonnée et féconde,
O mer, qui fus ma jeunesse cabrée,
Ainsi que tes marées
Vers l'aventure et les conquêtes,
Accueille-moi, ce jour, où tes eaux sont en fête!

« J'aurai vécu, l'âme élargie,
Sous les visages clairs, profonds, certains,
Qui regardent, du haut des horizons lointains,
Surgir, vers leur splendeur, mon énergie.
J'aurai senti les flux
Unanimes des choses
Me charrier en leurs métamorphoses
Et m'emporter, dans leur reflux.
J'aurai vécu le mont, le bois, la terre;
J'aurai versé le sang des dieux dans mes artères;
J'aurai brandi, comme un glaive exalté,
Vers l'infini, ma volonté;
Et maintenant c'est sur tes bords, ô mer suprême,
Où tout se renouvelle, où tout se reproduit,
Après s'être disjoint, après s'être détruit,
Que je reviens pour qu'on y sème
Cet univers qui fut moi-même.

ÉMILE VERHAEREN

*L'ombre se fait en moi; l'âge s'étend
Comme une ornière, autour du champ,
Qui fut ma force en fleur et ma vaillance.
Plus n'est ferme toujours ni hautaine ma lance;
L'arbre de mon orgueil reverdit moins souvent
Et son feuillage boit moins largement le vent
Qui passe en ouragan, sur les forêts humaines;
O mer, je sens tarir les sources, dans mes plaines.
Mais j'ai recours à toi pour l'exalter,
Une fois encor,
Et le grandir et le transfigurer,
Mon corps,
En attendant qu'on t'apporte sa mort,
Pour à jamais la dissoudre, en ta vie.*

« *Alors,
O mer, tu me perdras en tes furies
De renaissance et de fécondité;
Tu rouleras, en tes vagues et tes crinières,
Ma pourriture et ma poussière;
Tu mêleras à ta beauté
Toute mon ombre et tout mon deuil.
J'aurai l'immensité des forces pour cercueil
Et leur travail obscur et leur ardeur occulte;
Mon être entier sera perdu, sera fondu,
Dans le brassin géant de leurs tumultes,
Mais renaîtra, après mille et mille ans,
Vierge et divin, sauvage et clair et frissonnant;
Amas subtil de matière qui pense;
Moment nouveau de conscience;
Flamme nouvelle de clarté,
Dans les yeux d'or de l'immobile éternité!* »

ÉMILE VERHAEREN

Comme de lumineux tombeaux,
Les vaisseaux blancs semblent posés,
De loin en loin, sur les plaines des eaux.

Le vent subtil n'est que baisers;
Et les écumes
Qui, doucement, échouent
Contre les proues,
Ne sont que plumes:
Il fait dimanche sur la mer!

375   *Un Saule*

EST-IL tordu, troué, souffrant et vieux!
Sont-ils crevés et bossués, les yeux
Que font les nœuds dans son écorce!
Est-il frappé dans sa vigueur et dans sa force!
Est-il misère, est-il ruine,
Avec tous les couteaux du vent dans sa poitrine,
Et, néanmoins, planté au bord
De son fossé d'eau verte et de fleurs d'or,
A travers l'ombre et à travers la mort,
Au fond du sol, mord-il la vie encor!

Un soir de foudre et de fracas,
Son tronc craqua,
Soudainement, de haut en bas.

Depuis, l'un de ses flancs
Est sec, stérile et blanc;

ÉMILE VERHAEREN

Mais l'autre est demeuré gonflé de sève.
Des fleurs, parmi ses crevasses, se lèvent,
Les lichens nains le festonnent d'argent;
L'arbre est tenace et dur: son feuillage bougeant
Luit au toucher furtif des brises tatillonnes.
L'automne et ses mousses le vermillonnent;
Son front velu, comme un front de taureau,
Bute, contre les chocs de la tempête;
Et dans les trous profonds de son vieux corps d'athlète,
Se cache un nid de passereaux.

Matin et soir, même la nuit,
A toute heure je suis allé vers lui;
Il domine les champs qui l'environnent,
Les sablons gris et les pâles marais;
Mon rêve, avec un tas de rameaux frais
Et jaillissants, l'exalte et le couronne.

Je l'ai vu maigre et nu, pendant l'hiver,
Poteau de froid, planté sur des routes de neige;
Je l'ai vu clair et vif, au seuil du printemps vert,
Quand la jeunesse immortelle l'assiège,
Quand les bouquets d'oiseaux fusent vers le soleil;
Je l'ai vu lourd et harassé, dans la lumière,
Les jours d'été, à l'heure où les grands blés vermeils,
Autour des jardins secs et des closes chaumières,
S'enflent, de loin en loin, comme des torses d'or;
J'ai admiré sa vie en lutte avec sa mort,
Et je l'entends, ce soir de pluie et de ténèbres,
Crisper ses pieds au sol et bander ses vertèbres
Et défier l'orage, et résister encor.

ÉMILE VERHAEREN

Si vous voulez savoir où son sort se décide,
C'est tout au loin, là-bas, entre Furne et Coxyde,
Dans un petit chemin de sable clair,
Près des dunes, d'où l'on peut voir dans l'air,
Les batailles perpétuées
Des vents et des nuées
Bondir de l'horizon et saccager la mer.

376 *Un Soir*

CELUI qui me lira, dans les siècles, un soir,
Troublant mes vers, sous leur sommeil ou sous leur cendre,
Et ranimant leur sens lointain pour mieux comprendre
Comment ceux d'aujourd'hui s'étaient armés d'espoir,

Qu'il sache, avec quel violent élan ma joie
S'est, à travers les cris, les révoltes, les pleurs,
Ruée au combat fier et mâle des douleurs,
Pour en tirer l'amour, comme on conquiert sa proie.

J'aime mes yeux fiévreux, ma cervelle, mes nerfs,
Le sang dont vit mon cœur, le cœur dont vit mon torse;
J'aime l'homme et le monde et j'adore la force
Que donne et prend ma force à l'homme et l'univers.

Car vivre, c'est prendre et donner avec liesse.
Mes pairs, ce sont ceux-là qui s'exaltent autant
Que je me sens moi-même avide et haletant
Devant la vie intense et sa rouge sagesse.

Heures de chute ou de grandeur ! — tout se confond
Et se transforme en ce brasier qu'est l'existence ;
Seul importe que le désir reste en partance,
Jusqu'à la mort, devant l'éveil des horizons.

Celui qui trouve est un cerveau qui communie
Avec la fourmillante et large humanité.
L'esprit plonge et s'enivre en pleine immensité ;
Il faut aimer, pour découvrir avec génie.

Une tendresse énorme emplit l'âpre savoir,
Il exalte la force et la beauté des mondes,
Il devine les liens et les causes profondes ;
O vous qui me lirez, dans les siècles, un soir,

Comprenez-vous pourquoi mon vers vous interpelle ?
C'est qu'en vos temps quelqu'un d'ardent aura tiré
Du cœur de la nécessité même, le vrai,
Bloc clair, pour y dresser l'entente universelle.

377 *Le Navire*

NOUS avancions, tranquillement, sous les étoiles ;
La lune oblique errait autour du vaisseau clair,
Et l'étagement blanc des vergues et des voiles
Projetait sa grande ombre au large sur la mer.

La froide pureté de la nuit embrasée
Scintillait dans l'espace et frissonnait sur l'eau ;
On voyait circuler la grande Ourse et Persée
Comme en des cirques d'ombre éclatante, là-haut.

ÉMILE VERHAEREN

Dans le mât d'artimon et le mât de misaine,
De l'arrière à l'avant où se dardaient les feux,
Des ordres, nets et continus comme des chaînes,
Se transmettaient soudain et se nouaient entre eux.

Chaque geste servait à quelque autre plus large
Et lui vouait l'instant de son utile ardeur,
Et la vague portant la carène et sa charge
Leur donnait pour support sa lucide splendeur.

La belle immensité exaltait la gabarre,
Dont l'étrave marquait les flots d'un long chemin,
L'homme, qui maintenait à contre-vent la barre,
Sentait vibrer tout le navire entre ses mains.

Il tanguait sur l'effroi, la mort et les abîmes,
D'accord avec chaque astre et chaque volonté,
Et, maîtrisant ainsi les forces unanimes,
Semblait dompter et s'asservir l'éternité.

378 *Lorsque tu fermeras ...*

LORSQUE tu fermeras mes yeux à la lumière,
Baise-les longuement, car ils t'auront donné
Tout ce qui peut tenir d'amour passionné
Dans le dernier regard de leur ferveur dernière.

Sous l'immobile éclat du funèbre flambeau,
Penche vers leur adieu ton triste et beau visage
Pour que s'imprime et dure en eux la seule image
Qu'ils garderont dans le tombeau.

ÉMILE VERHAEREN

Et que je sente, avant que le cercueil se cloue,
Sur le lit pur et blanc se rejoindre nos mains
Et que près de mon front sur les pâles coussins,
Une suprême fois se repose ta joue.

Et qu'après je m'en aille au loin avec mon cœur,
Qui te conservera une flamme si forte
Que même à travers la terre compacte et morte
Les autres morts en sentiront l'ardeur!

GEORGES RODENBACH
1855-†1898

Béguinage flamand

I

AU loin, le Béguinage avec ses clochers noirs,
Avec son rouge enclos, ses toits d'ardoises bleues
Reflétant tout le ciel comme de grands miroirs,
S'étend dans la verdure et la paix des banlieues.

Les pignons dentelés étagent leurs gradins
Par où monte le Rêve aux lointains qui brunissent,
Et des branches parfois, sur le mur des jardins,
Ont le geste très doux des prêtres qui bénissent.

En fines lettres d'or chaque nom des couvents
Sur les portes s'enroule autour des banderoles,
Noms charmants chuchotés par la lèvre des vents:
La maison de l'Amour, la maison des Corolles.

GEORGES RODENBACH

Les fenêtres surtout sont comme des autels
Où fleurissent toujours des géraniums roses,
Qui mettent, combinant leurs couleurs de pastels,
Comme un rêve de fleurs dans les fenêtres closes.

Fenêtres des couvents! attirantes le soir
Avec leurs rideaux blancs, voiles de mariées
Qu'on voudrait soulever dans un bruit d'encensoir
Pour goûter vos baisers, lèvres appariées!

Mais ces femmes sont là, le cœur pacifié,
La chair morte, cousant dans l'exil de leurs chambres;
Elles n'aiment que toi, pâle Crucifié,
Et regardent le ciel par les trous de tes membres!

Oh! le silence heureux de l'ouvroir aux grands murs,
Où l'on entend à peine un bruit de banc qui bouge,
Tandis qu'elles sont là, suivant de leurs yeux purs
Le sable en ruisseaux blonds sur le pavement rouge.

Oh! le bonheur muet des vierges s'assemblant!
Et comme si leurs mains étaient de candeur telle
Qu'elles ne peuvent plus manier que du blanc,
Elles brodent du linge ou font de la dentelle.

C'est un charme imprévu de leur dire « ma sœur »,
Et de voir la pâleur de leur teint diaphane
Avec un pointillé de taches de rousseur
Comme un camélia d'un blanc mat qui se fane.

Rien d'impur n'a flétri leurs flancs immaculés,
Car la source de vie est enfermée en elles
Comme un vin rare et doux dans des vases scellés
Qui veulent, pour s'ouvrir, des lèvres éternelles!

II

Cependant quand le soir douloureux est défunt,
La cloche lentement les appelle à complies,
Comme si leur prière était le seul parfum
Qui pût consoler Dieu dans ses mélancolies !

Tout est doux, tout est calme au milieu de l'enclos ;
Aux offices du soir la cloche les exhorte,
Et chacune s'y rend, mains jointes, les yeux clos,
Avec des glissements de cygne dans l'eau morte.

Elles mettent un voile à longs plis ; le secret
De leur âme s'épanche à la lueur des cierges !
Et, quand passe un vieux prêtre en étole, on croirait
Voir le Seigneur marcher dans un Jardin des Vierges !

III

Et l'élan de l'extase est si contagieux,
Et le cœur à prier si bien se tranquillise,
Que plus d'une, pendant les soirs religieux,
L'été, répète encor les Avé de l'église ;

Debout à sa fenêtre ouverte au vent joyeux,
Plus d'une, sans ôter sa cornette et ses voiles,
Bien avant dans la nuit égrène avec ses yeux
Le rosaire aux grains d'or des priantes étoiles !

JEAN MORÉAS

1856–†1910

380 *Stances*

i

LES morts m'écoutent seuls, j'habite les tombeaux;
Jusqu'au bout je serai l'ennemi de moi-même.
Ma gloire est aux ingrats, mon grain est aux corbeaux;
Sans récolter jamais je laboure et je sème.

Je ne me plaindrai pas: qu'importe l'Aquilon,
L'opprobre et le mépris, la face de l'injure!
Puisque quand je te touche, ô lyre d'Apollon,
Tu sonnes chaque fois plus savante et plus pure?

381 ii

SUNIUM, Sunium, sublime promontoire
    Sous le ciel le plus beau,
De l'âme et de l'esprit, de toute humaine gloire
    Le berceau, le tombeau!

Jadis, bien jeune encor, lorsque le jour splendide
    Sort de l'ombre vainqueur,
Ton image a blessé, comme d'un trait rapide,
    Les forces de mon cœur.

Ah! qu'il saigne, ce cœur! et toi, mortelle vue,
    Garde toujours doublé,
Au-dessus d'une mer azurée et chenue,
    Un temple mutilé.

JEAN MORÉAS

382   *iii*

COMPAGNE de l'éther, indolente fumée,
    Je te ressemble un peu:
Ta vie est d'un instant, la mienne est consumée,
    Mais nous sortons du feu.

L'homme, pour subsister, en recueillant la cendre,
    Qu'il use ses genoux!
Sans plus nous soucier et sans jamais descendre,
    Évanouissons-nous!

JULES LAFORGUE
1860–†1887

383   *Encore un livre*

ENCORE un livre; ô nostalgies
Loin de ces très goujates gens,
Loin des saluts et des argents,
Loin de nos phraséologies!

Encore un de mes pierrots morts;
Mort d'un chronique orphelinisme;
C'était un cœur plein de dandysme
Lunaire, en un drôle de corps.

Les dieux s'en vont; plus que des hures;
Ah! ça devient tous les jours pis;
J'ai fait mon temps, je déguerpis
Vers l'Inclusive Sinécure.

JULES LAFORGUE

Complainte du Roi de Thulé

Il était un roi de Thulé,
    Immaculé,
Qui, loin des jupes et des choses,
Pleurait sur la métempsychose
    Des lys en roses,
    Et quel palais!

Ses fleurs dormant, il s'en allait,
    Traînant des clés,
Broder aux seuls yeux des étoiles,
Sur une tour, un certain Voile
    De vive toile,
    Aux nuits de lait!

Quand le voile fut bien ourlé,
    Loin de Thulé,
Il rama fort sur les mers grises,
Vers le soleil qui s'agonise,
    Féerique Église!
    Il ululait:

« Soleil-crevant, encore un jour,
Vous avez tendu votre phare
Aux holocaustes vivipares
Du culte qu'ils nomment l'Amour.

« Et comme, devant la nuit fauve,
Vous vous sentez défaillir,
D'un dernier flot d'un sang martyr
Vous lavez le seuil de l'Alcôve!

« Soleil! Soleil! moi je descends
Vers vos navrants palais polaires,
Dorloter dans ce Saint-Suaire
　　Votre cœur bien en sang,
　　　　En le berçant! »

Il dit, et, le Voile étendu,
　　　　Tout éperdu,
Vers les coraux et les naufrages,
Le roi raillé des doux corsages,
　　　Beau comme un Mage
　　　Est descendu!

Braves amants! aux nuits de lait,
　　　Tournez vos clés!
Une ombre, d'amour pur transie,
Viendrait vous gémir cette scie:
« Il était un roi de Thulé
　　　Immaculé... »

385　*Complainte sur certains ennuis*

UN couchant des Cosmogonies!
　Ah! que la Vie est quotidienne...
Et, du plus vrai qu'on se souvienne,
Comme on fut piètre et sans génie...

On voudrait s'avouer des choses
Dont on s'étonnerait en route,
Qui feraient une fois pour toutes
Qu'on s'entendrait à travers poses.

JULES LAFORGUE

On voudrait saigner le Silence,
Secouer l'exil des causeries;
Et non! ces dames sont aigries
Par des questions de préséance.

Elles boudent là, l'air capable.
Et, sous le ciel, plus d'un s'explique
Par quel gâchis suresthétique
Ces êtres-là sont adorables.

Justement, une nous appelle,
Pour l'aider à chercher sa bague
Perdue (où dans ce terrain vague?),
Un souvenir D'AMOUR, dit-elle!

Ces êtres-là sont adorables!

386   *L'Hiver qui vient*

BLOCUS sentimental! Messageries du Levant!..
Oh, tombée de la pluie! Oh! tombée de la nuit,
Oh! le vent!...
La Toussaint, la Noël et la Nouvelle Année,
Oh, dans les bruines, toutes mes cheminées!...
D'usines...

On ne peut plus s'asseoir, tous les bancs sont mouillés;
Crois-moi, c'est bien fini jusqu'à l'année prochaine,
Tous les bancs sont mouillés, tant les bois sont rouillés,
Et tant les cors ont fait ton ton, ont fait ton taine!...
Ah! nuées accourues des côtes de la Manche,
Vous nous avez gâté notre dernier dimanche.

JULES LAFORGUE

Il bruine;
Dans la forêt mouillée, les toiles d'araignées
Ploient sous les gouttes d'eau, et c'est leur ruine.
Soleils plénipotentiaires des travaux en blonds Pactoles
Des spectacles agricoles,
Où êtes-vous ensevelis?
Ce soir un soleil fichu gît au haut du coteau,
Gît sur le flanc, dans les genêts, sur son manteau.
Un soleil blanc comme un crachat d'estaminet
Sur une litière de jaunes genêts,
De jaunes genêts d'automne.
Et les cors lui sonnent!
Qu'il revienne...
Qu'il revienne à lui!
Taïaut! Taïaut et hallali!
O triste antienne, as-tu fini!...
Et font les fous!
Et il gît là, comme une glande arrachée dans un cou,
Et il frissonne, sans personne!...

Allons, allons, et hallali!
C'est l'Hiver bien connu qui s'amène;
Oh! les tournants des grandes routes,
Et sans petit Chaperon Rouge qui chemine!...
Oh! leurs ornières des chars de l'autre mois,
Montant en don quichottesques rails
Vers les patrouilles des nuées en déroute
Que le vent malmène vers les transatlantiques bercails!...
Accélérons, accélérons, c'est la saison bien connue, cette fois.
Et le vent, cette nuit, il en a fait de belles!
O dégâts, ô nids, ô modestes jardinets!
Mon cœur et mon sommeil: ô échos des cognées!...

JULES LAFORGUE

Tous ces rameaux avaient encor leurs feuilles vertes,
Les sous-bois ne sont plus qu'un fumier de feuilles mortes;
Feuilles, folioles, qu'un bon vent vous emporte
Vers les étangs par ribambelles,
Ou pour le feu du garde-chasse,
Ou les sommiers des ambulances
Pour les soldats loin de la France.

C'est la saison, c'est la saison, la rouille envahit les masses,
La rouille ronge en leurs spleens kilométriques
Les fils télégraphiques des grandes routes où nul ne passe.

Les cors, les cors, les cors — mélancoliques!...
Mélancoliques!
S'en vont, changeant de ton,
Changeant de ton et de musique,
Ton ton, ton taine, ton ton!...
Les cors, les cors, les cors!...
S'en sont allés au vent du Nord.

Je ne puis quitter ce ton: que d'échos!...
C'est la saison, c'est la saison, adieu vendanges!...
Voici venir les pluies d'une patience d'ange,
Adieu vendanges, et adieu tous les paniers,
Tous les paniers Watteau des bourrées sous les marronniers.
C'est la toux dans les dortoirs du lycée qui rentre,
C'est la tisane sans le foyer,
La phthisie pulmonaire attristant le quartier,
Et toute la misère des grands centres.

Mais, lainages, caoutchoucs, pharmacie, rêve,
Rideaux écartés du haut des balcons des grèves

JULES LAFORGUE

Devant l'océan de toitures des faubourgs,
Lampes, estampes, thé, petits-fours,
Serez-vous pas mes seules amours!...
(Oh! et puis, est-ce que tu connais, outre les pianos,
Le sobre et vespéral mystère hebdomadaire
Des statistiques sanitaires
Dans les journaux?)

Non, non! c'est la saison et la planète falote!
Que l'autan, que l'autan
Effiloche les savates que le temps se tricote!
C'est la saison, oh déchirements! c'est la saison!
Tous les ans, tous les ans,
J'essaierai en chœur d'en donner la note.

HENRI DE RÉGNIER

1864-†1936

387   *Sonnet pour Bilitis*

MES Sœurs, notre jeunesse a mûri lentement
Sa grappe savoureuse à nos treilles rivales
Et nos jours que le Temps presse de ses sandales
Ont coulé comme un vin dont l'ivresse nous ment.

L'âge est venu sournois, furtif, fourbe et gourmand,
Mordre et flétrir, hélas! nos gorges inégales;
Notre vendange est faite et j'entends sur les dalles
Marcher le vigneron dans le cellier dormant.

Vous, ô mes Sœurs, je vois vos mémoires perdues
Vieillir poudreusement comme les outres bues,
Et moi, que visita la Muse aux ailes d'or,

Je resterai pareille à l'amphore embaumée
Où, captif aux parois qu'elle respire encor,
Vibre et rôde le vol d'une abeille enfermée.

388   *J'ai vu fleurir ce soir...*

J'AI vu fleurir ce soir des roses à ta main ;
  Ta main pourtant est vide et semble inanimée ;
Je t'écoute comme marcher sur le chemin ;
Et tu es là pourtant et la porte est fermée.

J'entends ta voix, mon frère, et tu ne parles pas ;
L'horloge sonne une heure étrange que j'entends
Venir et vibrer jusques à moi de là-bas...
L'heure qui sonne est une heure d'un autre temps.

Elle n'a pas sonné, ici, dans la tristesse,
Il me semble l'entendre ailleurs et dans ta joie,
Et plus l'obscurité de la chambre est épaisse,
Mieux il me semble qu'en la clarté je te voie.

L'ombre scelle d'un doigt les lèvres du silence ;
Je vois fleurir des fleurs de roses à ta main,
Et par delà ta vie autre et comme d'avance
De grands soleils mourir derrière ton Destin.

389   *Il est un port...*

IL est un port
  Avec des eaux d'huiles, de moires et d'or
Et des quais de marbre le long des bassins calmes,
Si calmes

HENRI DE RÉGNIER

Qu'on voit sur le fond qui s'ensable
Passer des poissons d'ombre et d'or
Parmi les algues,
Et la proue à jamais y mire dans l'eau stable
La Tête qui l'orne et s'endort
Au bruit du vent qui pousse sur les dalles
Du quai de marbre
Des poussières de sable d'or.

Il est un port.
Le silence y somnole entre des quais de songe,
Le passé en algues s'allonge
Aux oscillations lentes des poissons d'or;
Le souvenir s'ensable d'oubli et l'ombre
Du soir est toute tiède du jour mort.
Qu'il soit un port
Où l'orgueil à la proue y dorme en l'eau qui dort!

PAUL-JEAN TOULET
1867-†1920

Contrerimes

XLV

MOLLE rive dont le dessin
Est d'un bras qui se plie,
Colline de brume embellie
Comme se voile un sein,

Filaos au chantant ramage —
Que je meure et, demain,
Vous ne serez plus, si ma main
N'a fixé votre image.

LXIII

TOUTE allégresse a son défaut
    Et se brise elle-même.
Si vous voulez que je vous aime,
    Ne riez pas trop haut.

C'est à voix basse qu'on enchante
    Sous la cendre d'hiver
Ce cœur, pareil au feu couvert,
    Qui se consume et chante.

LXX

LA vie est plus vaine une image
    Que l'ombre sur le mur.
Pourtant l'hiéroglyphe obscur
    Qu'y trace ton passage

M'enchante, et ton rire pareil
    Au vif éclat des armes;
Et jusqu'à ces menteuses larmes
    Qui miraient le soleil.

Mourir non plus n'est ombre vaine.
    La nuit, quand tu as peur,
N'écoute pas battre ton cœur:
    C'est une étrange peine.

CHARLES MAURRAS

1868–†1953

393   *Beauté*

TOI qui brille enfoncée au plus tendre du cœur,
   Beauté, fer éclatant, ne me sois que douceur
Ou si tu me devais être une chose amère
En aucun temps du moins ne me sois étrangère.
Brûle et consume-moi, mon unique soleil,
Que, ton dur javelot, ton javelot vermeil
Dardant de jour en jour une plus pure flamme,
Je sois régénéré jusques au fond de l'âme
Et même ma raison folle de te sentir
Ne reconnaisse plus si c'est vivre ou mourir!

FRANCIS JAMMES

1868–†1938

394   *J'aime dans les temps...*

J'AIME dans les temps Clara d'Ellébeuse,
   l'écolière des anciens pensionnats,
qui allait, les soirs chauds, sous les tilleuls
lire les *magazines* d'autrefois.

Je n'aime qu'elle, et je sens sur mon cœur
la lumière bleue de sa gorge blanche.
Où est-elle? où était donc ce bonheur?
Dans sa chambre claire il entrait des branches.

Elle n'est peut-être pas encore morte
— ou peut-être que nous l'étions tous deux.
La grande cour avait des feuilles mortes
dans le vent froid des fins d'Été très vieux.

Te souviens-tu de ces plumes de paon,
dans un grand vase, auprès de coquillages?...
on apprenait qu'on avait fait naufrage,
on appelait Terre-Neuve: *le Banc*.

Viens, viens, ma chère Clara d'Ellébeuse;
aimons-nous encore, si tu existes.
Le vieux jardin a de vieilles tulipes.
Viens toute nue, ô Clara d'Ellébeuse.

395 *Prière pour aller au Paradis avec les ânes*

LORSQU'IL faudra aller vers vous, ô mon Dieu, faites
que ce soit par un jour où la campagne en fête
poudroiera. Je désire, ainsi que je fis ici-bas,
choisir un chemin pour aller, comme il me plaira,
au Paradis, où sont en plein jour les étoiles.
Je prendrai mon bâton et sur la grande route
j'irai, et je dirai aux ânes, mes amis:
Je suis Francis Jammes et je vais au Paradis,
car il n'y a pas d'enfer au pays du Bon-Dieu.
Je leur dirai: Venez, doux amis du ciel bleu,
pauvres bêtes chéries qui, d'un brusque mouvement
   d'oreille,
chassez les mouches plates, les coups et les abeilles...

Que je vous apparaisse au milieu de ces bêtes
que j'aime tant parce qu'elles baissent la tête
doucement, et s'arrêtent en joignant leurs petits pieds
d'une façon bien douce et qui vous fait pitié.

FRANCIS JAMMES

J'arriverai suivi de leurs milliers d'oreilles,
suivi de ceux qui portèrent au flanc des corbeilles,
de ceux traînant des voitures de saltimbanques
ou des voitures de plumeaux et de fer-blanc,
de ceux qui ont au dos des bidons bossués,
des ânesses pleines comme des outres, aux pas cassés,
de ceux à qui l'on met de petits pantalons
à cause des plaies bleues et suintantes que font
les mouches entêtées qui s'y groupent en ronds.
Mon Dieu, faites qu'avec ces ânes je vous vienne.
Faites que, dans la paix, des anges nous conduisent
vers des ruisseaux touffus où tremblent des cerises
lisses comme la chair qui rit des jeunes filles,
et faites que, penché dans ce séjour des âmes,
sur vos divines eaux, je sois pareil aux ânes
qui mireront leur humble et douce pauvreté
à la limpidité de l'amour éternel.

PAUL CLAUDEL
1868–†1955

Ténèbres

JE suis ici, l'autre est ailleurs, et le silence est terrible:
Nous sommes des malheureux et Satan nous vanne dans son crible.

Je souffre, et l'autre souffre, et il n'y a point de chemin
Entre elle et moi, de l'autre à moi point de parole ni de main.

Rien que la nuit qui est commune et incommunicable,
La nuit où l'on ne fait point d'œuvre et l'affreux amour impraticable.

Je prête l'oreille, et je suis seul, et la terreur m'envahit.
J'entends la ressemblance de sa voix et le son d'un cri.

J'entends un faible vent et mes cheveux se lèvent sur ma tête.
Sauvez-la du danger de la mort et de la gueule de la Bête!

Voici de nouveau le goût de la mort entre mes dents,
La tranchée, l'envie de vomir et le retournement.

J'ai été seul dans le pressoir, j'ai foulé le raisin dans mon délire,
Cette nuit où je marchais d'un mur à l'autre en éclatant de rire.

Celui qui a fait les yeux, sans yeux est-ce qu'il ne me verra pas?
Celui qui a fait les oreilles, est-ce qu'il ne m'entendra pas sans oreilles?

Je sais que là où le péché abonde, là Votre miséricorde surabonde.
Il faut prier, car c'est l'heure du Prince du monde.

397 *Fragments tirés des Cinq Grandes Odes*

i

O MON âme! le poème n'est point fait de ces lettres que je plante comme des clous, mais du blanc qui reste sur le papier.

O mon âme, il ne faut concerter aucun plan! ô mon âme sauvage, il faut nous tenir libres et prêts,

Comme les immenses bandes fragiles d'hirondelles quand sans voix retentit l'appel automnal!

O mon âme impatiente, pareille à l'aigle sans **art**! comment ferions-nous pour ajuster aucun vers? à l'aigle qui ne sait pas faire son nid même?

Que mon vers ne soit rien d'esclave! mais tel que l'aigle marin qui s'est jeté sur un grand poisson,

Et l'on ne voit rien qu'un éclatant tourbillon d'ailes et l'éclaboussement de l'écume!

Mais vous ne m'abandonnerez point, ô Muses modératrices

398 *ii*

SALUT donc, ô monde nouveau à mes yeux, ô monde maintenant total!

O credo entier des choses visibles et invisibles, je vous accepte avec un cœur catholique!

Où que je tourne la tête

J'envisage l'immense octave de la Création!

Le monde s'ouvre et, si large qu'en soit l'empan, mon regard le traverse d'un bout à l'autre.

J'ai pesé le soleil ainsi qu'un gros mouton que deux hommes forts suspendent à une perche entre leurs épaules.

J'ai recensé l'armée des Cieux et j'en ai dressé état,

Depuis les grandes Figures qui se penchent sur le vieillard Océan

Jusqu'au feu le plus rare englouti dans le plus profond abîme,

Ainsi que le Pacifique bleu-sombre où le baleinier épie l'évent d'un souffleur comme un duvet blanc.

Vous êtes pris et d'un bout du monde jusqu'à l'autre autour de Vous

J'ai tendu l'immense rets de ma connaissance.

Comme la phrase qui prend aux cuivres

Gagne les bois et progressivement envahit les profondeurs de l'orchestre,

Et comme les éruptions du soleil

Se répercutent sur la terre en crises d'eau et en raz-de-marée,

Ainsi du plus grand Ange qui vous voit jusqu'au caillou de la route et d'un bout de votre création jusqu'à l'autre,

Il ne cesse point continuité, non plus que de l'âme au corps;

Le mouvement ineffable des Séraphins se propage aux Neuf ordres des Esprits,

Et voici le vent qui se lève à son tour sur la terre, le Semeur, le Moissonneur!

Ainsi l'eau continue l'esprit, et le supporte, et l'alimente,
Et entre

Toutes vos créatures jusqu'à vous il y a comme un lien liquide.

399 *iii*

AH, je suis ivre! ah, je suis livré au dieu! j'entends une voix en moi et la mesure qui s'accélère, le mouvement de la joie,

L'ébranlement de la cohorte Olympique, la marche divinement tempérée!

Que m'importent tous les hommes à présent! Ce n'est pas pour eux que je suis fait, mais pour le

Transport de cette mesure sacrée!

O le cri de la trompette bouchée! ô le coup sourd sur la tonne orgiaque!

Que m'importe aucun d'eux ? Ce rythme seul ! Qu'ils me suivent ou non ? Que m'importe qu'ils m'entendent ou pas ?

Voici le dépliement de la grande Aile poétique !

Que me parlez-vous de la musique ? laissez-moi seulement mettre mes sandales d'or !

Je n'ai pas besoin de tout cet attirail qu'il lui faut. Je ne demande pas que vous vous bouchiez les yeux.

Les mots que j'emploie,

Ce sont les mots de tous les jours, et ce ne sont point les mêmes !

Vous ne trouverez point de rimes dans mes vers ni aucun sortilège. Ce sont vos phrases mêmes. Pas aucune de vos phrases que je ne sache reprendre !

Ces fleurs sont vos fleurs et vous dites que vous ne les reconnaissez pas.

Et ces pieds sont vos pieds, mais voici que je marche sur la mer et que je foule les eaux de la mer en triomphe !

PAUL VALÉRY

1871-†1945

Le Cimetière marin

CE toit tranquille, où marchent des colombes,
Entre les pins palpite, entre les tombes ;
Midi le juste y compose de feux
La mer, la mer, toujours recommencée !
O récompense après une pensée
Qu'un long regard sur le calme des dieux !

PAUL VALÉRY

Quel pur travail de fins éclairs consume
Maint diamant d'imperceptible écume,
Et quelle paix semble se concevoir !
Quand sur l'abîme un soleil se repose,
Ouvrages purs d'une éternelle cause,
Le Temps scintille et le Songe est savoir.

Stable trésor, temple simple à Minerve,
Masse de calme, et visible réserve,
Eau sourcilleuse, Œil qui gardes en toi
Tant de sommeil sous un voile de flamme,
O mon silence !... Édifice dans l'âme,
Mais comble d'or aux mille tuiles, Toit !

Temple du Temps, qu'un seul soupir résume,
A ce point pur je monte et m'accoutume,
Tout entouré de mon regard marin ;
Et comme aux dieux mon offrande suprême,
La scintillation sereine sème
Sur l'altitude un dédain souverain.

Comme le fruit se fond en jouissance,
Comme en délice il change son absence
Dans une bouche où sa forme se meurt,
Je hume ici ma future fumée,
Et le ciel chante à l'âme consumée
Le changement des rives en rumeur.

Beau ciel, vrai ciel, regarde-moi qui change !
Après tant d'orgueil, après tant d'étrange
Oisiveté, mais pleine de pouvoir,
Je m'abandonne à ce brillant espace,
Sur les maisons des morts mon ombre passe
Qui m'apprivoise à son frêle mouvoir.

PAUL VALÉRY

L'âme exposée aux torches du solstice,
Je te soutiens, admirable justice
De la lumière aux armes sans pitié !
Je te rends pure à ta place première :
Regarde-toi !... Mais rendre la lumière
Suppose d'ombre une morne moitié.

O pour moi seul, à moi seul, en moi-même,
Auprès d'un cœur, aux sources du poème,
Entre le vide et l'événement pur,
J'attends l'écho de ma grandeur interne,
Amère, sombre et sonore citerne,
Sonnant dans l'âme un creux toujours futur !

Sais-tu, fausse captive des feuillages,
Golfe mangeur de ces maigres grillages,
Sur mes yeux clos, secrets éblouissants,
Quel corps me traîne à sa fin paresseuse,
Quel front l'attire à cette terre osseuse ?
Une étincelle y pense à mes absents.

Fermé, sacré, plein d'un feu sans matière,
Fragment terrestre offert à la lumière,
Ce lieu me plaît, dominé de flambeaux,
Composé d'or, de pierre et d'arbres sombres,
Où tant de marbre est tremblant sur tant d'ombres ;
La mer fidèle y dort sur mes tombeaux !

Chienne splendide, écarte l'idolâtre !
Quand solitaire au sourire de pâtre,
Je pais longtemps, moutons mystérieux,
Le blanc troupeau de mes tranquilles tombes,
Éloignes-en les prudentes colombes,
Les songes vains, les anges curieux !

PAUL VALÉRY

Ici venu, l'avenir est paresse.
L'insecte net gratte la sécheresse;
Tout est brûlé, défait, reçu dans l'air
A je ne sais quelle sévère essence...
La vie est vaste, étant ivre d'absence,
Et l'amertume est douce, et l'esprit clair.

Les morts cachés sont bien dans cette terre
Qui les réchauffe et sèche leur mystère.
Midi là-haut, Midi sans mouvement
En soi se pense et convient à soi-même...
Tête complète et parfait diadème,
Je suis en toi le secret changement.

Tu n'as que moi pour contenir tes craintes!
Mes repentirs, mes doutes, mes contraintes
Sont le défaut de ton grand diamant!...
Mais dans leur nuit toute lourde de marbres,
Un peuple vague aux racines des arbres
A pris déjà ton parti lentement.

Ils ont fondu dans une absence épaisse,
L'argile rouge a bu la blanche espèce,
Le don de vivre a passé dans les fleurs!
Où sont des morts les phrases familières,
L'art personnel, les âmes singulières?
La larve file où se formaient des pleurs.

Les cris aigus des filles chatouillées,
Les yeux, les dents, les paupières mouillées,
Le sein charmant qui joue avec le feu,
Le sang qui brille aux lèvres qui se rendent,
Les derniers dons, les doigts qui les défendent,
Tout va sous terre et rentre dans le jeu!

Et vous, grande âme, espérez-vous un songe
Qui n'aura plus ces couleurs de mensonge
Qu'aux yeux de chair l'onde et l'or font ici ?
Chanterez-vous quand serez vaporeuse ?
Allez ! Tout fuit ! Ma présence est poreuse,
La sainte impatience meurt aussi !

Maigre immortalité noire et dorée,
Consolatrice affreusement laurée,
Qui de la mort fais un sein maternel,
Le beau mensonge et la pieuse ruse !
Qui ne connaît, et qui ne les refuse,
Ce crâne vide et ce rire éternel !

Pères profonds, têtes inhabitées,
Qui sous le poids de tant de pelletées,
Êtes la terre et confondez nos pas,
Le vrai rongeur, le ver irréfutable
N'est point pour vous qui dormez sous la table,
Il vit de vie, il ne me quitte pas !

Amour, peut-être, ou de moi-même haine ?
Sa dent secrète est de moi si prochaine
Que tous les noms lui peuvent convenir !
Qu'importe ! Il voit, il veut, il songe, il touche !
Ma chair lui plaît, et jusque sur ma couche,
A ce vivant je vis d'appartenir !

Zénon ! Cruel Zénon ! Zénon d'Élée !
M'as-tu percé de cette flèche ailée
Qui vibre, vole, et qui ne vole pas !
Le son m'enfante et la flèche me tue !
Ah ! le soleil . . . Quelle ombre de tortue
Pour l'âme, Achille immobile à grands pas !

Non, non!... Debout! Dans l'ère successive!
Brisez, mon corps, cette forme pensive!
Buvez, mon sein, la naissance du vent!
Une fraîcheur, de la mer exhalée,
Me rend mon âme... O puissance salée!
Courons à l'onde en rejaillir vivant!

Oui! Grande mer de délires douée,
Peau de panthère et chlamyde trouée
De mille et mille idoles du soleil,
Hydre absolue, ivre de ta chair bleue,
Qui te remords l'étincelante queue
Dans un tumulte au silence pareil,

Le vent se lève!... Il faut tenter de vivre!
L'air immense ouvre et referme mon livre,
La vague en poudre ose jaillir des rocs!
Envolez-vous, pages tout éblouies!
Rompez, vagues! Rompez d'eaux réjouies
Ce toit tranquille où picoraient des focs!

401   *Cantique des Colonnes*

DOUCES colonnes, aux
    Chapeaux garnis de jour,
Ornés de vrais oiseaux
Qui marchent sur le tour,

Douces colonnes, ô
L'orchestre de fuseaux!
Chacun immole son
Silence à l'unisson.

PAUL VALÉRY

— Que portez-vous si haut,
Égales radieuses ?
— Au désir sans défaut
Nos grâces studieuses !

Nous chantons à la fois
Que nous portons les cieux !
O seule et sage voix
Qui chantes pour les yeux !

Vois quels hymnes candides !
Quelle sonorité
Nos éléments limpides
Tirent de la clarté !

Si froides et dorées
Nous fûmes de nos lits
Par le ciseau tirées,
Pour devenir ces lys !

De nos lits de cristal
Nous fûmes éveillées,
Des griffes de métal
Nous ont appareillées.

Pour affronter la lune,
La lune et le soleil,
On nous polit chacune
Comme l'ongle de l'orteil !

Servantes sans genoux,
Sourires sans figures,
La belle devant nous
Se sent les jambes pures,

PAUL VALÉRY

Pieusement pareilles,
Le nez sous le bandeau
Et nos riches oreilles
Sourdes au blanc fardeau,

Un temple sur les yeux
Noirs pour l'éternité,
Nous allons sans les dieux
A la divinité !

Nos antiques jeunesses,
Chair mate et belles ombres,
Sont fières des finesses
Qui naissent par les nombres !

Filles des nombres d'or,
Fortes des lois du ciel,
Sur nous tombe et s'endort
Un dieu couleur de miel.

Il dort content, le Jour,
Que chaque jour offrons
Sur la table d'amour
Étale sur nos fronts.

Incorruptibles sœurs,
Mi-brûlantes, mi-fraîches,
Nous prîmes pour danseurs
Brises et feuilles sèches,

Et les siècles par dix,
Et les peuples passés,
C'est un profond jadis,
Jadis jamais assez !

PAUL VALÉRY

Sous nos mêmes amours
Plus lourdes que le monde
Nous traversons les jours
Comme une pierre l'onde !

Nous marchons dans le temps
Et nos corps éclatants
Ont des pas ineffables
Qui marquent dans les fables...

L'Abeille

QUELLE, et si fine, et si mortelle,
  Que soit ta pointe, blonde abeille,
Je n'ai, sur ma tendre corbeille,
Jeté qu'un songe de dentelle.

Pique du sein la gourde belle,
Sur qui l'Amour meurt ou sommeille,
Qu'un peu de moi-même vermeille
Vienne à la chair ronde et rebelle !

J'ai grand besoin d'un prompt tourment :
Un mal vif et bien terminé
Vaut mieux qu'un supplice dormant !

Soit donc mon sens illuminé
Par cette infime alerte d'or
Sans qui l'Amour meurt ou s'endort !

Et comme elle veillait tous les soirs solitaire
Dans la cour de la ferme ou sur le bord de l'eau,
Du pied du même saule et du même bouleau
Elle veille aujourd'hui sur ce monstre de pierre.

Et quand le soir viendra qui fermera le jour,
C'est elle la caduque et l'antique bergère,
Qui ramassant Paris et tout son alentour

Conduira d'un pas ferme et d'une main légère
Pour la dernière fois dans la dernière cour
Le troupeau le plus vaste à la droite du père.

ii

ELLE avait jusqu'au fond du plus secret hameau
La réputation dans toute Seine et Oise
Que jamais ni le loup ni le chercheur de noise
N'avaient pu lui ravir le plus chétif agneau.

Tout le monde savait de Limours à Pontoise
Et les vieux bateliers contaient au fil de l'eau
Qu'assise au pied du saule et du même bouleau
Nul n'avait pu jouer cette humble villageoise.

Sainte qui rameniez tous les soirs au bercail
Le troupeau tout entier, diligente bergère,
Quand le monde et Paris viendront à fin de bail

Puissiez-vous d'un pas ferme et d'une main légère
Dans la dernière cour par le dernier portail
Ramener par la voûte et le double vantail

Le troupeau tout entier à la droite du père.

407   *iii*

COMME la vieille aïeule au fin fond de son âge
Se plaît à regarder sa plus arrière fille,
Naissante à l'autre bout de la longue famille,
Recommencer la vie ainsi qu'un héritage;

Elle en fait par avance un très grand personnage,
Fileuse, moissonneuse à la pleine faucille,
Le plus preste fuseau, la plus savante aiguille
Qu'on aura jamais vu dans ce simple village;

Telle la vieille sainte éternellement sage,
Du bord de la montagne et de la double berge
Regardait s'avancer dans tout son équipage,

Dans un encadrement de cierge et de flamberge,
Et le casque remis aux mains du petit page,
La fille la plus sainte après la sainte Vierge.

408   *iv*

COMME Dieu ne fait rien que par miséricordes,
Il fallut qu'elle vît le royaume en lambeaux,
Et sa filleule ville embrasée aux flambeaux,
Et ravagée aux mains des plus sinistres hordes;

Et les cœurs dévorés des plus basses discordes,
Et les morts poursuivis jusque dans les tombeaux,
Et cent mille Innocents exposés aux corbeaux,
Et les pendus tirant la langue au bout des cordes:

CHARLES PÉGUY

Pour qu'elle vît fleurir la plus grande merveille
Que jamais Dieu le père en sa simplicité
Aux jardins de sa grâce et de sa volonté
Ait fait jaillir par force et par nécessité;

Après neuf cent vingt ans de prière et de veille
Quand elle vit venir vers l'antique cité,
Gardant son cœur intact en pleine adversité,
Masquant sous sa visière une efficacité;

Tenant tout un royaume en sa ténacité,
Vivant en plein mystère avec sagacité,
Mourant en plein martyre avec vivacité,

La fille de Lorraine à nulle autre pareille.

MAX JACOB
1876–†1944

409 Établissement d'une Communauté au Brésil

ON fut reçu par la fougère et l'ananas
L'antilope craintif sous l'ipécacuanha.
Le moine enlumineur quitta son aquarelle
Et le vaisseau n'avait pas replié son aile
Que cent abris légers fleurissaient la forêt.
Les nonnes labouraient. L'une d'elles pleurait
Trouvant dans une lettre un sujet de chagrin.
Un moine intempérant s'enivrait de raisin.
Et l'on priait pour le pardon de ce péché.
On cueillait des poisons à la cime des branches
Et les moines vanniers tressaient des urnes blanches.
Un forçat évadé qui vivait de la chasse
Fut guéri de ses plaies et touché de la grâce:

MAX JACOB

Devenu saint, de tous les autres adoré,
Il obligeait les fauves à leur lécher les pieds.
Et les oiseaux du ciel, les bêtes de la terre
Leur apportaient à tous les objets nécessaires.
Un jour on eut un orgue au creux de murs crépis
Des troupeaux de moutons qui mordaient les épis,
Un moine est bourrelier, l'autre est distillateur
Le dimanche après vêpre on herborise en chœur.

Saluez le manguier et bénissez la mangue
La flûte du crapaud vous parle dans sa langue
Les autels sont parés de fleurs vraiment étranges
Leurs parfums attiraient le sourire des anges,
Des sylphes, des esprits blottis dans la forêt
Autour des murs carrés de la communauté.
Or voici qu'un matin quand l'Aurore saignante
Fit la nuée plus pure et plus fraîche la plante
La forêt où la vigne au cèdre s'unissait,
Parut avoir la teigne. Un nègre paraissait
Puis deux, puis cent, puis mille et l'herbe en était teinte
Et le Saint qui pouvait dompter les animaux
Ne put rien sur ces gens qui furent ses bourreaux.
La tête du couvent roula dans l'herbe verte
Et des moines détruits la place fut déserte
Sans que rien dans l'azur ne frémit de la mort.

C'est ainsi que vêtu d'innocence et d'amour
J'avançais en traçant mon travail chaque jour
Priant Dieu et croyant à la beauté des choses
Mais le rire cruel, les soucis qu'on m'impose
L'argent et l'opinion, la bêtise d'autrui
Ont fait de moi le dur bourgeois qui signe ici.

MAX JACOB

410 *Le Pénitent en Maillot rose*

AU travers des paupières closes
Qu'ils ont de jolies couleurs
Les souvenirs incolores
de nos joies et de nos douleurs.

rubans, longs cheveux de mes peines
je vous invite à revenir
tisons brûlants qui font la chaîne
dans l'oubli aux lacs de saphir

mémoire, par les lames de persiennes
la lune sort de sa prison
couronne les plaintes anciennes
et les joies que nous méprisons.

Quoi! ma poitrine est encore chaude
de tant d'amours et de clarté
Ne te moque plus de tes fraudes
Si tu ne peux les regretter

J'attends vos silences, espaces
pour devenir un astre pur
j'attends les traits de Votre Face
Mon Dieu dans les miroirs obscurs.

411 *Villonelle*

DIS-MOI quelle fut la chanson
Que chantaient les belles sirènes
Pour faire pencher des trirèmes
Les Grecs qui lâchaient l'aviron.

MAX JACOB

Achille qui prit Troie, dit-on,
Dans un cheval bourré de son
Achille fut grand capitaine
Or, il fut pris par des chansons
Que chantaient des vierges hellènes
Dis-moi, Vénus, je t'en supplie:
Ce qu'était cette mélodie

Un prisonnier dans sa prison
En fit une en Tripolitaine
Et si belle que sans rançon
On le rendit à sa marraine
Qui pleurait contre la cloison

Nausicaa à la fontaine
Pénélope en tissant la laine
Zeuxis peignant sur les maisons
Ont chanté la faridondaine!...
Et les chansons des échansons?

Échos d'échos des longues plaines
Et les chansons des émigrants!
Où sont les refrains d'autres temps
Que l'on a chanté tant et tant?
Où sont les filles aux belles dents
Qui l'amour par les chants retiennent?
Et mes chansons? qu'il m'en souvienne!

GUILLAUME APOLLINAIRE

1880–†1918

Le Pont Mirabeau

Sous le pont Mirabeau coule la Seine
    Et nos amours
  Faut-il qu'il m'en souvienne
La joie venait toujours après la peine

      Vienne la nuit sonne l'heure
      Les jours s'en vont je demeure

Les mains dans les mains restons face à face
    Tandis que sous
  Le pont de nos bras passe
Des éternels regards l'onde si lasse

      Vienne la nuit sonne l'heure
      Les jours s'en vont je demeure

L'amour s'en va comme cette eau courante
    L'amour s'en va
  Comme la vie est lente
Et comme l'Espérance est violente

      Vienne la nuit sonne l'heure
      Les jours s'en vont je demeure

Passent les jours et passent les semaines
    Ni temps passé
  Ni les amours reviennent
Sous le pont Mirabeau coule la Seine

      Vienne la nuit sonne l'heure
      Les jours s'en vont je demeure

GUILLAUME APOLLINAIRE

413 *Les Colchiques*

LE pré est vénéneux mais joli en automne
　Les vaches y paissant
Lentement s'empoisonnent
Le colchique couleur de cerne et de lilas
Y fleurit tes yeux sont comme cette fleur-là
Violâtres comme leur cerne et comme cet automne
Et ma vie pour tes yeux lentement s'empoisonne

Les enfants de l'école viennent avec fracas
Vêtus de hoquetons et jouant de l'harmonica
Ils cueillent les colchiques qui sont comme des mères
Filles de leurs filles et sont couleur de tes paupières

Qui battent comme les fleurs battent au vent dément

Le gardien du troupeau chante tout doucement
Tandis que lentes et meuglant les vaches abandonnent
Pour toujours ce grand pré mal fleuri par l'automne

414 *Les Sapins*

LES sapins en bonnets pointus
　De longues robes revêtus
　　Comme des astrologues
Saluent leurs frères abattus
Les bateaux qui sur le Rhin voguent

Dans les sept arts endoctrinés
Par les vieux sapins leurs aînés
　Qui sont de grands poètes
Ils se savent prédestinés
A briller plus que des planètes

GUILLAUME APOLLINAIRE

    A briller doucement changés
    En étoiles et enneigés
        Aux Noëls bienheureuses
    Fêtes des sapins ensongés
    Aux longues branches langoureuses

    Les sapins beaux musiciens
    Chantent des noëls anciens
        Au vent des soirs d'automne
    Ou bien graves magiciens
    Incantent le ciel quand il tonne

    Des rangées de blancs chérubins
    Remplacent l'hiver les sapins
        Et balancent leurs ailes
    L'été ce sont de grands rabbins
    Ou bien de vieilles demoiselles

    Sapins médecins divagants
    Ils vont offrant leurs bons onguents
        Quand la montagne accouche
    De temps en temps sous l'ouragan
    Un vieux sapin geint et se couche

415   *La Jolie Rousse*

ME voici devant tous un homme plein de sens
Connaissant la vie et de la mort ce qu'un vivant peut
   connaître
Ayant éprouvé les douleurs et les joies de l'amour
Ayant su quelquefois imposer ses idées
Connaissant plusieurs langages

GUILLAUME APOLLINAIRE

Ayant pas mal voyagé
Ayant vu la guerre dans l'Artillerie et l'Infanterie
Blessé à la tête trépané sous le chloroforme
Ayant perdu ses meilleurs amis dans l'effroyable lutte
Je sais d'ancien et de nouveau autant qu'un homme seul
    pourrait des deux savoir
Et sans m'inquiéter aujourd'hui de cette guerre
Entre nous et pour nous mes amis
Je juge cette longue querelle de la tradition et de l'invention
    De l'Ordre de l'Aventure

Vous dont la bouche est faite à l'image de celle de Dieu
Bouche qui est l'ordre même
Soyez indulgents quand vous nous comparez
A ceux qui furent la perfection de l'ordre
Nous qui quêtons partout l'aventure

Nous ne sommes pas vos ennemis
Nous voulons nous donner de vastes et d'étranges domaines
Où le mystère en fleurs s'offre à qui veut le cueillir
Il y a là des feux nouveaux des couleurs jamais vues
Mille phantasmes impondérables
Auxquels il faut donner de la réalité
Nous voulons explorer la bonté contrée énorme où tout se
    tait
Il y a aussi le temps qu'on peut chasser ou faire revenir
Pitié pour nous qui combattons toujours aux frontières
De l'illimité et de l'avenir
Pitié pour nos erreurs pitié pour nos péchés

Voici que vient l'été la saison violente
Et ma jeunesse est morte ainsi que le printemps

GUILLAUME APOLLINAIRE

O soleil c'est le temps de la Raison ardente
        Et j'attends
Pour la suivre toujours la forme noble et douce
Qu'elle prend afin que je l'aime seulement
Elle vient et m'attire ainsi qu'un fer l'aimant
        Elle a l'aspect charmant
        D'une adorable rousse

Ses cheveux sont d'or on dirait
Un bel éclair qui durerait
Ou ces flammes qui se pavanent
Dans les roses-thé qui se fanent

Mais riez riez de moi
Hommes de partout surtout gens d'ici
Car il y a tant de choses que je n'ose vous dire
Tant de choses que vous ne me laisseriez pas dire
Ayez pitié de moi

JULES SUPERVIELLE

1884–

416   *La Vache de la Forêt*

ELLE est tendue en arrière
Et le regard même arqué,
Elle souffle sur le fleuve
Comme pour le supprimer.
Ces planches jointes flottantes,
Ce bateau plat qu'on approche
Est-ce fait pour une vache
Colorée par l'herbe haute,

JULES SUPERVIELLE

Aimant à mêler son ombre
A l'ombre de la forêt?

Sur la boue vive elle glisse
Et tombe pattes en l'air.
Alors vite on les attache
Et l'on en fait un bouquet,
On en fait un bouquet âpre
D'une lanière noué,
Tandis qu'on tire sa queue,
Refuge de volonté;
Puis on traîne dans la barque
Ce sac essoufflé à cornes,
Aux yeux noirs coupés de blanche
Angoisse, par le milieu.
Obscure dans le canot,
La vache quittait la terre;
Dans le petit jour glissant,
Les pagayeurs pagayaient.
Aux flancs noirs du paquebot
Qui secrète du Destin,
Le canot enfin s'amarre.
A une haute poulie
On attache par les pattes
La vache qu'on n'oublie pas,
Harcelée de cent regards
Qui la piquent comme taons.
Puis l'on hisse par degrés
L'animal presque à l'envers,
Le ventre plein d'infortune,
La corne prise un instant
Entre barque et paquebot

JULES SUPERVIELLE

Craque comme une noix sèche,
Sur le pont voici la vache
Suspectée par un bœuf noir
Immobile dans un coin
Qu'il clôturait de sa bouse.
Près de lui elle s'affale
Une corne sur l'oreille
Et voudrait se redresser,
Mais son arrière-train glisse
De soi-même abandonné,
Et n'ayant à ruminer
Que le pont tondu à ras
Elle attend le lendemain.
Tout le jour le bœuf lécha
Un sac troué de farine;
La vache le voyait bien.
Vint enfin le lendemain
Avec son pis plein de peines.
Près du bœuf qui regardait,
Luisaient au soleil nouveau,
Entre des morceaux de jour,
Deux maigres quartiers de viande,
Côtes vues par le dedans.
La tête écorchée que hantent
Ses dix rouges différents,
Près d'un cœur de boucherie,
Et, formant un petit tas,
Le cuir loin de tout le reste,
Douloureux d'indépendance,
Fumant à maigres bouffées.

JULES SUPERVIELLE

417   *Hommage à la Vie*

C'EST beau d'avoir élu
Domicile vivant
Et de loger le temps
Dans un cœur continu,
Et d'avoir vu ses mains
Se poser sur le monde
Comme sur une pomme
Dans un petit jardin,
D'avoir aimé la terre,
La lune et le soleil,
Comme des familiers
Qui n'ont pas leurs pareils,
Et d'avoir confié
Le monde à sa mémoire
Comme un clair cavalier
A sa monture noire,
D'avoir donné visage
A ces mots: femme, enfants.
Et servi de rivage
A d'errants continents,
Et d'avoir atteint l'âme
A petits coups de rame
Pour ne l'effaroucher
D'une brusque approchée.
C'est beau d'avoir connu
L'ombre sous le feuillage
Et d'avoir senti l'âge
Ramper sur le corps nu,
Accompagné la peine
Du sang noir dans nos veines

Et doré son silence
De l'étoile Patience,
Et d'avoir tous ces mots
Qui bougent dans la tête,
De choisir les moins beaux
Pour leur faire un peu fête,
D'avoir senti la vie
Hâtive et mal aimée,
De l'avoir enfermée
Dans cette poésie.

418 *Regards*

S'IL n'était pas d'arbres à ma fenêtre
Pour venir voir jusqu'au profond de moi,
Depuis longtemps il aurait cessé d'être
Ce cœur offert à ses brûlantes lois.

Dans ce long saule ou ce cyprès profond
Qui me connaît et me plaint d'être au monde,
Mon moi posthume est là qui me regarde
Comprenant mal pourquoi je tarde et tarde...

419 *Souffrir*

QUAND il s'agit de bien souffrir
Le visage de l'homme est grand
Et plus profond que l'océan,
Il est grand à n'en plus finir,
Plus haut que les hautes montagnes
Et plus large que la campagne,
Et de ce front à ce menton
On peut loger commodément

JULES SUPERVIELLE

Mille lieues carrées de tourment,
Le tout dans un petit moment.
Point besoin ici de fourrier
Pour préparer l'hébergement,
Le malheur peut toujours entrer
Il est reçu royalement,
Avec chair vive à la mangeoire
Et du sang frais à l'abreuvoir.
Même ce tout jeune visage
Peut contenir par temps de guerre
Tout le carnage et le tapage
Qui s'étale au loin sur la terre.
Et même sans sortir des yeux,
Sans même se tasser un peu,
On trouvera bien de la place
Pour tous les malheurs de l'espace.
O peau humaine que traverse
Misérablement la douleur,
O cœur éponge de détresse
Même lorsque tu fus sans peur,
Il n'est de terre sans un cri
Que la terre des cimetières,
A tant d'étroitesse de terre
Les tortures ont abouti,
A ce mutisme délétère
Qui, serrant de près, interdit
Le murmure le plus petit.
Les visages sont sans mémoire
Sans même un peu de désespoir.
Rien n'ose plus se hasarder
Aux orbites pour regarder,
Les mains ne tentent plus leur chance

Et s'enfoncent dans du silence,
Et ne parlons pas de ces jambes,
Que sauraient-elles enjamber,
Ni de ce tronc ah! si peu tronc
Qu'il est précipice sans fond.
Et tout notre sang dont l'office
Était de bien distribuer
La vie et son maigre délice
Affronte l'éternel supplice
De ne pouvoir plus remuer.
Qu'on nous mette la tête en bas
Ou qu'on la sépare du corps
Tout nous est maintenant égal
Mais qui ose parler de corps
Quand le cœur ne le scande pas?

Tristesse de Dieu

(*Dieu parle*)

Je vous vois aller et venir sur le tremblement de la Terre
Comme aux premiers jours du monde, mais grande est la différence,
Mon œuvre n'est plus en moi, je vous l'ai toute donnée.
Hommes, mes bien-aimés, je ne puis rien dans vos malheurs,
Je n'ai pu que vous donner votre courage et les larmes;
C'est la preuve chaleureuse de l'existence de Dieu.
L'humidité de votre âme, c'est ce qui vous reste de moi.
Je n'ai rien pu faire d'autre.
Je ne puis rien pour la mère dont va s'éteindre le fils
Sinon vous faire allumer, chandelles de l'espérance.
S'il n'en était pas ainsi, est-ce que vous connaîtriez,
Petits lits mal défendus, la paralysie des enfants?

JULES SUPERVIELLE

Je suis coupé de mon œuvre,
Ce qui est fini est lointain et s'éloigne chaque jour.
Quand la source descend du mont comment revenir là-dessus?
Je ne sais pas plus vous parler qu'un potier ne parle à son pot,
Des deux il en est un de sourd, l'autre muet devant son œuvre
Et je vous vois avancer vers d'aveuglants précipices
Sans pouvoir vous les nommer,
Et je ne peux vous souffler comment il faudrait s'y prendre,
Il faut vous en tirer tout seuls comme des orphelins dans la neige.
Je ne puis rien pour vous, hélas si je me répète
C'est à force d'en souffrir.

Je suis un souvenir qui descend, vous vivez dans un souvenir,
L'espoir qui gravit vos collines, vous vivez dans une espérance.
Secoué par les prières et les blasphèmes des hommes,
Je suis partout à la fois et ne peux pas me montrer,
Sans bouger je déambule et je vais de ciel en ciel,
Je suis l'errant en soi-même, le foisonnant solitaire,
Habitué des lointains, je suis très loin de moi-même,
Je m'égare au fond de moi comme un enfant dans les bois,
Je m'appelle, je me hale, je me tire vers mon centre.
Homme, si je t'ai créé, c'est pour y voir un peu clair,
Et pour vivre dans un corps, moi qui n'ai mains ni visage.
Je veux te remercier de faire avec sérieux
Tout ce qui n'aura qu'un temps sur la Terre bien-aimée,
O mon enfant, mon chéri, ô courage de ton Dieu,
Mon fils qui t'en es allé courir le monde à ma place
A l'avant-garde de moi dans ton corps si vulnérable
Avec sa grande misère. Pas un petit coin de peau
Où ne puisse se former la profonde pourriture.
Chacun de vous sait faire un mort sans avoir eu besoin d'apprendre,

JULES SUPERVIELLE

Un mort parfait qu'on peut tourner et retourner dans tous les sens,
Où il n'y a rien à redire.
Dieu vous survit, lui seul survit entouré par un grand massacre
D'hommes, de femmes et d'enfants.
Même vivants, vous mourez un peu continuellement,
Arrangez-vous avec la vie, avec vos tremblantes amours.
Vous avez un cerveau, des doigts pour faire le monde à votre goût,
Vous avez des facilités pour faire vivre la raison
Et la folie en votre cage,
Vous avez tous les animaux qui forment la Création,
Vous pouvez courir et nager comme le chien et le poisson,
Avancer comme le tigre ou comme l'agneau de huit jours,
Vous pouvez vous donner la mort comme le renne, le scorpion,
Et moi je reste l'invisible, l'introuvable sur la Terre,
Ayez pitié de votre Dieu qui n'a pas su vous rendre heureux,
Petites parcelles de moi, ô palpitantes étincelles,
Je ne vous offre qu'un brasier où vous retrouverez du feu.

421 *Souffle*

DANS l'orbite de la Terre
Quand la planète n'est plus
Au loin qu'une faible sphère
Qu'entoure un rêve ténu,

Lorsque sont restés derrière
Quelques oiseaux étourdis
S'efforçant à tire-d'aile
De regagner leur logis,

JULES SUPERVIELLE

Quand des cordes invisibles,
Sous des souvenirs de mains,
Tremblent dans l'éther sensible
De tout le sillage humain,

On voit les morts de l'espace
Se rassembler dans les airs
Pour commenter à voix basse
Le passage de la Terre.

Rien ne consent à mourir
De ce qui connut le vivre
Et le plus faible soupir
Rêve encore qu'il soupire.

Une herbe qui fut sur terre
S'obstine en vain à pousser
Et ne pouvant que mal faire
Pleure un restant de rosée.

Des images de rivières,
De torrents pleins de remords
Croient rouler une eau fidèle
Où se voient vivants les morts.

L'âme folle d'irréel
Joue avec l'aube et la brise
Pensant cueillir des cerises
Dans un mouvement du ciel.

PIERRE-JEAN JOUVE

Mozart

A TOI quand j'écoutais ton arc-en-ciel d'été :
Le bonheur y commence à mi-hauteur des airs
Les glaives du chagrin
Sont recouverts par mille effusions de nuages et d'oiseaux,
Une ancolie dans la prairie pour plaire au jour
A été oubliée par la faux,
Nostalgie délivrée tendresse si amère
Connaissez-vous Salzburg à six heures l'été
Frissonnement plaisir le soleil est couché est bu par un
 nuage.

Frissonnement — à Salzburg en été
O divine gaîté tu vas mourir captive ô jeunesse inventée
Mais un seul jour encore entoure ces vraies collines,
Il a plu, fin d'orage. O divine gaîté
Apaise ces gens aux yeux fermés dans toutes les salles de
 concerts du monde.

O Vierge noire ...

O Vierge noire dans un temple de vent clair
Étoile de la mer sur les lieux desséchés
Rire sous les piliers de marbre du cœur mort
Princesse du matin à la nuit désolée

Tu m'as connu à l'abandon sur un banc sombre
Ton fils et recevant ta tribulation
Pleurant, et depuis là les misères en nombre
M'ont retranché de la douceur de ton rayon.

PIERRE-JEAN JOUVE

O Vierge noire dans un temple de vent clair
Je te retrouve aux mains croisées de la mémoire
Chaque nuit je me trouve au banc comme une chair
Avant que le soleil ne soulève ses moires.

PIERRE REVERDY

1889-

Toujours là

J'AI besoin de ne plus me voir et d'oublier
De parler à des gens que je ne connais pas
De crier sans être entendu
Pour rien tout seul
Je connais tout le monde et chacun de vos pas
Je voudrais raconter et personne n'écoute
Les têtes et les yeux se détournent de moi
Vers la nuit
Ma tête est une boule pleine et lourde
Qui roule sur la terre avec un peu de bruit

Loin
Rien derrière moi et rien devant
Dans le vide où je descends
Quelques vifs courants d'air
Vont autour de moi
Cruels et froids
Ce sont des portes mal fermées
Sur des souvenirs encore inoubliés
Le monde comme une pendule s'est arrêté
Les gens sont suspendus pour l'éternité

Un aviateur descend par un fil comme une araignée
Tout le monde danse allégé
Entre ciel et terre
Mais un rayon de lumière est venu
De la lampe que tu as oublié d'éteindre
Sur le palier
Ah ce n'est pas fini
L'oubli n'est pas complet
Et j'ai encore besoin d'apprendre à me **connaître**

425 *Son de Cloche*

TOUT s'est éteint
   Le vent passe en chantant
     Et les arbres frissonnent
Les animaux sont morts
Il n'y a plus personne
            Regarde
Les étoiles ont cessé de briller
      La terre ne tourne plus
Une tête s'est inclinée
       Les cheveux balayant la nuit
Le dernier clocher resté debout
     Sonne minuit

426 *Encore l'Amour*

JE ne veux plus partir vers ces grands bols du soir
 Serrer les mains glacées des ombres les plus proches
Je ne peux plus quitter ces airs de désespoir
Ni gagner les grands ronds qui m'attendent au large
C'est pourtant vers ces visages sans forme que je vais
Vers ces lignes mouvantes qui toujours m'emprisonnent

PIERRE REVERDY

Ces lignes que mes yeux tracent dans l'incertain
Ces paysages confus ces jours mystérieux
Sous le couvert du temps grisé quand l'amour passe
Un amour sans objet qui brûle nuit et jour
Et qui use sa lampe ma poitrine si lasse
D'attacher les soupirs qui meurent dans leur tour
Les lointains bleus les pays chauds les sables blancs
La grève où roule l'or où germe la paresse
Le môle tiède où le marin s'endort
L'eau perfide qui vient flatter la pierre dure
Sous le soleil gourmand qui broute la verdure
La pensée assoupie lourde clignant des yeux
Les souvenirs légers en boucles sur le front
Les repos sans réveil dans un lit trop profond
La pente des efforts remis au lendemain
Le sourire du ciel qui glisse dans la main
Mais surtout les regrets de cette solitude
O cœur fermé ô cœur pesant ô cœur profond
Jamais de la douleur prendras-tu l'habitude

SAINT-JOHN PERSE

1889–

Fragments tirés de Vents

i

... ET ce n'est pas, grand merci non ! que l'inquiétude encore ne rôde en tous parages :

Avec ces chouanneries d'orage dans nos bois, avec l'épine et l'aileron du vent sur toutes landes et guérets ;

Dans les menées du ciel en course comme levées de jacqueries, et dans les pailles des cours de fermes,

Entre la faux, la fourche et les grands fers des granges ;

Avec ce frémissement de chaînes aux étables et ce tintement d'éperons dans les pénombres,

Comme aux temps d'équinoxe, dans les jumenteries, quand il est recommandé aux gardiens de juments de prendre femmes au pays...

Un vent du Sud s'élèvera-t-il à contrefeu ? Inimitiés alors dans le pays. Renchérissement du grain. Et le lit des jeunes hommes demeurera encore vide... Et les naissances poétiques donneront lieu à enquête...

*

« ... Or c'est de tout cela que vous tirez levain de force et ferment d'âme.

Et c'est temps de bâtir sur la terre des hommes. Et c'est regain nouveau sur la terre des femmes.

De grandes œuvres déjà tressaillent dans vos seigles et l'empennage de vos blés.

Ouvrez vos porches à l'An neuf !... Un monde à naître sous vos pas ! hors de coutume et de saison !...

La ligne droite court aux rampes où vibre le futur, la ligne courbe vire aux places qu'enchante la mort des styles...

— Se hâter ! Se hâter ! Parole du plus grand Vent ! »

— Et du talon frappée, cette mesure encore au sol, cette mesure au sol donnée,

Cette mesure encore, la dernière! comme au Maître du chant.

Et le Vent avec nous comme Maître du chant :

« Je hâterai la sève de vos actes. Je mènerai vos œuvres à maturation.

Et vous aiguiserai l'acte lui-même comme l'éclat de quartz ou d'obsidiane.

Des forces vives, ô complices, courent aux flancs de vos femmes, comme les affres lumineuses aux flancs des coques lacées d'or.

Et le poète est avec vous. Ses pensées parmi vous comme des tours de guet. Qu'il tienne jusqu'au soir, qu'il tienne son regard sur la chance de l'homme !

Je peuplerai pour vous l'abîme de ses yeux. Et les songes qu'il osa, vous en ferez des actes. Et à la tresse de son chant vous tresserez le geste qu'il n'achève . . .

O fraîcheur, ô fraîcheur retrouvée parmi les sources du langage ! . . . Le vin nouveau n'est pas plus vrai, le lin nouveau n'est pas plus frais.

. . . Et vous aviez si peu de temps pour naître à cet instant ! »

ii

« O PLUIES ! lavez au cœur de l'homme les plus beaux dits de l'homme: les plus belles sentences, les plus belles séquences ; les phrases les mieux faites, les pages les mieux nées. Lavez, lavez, au cœur des hommes, leur goût de cantilènes, d'élégies ; leur goût de villanelles et de rondeaux ; leurs grands bonheurs d'expression ; lavez le sel de l'atticisme et le miel de l'euphuïsme, lavez, lavez la literie du songe et la literie du savoir: au cœur de l'homme sans refus, au cœur de l'homme sans dégoût, lavez, lavez, ô Pluies ! les plus beaux dons de l'homme . . . au cœur des hommes les mieux doués pour les grandes œuvres de raison. »

PAUL ÉLUARD
1895-†1952

L'Amoureuse

429

ELLE est debout sur mes paupières
Et ses cheveux sont dans les miens,
Elle a la forme de mes mains,
Elle a la couleur de mes yeux,
Elle s'engloutit dans mon ombre
Comme une pierre sur le ciel.

Elle a toujours les yeux ouverts
Et ne me laisse pas dormir.
Ses rêves en pleine lumière
Font s'évaporer les soleils,
Me font rire, pleurer et rire,
Parler sans avoir rien à dire.

Je ne suis pas Seul

430

CHARGÉE
De fruits légers aux lèvres
Parée
De mille fleurs variées
Glorieuse
Dans les bras du soleil
Heureuse
D'un oiseau familier
Ravie
D'une goutte de pluie
Plus belle
Que le ciel du matin
Fidèle

PAUL ÉLUARD

    Je parle d'un jardin
    Je rêve

    Mais j'aime justement.

Bonne Justice

C'EST la chaude loi des hommes
Du raisin ils font du vin
Du charbon ils font du feu
Des baisers ils font des hommes

C'est la dure loi des hommes
Se garder intact malgré
Les guerres et la misère
Malgré les dangers de mort

C'est la douce loi des hommes
De changer l'eau en lumière
Le rêve en réalité
Et les ennemis en frères

Une loi vieille et nouvelle
Qui va se perfectionnant
Du fond du cœur de l'enfant
Jusqu'à la raison suprême.

POURRAI-JE dire enfin la porte s'est ouverte
De la cave où les fûts mettaient leur masse sombre
Sur la vigne où le vin captive le soleil
En employant les mots du vigneron lui-même

PAUL ÉLUARD

Les femmes sont taillées comme l'eau ou la pierre
Tendres ou trop entières dures ou légères
Les oiseaux passent au travers d'autres espaces
Un chien familier traîne en quête d'un vieil os

Minuit n'a plus d'écho que pour un très vieil homme
Qui gâche son trésor en des chansons banales
Même cette heure de la nuit n'est pas perdue
Je ne m'endormirai que si d'autres s'éveillent

Pourrai-je dire rien ne vaut que la jeunesse
En montrant le sillon de l'âge sur la joue
Rien ne vaut que la suite infinie des reflets
A partir de l'élan des graines et des fleurs

A partir d'un mot franc et des choses réelles
La confiance ira sans idée de retour
Je veux que l'on réponde avant que l'on questionne
Et nul ne parlera une langue étrangère

Et nul n'aura envie de piétiner un toit
D'incendier des villes d'entasser des morts
Car j'aurai tous les mots qui servent à construire
Et qui font croire au temps comme à la seule source

Il faudra rire mais on rira de santé
On rira d'être fraternel à tout moment
On sera bon avec les autres comme on l'est
Avec soi-même quand on s'aime d'être aimé

Les frissons délicats feront place à la houle
De la joie d'exister plus fraîche que la mer
Plus rien ne nous fera douter de ce poème
Que j'écris aujourd'hui pour effacer hier.

ANDRÉ BRETON
1896–

Au Regard des Divinités

« UN peu avant minuit près du débarcadère.
    « Si une femme échevelée te suit n'y prends pas garde.
« C'est l'azur. Tu n'as rien à craindre de l'azur.
« Il y aura un grand vase blond dans un arbre.
« Le clocher du village des couleurs fondues
« Te servira de point de repère. Prends ton temps,
« Souviens-toi. Le geyser brun qui lance au ciel les pousses
    de fougère
« Te salue. »

    La lettre cachetée aux trois coins d'un poisson
Passait maintenant dans la lumière des faubourgs
Comme une enseigne de dompteur.
                           Au demeurant
La belle, la victime, celle qu'on appelait
Dans le quartier la petite pyramide de réséda
Décousait pour elle seule un nuage pareil
A un sachet de pitié.

                    Plus tard l'armure blanche
Qui vaquait aux soins domestiques et autres
En prenant plus fort à son aise que jamais,
L'enfant à la coquille, celui qui devait être . . .
Mais silence.
            Un brasier déjà donnait prise
En son sein à un ravissant roman de cape
Et d'épée.
         Sur le pont, à la même heure,
Ainsi la rosée à tête de chatte se berçait.
La nuit, — et les illusions seraient perdues.

ANDRÉ BRETON

Voici les Pères blancs qui reviennent de vêpres
Avec l'immense clé pendue au-dessus d'eux.
Voici les hérauts gris; enfin voici sa lettre
Ou sa lèvre: mon cœur est un coucou pour Dieu.

Mais le temps qu'elle parle, il ne reste qu'un mur
Battant dans un tombeau comme une voile bise.
L'éternité recherche une montre-bracelet
Un peu avant minuit près du débarcadère.

On me dit que là-bas . . .

On me dit que là-bas les plages sont noires
De la lave allée à la mer
Et se déroulent au pied d'un immense pic fumant de neige
Sous un second soleil de serins sauvages
Quel est donc ce pays lointain
Qui semble tirer toute sa lumière de ta vie
Il tremble bien réel à la pointe de tes cils
Doux à ta carnation comme un linge immatériel
Frais sorti de la malle entr'ouverte des âges
Derrière toi
Lançant ses derniers feux sombres entre tes jambes
Le sol du paradis perdu
Glace de ténèbres miroir d'amour
Et plus bas vers tes bras qui s'ouvrent
A la preuve par le printemps
D'APRÈS
De l'inexistence du mal
Tout le pommier en fleur de la mer

LOUIS ARAGON

Vingt ans après

Le temps a retrouvé son charroi monotone
Et rattelé ses bœufs lents et roux c'est l'automne
Le ciel creuse des trous entre les feuilles d'or
Octobre électroscope a frémi mais s'endort

Jours carolingiens Nous sommes des rois lâches
Nos rêves se sont mis au pas mou de nos vaches
A peine savons-nous qu'on meurt au bout des champs
Et ce que l'aube fait l'ignore le couchant

Nous errons à travers des demeures vidées
Sans chaînes sans draps blancs sans plaintes sans idées
Spectres du plein midi revenants du plein jour
Fantômes d'une vie où l'on parlait d'amour

Nous reprenons après vingt ans nos habitudes
Au vestiaire de l'oubli Mille Latitudes
Refont les gestes d'autrefois dans leur cachot
Et semble-t-il ça ne leur fait ni froid ni chaud

L'ère des phrases mécaniques recommence
L'homme dépose enfin l'orgueil et la romance
Qui traîne sur sa lèvre est un air idiot
Qu'il a trop entendu grâce à la radio

Vingt ans L'espace à peine d'une enfance et n'est-ce
Pas sa pénitence atroce pour notre aînesse
Que de revoir après vingt ans les tout petits
D'alors les innocents avec nous repartis

LOUIS ARAGON

Vingt ans après Titre ironique où notre vie
S'inscrit tout entière et le songe dévie
Sur ces trois mots moqueurs d'Alexandre Dumas
Père avec l'ombre de celle que tu aimas

Il n'en est qu'une la plus belle la plus douce
Elle seule surnage ainsi qu'octobre rousse
Elle seule l'angoisse et l'espoir mon amour
Et j'attends qu'elle écrive et je compte les jours

Tu n'as de l'existence eu que la moitié mûre
O ma femme les ans réfléchis qui nous furent
Parcimonieusement comptés mais heureux
Où les gens qui parlaient de nous disaient Eux deux

Va tu n'as rien perdu de ce mauvais jeune homme
Qui s'efface au lointain comme un signe ou mieux comme
Une lettre tracée au bord de l'Océan
Tu ne l'as pas connu cette ombre ce néant

Un homme change ainsi qu'au ciel font les nuages
Tu passais tendrement la main sur mon visage
Et sur l'air soucieux que mon front avait pris
T'attardant à l'endroit où les cheveux sont gris

O mon amour ô mon amour toi seule existe
A cette heure pour moi du crépuscule triste
Où je perds à la fois le fil de mon poème
Et celui de ma vie et la joie et la voix
Parce que j'ai voulu te redire Je t'aime
Et que ce mot fait mal quand il est dit sans toi

Sur le Chemin de la Mort

SUR le chemin de la Mort,
Ma mère rencontra une grande banquise ;
Elle voulut parler,
Il était déjà tard,
Une grande banquise d'ouate.
Elle nous regarda mon frère et moi,
Et puis elle pleura.
Nous lui dîmes — mensonge vraiment absurde — que nous comprenions bien.
Elle eut alors ce si gracieux sourire de toute jeune fille,
Qui était vraiment elle,
Un si joli sourire, presque espiègle ;
Ensuite elle fut prise dans l'Opaque.

Clown

UN jour.
Un jour, bientôt peut-être.
Un jour j'arracherai l'ancre qui tient mon navire loin des mers.
Avec la sorte de courage qu'il faut pour être rien et rien que rien,
Je lâcherai ce qui paraissait m'être indissolublement proche.
Je le trancherai, je le renverserai, je le romprai, je le ferai dégringoler.
D'un coup dégorgeant ma misérable pudeur, mes misérables combinaisons et enchaînements « de fil en aiguille ».
Vidé de l'abcès d'être quelqu'un, je boirai à nouveau l'espace nourricier.

A coups de ridicules, de déchéances (qu'est-ce que la déchéance?), par éclatement, par vide, par une totale dissipation-dérision-purgation, j'expulserai de moi la forme qu'on croyait si bien attachée, composée, coordonnée, assortie à mon entourage et à mes semblables, si dignes, si dignes, mes semblables.

Réduit à une humilité de catastrophe, à un nivellement parfait comme après une intense trouille.

Ramené au-dessous de toute mesure à mon rang réel, au rang infime que je ne sais quelle idée-ambition m'avait fait déserter.

Anéanti quant à la hauteur, quant à l'estime.

Perdu en un endroit lointain (ou même pas), sans nom, sans identité.

CLOWN, abattant dans la risée, dans l'esclaffement, dans le grotesque, le sens que contre toute lumière je m'étais fait de mon importance,
Je plongerai.
Sans bourse dans l'infini-esprit sous-jacent ouvert à tous,
ouvert moi-même à une nouvelle et incroyable rosée
à force d'être nul
et ras...
et risible...

438   *Le Grand Violon*

MON violon est un grand violon-girafe;
j'en joue à l'escalade,
bondissant dans ses râles,
au galop sur ses cordes sensibles et son ventre affamé aux désirs épais,

que personne jamais ne satisfera,
sur son grand cœur de bois enchagriné,
que personne jamais ne comprendra.
Mon violon-girafe, par nature, a la plainte basse et importante, façon tunnel,
l'air accablé et bondé de soi, comme l'ont les gros poissons gloutons des hautes profondeurs,
mais avec, au bout, un air de tête et d'espoir quand même, d'envolée, de flèche, qui ne cèdera jamais.
Rageur, m'engouffrant dans ses plaintes, dans un amas de tonnerres nasillards,
j'en emporte comme par surprise
tout à coup de tels accents de panique ou de bébé blessé, perçants, déchirants,
que moi-même, ensuite, je me retourne sur lui, inquiet, pris de remords, de désespoir,
et de je ne sais quoi, qui nous unit, tragique, et nous sépare.

RENÉ CHAR

1907–

439   *Compagnie de l'Écolière*

JE sais bien que les chemins marchent
Plus vite que les écoliers
Attelés à leur cartable
Roulant dans la glu des fumées
Où l'automne perd le souffle
Jamais douce à vos sujets
Est-ce vous que j'ai vu sourire
Ma fille ma fille je tremble

RENÉ CHAR

N'aviez-vous donc pas méfiance
De ce vagabond étranger
Quand il enleva sa casquette
Pour vous demander son chemin
Vous n'avez pas paru surprise
Vous vous êtes abordés
Comme coquelicot et blé
Ma fille ma fille je tremble

La fleur qu'il tient entre les dents
Il pourrait la laisser tomber
S'il consent à donner son nom
A rendre l'épave à ses vagues
Ensuite quelque aveu maudit
Qui hanterait votre sommeil
Parmi les ajoncs de son sang
Ma fille ma fille je tremble

Quand ce jeune homme s'éloigna
Le soir mura votre visage
Quand ce jeune homme s'éloigna
Dos voûté front bas et mains vides
Sous les osiers vous étiez grave
Vous ne l'aviez jamais été
Vous rendra-t-il votre beauté
Ma fille ma fille je tremble

La fleur qu'il gardait à la bouche
Savez-vous ce qu'elle cachait
Père un mal pur bordé de mouches
Je l'ai voilé de ma pitié

Mais ses yeux tenaient la promesse
Que je me suis faite à moi-même
Je suis folle je suis nouvelle
C'est vous mon père qui changez.

440   *Congé au Vent*

A FLANCS de coteau du village bivouaquent des champs fournis de mimosas. A l'époque de la cueillette, il arrive que, loin de leur endroit, on fasse la rencontre extrêmement odorante d'une fille dont les bras se sont occupés durant la journée aux fragiles branches. Pareille à une lampe dont l'auréole de clarté serait de parfum, elle s'en va, le dos tourné au soleil couchant.

Il serait sacrilège de lui adresser la parole.

L'espadrille foulant l'herbe, cédez-lui le pas du chemin. Peut-être aurez-vous la chance de distinguer sur ses lèvres la chimère de l'humidité de la Nuit?

441   *Le Martinet*

MARTINET aux ailes trop larges, qui vire et crie sa joie autour de la maison. Tel est le cœur.

Il dessèche le tonnerre. Il sème dans le ciel serein. S'il touche au sol, il se déchire.

Sa répartie est l'hirondelle. Il déteste la familière. Que vaut dentelle de la tour?

Sa pause est au creux le plus sombre. Nul n'est plus à l'étroit que lui.

L'été de la longue clarté, il filera dans les ténèbres, par les persiennes de minuit.

Il n'est pas d'yeux pour le tenir. Il crie, c'est toute sa présence. Un mince fusil va l'abattre. Tel est le cœur.

RENÉ CHAR

442 *Pyrénées*

MONTAGNE des grands abusés,
Au sommet de vos tours fiévreuses
Faiblit la dernière clarté.

Rien que le vide et l'avalanche,
La détresse et le regret !

Tous ces troubadours mal-aimés
Ont vu blanchir dans un été
Leur doux royaume pessimiste.

Ah ! la neige est inexorable
Qui aime qu'on souffre à ses pieds,
Qui veut que l'on meure glacé
Quand on a vécu dans les sables.

PATRICE DE LA TOUR DU PIN

1911–

443 *Les Enfants de Septembre*

LES bois étaient tout recouverts de brumes basses,
Déserts, gonflés de pluie et silencieux ;
Longtemps avait soufflé ce vent du Nord où passent
Les Enfants Sauvages, fuyant vers d'autres cieux,
Par grands voiliers, le soir, et très haut dans l'espace.

J'avais senti siffler leurs ailes dans la nuit,
Lorsqu'ils avaient baissé pour chercher les ravines
Où tout le jour, peut-être ils resteront enfouis ;
Et cet appel inconsolé de sauvagine
Triste, sur les marais que les oiseaux ont fuis.

PATRICE DE LA TOUR DU PIN

Après avoir surpris le dégel de ma chambre,
A l'aube, je gagnai la lisière des bois;
Par une bonne lune de brouillard et d'ambre,
Je relevai la trace incertaine parfois,
Sur le bord d'un layon, d'un enfant de Septembre.

Les pas étaient légers et tendres, mais brouillés,
Ils se croisaient d'abord au milieu des ornières
Où dans l'ombre, tranquille, il avait essayé
De boire, pour reprendre ses jeux solitaires
Très tard, après le long crépuscule mouillé.

Et puis, ils se perdaient plus loin parmi les hêtres
Où son pied ne marquait qu'à peine sur le sol;
Je me suis dit: il va s'en retourner peut-être
A l'aube, pour chercher ses compagnons de vol,
En tremblant de la peur qu'ils aient pu disparaître.

Il va certainement venir dans ces parages
A la demi-clarté qui monte à l'orient,
Avec les grandes bandes d'oiseaux de passage,
Et les cerfs inquiets qui cherchent dans le vent
L'heure d'abandonner le calme des gagnages.

Le jour glacial s'était levé sur les marais;
Je restais accroupi dans l'attente illusoire
Regardant défiler la faune qui rentrait
Dans l'ombre, les chevreuils peureux qui venaient boire
Et les corbeaux criards aux cimes des forêts.

Et je me dis: Je suis un enfant de Septembre,
Moi-même, par le cœur, la fièvre et l'esprit,
Et la brûlante volupté de tous mes membres,
Et le désir que j'ai de courir dans la nuit
Sauvage, ayant quitté l'étouffement des chambres.

PATRICE DE LA TOUR DU PIN

Il va certainement me traiter comme un frère,
Peut-être me donner un nom parmi les siens;
Mes yeux le combleraient d'amicales lumières
S'il ne prenait pas peur, en me voyant soudain
Les bras ouverts, courir vers lui dans la clairière.

Farouche, il s'enfuira comme un oiseau blessé,
Je le suivrai jusqu'à ce qu'il demande grâce.
Jusqu'à ce qu'il s'arrête en plein ciel, épuisé,
Traqué jusqu'à la mort, vaincu, les ailes basses,
Et les yeux résignés à mourir, abaissés.

Alors je le prendrai dans mes bras, endormi,
Je le caresserai sur la pente des ailes,
Et je ramènerai son petit corps parmi
Les roseaux, rêvant à des choses irréelles
Réchauffé tout le temps par mon sourire ami ...

Mais les bois étaient recouverts de brumes basses
Et le vent commençait à remonter au Nord,
Abandonnant tous ceux dont les ailes sont lasses,
Tous ceux qui sont perdus et tous ceux qui sont morts,
Qui vont par d'autres voies en de mêmes espaces!

Et je me dis: Ce n'est pas dans ces pauvres landes
Que les Enfants de Septembre vont s'arrêter;
Un seul qui se serait écarté de sa bande
Aurait-il, en un soir, compris l'atrocité
De ces marais déserts et privés de légendes?

PIERRE EMMANUEL

1916–

444 *Chansons du Dé à coudre*

i

LE roulement des roues
  Les cahots des ténèbres
Les tambours qui s'ébrouent
La lune aux mains de neige

Cinq heures attachés
Reprendront-ils racine
Ces arbres arrachés
Au cœur las de nos villes

Paris Nantes Bordeaux
Nos peines capitales
Nos vergers les plus beaux
Sont greffés par les balles

445

ii

NULLE autre identité
  Que la rumeur martyre
Mur gris des fusillés

Chemise blanche
Pantalon noir
Cordoue Malaga Grenade
Garcia Pepe Juan
Le dos au mur
Le dos au mur

PIERRE EMMANUEL

Feu ! une étoile au front
Pepe Garcia Juan
Ils tombent

Trois soleils veines ouvertes
Dans la mer.

Le cri des cigales
Submerge le sang.
Une enfant gitane
Jette dans la mer
La peau d'une orange.

iii

FAIRE de chaque mot
Une nichée de colombes folles
Qui toutes ensemble s'envolent
Aux quatre vents des eaux

Le sens unique et pur
Est-il pas l'ironie innombrable
Vertige d'ailes impalpables
Autour du réel dur

iv

SI le plus grand mystère
Est la limpidité
Ta pure absence ô Père
S'atteint en vérité
En regardant l'eau claire
Entre les doigts couler

V

Je n'écris que pour Toi Seigneur
Pour T'irriter, pour Te séduire
Pour Te présenter ma douleur
Puis de ce tribut Te maudire

Pour Ton courroux pour Ta pitié
Pour m'accuser et pour me plaindre
Pour m'échapper pour me lier
Pour Te fuir et pour T'atteindre

Pour être devant Toi toujours
Pour me terrer sous mes paroles
Pour Te vouer mon seul amour
Pour Te narguer devant l'idole

Pour en Ton Nom m'anéantir
Pour faire de Ton Nom ma chose
Pour me briser de repentir
Pour Te moudre au poids de mes fautes

Combien m'ennuie ce triste jeu
Tu le sais ah qu'il cesse vite
Fais-moi connaître enfin mon Dieu
Cette grâce que nul n'évite

Quand las de ruser Tu le veux.

NOTES

ABBREVIATIONS

C.F.M.A. = Classiques français du Moyen Age.

S.A.T.F. = Société des Anciens Textes français.

M.F. = Mercure de France.

N.R.F. = Nouvelle Revue française (Librairie Gallimard).

All editions are published in Paris except where otherwise stated. The Bibliothèque de la Pléiade is issued by Gallimard.

NOTES

Auteur inconnu (page 1).

1. *Belle Erembor*. [K. Bartsch, *Romanzen und Pastourellen* (Leipzig, 1870), p. 3.] I. 1. *as = aux*. 4. *lez lo meis E.*, by the house of E. 5. 'But did not deign to lift his head.' II. 2. *paile de color*, coloured silk cloth. III. 1-3. 'I have seen the day when you would have been sorrowful if I did not speak to you if you passed by my father's tower.' 4. 'Indeed you did wrong.' IV. 1. *je m'en escondirai*, I will prove my innocence. 2. 'With a hundred maidens I will swear to you on relics of saints.' 4. *fors vostre cors*, except yourself. 5. *Prennez l'emmende*, accept this reparation. V. 1. *Li cuens*, the count; *lo degré*, the stair. 2. *greles par lo baudré*, slim round the waist. 3. *lo poil menu recercelé*, the hair in short thick curls. 4. *n'ot = n'eut*. VI. 3. *Dejoste*, alongside.

2. *Gaiete et Oriour*. [K. Bartsch, op. cit., p. 8.] I. 1. *fat la semainne*, the week comes to an end. 4. 'The breeze blows and the boughs shake.' 5. *soueif*, softly. II. 1. *cuitainne*, quintain. 2. *S'ait choisie*, and has descried. III. 1. *ague*, water. 3. 'I will remain with Gerairt who prizes me much.' IV. 1. *teinte et marrie*, sad and grieved. 3. *n'an moinnet mie = n'emmène pas*. V. 1. 'Alas', says O., 'that I was ever born!' 3. *anfes*, youth.

Le Vidame de Chartres (page 3).

Military protector of the bishops of Chartres; usually identified with Guillaume de Ferrières, who seems to be the same person as Guillaume de Chartres, Grand Master of the Templars in 1217. [Ed. J. Brakelmann, *Les plus anciens chansonniers français*, vol. ii (Marburg, 1896), p. 26.]

3. *Chanson*. I. 7. *quier*, seek. II. 1. *Si me doinst Deus*, and may God give me! 5. *muir*, die. 6. *cuit*, I think. III. 4. *traire ariere*, draw back. 7-8. 'Who will never tire of slandering us behind our backs.' IV. 1. *dolce riens*, fair creature.

NOTES

Richart de Semilli (page 4).

Little is known about this (?) Parisian poet. [Ed. G. Steffens, in *Festgabe für Wendelin Foerster*, Halle/Saale, 1902, pp. 331–62.]

4. *Chanson.* I. 5. *drue*, gay.   III. 1. *chief*, head.   IV. 1. *chaucie*, shod.   2. *chaucie*, high road.   V. 2. *Se*, if: but perhaps for *si*, 'so'.   VII. 2. *se greve et envoise*, combs herself (?) and makes merry: for *se graver*, 'se faire la raie', see Godefroy, *Dictionnaire de l'ancienne langue française*, iv, p. 341.

Thibaut de Champagne (page 5).

Thibaut IV, count of Champagne and Brie: king of Navarre from 1234. A considerable political figure as well as a prolific lyric poet. [*Les Chansons*, ed. A. Wallensköld, SATF, 1925.]

5. *Chanson d'Amour.* IV. 1. *cil*, that man.   V. 5. *cist*, this. VI. 2–3. 'that a glance I saw her give at parting holds my heart in thrall.'

Colin Muset (page 7).

A professional minstrel about whom we know little. [*Les Chansons*, ed. J. Bédier, CFMA, 1912.]

6. *Sire cuens, j'ai vïelé . . .* I. *vïelé*, played on the *viele* (a medieval fiddle). 4. 'Nor paid my wages.' 7. *sieurré*, will follow. 8. *aumosniere*, pouch (worn at the girdle).   II. 1, 4. *car*, please. 6. *talent ai*, I have the desire. 7. 'To go back to my house.'   III. 1. *Sire Engelé*, Sir Frozen-Up. 4. Conjectural addition by G. Paris. 6. *Vez*, see.   IV. 6. *jus*, down. 7. *sanz faintise*, in real earnest.   V. 4. *conreer*, attend to. 7. *a la jansse alie*, with garlic sauce.

7. *Quand je voi yver retorner . . .* I. 3. *pooie* = *pouvais*. 4. 'Generous, who would keep no score.' 8. *glaon*, wicker basket.   II. 1. *autresi* = *aussi*. 6. *sous*, alone. 8. *boous*, muddy. 9. *angoissoux*, hard-riding (?).

8. *Ma bele douce amie . . .* The last two stanzas of the poem 'En ceste note dirai' (Bédier, op. cit., p. 19). I. 3. *ente*, grafted tree. 5. *aïe*, help, solace. 7. *crasse oe*, fat goose.

596

NOTES

8. *Sus lie*, from the wood.   11. 5. *drüerie*, love.

Auteur inconnu (page 10).

9. *Pastourelle*. [K. Bartsch, op. cit., p. 108.]   1. 3. *Lés*, alongside.   4. *Touse*, lass.   11. *joli*, gay.

10. *Chanson de Mal-mariée*. [K. Bartsch, op. cit., p. 46.]
1. 4. *gal foilli*, leafy wood.   8. *auradie*, ?   11. 2. *se poice mi*, this grieves me.   4. *destraigneis*, constrain.   6. 'Whoever may be vexed by it.'   III. 3. *pamee*, buffet.   8. *Ce*, if.

11. *Reverdie*. [K. Bartsch, op. cit., p. 23.]   11. On the items of female costume, *v*. Eunice R. Goddard, *Women's Costume in XIth and XIIth Century French Texts*, Baltimore, 1927.   2. *peliçon hermin*, over-garment of ermine fur.   3. *bliaut*, dress.   4. *Chauces*, hose; *jaglolai*, iris.   5. *solers*, shoes.   6. *chauçade*: Provençalized past. part.; so also *donade* (donnée), *boutonade*, &c.   III. 2. *quant li tens mueille*, in wet weather.   IV. 2. *ferreüre*, horse-shoes.   V. 5. *loee*, renowned.   VI. 4. *seraine*, mermaid.

12. *Motet*. [Ed. A. Stimming, *Die altfranzösischen Motette der Bamberger Handschrift*, Dresden, 1906, p. 14.] The letters *a*, *b*, and *c* indicate the parts, which were sung together.   1. 7. *que que nus en die*, whatever one may say.   9. *mal li couvient soffrir*, he must endure sorrow.   II. 4. *sans gas*, seriously.

Guillaume de Machault (page 15).

Author of much lyric poetry and also of extended narrative poems, including the famous *Voir Dit*, an account of the idyllic friendship that developed between the sexagenarian poet and a young female admirer. [*Poésies lyriques*, ed. V. Chichmaref, Paris, 1909, 2 vols.]

13. *Ballade*.   1. 3. *renoy*, renounce.   5. *aourer*, adore.   6. *n'Espoir*, nor hope.   II. 2. *arme*, soul.   5–7. An allusion to the legend of the nymph Arethusa, who while bathing in the Alpheus was pursued by the river-god, hidden by Artemis in a cloud, and then changed into a fountain. The god resumed his watery shape and still pursued her, and the goddess then transported the fountain across the

NOTES

sea to Ortygia. In Ovid (*Met.* v. 577 ff.) and the other classical versions there is no mention of a 'déesse de mer'. 7. *vorroie*, I would desire.

14. *Blanche com lis,* ... 5. *toudis*, always.

15. *Tant doucement* ... 5. *sans mesprison*, without wrong-doing.

Jean Froissart (page 17).

Born at Valenciennes. In addition to his famous chronicles, Froissart wrote much verse, including long lyrico-narrative love poems (*Le Paradis d'Amour, L'Espinette amoureuse,* &c.) as well as separate ballades, rondeaux and other short pieces. His *pastourelles* are especially good. [*Poésies*, ed. A. Scheler, Brussels, 1870–2, 3 vols.]

17. *Ballade.* This was originally one of the lyric pieces in the *Paradis d'Amour* but was subsequently incorporated in the *ballade* collection known as the *Ballades amoureuses*. It is this latter text which is published here. In its original form, the *ballade* was built entirely round the theme of happy love and the third stanza consequently went as follows:

> Et le douç temps ore se renouvelle
> Et esclarcist ceste douce flourette;
> Et si voi ci seoir dessus l'asprelle
> Deus cœurs navrés d'une plaisant sajette,
> A qui le dieu d'Amours soit en aïe.
> Avec euls est Plaisance et Courtoisie
> Et Douls Regars qui petit les respite.
> Dont c'est raison qu'au chapel faire die:
> Sus toutes fleurs j'aime la margherite.

I. 3. *perselle*, cornflower. 4. *glay*, iris. 6. *pyonier*, peony. III. 4. The hedge and the tower are borrowings from the *Roman de la Rose*, where a hedge is built around the rose, the symbol of the lady's love, and Bel-Accueil (her 'fair welcome') is locked in a tower. 7. *creniel*, battlement; *garite*, watch-tower. 8. 'I will not refrain from saying when appropriate.'

NOTES

Eustache Deschamps (page 19).

Born at Vertus. He was *huissier d'armes* to Charles V and Charles VI, *chastelain* of Fismes and *bailli* of Senlis. [*Œuvres complètes*, ed. Queux de Saint-Hilaire and G. Raynaud, SATF, 1878–1904, 11 vols.]

19. *Balade amoureuse*. II. 3. *route*, company. 4. *Ains*, ever. 6. *L'octroy*, the grant (of a woman's love). III. 5. *benistray*, I shall bless.

20. *Ballade*. I. 5. *crespe*, curly-haired; *appert*, lively; *joli*, gay. 10. 'Age is the end for which we are born, youth an uncovenanted gift.' II. 2. *non pas jour et demi*, not even for a day and a half. 9. *determiné*, foreordained. III. 1. *Faire grant dangier de*, be stinting of. L'ENVOY. 4. 'Thus he will hold both ages dear.' 5. 'Let none be too proud to love.'

21. *Autre Ballade*. I. 3. *chas*, cats. 5. *vesquissent*, could live. II. 6. *mat*, checkmated. 7. *ou coul*, on the neck. III. 1. *C'est le plus fort*, that is the difficulty. 2. *Elle* refers to the 'souris du plat païs' of II. 3.

22. *Ballade* (à Chaucier). I. 4. *Briés*, brief. 6–7. An allusion to the conquest of Britain by Brutus, great-grandson of Æneas, and the destruction of the giants who inhabited the country. 9. 'Those ignorant of the language of Pandrasus'. Pandrasus was a legendary Greek king in Geoffrey of Monmouth's *Historia*, cap. 7. II. 1–9. 'You are God of earthly love in Albion; and in the Angelic land, now flowery England from the name of the Saxon girl Angela (from her this name comes, the last in the etymology), you translated the Book of the Rose (i.e. the French *Roman de la Rose*) and have long since planted a garden for which you ask seedlings from those who are working to perpetuate their fame.' III. 1. *Helye*, Helicon. 3. *doys*, stream; *en ta baillie*, in your power. 4. *ethique*, hectic. 9. Lewis de Clifford, ambassador to France in 1391 and 1395; a friend of both poets.

23. *Rondel*. 5. *affolé*, infirm.

NOTES

Christine de Pisan (page 24).

Born at Venice. Daughter of Tommaso da Pizzano, an Italian *savant* who became astrologer to Charles V. In 1379, she married Estienne de Castel and became a widow ten years later. [*Œuvres poétiques*, ed. M. Roy, SATF, 1886–96, 3 vols.]

24. *Ballade.* II. 1. *degois*, joy. 7. 'But now I know more surely whether I was ever in love.' III. 6. *Oncques mais*, ever before.

25. *Ballade.* I. 3. *grief*, grievous. II. 1. *trait a chief*, ended. III. 5. *pointure*, pain. IV. 1. *crueuse*, cruel. 2. *devie*, die. 3. *choite*, fallen.

26. *Il me semble* . . . 3. *Il ara*, it will be.

27. *Se souvent vais* . . . 4. 'There is no need to speak of it.' 8. 'Where I might go only for her', i.e. 'where I might see her alone.'

Alain Chartier (page 27).

Born at Bayeux; secretary to and propagandist for the Dauphin (Charles VII), on whose behalf he wrote a patriotic prose work, the *Quadrilogue invectif*. Author of several long didactic poems and prose treatises and a few lyrics. [*La Belle Dame sans mercy et les poésies lyriques*, ed. A. Piaget, 1945.]

29. *La Belle Dame.* This poem is so celebrated that some sample of it must be given. A long didactic work of a hundred *huitains*, it is largely a ponderous debate between the knight and the merciless lady, in which all the arguments for and against the courtly lover are dealt with in turn. The narrative opening is perhaps the best part of it: the picture of the unfortunate knight is peculiarly vivid and haunting. I. 3. *ravy*, entranced. 5. 'Kept his expression under control.' 8. 'At inopportune moments.' II. 3. *blesve*, wan. 5. 'He mixed little with the others.' III. 6. *empenné*, feathered. 7. *a par moy*, to myself. 8. *Autel fusmes*, 'we were such'—the plural here for the singular. IV. 4. 'Now with the one, now with the other.' 8. 'Concerning whom it mattered most to him.'

30. *Chançon Nouvele.* I. 1. *art*, burns.

NOTES

Michault Le Caron, dit Taillevent (page 29).

Valet de chambre at the court of Philip the Good of Burgundy.

31. *Ballade*. [This poem, printed in all the extant editions of the works of Alain Chartier and attributed to him by all previous editors, is really by Michault Taillevent. It forms the sixth item in a collection of seven *ballades* known as the *Régime de Fortune* and has enjoyed great popularity with the makers of modern anthologies. The text follows A. Du Chesne's edition of *Alain Chartier* (Paris, 1617, pp. 715–16), with obvious mistakes corrected. See *Modern Language Review*, xlvi, pp. 361–7—Note by J. H. Watkins.]
I. 2. *es*, in the. 5. *nesune*, not even one. 7 *par cas d'aventure*, peradventure. 8. *toult*, takes away. 9. *ainçois*, rather. II. 7. 'To cover his simple needs.' 8. 'Let it suffice you to enjoy good renown.' 9. *loz*, fame. IV. 2. *ja ne l'en reprenez*, do not reproach her for it. 3. *perdissiez*, supposing you lost.

Charles d'Orléans (page 30).

Nephew of Charles VI and father of the future Louis XII. Captured at Agincourt, he was a prisoner in England until 1441. His last years were spent in retirement at Blois. [*Poésies*, ed. P. Champion, CFMA, 1923–7, 2 vols.]

32. *En regardant vers* ... I. 4. *souloye*, I was wont. ENVOI. 2. *hé*, hate. 3. *Destourbé*, hindered.

33. *Las! Mort*, ... I. 2. The princess is Bonne d'Armagnac, whom he married in 1410 and who died at some date between 1430 and 1435. III. 4. *Non pour tant*, nevertheless. 5. *a largesse*, in profusion. 7. *aucunement*, at all.

35. *Les fourriers d'Esté* ... I. *fourriers*, harbingers.

39. *Salués moy* ... 14–15. 'I was in a tight girdle, which age now obliges me to unloose.'

François Villon (page 36).

Known also as Montcorbier and Des Loges. A Master of Arts of Paris, his career was decidedly turbulent. He committed

NOTES

manslaughter in 1455; was an associate of the professional thieves known as the Coquillards; robbed the Collège de Navarre (Christmas 1456); was in the episcopal prison of Meung-sur-Loire in 1461; was condemned to death but reprieved and banished from Paris in 1463. His works comprise two long poems in the form of comic wills (*Le Lais* and *Le Testament*) and a number of short separate pieces.

[*Œuvres complètes*, ed. A. Longnon, 1911; revised L. Foulet, CFMA, 3rd ed. 1923, 4th ed., 1932.]

40. *Grant Testament*, xxxviii–xli. I. 2. *Filz d'ange* . . . The son of a diadem-wearing angel may be a prince (cf. 2 Sam. xix. 27) or a child born of a mortal woman and a dissolute angel (cf. Gen. vi. 1–4) and hence gifted with superhuman knowledge. For this explanation see Mario Roques, *Études de littérature française* (1949), pp. 67–74. 5. *lame*, flat gravestone. II. 7. *atours*, headdress of the nobility; *bourreletz*, very high headdress worn by the women of the middle classes. III. 8. 'Who would then stand pledge for him.' IV. 6. *souef*, smooth. *Ballade des dames*. I. 3. *Archipiades*: Alcibiades, frequently taken for a woman in the Middle Ages as a result of a misinterpretation of an allusion in Boethius to 'illud Alcibiadis . . . pulcherrimum corpus'; *Thaïs*, the Egyptian courtesan converted by one of the Fathers. II. 5–6. An allusion to the legend current among Paris scholars in the fifteenth century of a dissolute Queen Blanche of Navarre who entertained her lovers in the Tour de Nesle and afterwards had them bundled into a sack and thrown into the Seine. The philosopher Buridan, one of her victims, astutely provided himself with a knife to cut his way out. The legend confuses the pious foundress of the Collège de Navarre (Jeanne, wife of Philippe IV) with the king's adulterous daughters-in-law: Marguerite, Queen of Navarre, and Blanche, comtesse de la Marche. III. 1. Blanche de Castille, mother of Louis IX, may be meant. 2. *seraine*, mermaid. 3. The names seem to come from the epic *Hervi de Més*, where Alis is Hervi's mother and Bietris his wife is aunt of Berte au grant pié, the legendary mother of Charle-

602

NOTES

magne. 4. *Haremburgis*. Daughter and heiress of Hélie de la Flèche, comte de Maine (†1110), and wife of Foulques V d'Anjou. The source of the allusion is the *Gesta pontificum Cenomannensium*. ENVOI. 1–3. 'Prince, do not inquire ... this week or this year, lest it bring you back to this refrain.'

41. *La Belle Heaulmiere*. A celebrated courtesan (*fl. c.* 1415), mistress of Nicolas d'Orgemont, archdeacon of Paris. For the name, cf. Gantiere and Blanche la Savetiere, *Test.* 533–5. I. 7. 'Who restrains me from plunging a weapon into myself?' II. 6. 'Whatever might happen about repentance.' 7. *Mais que*, if only. 8. *truandailles*, sluts. III. 5. 'Whoever else I deceived.' IV. 1–2. The sense is: 'However much he ill-treated me, I could not help loving him.' 6. 'The villain imbued with evil.' VI. 2. *voultiz*, arched. 7. *traictiz*, regular. VII. 4. *faictisses*, well formed. VIII. 8. *peaussues*, skinny. IX. 8. *Grivelees*, speckled. X. 3. *a crouppetons*, on our haunches. 4. *pelotes*, balls. 5. *chenevotes*, stalks of hemp. 8. *Ainsi en prent a*, thus it goes with.

42. *Double Ballade*. I. 6. 'Solomon fell into idolatry through it.' Cf. A.V. 1 Kings xi. 1–8. III. 1. *Sardana*: a completely obscure allusion. Probably not Sardanapalus. 5. Cf. A.V. 2 Sam. xi. IV. 1–4. Cf. A.V. 2 Sam. xiii. V. 2. *a ru*, in a stream. 3. *quier*, seek. 4. 'Who made me chew these gooseberries', i.e. 'undergo this ordeal'. Nothing certain is known of the incident or of Katherine de Vaucelles. 7. The allusion is to the custom of wedding guests, who flicked each other with their mittens, saying: 'Des noces vous souviegne.' VI. 4. *chevaucheur d'escouvetes*, rider of broomsticks, i.e. a wizard.

43. *Grant Testament*, lxxxiv–lxxxix. I. 5. *eufumere*, ephemeral, i.e. lasting one day. III. 5. 'Let it now be handed over to her with all speed.' IV. 4. *levé de maillon*, just out of swaddling-bands. 5. 'Has got me out of many a scrape.' V. 2–4. The *Rommant*, now lost and perhaps never existent, was presumably an account of the removal of a large stone (the Pet-au-Deable) from before the *hôtel* of

603

NOTES

Mlle de Bruyères in 1151 and the prolonged disturbances which ensued. Guy Tabarie, sarcastically described as 'véritable', was implicated in the robbery at the Collège de Navarre and betrayed Villon and his other confederates by a misplaced loquacity which led to his arrest and confession under judicial torture. 4. *Grossa*, engrossed; *veritable*, truthful. 5. *cayers*, quires. *Ballade pour prier Nostre Dame*. I. 9. *jangleresse*, liar. II. 3-4. The legends of Mary the Egyptian and of Theophilus of Adana in Cilicia were both highly popular in the Middle Ages. Mary the Egyptian was a prostitute who expiated her sins in the desert after making a journey to Jerusalem, the fare for which she paid by selling herself to the sailors—an episode frequently portrayed in medieval iconography. Theophilus entered into a bond with the Devil in order to regain a lost office; on his repentance, the Virgin got possession of the bond and cancelled it. The story is found in nearly all the collections of the miracles of the Virgin. III. 4. *lus*, lutes.

45. *Ballade des Femmes de Paris*. II. 1. *tiennent chaieres*, have chairs. 7. *Cathelennes*, Catalans. III. 1. *Brettes*, Bretonnes. 4. *concluront*, will shut them up.

46. *Ballade de bonne doctrine*. I. 1. *porteur de bulles*, pardoner. 2. 'Cogger or gamester with dice.' 3. *coings*, dies (for coins). II. 1-3 A difficult passage. Thuasne suggests: 'Make scurrilous rhymes and satires, beat cymbals, play the lute, acting like clowns, mummers and dissolute persons; get up farces, indulge in meaningless patter and play the flute' ... the whole being a reference to the proceedings of the scholars and *basochiens* at the Feast of Fools and suchlike occasions of carnival. Alternative meanings are: *luttes*: engage in mock wrestling bouts; *fol*, one given to folly; *fainctif*, deceiver; *broulle*: get up masquerades. 6. *berlanc*, kind of backgammon; *glic*, a card game. III. 7. *tens*, tender. ENVOI. 1. *pourpoins esguilletez*, doublets with points.

47. *Grant Testament*, clxxvi–clxxviii. I. 1. *Sainte Avoye*: a convent of Augustinian nuns in the Rue du Temple;

NOTES

the chapel seems to have been on the first floor. 5. *estature*, effigy. II. 4. *escriptoire*, case holding writing-materials, carried suspended from the girdle. III. 1. *sollier*, solar, i.e. upper room. 2. *raillon*, bolt from crossbow. *Verset ou Rondeau*. 3. *vaillant*, of any worth. 5. *rez*, past part. of *rere*, shave.

Marguerite de Navarre (page 51).

Born at Angoulême, sister of François Ier. Queen of Navarre. Author of the *Heptameron*.

[*Les Marguerites de la Marguerite des Princesses*, ed. F. Frank, 1873, 4 vols. *Dernières poésies de Marguerite de Navarre*, ed. A. Lefranc, 1896.]

Clément Marot (page 53).

Born at Cahors; son of Jean Marot, Norman poet. Valet-de-chambre to Marguerite de Valois. Edited Villon. He was implicated in the Protestant movement and had to leave Paris. He stayed at Ferrara, and at Geneva, where he fell under the ban of Calvin's displeasure. He died at Turin.

[*Œuvres*, ed. Guiffrey, Yves-Plessis and Plattard, 1875–1931, 5 vols.]

56. *Changeons propos*, . . . III. 5. *bigne*, a bruise.

57. *Du Lieutenant Criminel et de Samblançay*. Samblançay, superintendent of finances under Charles VIII, Louis XII, and François Ier, was falsely accused by Louise de Savoie of having agreed with her to embezzle the pay of certain troops. He was condemned to death and executed during the king's absence. His innocence was afterwards publicly recognized.

Mellin de Saint-Gelais (page 63).

Born at Angoulême. Resisted the influence of the Pléiade.
[*Œuvres*, ed. Blanchemain, 1873, 3 vols.]

Maurice Scève (page 63).

Born at Lyons. Leader of a group of poets and poetesses who flourished at Lyons prior to the Pléiade.

[*Œuvres poétiques complètes*, ed. B. Guégan, 1927. *Délie*,

NOTES

object de plus haulte vertu, ed. E. Parturier, 1931. Consult V. L. Saulnier, *Maurice Scève*, 1948–9, 2 vols.]

Ronsard (page 66).

Born at La Poissonnière in the Vendômois. Page to the Dauphin François and to Charles Duc d'Orléans. At the age of twelve went with Madeleine of France to Scotland. Travelled in England, Flanders, Germany (with Lazare de Baïf), and Italy (with Guillaume du Bellay). Diverted by deafness from diplomatic to literary life, he spent five years in the enthusiastic and incessant study of classical literature, his master being the great scholar Daurat, and his fellow pupil Antoine de Baïf. In 1548 he met Du Bellay at an inn in the Touraine. With certain friends they formed the famous brotherhood which was at first called *la docte Brigade* and later *la Pléiade*. After the death of Charles IX he retired from the Court to his Priory of St. Cosme, near Tours. He died there in 1585.

[*Œuvres*, ed. Marty-Laveaux, 6 vols. in *Collection de la Pléiade Française*, 1887–93. Critical ed. by P. Laumonier, 1914–53, 16 vols. *Œuvres complètes*, ed. G. Cohen, Bibliothèque de la Pléiade, 1950, 2 vols.

Consult H. Chamard, *Histoire de la Pléiade*, 1939–40, 4 vols.]

71. *Sonnet. Marie, levez-vous* . . . 2. *ja*, already. 5. *Sus debout*, up! 9. *Harsoir*, last night. 12. *sillée*, a falconer's word, 'hooded'.

Du Bellay (page 90).

Born at Liré, in Anjou, of high lineage; cousin of Cardinal Du Bellay, whom he accompanied on a diplomatic mission to Rome. In 1549 had appeared his *Deffense et Illustration de la Langue Françoise*—the formal manifesto of the Pléiade. On his return from Rome in 1558 he published two series of sonnets, *Antiquitez de Rome* and *Les Regrets*, which contain his best work.

[*Œuvres*, ed. Marty-Laveaux, 2 vols., 1866–7, in *Collection de la Pléiade Française*. *Œuvres poétiques*, ed. H. Chamard, 1908–31, 5 vols.]

91. *Sonnet. Heureux qui, comme Ulysse* . . . 3. *usage*, experience.

NOTES

98. *D'un Vanneur de blé aux Vents.* This lyric is a translation from the Latin of Navagero, a Venetian scholar and adventurer.

99. *Villanelle. En ce moys...* Cf. Ronsard, *A Marguerite (Recueil des Odes)*:

> C'est donc par toy, Marguerite,
> Que j'ay pris ceste couleur.

101. *Épitaphe d'un petit chien.* 1. *motte*, sward.

Pontus de Tyard (page 111).

Born at Bissy. Member of the School of Lyons and of the Pléiade.

[The works of Belleau, Jodelle, Baïf, Pontus de Tyard, and Daurat are printed by Marty-Laveaux in *Collection de la Pléiade Française*.]

Louise Labé (page 112).

Born at Lyons. Poet of the École Lyonnaise. Accoutred in all points as a man, le Capitaine Loys rode to the wars and perhaps fought at the siege of Perpignan.

[*Œuvres de Louise Labé*, ed. Charles Boy, 1887, 2 vols. *Œuvres complètes*, ed. P. C. Boutens, Maestricht, 1928.]

Remi Belleau (page 117).

Born at Nogent-le-Rotrou. Wrote a commentary on the work of Ronsard and translated Anacreon.

Olivier de Magny (page 121).

Born at Cahors. His poems show a strong Italian influence.
[*Œuvres*, ed. E. Courbet, 1871–81.]

Jodelle (page 124).

Wrote some imitations of Greek tragedy.

Jean-Antoine de Baïf (page 126).

Born at Venice. His work 'représente éminemment ce qu'il y avait d'artificiel dans le mouvement de la Pléiade' (F. Brunetière). Founded an academy which had for its chief aim the uniting of music and poetry.

NOTES

Jean Passerat (page 128).

Born at Troyes. One of the authors of the famous *Satire Ménippée*. Professor of Latin in the Collège de France.

[*Œuvres*, ed. Blanchemain, 1880, 2 vols.]

127. *Sonnet*. Thulène was the Court fool of Henri III.

Vauquelin de la Fresnaye (page 130).

Born at the Château de la Fresnaye, near Falaise. A magistrate of Caen. Wrote an interesting *Art Poétique*.

[*Les diverses poésies de Vauquelin de la Fresnaie*, ed. J. Travers, Caen, 1869–70, 2 vols.]

Nicolas Rapin (page 132).

Born at Fontenay-le-Comte.
[*Œuvres latines et françaises*, 1610.]

132. *Sonnet*. *Courage, grand Achille* . . . Achille de Harlay—first President of the Palace of Justice. Faithful to Henri III throughout his struggle with the League.

Amadis Jamyn (page 133).

Born at Chaource, near Troyes. A later star in the Pléiade. Translated twelve books of the *Iliad*.

[*Œuvres poétiques*, ed. C. Brunet, Willem, 1878, 2 vols.]

Du Bartas (page 134).

Seigneur de Salluste. Born at Montfort (Gers).

This Protestant writer had a vast reputation in his day. His long poem, *La Semaine ou Création du Monde*, was reprinted many times. His neologisms are more amusing than poetical; his waves 'floflottent', and his lark ascends 'avec sa tirelire, tirant l'ire à l'iré', &c. Goethe admired him.

[*Œuvres*, ed. 1579 and 1611.]

Desportes (page 135).

Born at Chartres. Court poet, rich and unimaginative.
[*Œuvres*, ed. Heitz, 1925, 2 vols.]

NOTES

D'Aubigné (page 139).

Born in Saintonge. Protestant.

[*Œuvres complètes*, ed. Reaume, Caussade and Legouez, 1873–92, 6 vols.]

Malherbe (page 140).

Born at Caen; educated at Paris, Bâle, and Heidelberg. Secretary of Henri d'Angoulême, governor of Provence. Was presented to the King in 1604, and thenceforward had supreme poetic authority. *Il réduisit la muse aux règles du devoir.* His life was written by Racan.

[*Œuvres*, ed. Lalanne, 1862, 5 vols. *Poésies*, ed. J. Lavaud, 1936–7, 2 vols.]

138. *Consolation à M. du Périer.* Written in 1599. Du Périer was a native of Provence and had some renown as a *bel esprit*.

141. *Sonnet sur la mort de son fils.* Marc-Antoine de Malherbe, his last surviving child, was killed in a duel by the Seigneur de Piles in July 1626. The duel seems to have been fairly fought.

Jean de Sponde (page 146).

Born at Mauléon-de-Soule. Sponde was the protégé of the King of Navarre, the future Henri IV of France. His work has been discovered by Professor A. M. Boase, who is responsible, with M. F. Ruchon, for the complete edition of his poems: *Poésies de Jean de Sponde*, Cailler, Geneva, 1949. For biography, see Introduction to *Les Méditations sur Quatre Psaumes*, together with original text of *Stances et Sonnets de la Mort*, ed. A. M. Boase, Corti, 1954.

Mathurin Régnier (page 149).

Born at Chartres. Author of some admirable satires.

[*Œuvres complètes*, ed. J. Plattard, 1930.]

Maynard (page 160).

Born at Toulouse. Disciple of Malherbe. One of the first members of the Académie française.

[*Œuvres*, ed. G. Garrisson, 1885–8, 3 vols.]

NOTES

Racan (page 164).

Born at the Château de Champmerton, near Aubigné. Disciple of Malherbe; has left a short account of his master's life.

[*Poésies, Les Bergeries*, ed. L. Arnould, 1930–7, 2 vols.]

Théophile de Viau (page 167).

Born at Clairac. Wrote satires, and a treatise on the immortality of the soul, which made him many enemies and resulted finally in a decree of perpetual exile (1625).

[*Œuvres*, ed. Alleaume, Bibliothèque Elzévirienne, 1856, 2 vols.]

Saint-Amant (page 168).

Born at Rouen. Wrote elegies, masquerades, and a religious epic on Moses, which Boileau criticized.

[*Œuvres complètes*, ed. Livet, 1885, 2 vols. *Œuvres poétiques*, ed. L. Vérane, 1930.]

Voiture (page 173).

Born at Amiens. Court versifier. An ornament of the Hôtel de Rambouillet, home of the Précieuses.

[*Œuvres*, ed. Uzanne, 1879.]

Colletet (page 176).

Born in Paris. One of the first members of the Académie française. Author of an important series of lives of French poets.

Tristan L'Hermite (page 177).

Born at the Château de Soliers in the Marche.
[*Les Amours*, &c., ed. P. Camo, 1925.]

Corneille (page 181).

Born at Rouen. *Mélite*, his first play, was produced when he was twenty-three; it was followed by *Clitandre, La Veuve, La Galerie du Palais, La Suivante, La Place Royale, L'Illusion Comique*—all comedies; his first tragedy, *Médée*, appeared in 1635, and then came *Le Cid, Horace, Cinna, Polyeucte, Pompée, Le Menteur, La Suite du Menteur, Théodore, Rodogune, Héra-*

NOTES

clius, Andromède, Don Sanche d'Aragon, Pertharite. The last play (1652) was a failure, and Corneille was so disgusted that he produced nothing for seven years, devoting himself to a translation in verse of the *Imitatio Christi.* In 1659 he regained his ancient glory with the rather unsatisfactory *Œdipe,* and wrote eight more plays, amongst them *Sertorius* and *Attila.* In his old age he was poor and neglected. His poems are printed in vol. x of the Marty-Laveaux edition of his works (Paris, 1862–8).

165. *Stances de Don Rodrigue.* Don Diègue, father of Don Rodrigue, has been struck by Don Gomès, Comte de Gormas. Don Diègue makes his son promise to avenge him. Rodrigue loves Chimène, daughter of Don Gomès.

166. *Stances de Polyeucte.* Polyeucte, an Armenian noble wedded to Pauline, daughter of the Roman governor of Armenia, has become a Christian and defiled the altars of the Roman gods.

Scarron (page 187).

Born in Paris. Became paralysed at the age of seventeen. In 1652 married Mlle d'Aubigné, afterwards Mme de Maintenon. Wrote comedies under Spanish influence, and a travesty of the *Aeneid* in eight books.

[*Œuvres,* 7 vols., Amsterdam, 1752 and 1786.]

Benserade (page 188).

Court versifier. The wretched sonnet about Job caused a vast deal of windy argument. Its rival was Voiture's equally vapid *Il faut finir mes jours.*

[*Poésies,* ed. Uzanne, 1875.]

Maucroix (page 188).

Court versifier. Canon of Reims and *bon viveur.*

[*Œuvres diverses,* ed. L. Paris, 1854, 2 vols.]

La Fontaine (page 189).

Born at Château-Thierry, in Champagne. Fouquet, superintendent of finances to Louis XIV, became his patron. Published the *Ode au Roi* in 1663; *Contes et Nouvelles,* 1664, 1671;

NOTES

six books of fables, 1668–79; *Philémon et Baucis*, 1685. Wrote comedies.

[*Œuvres complètes*, ed. Giraud, Desfeuilles, H. Régnier and Mesnard, 1883–93, 11 vols. *Œuvres*, ed. J. Longnon, 1927–9, 10 vols. The Bibliothèque de la Pléiade has an edition of La Fontaine's works in 2 vols., 1948 and 1954.]

Molière (page 206).

Born in Paris, educated at Clermont. *Tapissier valet du roi*; resigned this position and became actor-manager, 1643. Ill success at first; toured the provinces; appeared before the King 24 Oct. 1658. *Les Précieuses ridicules*, 1659; followed by twenty-eight plays. *Le Malade imaginaire* (1673) was the last.

[*Poésies diverses*, vol. ix, ed. Despois et Mesnard, 1873–93.]

Chapelle (page 207).

Born at La Chapelle-Saint-Denis. Part-author (with Bachaumont) of the celebrated *Voyage en Provence et en Languedoc*.

[*Œuvres*, ed. T. de Latour. Bibl. Elzév., 1854.]

Madame Deshoulières (page 208).

Born in Paris. The 'tenth muse' of the Court. An opponent of Boileau.

[*Œuvres complètes*, 1747, 2 vols.]

Boileau (page 210).

Born in Paris. Studied law and theology. The sworn enemy of the Précieuses and of Chapelain, and the ally of Racine, La Fontaine, and Molière. *Satires* (1666), *Art poétique* (1674), *Épîtres* (1669–1695), *Le Lutrin* (1674–83). Presented to the King by Mme de Montespan. Abandoned verse in order to write the King's history (1677).

[*Œuvres*, ed. Gidel, 1873, 4 vols. Reprinted, Classiques Garnier, 1928.]

Racine (page 214).

Born at La Ferté-Milon, educated at Port-Royal. *La Thébaïde*, his first tragedy (1664), was violently attacked, and throughout his career he had to endure the enmity of the pedants. Boileau remained faithful to him. Quarrelled with the authorities of Port-Royal and lost favour with the King.

NOTES

Andromaque (1667), *Les Plaideurs* (1668), *Britannicus* (1669), *Bérénice* (1670), *Bajazet* (1672), *Mithridate* (1673), *Iphigénie* (1674), *Phèdre* (1677), *Esther* (1689), *Athalie* (1691).

[His poems are printed in vol. iv of the *Œuvres*, ed. Mesnard, 1865–73. Consult E. Vinaver, *Racine et la poésie tragique* (Nizet) 1951; trans. Manchester University Press, 1955.]

191. *Le Clerc* (1622–1691), a tedious tragic author.

192. *Fontenelle* (1657–1757) was a nephew of Corneille, and none the less bitter against Racine and Boileau for that. Boyer: a minor dramatic author (1618–98).

193. *Pradon* (1632–98). Beloved by the Précieuses. He wrote a *Phèdre*, which was voted superior to Racine's. He is said to be quite unreadable.

Chaulieu (page 220).

Born at Fontenay.
[*Œuvres*, ed. Fouquet, 1770, 2 vols.]

Regnard (page 223).

Born in Paris. Wrote comedies: *Le Joueur* (1696), *Le Distrait* (1697), *Démocrite*, *Le Retour imprévu* (1700), *Les Folies amoureuses* (1704), &c.
[*Œuvres*, ed. Crapelet, 1822, 6 vols.]

J.-B. Rousseau (page 227).

Born in Paris. Wrote comedies, then 'sacred odes', in which the more imaginative critics have detected a lyrical quality.
[*Œuvres*, ed. Amar, 1820, 5 vols. *Œuvres lyriques*, ed. Manuel, 1852.]

Voltaire (page 230).

Born in Paris, educated at Clermont. His first satiric writings caused him to be exiled from Paris in 1716. On his return he was suspected of being the author of other satires, and was imprisoned in the Bastille (1717, 1718). In the latter year the production of *Œdipe* made him famous. In 1723 appeared *La Ligue*, the first form of *La Henriade* (1728). He was again in the Bastille in 1726, and was exiled to England after a few weeks' imprisonment; he learnt English, met Bolingbroke and Pope,

NOTES

and studied the English philosophers. *Zaire* appeared in 1732, and between that date and his death in 1778 he wrote more than twenty dramas in verse. After his return from England and the condemnation of *Les Lettres philosophiques* (1734), he lived for some time at Cirey with Mme du Châtelet; his famous quarrel with the luckless Desfontaines began in 1738 and lasted for some years. He went to the Court, where he had Madame de Pompadour for friend. In 1746 he was a member of the Academy and gentleman-in-ordinary to the King. He retired to the *hôtel* of the Duchesse du Maine at Sceaux in 1747, and returned to Paris after Mme du Châtelet's death in 1749. In 1750 Frederick II invited him to live at Berlin. He stayed three years, and quarrelled with many people, amongst them Lessing, and at last with Frederick. Settled at Ferney, where he lived in state till 1778, when he went to Paris. He had a final triumph there, and died in the same year.

[His poems are printed in vols. 8, 9, and 10 of the *Œuvres complètes*, ed. L. Moland, 1877–85, 52 vols.]

Écouchard Lebrun (page 239).

Born in Paris. His contemporaries called him 'Pindare'.
[*Œuvres*, ed. Ginguené, 1811, 4 vols.]

Ducis (page 241).

Born at Versailles. Adapted Shakespeare: *Hamlet* (1769), *Roméo et Juliette* (1772), *Le Roi Lear* (1783), *Macbeth* (1784), *Othello* (1792).
[*Œuvres complètes et posthumes*, 1827, 6 vols.]

Gilbert (page 242).

Born in Lorraine. Wrote a satire on his own time.
[*Poésies diverses*, ed. Perret, 1882.]

Parny (page 244).

Born in the Île Bourbon. Writer of erotic and elegiac verse much appreciated before Lamartine.
[*Œuvres complètes*, ed. Debray, 1808, 5 vols. *Œuvres: élégies et poésies diverses*, ed. A. Pons, 1875.]

NOTES

Florian (page 244).

Born at the Château de Florian, near Nîmes. Great-nephew of Voltaire; acted in the Ferney theatre when a boy. Wrote comedies and prose romances.

[*Fables*, 1792. *Œuvres complètes*, 1784–1807, 24 vols.]

André Chénier (page 247).

Born in Constantinople. Came to Paris when a child. Educated at the Collège de Navarre. Entered the army: had to leave it owing to ill-health. Travelled in Italy and stayed for some months in Rome. Secretary to the French ambassador in England for three years. Became involved through his writings and his friends in the political troubles of the Revolution; arrested in Paris, 7 March 1794. Guillotined in the same year. His poems were first edited by Latouche and published in 1819.

[*Œuvres complètes*, ed. P. Dimoff, 1908–19, 3 vols.]

Béranger (page 267).

Born in Paris. His political songs had an immense popularity.

[*Œuvres complètes*, ed. Pérotin, 1858.]

Millevoye (page 273).

Born at Abbeville.

[*Poésies*, annotées par Sainte-Beuve, Paris, 1872.]

Mme Desbordes-Valmore (page 275).

Born at Douai.

[*Œuvres complètes*, Éd. du Trianon, 4 vols.]

Lamartine (page 276).

Born at Mâcon. His early youth was passed in the country. One of the bodyguard of Louis XVIII. *Méditations*, 1820. *Nouvelles Méditations*, 1823. Travelled in Italy. Chargé d'affaires at Florence. *Harmonies poétiques et religieuses*, 1830. Member of the Academy, 1830. Travelled in the East. *Jocelyn*, 1836. *La Chûte d'un Ange*, 1838. *Recueillements poétiques*, 1839. Took a prominent part in the troubles of 1848.

[*Œuvres*, Lemerre, 1885–7, 12 vols.]

NOTES

Delavigne (page 303).

Born at Le Havre. Poet and playwright. His best work, *Les Messéniennes*, laments the state of France after Waterloo.

[*Œuvres*, Garnier, 1870, 4 vols.]

Alfred de Vigny (page 307).

Born at Loches. Soldier. Published *Poèmes antiques et modernes*, 1826. Took part in the feud against Classicism, but was rather an Egyptian ally of the Romanticists. Translated *Othello* and *The Merchant of Venice*, wrote plays (*Chatterton*, 1835) and novels (*Cinq-Mars*, 1826). His last and finest poems, *Les Destinées*, were published in 1863, though many of them were printed in the *Revue des Deux Mondes* more than fifteen years before this book appeared. The interesting *Journal d'un Poète* was published in 1867; new edition, 1935.

[*Œuvres complètes*, Delagrave, 1904-12, 10 vols. *Œuvres complètes*, Bibliothèque de la Pléiade, 1955, 2 vols.]

Hugo (page 337).

Born at Besançon. His father was a general of the Empire. His early youth was passed in the house and garden of *Les Feuillantines*, of which he has written in the *Contemplations*. *Odes et poésies diverses* appeared in 1822, when he was a fervent royalist of twenty; *Odes et ballades* followed in 1826, and the order of his subsequent volumes of lyric poetry is as follows: *Les Orientales*, 1829; *Les Feuilles d'Automne*, 1831; *Les Chants du Crépuscule*, 1835; *Les Voix intérieures*, 1837; *Les Rayons et les Ombres*, 1840. In 1841 he became a member of the Academy, and in 1845 was made a peer of France. At this time he took an active interest in politics; he was made a member of the Constituent Assembly in 1848, and of the Legislative Assembly in 1849. He protested against the *coup d'État* of 2 December 1851, and subsequently was compelled to leave France. He went first to Brussels, then to Jersey, and finally settled in Guernsey. *Les Châtiments* appeared in 1853; *Les Contemplations*, 1856; *La Légende des Siècles*, first series, 1859; *Les Chansons des Rues et des Bois*, 1865; *L'Année terrible*, 1872; *La Légende des Siècles*, second series, 1877; third series, 1883; *Les Quatre Vents de l'Esprit*, 1881. He returned to France when

NOTES

the Second Empire fell in 1870, and served in the national guard during the siege of Paris.

[*Œuvres complètes*, Hetzel, 1880-9, 48 vols. *Œuvres complètes*, édition de l'Imprimerie Nationale, 1904-52, 45 vols. *La Légende des Siècles, La Fin de Satan, Dieu*, Bibliothèque de la Pléiade, 1 vol., 1950.]

Sainte-Beuve (page 380).

Born at Boulogne-sur-Mer. He published three volumes of verse: *Vie, Poésies et Pensées de Joseph Delorme*, 1829; *Consolations*, 1830; *Pensées d'Août*, 1837. *Le Livre d'Amour*, from which no. 269 comes, appeared in 1904 and 1920.

Barbier (page 383).

Born in Paris. *Ïambes* (1830) brought him well-deserved fame. *L'Adieu* is from *Il Pianto*, 1833.

Brizeux (page 386).

Born at Lorient. His family came from Ireland after the revolution of 1688.

[*Œuvres complètes*, 1874, 4 vols.]

Arvers (page 387).

Mes Heures perdues, Paris, 1833. He wrote comedies and vaudevilles, but he is remembered only as the author of this sonnet.

Nerval (page 387).

Born in Paris. Gérard de Nerval (pseudonym for Gérard Labrunie) has risen into prominence recently as the author of a series of sonnets called *Les Chimères* (v. nos. 277, 279) and of some fascinating tales and travel books (*Sylvie, Aurélie, Voyage en Orient*). His translation of *Faust* (part I) pleased Goethe. He became mentally unstable and committed suicide in 1855.

[*Œuvres*, Bibliothèque de la Pléiade, vol. 1, 1952; vol. 2, 1956.]

Alfred de Musset (page 390).

Born in Paris, educated at the Collège de Bourbon. His first book of poems, *Contes d'Espagne et d'Italie*, appeared when he was twenty; during the next eleven years he produced all his best work: the *Nuits*, the *Lettre à Lamartine*, *Stances à la*

NOTES

Malibran, Rolla, Une bonne Fortune, and most of the delightful prose *Comédies et Proverbes,* none of which were acted until Madame Allan produced *Un Caprice* in 1847, when they became extremely popular. *La Confession d'un Enfant du Siècle* appeared in 1836.

[*Œuvres complètes,* ed. Baldensperger et Doré, 1931-40. *Poésies complètes,* Bibliothèque de la Pléiade, 1933.]

282. *Stances à la Malibran.* Mme Malibran died in 1836.

283. *Chanson de Fortunio.* From *Le Chandelier,* act ii, sc. 3.

284. *Chanson de Barberine.* From *Barberine,* act iii, sc. 2.

Gautier (page 415).

Born at Tarbes. Studied painting. His first poems appeared in 1830. *Albertus,* 1832; *Comédie de la Mort,* 1838. His finest work is contained in *España* and *Émaux et Camées,* published respectively in 1845 and 1852.

[*Œuvres complètes,* Charpentier, 1883- , 37 vols. *Poésies complètes,* R. Jasinski, 1932, 3 vols.]

Leconte de Lisle (page 425).

Born at St. Paul, Île de Réunion. Settled in Paris 1846. *Poèmes antiques,* 1852; *Poèmes et Poésies,* 1853; *Poèmes barbares,* 1862; *Poèmes tragiques,* 1884; *Derniers Poèmes,* 1895. Translated Homer, Hesiod, and some of the Greek tragedies. *Les Érinnyes* is an adaptation of the *Eumenides* of Aeschylus.

[The works of Leconte de Lisle are published by Lemerre.]

Baudelaire (page 436).

Born in Paris. *Les Fleurs du Mal* appeared in 1857; its alleged immorality resulted in a *procès* against the author, who now ranks as one of the most serious and influential poets of his century. His intimate and critical writings with the posthumous collection of *Petits poèmes en prose* (1869) rival his verse in interest. Baudelaire's translations of selected tales of Poe first popularized his name in France.

[*Œuvres complètes,* ed. J. Crépet, 1922-53, 13 vols. *Œuvres,* Bibliothèque de la Pléiade, 1935, 2 vols. *Les Fleurs du Mal,* critical edition by Crépet and Blin (Corti), 1942. *Les Fleurs du Mal,* ed. E. Starkie (Blackwell, Oxford), 1942.

NOTES

Consult H. Peyre, *Connaissance de Baudelaire* (Corti), 1951;
M. Turnell, *Baudelaire* (Hamish Hamilton, London), 1953;
L. J. Austin, *Baudelaire* (M.F.), 1956.]

Banville (page 454).

Born at Moulins. *Les Cariatides* appeared when he was eighteen; *Les Stalactites*, 1846; *Odelettes*, 1846; *Odes funambulesques*, 1857; *Idylles prussiennes*, 1871, &c. He wrote a large quantity of verse, several comedies, and many *Contes*.

[Lemerre; Charpentier-Fasquelle.]

Sully Prudhomme (page 461).

Born in Paris. Collaborated in the *Parnasse contemporain*
[*Œuvres*, Lemerre, 1883–97, 5 vols.]

Heredia (page 462).

Born in Cuba, educated in Paris and Havana. *La Véridique Histoire de la Nouvelle-Espagne*, trs. from Bernal del Castillo, 1887; *Les Trophées*, 1893; *La Nonne Alferez*, 1894.

[Lemerre.]

Mallarmé (page 467).

Born and educated in Paris. Described his life as 'devoid of anecdotes'. Came to England 'to learn the language of Poe' (1862). On his return taught English at Tournon, Besançon, Avignon. In 1871 was appointed to the Lycée Fontanes (Condorcet) Paris. Soon the Tuesday reunions at his flat were attracting the literary élite. Having launched the Symbolist movement, Mallarmé died at Valvins in 1896, leaving his 'grand œuvre' unfinished. *L'Après-midi d'un faune* (1876); *Poésies complètes photogravées* (1887); *Divagations* (1896).

[*Œuvres complètes*, Bibliothèque de la Pléiade, 1945. Consult A. Thibaudet, *La Poésie de S. M.*, 1926; H. Mondor, *Vie de M.*; E. Noulet, *L'Œuvre poétique de S. M.*, 1940, and *Dix poèmes*, 1948; Gardner Davies, *Les Tombeaux de M.*, 1950.]

Verlaine (page 476).

Born at Metz; educated in Paris. Clerk at the Hôtel de Ville (1864); married (1871), but deserted wife and child to wander

NOTES

with Rimbaud in England. Imprisoned at Mons after a scuffle with Rimbaud (1873). After his release Verlaine taught French in English schools. In 1886 he settled down to a life of fame and squalor in Paris.

[*Œuvres poétiques complètes*, Bibliothèque de la Pléiade, 1936. Consult P. Martino, *Verlaine*, 1924; F. Porché, *V. tel qu'il fut*, 1933; A. Adam, *Le vrai V.*, 1936; V. P. Underwood, *Verlaine et l'Angleterre* (Nizet), 1956.]

Corbière (page 484).

Born at Morlaix, son of a Breton sea-captain who wrote novels. Deformed by arthritis, Corbière spent most of his life on the coast of Brittany, but travelled to Italy in 1868 and stayed in Paris in 1871. There he published *Les Amours jaunes* (1873). The rugged pathos and strong originality of these poems were first appreciated by Verlaine in his *Poètes maudits* (1884). The latest of several editions is augmented by posthumous poems with introduction and critical notes by Y. G. Le Dantec (Émile-Paul, 1953).

Rimbaud (page 491).

Born at Charleville. His mother, left in charge of the farm when her husband, an army officer, disappeared, brought up her three children rigorously. After brilliant successes at school, Arthur played truant and joined Verlaine in Paris (1871). His genius matured with such rapidity that he had probably ceased writing poetry by his twentieth year. After extensive wanderings he became a trader in Abyssinia (1880), and died in hospital at Marseilles at the age of thirty-seven.

[*Œuvres complètes*, Bibliothèque de la Pléiade, 1946. Critical editions of *La Saison en enfer* (1943), *Poèmes* (1947), *Illuminations*, with introduction and notes by H. de Bouillane de Lacoste, M.F., 1949. Consult E. Starkie, *Arthur Rimbaud*, Hamish Hamilton, London, 1947; C. A. Hackett, *Rimbaud l'Enfant*, Corti, 1948.]

Verhaeren (page 505).

Born at Saint-Amand near Antwerp; educated at Brussels, Gand, and Louvain. A Flemish poet of French expression and

NOTES

universal outlook, he found inspiration in the industrial life of his time.

[Collected editions, M.F. Consult H. Hellens, *É. V.*, Seghers, 1953; A. M. de Poncheville, *Vie de V.*, M.F., 1953; P. M. Jones, *Verhaeren*, Bowes, London, 1956.]

Rodenbach (page 518).

Born at Tournai of a Flemish family. Poems published by Lemerre and Charpentier.

Jean Moréas (page 521).

Pseudonym of Yannis Papadiamantopoulos. Born at Athens. Settled in Paris (1880) and became an arrogantly picturesque figure in the life of the literary cafés. Christened the 'Symbolist' movement in a manifesto of 1886, but withdrew to found the École Romane (1891). His best work is neo-classical. *Les Stances* (Books I–II, 1899; III–IV, 1901; VII, 1920). Collected edition, M.F.

Laforgue (page 522).

Born in Montevideo, of Breton and Gascon parentage; educated at Tarbes and Paris. In 1881 accepted post as reader to the Empress Augusta and spent five years in Germany. Published *Les Complaintes* (1885). Married Miss Leah Lee in London and returned to Paris (1887), where a few months later he died.

[*Œuvres complètes*, ed. G. Jean-Aubry, M.F., 1922–30, 6 vols. *Poésies complètes*, ed. G. Jean-Aubry, Éditions de Cluny, 1943, 2 vols. Consult R. W. Ramsey, *Jules Laforgue and the Ironic Inheritance*, O.U.P., 1953.]

Henri de Régnier (page 528).

Born at Honfleur. Parnassian at first, he became assiduous at Mallarmé's 'at homes' and produced, under his influence, *Poèmes anciens et romanesques* (1890). After *Tel qu'en Songe* (1892) he turned to forms and themes of neo-classical inspiration often in imitation of Chénier: *La Sandale ailée* (1906), *Le Miroir des heures* (1910), *Vestigia Flammae* (1921).

[*Poèmes 1887–1892* (1895); *Premiers Poèmes* (1899). M.F.

NOTES

Consult R. Honnert, *Henri de Régnier, son œuvre*, 1923; D. Parmée, *Classicisme et Néo-classicisme dans l'œuvre d'Henri de Régnier*, Nizet et Bastard, 1939.]

Toulet (page 530).

Born at Pau. His *Contrerimes*, composed in a stanza which he invented, were collected the year after his death and retain their charm for those who like poignant brevity.

[*Les Contrerimes*, 'Le Divan' and Émile-Paul, 1921. *Vers inédits*, 'Le Divan', 1936.]

Maurras (page 532).

Born at Martigues. Member of Moréas's École Romane. Anti-Dreyfusard and leader of the *Action française* movement. Polemicist and collaborationist, Maurras was an acute critic and at times a poet. No. 393 comes from *La Musique intérieure*, Grasset, 1925.

Jammes (page 532).

Born at Tournay, Hautes-Pyrénées. Of his many collections of poems the best known are *De l'Angélus de l'Aube à l'Angélus du soir* (1889) and *Le Triomphe de la Vie* with *Jean de Noarrieu* and *Existences* (1902). M.F.

[Consult E. Pilon, *Francis Jammes et le sentiment de la nature*, M.F., 1908; R. Mallet, *Francis Jammes*, Seghers, 1950.]

Claudel (page 534).

Born at Villeneuve-sur-Fère. Deeply moved by the poems of Rimbaud, whom he called a 'mystique à l'état sauvage', Claudel was converted to Catholicism on Christmas Day 1886. Frequented Mallarmé's Tuesday meetings in the nineties. Served abroad from 1898 to 1939 as consul or ambassador. Main achievements in poetic drama, of which the best known is *L'Annonce faite à Marie* (1912). Nos. 397, 398, 399 come respectively from *Les Muses*, *L'Esprit et l'Eau* and *La Muse qui est la Grâce*.

[*Œuvres complètes*, ed. Lefèvre and Mallet, N.R.F., 1950-3, 6 vols. Consult J. Madaule, *Le Génie de P. C.*, Desclée de Brouwer, 1933; C. Chonez, *Introduction à P. C.*, Albin Michel, 1947; A. Maurocordato, *L'Ode de P.C.* (Droz, Geneva), 1955.]

NOTES

Valéry (page 538)

Born at Sète, of French and Italian parentage. Studied at Montpellier, where he read the Symbolists and wrote his first poems. Met Mallarmé in Paris (1891) and attended his *mardis*. Published *La Méthode de Léonard de Vince* (1895) and *La Soirée avec M. Teste* (1896). Decided against writing more poetry and observed his vow for twenty years. Held posts in the civil service and the Havas agency; studied mathematics and science. In 1917 published in the *Nouvelle Revue française*, *La Jeune Parque* which attracted immediate attention. A number of brilliant and rigorous poems were collected in *Charmes* (1922). *Variété I–V* are important collections of criticism. Elected to the Académie française, 1927.

[Books on Valéry are numerous. Two have recently appeared in English: F. Scarfe, *The Art of Paul Valéry* (Heinemann, 1954), and N. Suckling, *Paul Valéry and the Civilized Mind* (O.U.P., 1954). See also F. E. Sutcliffe, *La Pensée de Paul Valéry* (Nizet, 1955).]

Péguy (page 547).

Born at Orléans, of humble parentage. Won scholarship to the Ecole Normale Supérieure. An original nature, combining the fervour of a Dreyfusard and anti-clerical socialist with ardent patriotism and deep Catholic piety. Founded *Les Cahiers de la Quinzaine* (1900). Killed in action 5 Sept. 1914.

[*Œuvres complètes*, N.R.F., 1907–32, 15 vols. *Œuvres poétiques complètes*, Bibliothèque de la Pléiade, 1941.]

Max Jacob (page 551).

Born at Quimper of Jewish and Breton parentage. After schooling in Paris, spent early years immersed in the bohemian life of Montmartre, picking up menial jobs whilst cultivating an acrobatic versatility in the arts. Converted to Catholicism in 1915, he retired to the presbytery of Saint Benoît-sur-Loire. Died in Drancy concentration camp ten days after arrest on 24 Feb. 1944. His use of punctuation was very irregular.

[*Morceaux choisis*, N.R.F., 1917; *Derniers Poèmes en vers et en prose*, 1945. Consult A. Billy, *Max Jacob*, Seghers, 1946.]

NOTES

Guillaume Apollinaire (page 555).

Pseudonym of William Apollinaris de Kostrowitzky. Born in Rome. His mother belonged to an aristocratic Polish family. His father was not presumably a cardinal, a bishop, or a prince, but an Italian officer of distinguished lineage. Several of his early poems were inspired by an English girl, Annie, whom he met in the Rhineland (1901). Returning to Paris, he became the centre of a literary and artistic group, met Picasso and took up with the Cubists. In 1909 began his long association with the *Mercure de France*, in which review his *Chanson du Mal-Aimé* was first published. First collection of poems, *Le Bestiaire ou Cortège d'Orphée*, illustrated by Dufy (1911). *Alcools* (1913) attracted much attention. Excited by outbreak of war, Apollinaire was wounded in the head in 1916. After hospital treatment, resumed literary activities; married his nurse (1918) and died six months later. *Calligrammes*, his most mature poems, appeared in the same year. *Ombre de mon amour* (1948).

[A complete edition of Apollinaire's poems with notes by M. Marcel Adéma is announced for the Bibliothèque de la Pléiade.]

Supervielle (page 559).

Born at Montevideo; bereft of parents (from the Basque country) when an infant. Brought up till the age of ten in Uruguay; schooled in Paris. Returning to South America at intervals, he lived there during the Occupation. His *Poèmes de la France malheureuse* inspired members of the Resistance movement. First collection, *Débarcadères* (1922). Along with many attractive stories, novels, and plays, his principal works are *Gravitation* (1925), *Le Forçat innocent* (1938), *Choix de Poèmes* (1947), *Oublieuse Mémoire* (1949), N.R.F. A selection of his *Contes et Poèmes* has been made by Professor John Orr for the Edinburgh University Press, 1950.

Jouve (page 569).

Born at Arras. Helped to found Unanimist review, *Bandeaux d'or*. All he had written before 1924 was rejected on his conversion to Catholicism. His 'real' work, begun in 1926, com-

NOTES

bines Catholic and Freudian types of inspiration with prophecies of catastrophe and redemption, and is written with a blend of 'nudity and preciosity'. It includes *Noces* (1928), *Sueur de Sang* (1934), *Matière céleste* (1937), *Kyrie* (1938). Having retired to Geneva in 1941, Jouve produced a variety of works including *La Vierge de Paris* (1945), the spiritual canticles in which show his best vein unexhausted. Since then he has lived in Paris.

[Consult Starobinski, Alexandre, Eideldinger: *Pierre-Jean Jouve*, La Baconnière, 1946.]

Reverdy (page 570).

Born at Narbonne. Has retained from childhood a passion for nature. Came to Paris in 1910. First published work: *Poèmes en prose* (1915). Founded with Apollinaire and Max Jacob the review, *Nord-Sud*, a short-lived rallying-point for Cubist writers. After publishing *Les Épaves du Ciel*, Reverdy was hailed by the Surrealists as the greatest living poet; but he never joined the movement and in 1930 retired to Solesmes. Like the Cubists he achieves effects with a strict economy which enables him to express the most fugitive impressions, resonances, and coincidences with acute but reticent pathos. *Plupart du Temps* (*Poèmes*, 1915–22), N.R.F., 1945; *Main-d'œuvre* (*Poèmes*, 1913–49), M.F., 1949.

[Consult J. Rousselot and M. Manoll, *Pierre Reverdy*, Seghers, 1951.]

Saint-John Perse (page 572).

Pseudonym of Alexis Saint-Léger Léger. Born on the island of Saint-Léger-les-Feuilles, near Guadeloupe. Came to France at eleven and studied subsequently at Bordeaux University. In 1914 gave up medicine for the diplomatic service and was appointed to Pekin, remaining in China for seven years. Returning in 1921, he was employed at the Quai d'Orsay until 1940 when, deprived of civic rights by the Vichy government, he went to America and accepted the post of Consultant on French literature at the Congress Library.

His poetry, says a contemporary critic, 'is one of the purest

NOTES

that exists. Equally far from eloquence and from sentimental effusion, it expands at heights that can be reached only by a vision freed from the contingent.'

[*Œuvre poétique* (*Éloges, La Gloire des Rois, Anabase, Exil, Vents*), N.R.F., 1953.]

Éluard (page 575).

Born at Saint-Denis. A founder of Surrealism. Early poems collected in *Capital de la Douleur* (1926). *L'Amour la Poésie* (1929) and *La Vie immédiate* (1932) reveal the author as a poet of love. Left the Surrealist movement in 1938. During the Occupation was a member of the Resistance and wrote under a pseudonym. *Poésie et Vérité 1942* and *Au Rendez-vous allemand* (1944) show preoccupation with the problem of war. *Poésie ininterrompue* (1946) is concerned with peace propaganda. Éluard's death in 1952 deprived contemporary France of one of her most naturally gifted poets.

[*Choix de Poèmes*, N.R.F., 1946. Consult L. Parrot, *Paul Éluard*, Seghers, 1948.]

Breton (page 578).

Born at Tinchebray, Normandy. Attached as psychiatrist to Medical Corps (1915); became interested in works of Freud whom he met at Vienna (1921). Made two other important contacts: Apollinaire and Jacques Vaché ('Vaché est surréaliste en moi.') First collection of poems: *Mont de Piété* (1919). Founded with Aragon and Soupault the monthly *Littérature*. Participated in Dadaism; on its dissolution became leader of Surréalist movement. Travelled widely; lectured and wrote for the cause. Called up in 1939 to Medical Corps. Some of his works were refused publication by Vichy censorship. In 1941 left France for U.S.A. to operate as announcer for 'Voice of America'. Returned to Paris (1946); organized exhibitions. *Poèmes* (1948) contains most of those written between 1919 and 1948 with several unpublished.

[*Poèmes, anthologie*, N.R.F., 1948; *Manifestes du Surréalisme*, Sagittaire, 1946. Consult C. Mauriac, *André Breton*, Éditions de Flore, 1949; *André Breton. Essais et Témoignages*, La Baconnière, 1950.]

NOTES

Aragon (page 580).

Born in Paris. A founder of Surrealism. Communist from 1930. Served with distinction in Medical Corps (1914 and 1939) and in Resistance movement. Has written novels as well as poems, of which the chief editions are *Feu de joie* (1920), *Le Crève-Cœur* (1941), *Les Yeux d'Elsa* and *Brocéliande* (1942). *Le Musée-Grévin* (1943) attacks the wax figures of Vichy. *Le Nouveau Crève-Cœur* (1948) attacks reactionaries.

[Consult C. Roy, *Aragon*, Seghers, 1945.]

Michaux (page 582).

'Belge de Paris.' Went to sea at twenty-one and was invalided home. Has travelled in Ecuador, India, China. Acutely aware of conflict between the modern individual and society, Michaux attempts to exorcize man's plight through a deliberately non-'professional' type of poetry. Along with drawings, paintings, and gouaches, he has published numerous collections of poems in prose and free verse from *Qui je fus* (1927) to *Passages* (1950).

[*L'Espace du dedans, pages choisies*, N.R.F., 1944. Consult A. Gide; *Découvrons Henri Michaux*, N.R.F., 1941; R. Bertelé, *Henri Michaux*, Seghers, 1949.]

Char (page 584).

Born at L'Isle-sur-Sorgue. Began to write poetry at seventeen. Became a Surrealist in 1929 and remained in the group until 1937. This apprenticeship produced *Le Marteau sans maître*, which contains all his poems down to 1934. Was a leader in the Resistance movement. *Fureur et Mystère*, his most important work so far, collects poems written from 1938 to 1947, N.R.F., 1948.

[Consult G. Mounin, *Avez-vous lu Char?*, N.R.F., 1946.]

Patrice de la Tour du Pin (page 587).

Born at Pau of an aristocratic family; received a Catholic education. In 1931 the Nouvelle Revue Française was recommended by J. Supervielle to publish *Enfants de Septembre*. His first volume, *La Quête de joie*, appeared in 1933 and was hailed

NOTES

as the greatest poetic work of his generation. Up to outbreak of war, Patrice de la Tour du Pin was engaged on his *Somme de Poésie*, conceived under the influence of the Bible, St. Thomas, Dante and Montaigne. Called up in 1939, wounded and taken prisoner in October, he spent three years a captive in Germany. Married in 1943, he settled on his property at Bignon-Mirabeau. The 1946 edition of the *Somme*, N.R.F., contains all his previous poems. *La Contemplation errante* (1948).

[Consult Biéville-Noyant, *Patrice de la Tour du Pin*, Nouvelle Revue Critique, 1948.]

Emmanuel (page 590).

Born at Gan, Basses-Pyrénées. Spent early years in U.S.A., but was educated at Lyons. Intended to become an engineer. *Élégies* appeared in 1940. *Tombeau d'Orphée* (1941) made him known as a poet. *Combats avec tes défenseurs* and *Jours de Colère* (1942). Jouve's influence shows in *Le Poète et son Christ* (1943). *La Colombe* (1943). *La Liberté guide nos pas* (1945). *Chansons du Dé à coudre* (1947).

[Consult Pierre Emmanuel, *Qui est cet homme*, Egloff, 1948.]

INDEX OF WRITERS

[*The figures refer to the numbers of the Poems*]

Apollinaire, 413–15.
Aragon, 435.
Arvers, 275.

Baïf, 126.
Banville, 312–25.
Barbier, 271–3.
Baudelaire, 305–20.
Belleau, 120–2.
Benserade, 168.
Béranger, 230–2.
Boileau, 185–6.
Breton, 433–4.
Brizeux, 274.

Chapelle, 183.
Char, 439–42.
Charles d'Orléans, 32–39.
Chartier, 29–30.
Chaulieu, 194.
Chénier, 217–29.
Christine de Pisan, 24–28.
Claudel, 396–9.
Colletet, 160–1.
Corbière, 356–60.
Corneille, 163–6.

D'Aubigné, 137.
Delavigne, 244.
Desbordes-Valmore, 234–5.
Deschamps, 19–23.
Deshoulières, 184.
Desportes, 135–6.
Du Bartas, 134.
Du Bellay, 87–113.
Ducis, 214.

Éluard, 429–32.
Emmanuel, 444–8.

Florian, 217–19.
Froissart, 17–18.

Gautier, 287–95.
Gilbert, 215.

Heredia, 327–35.
Hugo, 251–68.

Jacob, 409–11.
Jammes, 394–5.
Jamyn, 133.
Jodelle, 125.
Jouve, 422–3.

Labé, 116–19.
La Fontaine, 170–81.
Laforgue, 383–6.
Lamartine, 236–43.
La Tour du Pin, 443.
Lebrun, 211.
Leconte de Lisle, 296–304.
L'Hermite, 162.

Machault, 13–16.
Magny, 123–4.
Malherbe, 138–41.
Mallarmé, 336–43.
Marot, 50–60.
Marguerite de Navarre, 49.
Maucroix, 169.
Maurras, 393.
Maynard, 150–2.
Michaux, 436–8.
Millevoye, 233.
Molière, 182.
Moréas, 380–2.

INDEX OF WRITERS

Muset, 6–8.
Musset, 280–6.

Nerval, 276–9.

Parny, 216.
Passerat, 127–8.
Péguy, 404–8.
Perse, 427–8.
Prudhomme, 326.

Racan, 153.
Racine, 187–93.
Rapin, 132.
Regnard, 195.
Régnier (H. de), 387–9.
Régnier (Maturin), 146–9.
Reverdy, 424–6.
Richart de Semilli, 4.
Rimbaud, 361–71.
Rodenbach, 379.
Ronsard, 68–85.
Rousseau, 196–7.

Saint-Amand, 155.
Sainte-Beuve, 269–70.
Saint-Gelais, 61.
Scarron, 167.
Scève, 62–67.
Sponde, 142–5.
Supervielle, 416–21.

Taillevent, 31.
Théophile de Viau, 154.
Thibaut de Champagne, 5.
Toulet, 390–2.
Tyard, 114–15.

Valéry, 400–3.
Vauquelin de la Fresnaye, 129–32.
Verhaeren, 372–8.
Verlaine, 344–55.
Vidame de Chartres, 3.
Vigny, 245–50.
Villon, 40–48.
Voiture, 156–9.
Voltaire, 198–210.

INDEX OF FIRST LINES

	Nos.
Admirez l'artifice extrême	201
Advis m'est que j'oy regreter	41
Afin de témoigner à la postérité	161
A flancs de coteau du village	440
Ah, je suis ivre! ah, je suis livré au dieu!	399
Ah! quel que soit le deuil jeté sur cette terre	273
Ainsi, toujours poussés vers de nouveaux rivages	236
A la fontaine où l'on puise cette eau	183
A la très-chère, à la très-belle	319
Alez vous ant, allez, alés	37
Amelette Ronsardelette	86
Andromaque, je pense à vous! Ce petit fleuve	312
Antres, et vous fontaines	81
A noir, E bleu, I rouge, U vert, O bleu: voyelles	362
A Saint-Blaise, à la Zuecca	281
Assez plus long qu'un Siècle Platonique	65
Assez vu. La vision s'est rencontrée à tous les airs	367
A toi quand j'écoutais ton arc-en-ciel d'été	422
Au bon vieulx temps un train d'amour regnoit	52
Au feu! au feu! au feu! qui mon cuer art	30
Au loin, le Béguinage avec ses clochers noirs	379
Auprès de cette grotte sombre	162
Au travers des paupières closes	410
Aux gens atrabilaires	230
Aux larmes, Le Vayer, laisse tes yeux ouverts	182
Avant le temps tes tempes fleuriront	68
Avec la brise en poupe et par un ciel serein	335
A vous troppe legere	98
Avril, l'honneur et des bois	120
Ayant poussé la porte étroite qui chancelle	348
Beau chevalier qui partez pour la guerre	284
Beau chien, quand je te voir caresser ta maîtresse	359
Bel Aubepin fleurissant	78
Bientôt nous plongerons dans les froides ténèbres	311
Blanche com lis, plus que rose vermeille	14
Blocus sentimental! Messageries du Levant!	386
Booz s'était couché de fatigue accablé	265

INDEX OF FIRST LINES

	Nos.
Captif au rivage du Maure	232
Carmen est maigre, — un trait de bistre	294
Car ou soies porteur de bulles	46
Celle qui de son chef les estoilles passoit	105
Celui qui ci maintenant dort	167
Celui qui me lira, dans les siècles, un soir	376
Ce n'est pas vous, non, madame, que j'aime	290
Ce qui soustient moy, m'onneur et ma vie	16
Ces jours passés, chez un vieil histrion	192
Ces nymphes, je veux les perpétuer	338
C'est beau d'avoir élu	417
C'est la chaude loi des hommes	431
C'est toi qui me rends à moi-même	194
Ce toit tranquille, où marchent des colombes	400
Changeons propos, c'est trop chanté d'amours	56
Chargée	430
Chloris, je vous le dis toujours	169
Ci-gît dont la suprême loi	203
Ci gît Paul qui baissait les yeux	152
Cloris, que dans mon cœur j'ai si longtemps servie	150
Combien que j'aie demoree	3
Comme des objets frêles	374
Comme Dieu ne fait rien que par miséricordes	408
Comme elle avait gardé les moutons à Nanterre	405
Comme je descendais des Fleuves impassibles	363
Comme la vieille aieule au fin fond de son âge	407
Comme la voix d'un mort qui chanterait	344
Comme lon void de loing sur la mer courroucée	109
Comme on void sur la branche au mois de May la rose	72
Comme un dernier rayon, comme un dernier zéphyre	229
Comme un vain rêve du matin	244
Compagnon de l'éther, indolente fumée	382
Couché sous tes ombrages vers	79
Courage, grand Achille, oppose à la fortune	132
Courage, ô faible enfant de qui ma solitude	250
Couronnés de thym et de marjolaine	304
Danchet, si méprisé jadis	200
Dans ces prés fleuris	184
Dans le frais clair-obscur du soir charmant qui tombe	257
Dans le vieux parc solitaire et glacé	347
Dans l'île Saint-Louis, le long d'un quai désert	270
Dans l'orbite de la Terre	421

INDEX OF FIRST LINES

	Nos.
Dante, vieux Gibelin ! quand je vois en passant	271
De ce terrible paysage	314
De la dépouille de nos bois	233
De la musique avant toute chose	354
De leur col blanc courbant les lignes	291
Demain, dès l'aube, à l'heure où blanchit la campagne	260
Depuis le premier jour de la création	248
De Saint Quentin a Cambrai	9
Dessous ceste motte verte	101
Dictes moy ou, n'en quel pays	40
Dieu, dont l'arc est d'argent, dieu de Claros, écoute	225
Dieu, qu'il la fait bon regarder	36
Dis-moi quelle fut la chanson	411
Dites, pourquoi, dans l'insondable	264
Divins Esprits, dont la poudreuse cendre	102
Douces colonnes, aux	401
Du paresseux sommeil où tu gis endormie	131
Dure chose est a soustenir	28
Du temps que j'étais écolier	285
Écoutez ! — Comme un nid qui murmure invisible	266
Églé, belle et poète, a deux petits travers	212
Elle avait jusqu'au fond du plus secret hameau	406
Elle est debout sur mes paupières	429
Elle est retrouvée	369
Elle est tendue en arrière	416
Elle était belle, si la Nuit	286
Elle était déchaussée, elle était décoiffée	258
Elle passe, tranquille, en un rêve divin	302
En bon Français politique et dévot	159
En ce moys delicieux	99
Encores que la mer de bien loin nous separe	74
Encore un livre ; ô nostalgies	383
Enfant dont la lèvre rit	324
En regardant vers le païs de France	32
Entre Le Clerc et son ami Coras	191
Entre les fleurs, entre les lis	129
Esperez-vous que la posterité	113
Estant couché pres les ruchettes	133
Est-il tordu, troué, souffrant et vieux !	375
Et ce n'est pas, grand merci non ! que l'inquiétude	427
Étoile de la mer voici la lourde nef	404

INDEX OF FIRST LINES

	Nos.
Faire de chaque mot	446
Fay refraischir mon vin de sorte	78
Flatter un crediteur, pour son terme allonger	97
France, mere des arts, des armes et des loix	89
François, arreste-toi, ne passe la campagne	134
Freres humains qui aprés nous vivez	48
Gastibelza, l'homme à la carabine	252
Grand Dieu, qui vis les cieux se former sans matière	188
Hâ! que nous t'estimons heureuse	122
Hé Dieu, que je porte d'envie	84
Hé! Dieux, quel dueil, quel rage, quel meschief	25
Hé quoi! vous êtes étonnée	210
Heureux qui, comme Ulysse, a fait un beau voyage	91
Hola, Charon, Charon, Nautonnier infernal	124
Homme, libre penseur! te crois-tu seul pensant	278
Homme ou Dieu, tout génie est promis au martyre	241
Ici gît, Étranger, la verte sauterelle	334
Il est un port	389
Il était un roi de Thulé	384
Il fait bon voir (Paschal) un conclave serré	94
Il faut finir mes jours en l'amour d'Uranie	156
Il me semble qu'il a cent ans	26
Il neigeait. On était vaincu par sa conquête	255
Ils fuient, ivres de meurtre et de rébellion	327
Ils s'en vont, ces rois de ma vie	139
Item, j'ordonne à Sainte Avoye	47
J'ai besoin de ne plus me voir et d'oublier	424
J'ai déjà passé l'âge où ton grand protecteur	209
J'ai embrassé l'aube d'été	366
J'ai longtemps habité sous de vastes portiques	306
J'aime à vous voir en vos cadres ovales	289
J'aime dans les temps Clara d'Ellébeuse	394
J'aim la plus sade riens qui soit de mere nee	4
J'ai perdu ma tourterelle	128
J'ai révélé mon cœur au Dieu de l'innocence	215
J'ai vu fleurir ce soir des roses à ta main	388
J'ayme la liberté, et languis en service	95
J'ay vécu sans nul pensement	149
Je fais souvent ce rêve étrange et pénétrant	346

INDEX OF FIRST LINES

	Nos.
Je hay du Florentin l'usuriere avarice	96
Je m'en allais, les poings dans mes poches crevés	361
Je n'écris que pour Toi, Seigneur	448
Je ne te conteray de Boulongne, et Venise	93
Je ne vois rien ici qui ne flatte mes yeux	160
Je ne veux pas partir vers ces grands bols du soir	426
Je pren congié a dames, a amours	13
Je sais bien que les chemins marchent	439
Je suis ici, l'autre est ailleurs	396
Je suis le ténébreux, — le veuf, — l'inconsolé	279
Je treuve qu'entre les souris	21
J'étais un faible enfant qu'elle était grande et belle	223
Je te donne ces vers afin que si mon nom	309
Jeune beauté, mais trop outrecuidée	68
Jeune homme sans mélancolie	323
Je veux, me souvenant de ma gentille amie	70
Je veux lire en trois jours l'Iliade d'Homere	75
Je vous envoie un bouquet que ma main	69
Je vous vois aller et venir	420
J'irai, j'irai porter ma couronne effeuillée	235
Job, de mille tourments atteint	168
Khons, tranquille et parfait, le Roi des Dieux thébains	297
La blanche Aurore a peine finyssoit	66
La barque est petite et la mer immense	292
La chair est triste, hélas! et j'ai lu tous les livres	337
La connais-tu, Dafné, cette ancienne romance	277
La Cour a dénigré tes chants	206
La froideur paresseuse	126
Laissez moy penser à mon ayse	38
La lune s'attristait. Des séraphins en pleurs	336
La mort ne surprend point le sage	173
La Nature est un temple où de vivants piliers	305
La nuit d'hiver élève au ciel son pur calice	372
La plume, seul débris qui restât des deux ailes	268
La rue en un remous de pas	373
La servante au grand cœur dont vous étiez jalouse	313
Las! Mort, qui t'a fait si hardie	33
L'aube d'un jour sinistre a blanchi les hauteurs	329
L'autel gît sous la ronce et l'herbe enseveli	332
L'autre jour, au fond d'un vallon.	207
La vie est plus vaine une image	392
Le Babylonien ses haults murs vantera	103

INDEX OF FIRST LINES

	Nos.
Le choc avait été très rude. Les tribuns	330
Le ciel est, par-dessus le toit	349
L'échelonnement des haies	353
Le désert est muet, la tente est solitaire	247
Le droit jour d'une Penthecouste	19
Le Jay vient de mettre Voltaire	205
Le jour passé de ta doulce presence	62
Le livre de la vie est le livre suprême	240
L'enfant chantait; la mère au lit, exténuée	259
Le Phénix, venant d'Arabie	219
L'épi naissant mûrit de la faux respecté	228
Le pré est vénéneux mais jolie en automne	413
Le roulement des roues	444
Les bois étaient tout recouverts de brumes basses	443
Les faux beaux jours ont lui tout le jour, ma pauvre âme	350
Les fourriers d'Esté sont venus	35
Le singe avec le léopard	176
Les Levantins en leur légende	171
Les morts m'écoutent seuls, j'habite les tombeaux	380
Les nuages couraient sur la lune enflammée	249
Le soleil était là qui mourait dans l'abîme	267
Le soleil prolongeait sur la cime des tentes	245
Le soleil sous la mer, mystérieuse aurore	333
Le souvenir, ame de ma pensée	63
L'espoir luit comme un brin de paille dans l'étable	351
Les sanglots longs	345
Les sapins en bonnets pointus	414
Les vents grondoyent en l'air, les plus sombres nuages	143
L'été, lorsque le jour a fui, de fleurs couverte	254
Le temps a laissié son manteau	34
Le temps a retrouvé son charroi monotone	435
Le vallon où je vais tous les jours est charmant	263
Le vase où meurt cette verveine	326
Le vert colibri, le roi des collines	301
Le vierge, le vivace et le bel aujourd'hui	341
L'hippopotame au large ventre	293
L'innocente victime, au terrestre séjour	226
L'oiseau vigilant nous réveille	189
Lorsque l'enfant paraît, le cercle de famille	251
Lors que Maillart, juge d'Enfer, menoit	57
Lorsque tu fermeras mes yeux à la lumière	378
Lorsqu'il faudra aller vers vous, ô mon Dieu, faites	395
Lou samedi a soir, fat la semaine	2

INDEX OF FIRST LINES

	Nos.
Lune porte-flambeau, seule fille heritiere	121
Ma bele douce amie	8
Ma foi, c'est fait de moi; car Isabeau	157
Maintenant que Paris, ses pavés et ses marbres	262
Malheureux l'an, le mois, le jour, l'heure, et le poinct	90
Marie, levez-vous, vous estes paresseuse	71
Marquise, si mon visage	163
Marquis, que dois-je faire en cette incertitude	147
Martinet aux ailes trop larges	441
Maya! Maya! torrent des mobiles chimères	298
Mélange adultère de tout	360
Mère des souvenirs, maîtresse des maîtresses	308
Mère taillée à coup de hache	358
Mes mânes à Clytie: « Adieu, Clytie, adieu	221
Mes Sœurs, notre jeunesse a mûri lentement	387
Mes volages humeurs, plus steriles que belles	137
Me voici devant tous un homme plein de sens	415
Mignonne, allon voir si la rose	76
Moi, de qui les rayons font les traits du tonnerre	154
Molle rive dont le dessin	390
Mon âme a son secret, ma vie a son mystère	275
Mon Castin, quand j'aperçois	123
Mon cœur, comme un oiseau, voltigeait tout joyeux	318
Mon cœur, lassé de tout, même de l'espérance	238
Mon enfant, ma sœur	310
Monsieur l'Abbé et monsieur son valet	59
Montagne des grands abusés	442
Mon très aimable successeur	208
Mon violon est un grand violon-girafe	438
Mort, j'appelle de ta rigueur	44
« Ne me batés mie	10
Ne reprenez, Dames, si j'ay aymé	118
Ne sçay combien la haine est dure	55
N'espérons plus, mon âme, aux promesses du monde	140
Ne t'attends qu'à toi seul: c'est un commun proverbe	179
N'eus-je pas *une fois* une jeunesse aimable	371
Ne verse point de pleurs sur cette sépulture	164
Noirs dans la neige et dans la brume	364
Nous aurons des lits pleins d'odeurs légères	315
Nous avancions, tranquillement, sous les étoiles	377
Nous n'irons plus au bois, les lauriers sont coupés	322

INDEX OF FIRST LINES

	Nos.
Nous sommes tes Grands-Parent	365
Nouveau venu, qui cherches Rome en Rome.	104
Nulle autre identité	445
O bien heureux qui peut passer sa vie	136
O champs pleins de silence	321
O Dieu, qui les vostres aimez	49
O douce Volupté, sans qui, dès notre enfance	181
Œta, mont ennobli par cette nuit ardente	222
O folz des folz, et les folz mortelz hommes	31
O fontaine Bellerie	77
Oh! combien de marins, combien de capitaines	253
Oh! quand cette humble cloche à la lente volée	242
Oh! que j'aime la solitude	155
Oisive jeunesse	368
O mon âme! le poème n'est point fait de ces lettres	397
On dict bien vray, la maulvaise Fortune	51
On doit le temps ensi prendre qu'il vient	18
On fut reçu par la fougère et l'ananas	409
On me dit que là-bas les plages sont noires	434
On parlera de sa gloire	231
On vient de me voler! — Que je plains ton malheur!	213
O Pluies! lavez au cœur de l'homme	428
O qu'heureux est celuy qui peult passer son aage	92
Or est venu le trés gracieux mois	24
O rêveuse, pour que je plonge	340
Or n'est il fleur, odour ne violette	20
O saisons, ô châteaux.	370
O Socrates plains de philosophie	22
Oui, l'œuvre sort plus belle	295
Ou nom de Dieu, comme j'ay dit	43
Où sont nos amoureuses	276
O Vierge noire dans un temple de vent clair	423
Par delà l'escalier des roides Cordillères	300
Parsifal a vaincu les Filles, leur gentil	355
Pascal avait son gouffre, avec lui se mouvant	320
Pasteurs, voici la fonteinette	130
Percé jusques au fond du cœur	165
Pere du doux repos, Sommeil pere du songe	115
Perrette, sur sa tête ayant un pot au lait	172
Persécuté, proscrit, chassé de son asile	217
Petits dieux avec qui j'habite	214

INDEX OF FIRST LINES

	Nos.
Philis, qu'est devenu ce temps	199
Pleurez, doux alcyons, ô vous, oiseaux sacrés	220
Plus ne suis ce que j'ay esté	60
Poëte, prends ton luth et me donne un baiser	280
Posé comme un défi tout près d'une montagne	288
Pour ce, amez tant que vouldrez	42
Pourquoi, plaintive Philomèle	196
Pourrai-je dire enfin la porte s'est ouverte	432
Puis que de vous je n'ay autre visage	54
Puisque le juste est dans l'abîme	256
Puisque sept péchés de nos yeux	148
Quand ce brave sejour, honneur du nom Latin	110
Quand don Juan descendit vers l'onde souterraine	307
Quand il pâlit un soir, et que sa voix tremblante	234
Quand il s'agit de bien souffrir	419
Quand l'ombre menaça de la fatale loi	339
Quand Louise mourut à sa quinzième année	274
Quand Michel-Ange eut peint la chapelle Sixtine	287
Quand nous habitions tous ensemble	261
Quand tes beaux pieds distraits errent, ô jeune fille	239
Quand vous lirez, ô Dames Lionnoises	119
Quand vous serez bien vieille, au soir, à la chandelle	73
Quant je voi yver retorner	7
Quant Mort aura, apres long endurer	67
Quant vient en mai que l'on dit as lons jors	1
Qu'aux accents de ma voix la terre se réveille	197
Que je plains le destin du grand Germanicus	193
Quel charme vainqueur du monde	190
Quel est ce navire perfide	211
Quel fardeau te pèse, ô mon âme	243
Quelle, et si fine, et si mortelle	402
Quels secrets dans son cœur brûle ma jeune amie	403
Que m'importe que tu sois sage	316
Que mon fils ait perdu sa dépouille mortelle	141
Que ton visage est triste et ton front amaigri	272
Que tu sais bien, Racine, à l'aide d'un acteur	186
Qui bien aimme, il ne doit mie	12
Qui que tu sois, voici ton maître	202
Qui seroit dans les cieux, et baisseroit sa veuë	143
Qui sont, qui sont ceux là, dont le cœur idolatre	142
Qui veult avoir liesse	54
Qui voudra voir tout ce qu'ont peu nature	106

INDEX OF FIRST LINES

	Nos.
Qui voudroit figurer la Romaine grandeur	111
Quoi! tandis que partout, ou sincères ou feintes	227
Quoy qu'on tient belles langagieres	45
Regarde, ô Ceres la grande	100
Rozette, pour un peu d'absence	135
Salués moy toute la compaignie	39
Salut donc, ô monde nouveau à mes yeux	398
Sa Majesté Lionne un jour voulait connaître	170
Sans doute il est trop tard pour parler encor d'elle	282
Savez-vous pourquoi Jérémie	204
Sculpteur, cherche avec soin, en attendant l'extase	325
Se souvent vais au moustier	27
Si c'est fidélité, aimer mieux que la flame	114
Si le plus grand mystère	447
S'il n'était pas d'arbres à ma fenêtre	418
Si ma voix, qui me doit bien tost pousser au nombre	125
Si ne suis, bien le considere	40
Si nostre vie est moins qu'une journée	88
Si quelque blâme, hélas! se glisse à l'origine	269
Sire, ce n'est pas tout que d'estre Roy de France	85
Sire cuens, j'ai vïelé	6
Sire, Thulène est mort; j'ay veu sa sépulture	127
Si ton cœur, gémissant du poids de notre vie	246
Si tu peux te résoudre à quitter ton logis	195
Si vostre œil tout ardent d'amour et de lumière	146
Si vous croyez que je vais dire	283
Si vous voulez que j'aime encore	198
Sois sage, ô ma Douleur, et tiens-toi plus tranquille	317
Son âge échappait à l'enfance	216
Source délicieux, en misères féconde	166
Sous le pont Mirabeau coule la Seine	412
Sunium, Sunium, sublime promontoire	381
Sur le chemin de la Mort	436
Sus toutes flours tient on la rose à belle	17
Ta douleur, du Périer, sera donc éternelle	138
Tandis que le sommeil, réparant la nature	187
Tant doucement me sens emprisonnés	15
Tant que mes yeux pourront larmes espandre	117
Telle que dans son char la Berecynthienne	107
Tel, nu, sordide, affreux, nourri des plus vils mets	328

INDEX OF FIRST LINES

	Nos.
Tel qu'en Lui-même enfin l'éternité le change	342
Tel qu'un morne animal, meurtri, plein de poussière	296
Telz que lon vid jadis les enfans de la Terre	108
Tes doigtz tirantz non le doulx son des cordes	64
Tircis, il faut penser à faire la retraite	153
Toi que j'ai recueilli sur la bouche expirante	237
Toi qui brille enfoncé au plus tendre du cœur	393
Toujours ce souvenir m'attendrit et me touche	224
Tous deux ils regardaient, de la haute terrasse	331
Tout aussitôt que je commence à prendre	116
Toute allégresse a son défaut	391
Toute l'âme résumée	343
Tout s'enfle contre moy, tout m'assaut, tout me tente	145
Tout s'est éteint	425
Toy qui de Rome emerveillé contemples	112
Tu te tairas, ô voix sinistres des vivants	299
Un chant dans une nuit sans air	357
Un couchant des Cosmogonies!	385
Un doulx Nenny avec un doulx soubzrire	58
Une chançon oncor vueil	5
Une grenouille vit un bœuf	174
Une montagne en mal d'enfant	175
Une nuit claire, un vent glacé. La neige est rouge	303
Ung entre les autres y vy	29
Un grand sommeil noir	352
Un jour	437
Un mal qui répand la terreur	177
Un octogénaire plantait	178
Un peu avant minuit près du débarcadère	433
Un rare écrivain comme toi	151
Un roi de Perse, certain jour	218
Un savetier chantait du matin jusqu'au soir	180
Venez a mon jubilé	23
Verson ces roses pres ce vin	83
Voici les lieux charmants, où mon âme ravie	185
Volez vos que je vos chant	11
Voulentiers en ce moys icy	50
«Vous m'avez confié le petit. — Il est mort	356
Vous parlez comme un Scipion	158
Vous qui aux bois, aux fleuves, aux campagnes	87
Voyant ces monts de veue ainsi lointaine	61

PRINTED IN GREAT BRITAIN
AT THE UNIVERSITY PRESS, OXFORD
BY VIVIAN RIDLER
PRINTER TO THE UNIVERSITY

841.08   14756
098   The Oxford book of
1957   French verse.

DATE DUE			
GAYLORD M-2			PRINTED IN U.S.A.